高等职业院校技能型紧缺人才培养培训工程配套教材·汽车运用与维修专业

汽车车身修复技术
（第3版）

金守玲　马骊歌　主编

娄万军　王贵荣　李　旭　副主编

姜　勇　主审

电子工业出版社

Publishing House of Electronics Industry

北京·BEIJING

内 容 简 介

本书以汽车维修企业的需要及现代车身修复工艺为基础,针对汽车车身修复基础、汽车车身钣金修复、汽车车身涂装修复三个方面的内容进行知识及技术的详解。

本书分为 3 篇,共 11 章。第 1 篇是汽车车身修复基础,介绍车身维修安全知识、车身修复常用工具及其正确使用、车身结构、车身焊接;第 2 篇是汽车车身钣金修复,介绍车身损伤分析、车身测量、车身校正、车身损伤修复;第 3 篇是汽车车身涂装修复,介绍涂装的基础知识、涂装的工艺方法、涂膜的缺陷及涂装后处理。

本书可作为高职高专汽车检测与维修、汽车运用技术、汽车整形技术、汽车保险与理赔等专业的专业课教材,也可作为汽车车身钣金与喷漆从业人员的培训教材和参考书。

图书在版编目(CIP)数据

汽车车身修复技术 / 金守玲,马骊歌主编. —3 版. —北京:电子工业出版社,2022.1

ISBN 978-7-121-42735-0

Ⅰ. ①汽… Ⅱ. ①金… ②马… Ⅲ. ①汽车－车体－车辆修理－高等学校－教材 Ⅳ. ①U472.4

中国版本图书馆 CIP 数据核字(2022)第 014839 号

责任编辑:郭乃明　　　　　　特约编辑:田学清
印　　刷:固安县铭成印刷有限公司
装　　订:固安县铭成印刷有限公司
出版发行:电子工业出版社
　　　　　北京市海淀区万寿路 173 信箱　　邮编:100036
开　　本:787×1092　　1/16　　印张:20.75　　字数:492 千字
版　　次:2010 年 3 月第 1 版
　　　　　2022 年 1 月第 3 版
印　　次:2025 年 2 月第 6 次印刷
定　　价:55.00 元

凡所购买电子工业出版社图书有缺损问题,请向购买书店调换。若书店售缺,请与本社发行部联系,联系及邮购电话:(010)88254888,88258888。

质量投诉请发邮件至 zlts@phei.com.cn,盗版侵权举报请发邮件至 dbqq@phei.com.cn。

本书咨询联系方式:guonm@phei.com.cn,QQ34825072。

前　言

汽车保有量的逐年攀升，交通事故的频发，对车辆发生损伤时车身的维修提出了更高的要求。本书引入了大量的维修实例，同时简单介绍了涂装的相关知识，便于读者对车身维修有一个整体的认识，为涂装作业奠定基础。

汽车车身结构和材料不断推陈出新，对车身维修人员的要求日益提高，懂得新技术、新工艺、新材料，具有质量意识、安全意识，能规范地完成车身维修的专业人员变得很匮乏。为此，编者通过走访汽车维修企业，根据实际岗位需要和实践经验，从汽车车身修复基础、汽车车身钣金修复、汽车车身涂装修复三大方面进行本书的编写，本书在编写过程中针对企业岗位及高等职业教育的特点，注重针对性、时效性、实用性和可操作性，在讲解基本知识的同时，通过实际案例介绍维修的过程，注重实际操作的可行性及其与理论知识的结合性。

本书由吉林交通职业技术学院的金守玲和马骊歌担任主编，由吉林交通职业技术学院的姜勇担任主审，由吉林交通职业技术学院的娄万军、王贵荣、李旭担任副主编，吉林交通职业技术学院的贾明萌、张洪波、姜维参编。本书第 5 章、第 6 章、第 8 章由金守玲编写，第 1 章、第 2 章由马骊歌编写，第 3 章由娄万军编写，第 10 章由王贵荣编写，第 11 章由贾明萌编写，第 7 章由张洪波编写，第 9 章由李旭编写，第 4 章由姜维编写。

本书在编写过程中，得到了长春旭阳工业（集团）股份有限公司的大力支持，借此表示感谢。

由于时间仓促和编者水平有限，书中难免有所疏漏，竭诚欢迎各位读者给予批评和指正。

编者
2021 年 10 月

目　录

第 1 篇　汽车车身修复基础

第 1 篇

汽车车身修复基础

随着我国汽车工业的迅猛发展和人民生活水平的不断提高，汽车保有量快速增长，汽车已经成为人们生活中不可缺少的、重要的交通工具。汽车车身作为汽车的主要组成部分之一，主要用来容纳驾乘人员和装载货物，保护驾乘人员和货物免受风、沙、雨、雪、尘土的侵蚀与恶劣环境的影响，并保证行驶时的安全、舒适；同时给驾驶员提供一个良好、舒适的工作场所和环境。汽车在使用过程中，由于交通状况、驾驶水平等原因，车身损伤的概率很大。在现代汽车维修企业的维修项目中，事故车辆的维修比例达到50%。

车身修复的质量直接影响维修后汽车的正常使用及行车安全，因此必须对车身修复加以重视。在车身修复过程中，为了高质量地完成车身修复作业，工作人员必须注意自身的安全与防护，合理使用工具，熟知汽车的车身结构和车身使用的材料。

第1章 车身维修安全知识

📖 **知识目标：**

1. 了解车身维修车间的布置及区域划分
2. 熟知车身维修车间的安全事项
3. 熟知不同操作的个人防护

📖 **技能目标：**

1. 能按要求进行安全防护
2. 能正确完成车间安全操作

1.1 车身维修车间的管理

合理的车间布置有利于维修人员进行车身维修，也为安全作业提供了一定的保障。在车身维修过程中，要严格遵守相应的安全注意事项，以保证安全。

1.1.1 车身维修车间的布置

1. 工作区的布置

车身维修车间工作区分为车身修复工作区（钣金工作区）和车身涂装工作区（喷涂工作区），这两个工作区完成车身修复和车身涂装两项工作。车身修复工作区一般分为钣金加工检查区、钣金加工校正区、车身校正区和材料存放区；车身涂装工作区一般分为喷漆准备区和喷漆室，喷漆准备区设有检查工位、打磨工位、调漆工位等。车身维修车间工作区布置图如图 1-1-1 所示。

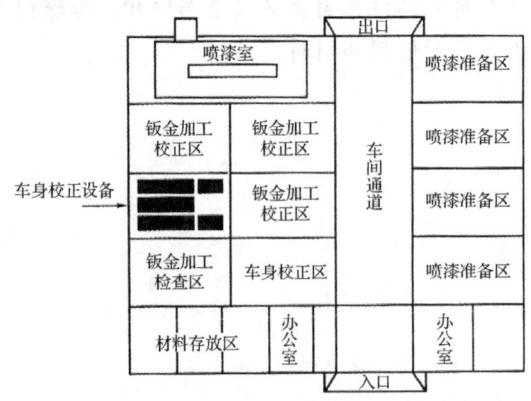

图 1-1-1 车身维修车间工作区布置图

在车身修复工作区要完成损坏车辆的检查、车辆零部件的拆卸、板件的维修、车身的测量校正、车身钣金的更换、车身的装配等工作。

车身校正区是车身修复工作区最重要的工作区域,也是完成工作量最多的工作区域。此工位要放置一台车身校正系统,车身校正系统的长度一般为 5～6m,宽度一般为 2～2.5m,要具备足够的操作空间。在车身校正系统周围至少要有 1.5～2m 的操作空间,因此车身校正区的长度一般为 8～10m,宽度一般为 5～6m。

2. 气路和电路的布置

车身维修车间内压缩空气的压强一般为 0.5～0.8MPa。一般车间内要有一个压缩空气站,各个工位要有压缩空气接口,管路应沿墙壁布置,布置高度不超过 1m,也可布置在靠近车间顶板的位置。在气路布置中,每个工位至少要留 2 个接口,并安装开关,采用快速接头。

车身维修车间的用电量很大,特别是车身修复过程中的焊接和校正作业,用电电流一般不小于 15A,而大功率的电阻点焊焊接电流不小于 40A,所以要在车身校正区附近设置一个专用的配电箱以供修复焊接用电,配电箱的位置距离车身校正系统不能超过 15m,防止距离过长导致线路过热。

在每个工作区至少要设置 2 个三孔插座,电流不小于 15A,每个插座都要保证可靠接地。

1.1.2 车身维修车间的安全

1. 车身维修车间的驾驶安全

车身维修车间空间小、人员多、缺少交通指挥,很容易导致车辆在行驶过程中出现互相刮碰、挤伤人或碾压人的事故,因此应注意以下安全事项。

1) 小心驾驶

在车间内驾驶员应慢速驾驶车辆,并保持车窗处于开启状态,以便听到同事发出的警示。不要让无驾驶证的工作人员驾驶车辆,车辆在车间移动时,要沿车间内规定的固定路线行驶。

2) 注意观察

在车间移动车辆时,驾驶员应查看各个方向,在确保没有人或物品挡住道路的前提下,才可行驶车辆。最重要的是要注意观察正在作业的人员是否把腿伸到行驶路线上。

3) 车辆安全停靠

在车辆完成作业后,将挡位置于驻车挡,同时用楔形木块垫住车轮防止车辆移动,将点火开关置于关闭位置。

4）驾驶员自身保护

驾驶员要避免接触旋转的部件，防止衣物和头发绞入造成伤害，手指也要远离处于拉伸状态的弹簧。

2. 车身维修车间的消防安全

1）消防设施

车身维修车间一般要配备水龙头、防火沙、灭火器等消防设施。多用途干粉灭火器可扑灭易燃物品火灾和电气火灾，车间应配备足量的性能完好的多用途干粉灭火器，各个员工都要掌握灭火器的使用方法。相关负责人应该定期对灭火器进行检查，定期加注灭火剂。灭火器要摆放在车间的固定位置，并设有明显的标志。

2）车间防火注意事项

车身维修车间有汽油、油漆等各种易燃物品，在操作过程中也经常产生明火，极易造成火灾。因此，在维修车身时要注意以下防火事项。

（1）在车身维修车间内禁止吸烟。

（2）在进行切割或焊接作业时，高热量的火星可飞溅到很远，因此不要在油漆或易燃液体附近进行切割或焊接作业。

（3）对于易燃液体，要指定专人妥善保管，不要有泄漏现象。

（4）燃油箱要在作业前排空并拆下，必要时要用湿布对燃油箱需要修理的部位进行冷却。

（5）为了防止发生电气火灾，在进行电气作业或车身作业前，要断开蓄电池。

（6）在内饰件附近切割或焊接时，要防止内饰件被点燃，适当地用湿布遮盖内饰件，同时要在旁边准备一桶水和一个灭火器。

（7）一旦发生火灾，要冷静处理，采取必要的措施进行扑救，并及时拨打火警电话报警，同时要注意及时撤离火灾现场。

3. 车身维修车间的电气安全

（1）在车身维修作业的过程中，经常使用电动设备和工具。为了保证用电安全，在使用电动设备和工具后，必须先断开电源，否则会有电击危险，严重时可能造成人员死亡。

（2）电动设备和工具长时间使用，导线牵拉频繁，会导致导线磨损漏电，当发现有导线漏电时应及时进行修复或更换，同时要保持地面无水干燥，避免有人遭到电击。

（3）应确保电动工具和设备的电源线正确接地。

（4）仔细阅读电动设备和工具的使用说明书，按说明书要求进行使用。

4. 举升机的使用安全

1）举升机的使用方法

（1）举升机结构如图 1-1-2 所示，按下举升机启动按钮。

1—立柱；2—短举升臂；3—长举升臂；4—机械安全锁；5—启动按钮；6—液压系统；7—手动阀。

图 1-1-2　举升机结构

（2）按下手动阀，将举升机降到最低位置，调整长、短举升臂位置，使车辆入位。

（3）调整车辆位置，将车辆置于举升机中心，停好车辆，拉起手刹，如图 1-1-3 所示。

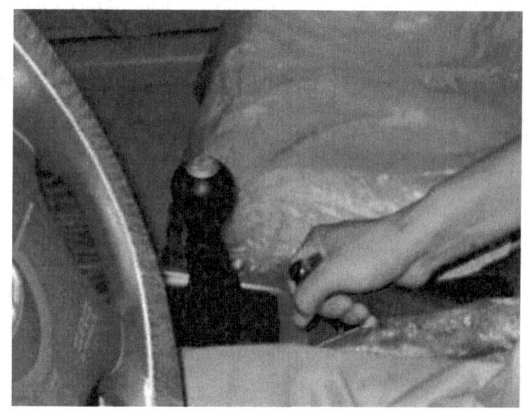

图 1-1-3　拉起手刹

（4）查找车辆举升支撑点，如图 1-1-4 所示。

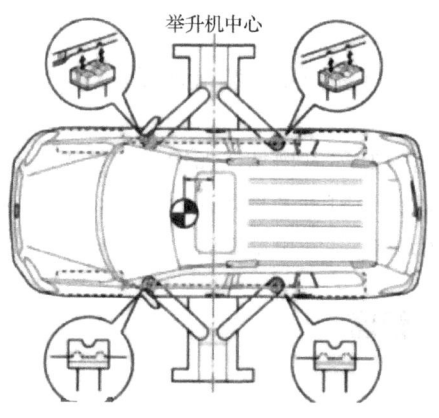

图 1-1-4　车辆举升支撑点

（5）对好支撑点位置，支撑车辆，如图1-1-5所示。

图1-1-5　支撑车辆

（6）按下上升键，使轮胎脱离地面，晃动车辆，观察车辆是否平稳，若平稳则继续举升车辆，使车辆离地150cm，观察支撑点是否牢固和偏离，若有问题则落下车辆调整后重新举升。

（7）在车辆升起后，车底不要站人。当车辆达到适当高度后，插入举升机的机械安全锁，方可在举升机下进行作业。

（8）在放下被举升的车辆时，应先举升车辆，拉下机械安全锁，之后再将举升臂调节到最低位置，移开举升臂，驶出车辆。

2）使用举升机的注意事项

（1）车辆的总质量不能超出举升机的举升能力。

（2）尽量使汽车重心和举升机重心统一位置，避免车辆偏重。

（3）支撑点要选在底盘牢固的位置，不造成底盘损坏和车辆偏移。

（4）在举升过程中，应反复观察，避免车和人员造成不必要的意外。

（5）在举升过程中，一定要在汽车脱离地面后进行复检，无异常后才能继续举升车辆。

（6）在举升过程中，人员不要在车下穿行。

（7）举升机两侧应同时上升或下降。

5．车辆的安全

（1）当拆卸车身外部零件（如嵌条、装饰条等）时，为防止划伤车身表面，要用布或胶条贴在车身关键部位。

（2）在进行维修前，遮盖好车内物品，如地毯、仪表板及座椅等。

（3）在进行焊接前，请务必用防火布遮盖好座椅、仪表板、地毯、玻璃及漆膜。这种保护十分必要，尤其是在进行焊接和打磨时。

1.1.3　车间"5S"管理

1．"5S"管理的内容

（1）整理：对工件正确分类，分清什么工件是必要的，什么工件是不必要的；不必要的工件要予以清除。

（2）整顿：车间物品要井然有序地摆放，做到任何人在需要时都可以轻松地找到所需物品。

（3）清扫：经常打扫工作场所并保持。

（4）清洁：落实前面的整理、整顿、清扫并保持。

（5）素养：养成遵守各种规章制度的良好习惯。

2．车身维修车间"5S"管理

（1）根据车间实际情况，确定需要的物品（工量具、设备、车辆、工作台、垃圾桶等）。

（2）根据确定的物品清单对现场进行整理，把需要的物品留下，把不需要的物品转移至其他地方。

（3）根据方便使用、安全等原则把需要的物品安顿在合适的位置，并进行标示和记录，如设备的参数、设备管理责任人等，标示或记录方式可以是文字也可以是照片。

（4）对维修现场进行清洁，包括工具设备等物品和地面、墙壁等空间。

（5）在运行过程中不断完善"5S"管理内容和制度等。

1.2　车身维修人员的安全与防护

1.2.1　车身维修人员的防护

1．呼吸系统和肺部的防护

焊接镀锌钢材时产生的焊接烟尘和锌蒸气、打磨抛光时产生的微尘、清洗部件时挥发的溶剂和喷射防腐剂时挥发的液滴，都会被吸入人体呼吸系统，对人体产生暂时或永久性的伤害。因此，在进行这些操作时都应该佩戴呼吸器，达到对呼吸系统的防护目的。

（1）供气式呼吸器（见图 1-2-1）。在进行喷涂作业时，采用供气式呼吸器，防护效果好。

（2）滤筒式呼吸器（见图 1-2-2）。滤筒式呼吸器可更换预滤器和滤筒，能够清除空气中飞散的溶剂和其他蒸气。

（3）焊接用呼吸器（见图 1-2-3）。在对镀锌钢材进行焊接时，产生的焊接烟尘和锌蒸气会对人体产生很大的伤害。焊接用呼吸器是指在呼吸器上有一个特殊的滤筒，用来吸收焊接产生的烟尘及蒸气。

（4）防尘呼吸器（见图 1-2-4）。防尘呼吸器一般是用多层滤纸制作的、价格较低的纸质过滤器，它的作用是阻挡空气中的微尘、粉尘进入人的鼻腔、咽喉、呼吸道和肺部。在进行打磨、研磨或使用吹风机时会产生大量的粉尘等，应佩戴防尘呼吸器。

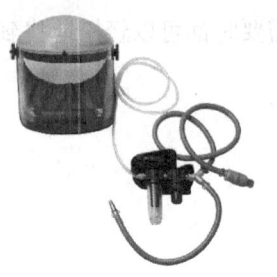
图 1-2-1　供气式呼吸器

图 1-2-2　滤筒式呼吸器

图 1-2-3　焊接用呼吸器

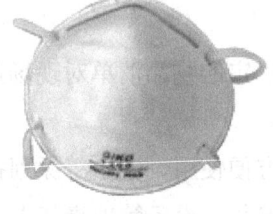

图 1-2-4　防尘呼吸器

【特别提示】

使用呼吸器前需要进行密合度测试。

（1）负压测试：将手掌放到滤芯上并吸气，若密合性良好，则面罩部分会随着正常的呼吸而朝向脸部凹陷。

（2）正压测试：罩住呼吸器并呼气，若密合性良好，则面罩部分会鼓出，空气不会随着正常的呼气从面罩中溢出。

2. 头部的防护

车身维修人员在车身维修作业过程中，由于时常在车下或车厢内进行作业，不小心就容易造成头部损伤，粉尘、油污等还会污染头发，因此要注意头部的防护。在车身维修作业过程中要戴上安全帽，在车下作业或者进行拉伸校正操作时要戴上硬质的安全帽。同时，头发不要过长，在日常工作时应把头发放入如图 1-2-5 所示的防尘帽中。在焊接时应佩戴如图 1-2-6 所示的焊接防护帽，焊接防护帽可保护面部免受高温、紫外线或融化的金属灼伤。

图 1-2-5　防尘帽

图 1-2-6　焊接防护帽

3．耳朵的防护

在车身维修作业过程中，经常使用气动錾、气动锯等切割工具对钣金件进行敲打、打磨等操作，这些都会产生高分贝的噪声，容易对耳朵产生伤害，因此在进行上述工作时，要佩戴如图 1-2-7 所示的耳塞或如图 1-2-8 所示的耳罩以加强对耳朵的防护。

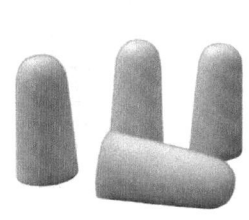

图 1-2-7　耳塞　　　　　　　　　　　　　　　　图 1-2-8　耳罩

4．眼睛和面部的防护

若佩戴的防护呼吸器不带面罩，则应该在进行打磨、涂装等操作时佩戴如图 1-2-9 所示的防护眼镜。防护眼镜能在进行锤击、钻孔、磨削和切削等操作时，防止飞屑击伤眼睛或面部。

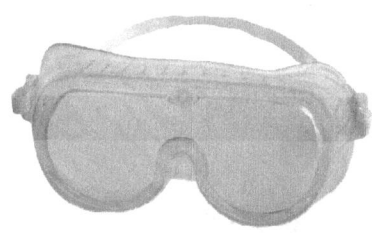

图 1-2-9　防护眼镜

在进行焊接作业时，应佩戴如图 1-2-10 所示的焊接护目镜，该护目镜的深色镜片能保护眼睛免受电焊弧光的伤害。

图 1-2-10　焊接护目镜

5．身体的防护

在车身维修车间应穿着合格的棉质工作服（见图 1-2-11），不能穿宽松的衣服和没扣袖口扣子的衬衫，不能佩戴饰物。衣物应远离运动和运转的部件，避免衣物被绞入运转的部件，对人体造成伤害。焊接时应穿着焊接工作服，如图 1-2-12 所示。

图 1-2-11　棉质工作服

图 1-2-12　焊接工作服

6．手、腿、脚的防护

1）手的防护

在焊接时，应戴如图 1-2-13 所示的焊接手套，该手套的材质为皮革，防止焊接熔化的金属烫伤手臂。在打磨时，应戴如图 1-2-14 所示的纯棉手套。在涂装时，应戴如图 1-2-15 所示的防溶剂手套。

图 1-2-13　焊接手套

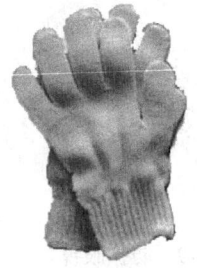

图 1-2-14　纯棉手套

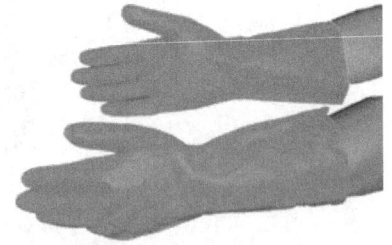

图 1-2-15　防溶剂手套

2）腿的防护

在车身维修过程中，维修人员经常会跪在地上进行操作，因此最好佩戴如图 1-2-16 所示的护膝，保护膝盖，防止引起膝盖的损伤。在焊接时，应佩戴如图 1-2-17 所示的焊接护腿。

图 1-2-16　护膝

图 1-2-17　焊接护腿

3）脚的防护

在车身维修车间最好穿如图 1-2-18 所示的安全鞋，不能穿凉鞋或拖鞋。安全鞋鞋头有金属片，可以防止重物落下砸伤脚；安全鞋还有防滑和绝缘的功能，可以防止滑倒和触电事故的发生。在焊接时，需要穿如图 1-2-19 所示的焊接绝缘鞋。

图 1-2-18　安全鞋　　　　　　　　　　图 1-2-19　焊接绝缘鞋

1.2.2　车身维修人员的安全

车身维修人员在进行车身维修操作时要遵守以下准则。

1．掌握信息

在使用各种设备前要认真学习产品标签或说明书中的使用方法和注意事项，切忌盲目操作和违反操作规程进行作业。

2．佩戴安全防护用具

按防护要求佩戴安全防护用具，并保证安全防护用具的性能可靠。

3．合理使用压缩空气

在用压缩空气枪吹洗车门的侧壁和其他难以达到的地方时，应戴上护目镜和防尘面具。不要用压缩空气吹身上的灰尘，免得压缩空气的压力把铁屑等杂质嵌入人体的皮肤内。

4．处理金属时的防护

金属的处理剂含有磷酸，吸入这种化学物质或者皮肤、眼睛接触到这种化学物质，会引起发炎，所以在使用这类材料时，要穿工作服和佩戴安全镜、橡胶手套及呼吸器。

5．场地中的防护

在工作场地不允许追逐打闹。工作场地的许多设备、工具，还有气和电的管路、线路都存在潜在的危险，追逐打闹可能对人员、物品造成损伤。

在搬运物品时，一定要尽量借助一些设备进行搬运、提升、移动，尽量减少意外扭伤或砸伤。

复习题

一、判断题

1. 在车身维修作业时，车辆的挡位置于驻车挡。（　　　）

2. 在车间有电器着火时，可以使用高压水进行灭火。（　　　）

3. 车身维修车间应该确保电动设备和工具的电源线正确接地。（　　　）

4. 在进行焊接作业时，应佩戴有深色镜片的护目镜，深色镜片能保护眼睛免受电焊弧光的伤害。（　　　）

5. 在车身修复车间应穿着合格的防静电工作服，不能穿宽松的衣服和没扣袖口扣子的衬衫，不能佩戴饰物。（　　　）

二、单选题

1. 车身校正系统平台的长度一般为（　　　）。

    A. 5～6m   B. 6～8m   C. 8～10m

2. 车身维修车间内压缩空气的压强一般为（　　　）。

    A. 0.3～0.5MPa   B. 0.5～0.8MPa   C. 0.8～1.2MPa

3. 在车间使用举升机时，应使车辆离地（　　　），观察支撑点是否牢固和偏离，若有问题落下车辆调整后重新举升。

    A. 150cm   B. 250cm   C. 350cm

4. 打磨时必须做好的防护措施为（　　　）。

    A. 戴橡胶手套   B. 穿防静电服   C. 戴耳塞或耳罩

5. 焊接时应戴（　　　）手套。

    A. 纯棉   B. 橡胶   C. 皮质

三、多选题

1. 下面（　　　）属于车身维修人员防护用具。

    A. 纯棉工作服   B. 棉线手套   C. 钣金鞋   D. 耳塞

2. 下面（　　　）属于焊接时必备的防护用具。

    A. 焊接用呼吸器   B. 深色护目镜   C. 钣金鞋   D. 焊接工作服

四、简答题

1. 在车身维修车间驾驶车辆时应注意哪些内容？

2. "5S"管理包括哪些内容？

3. 车身维修人员的防护包括哪些？

4. 使用举升机的注意事项有哪些？

第 2 章　车身修复常用工具及其正确使用

📋 **知识目标：**

1. 了解车身修复的常用工具
2. 正确区分各种工具

📋 **技能目标：**

1. 掌握手工工具和动力工具的正确使用方法
2. 掌握使用手工工具和动力工具的注意事项

2.1　手工工具及其正确使用

在车身修复作业中，会用到大量的手工工具、电动工具、气动工具，在使用每一件工具前要充分了解工具的主要用途、使用方法，从而提高工作效率，减少工具的损坏，保证生产安全。

2.1.1　拆装工具

1. 棘轮扳手

棘轮扳手（见图 2-1-1）是一种手动松紧螺丝的工具，活动扳柄可以方便地调整扳手的使用角度，该扳手用于狭窄或难于接近的位置的螺栓或螺母的拆卸。

棘轮扳手的使用方法如下：

（1）安装所需的套筒接头，如图 2-1-2 所示。

（2）调整棘轮旋转方向。如图 2-1-3 所示，方向旋钮一般在扳手的头部，在操作时，按照方向旋钮指向进行操作。

（3）按照螺纹的旋向选好旋钮的方向即可拆装螺母。

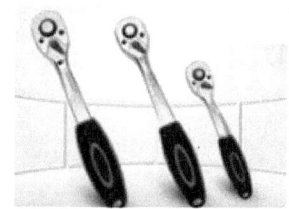
图 2-1-1　棘轮扳手

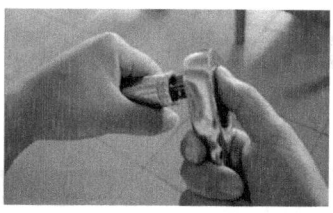
图 2-1-2　安装套筒接头

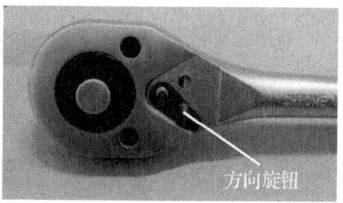
图 2-1-3　方向旋钮

2．开口扳手

开口扳手（见图2-1-4）主要适用于无法使用套筒扳手或梅花扳手的位置，因为有些螺栓或螺母必须横向插入，此时开口扳手可以做到，而其他扳手则难以完成。

开口扳手的使用方法如下：

（1）选择开口扳手型号，注意与螺栓头部直径匹配，在开口扳手与螺母无间隙后再进行操作，如图2-1-5所示。

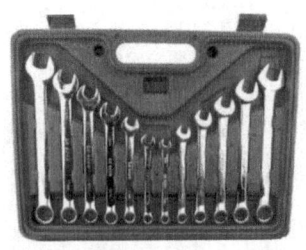
图2-1-4　开口扳手

图2-1-5　扳手与螺母区匹配

（2）在施力时，注意扳手与螺母中心的旋转角度，如图2-1-6所示。一只手把住扳手和螺母的连接处，另一只手的拇指抵住扳手，另外四指握紧扳手柄部往身体方向拉（见图2-1-7），当达到极限位置后，重复前面操作。

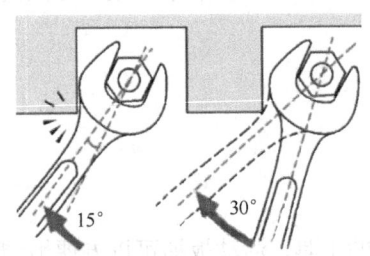
图2-1-6　旋转角度

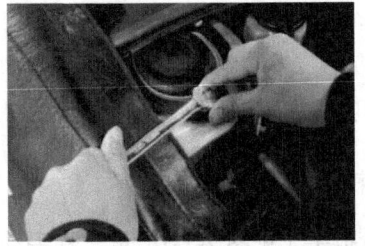
图2-1-7　拆卸管路螺母

3．力矩扳手

力矩扳手（见图2-1-8）又叫扭矩扳手、扭矩可调扳手，是扳手的一种。手动力矩扳手可分为：预置式、定值式、表盘式、数显式、打滑式、折弯式及公斤扳手。在螺钉和螺栓的紧密度至关重要的情况下，使用力矩扳手可设定扭矩值，并且扭矩值可调。力矩扳手就是用来紧固螺栓的，大六角高强螺栓的初紧和终紧都必须使用定扭矩扳手。

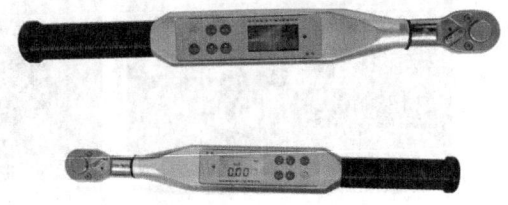
图2-1-8　力矩扳手

4．梅花扳手

梅花扳手（见图 2-1-9）的两端是环状的，环的内孔由两个正六边形同心错转 30° 而成，适合在狭窄场合下使用。与开口扳手相比，梅花扳手强度大，使用时不易滑脱，但套上、取下不方便。梅花扳手的规格以闭口尺寸 S 表示，如 8～12mm、12～14mm 等；通常用 45 号钢或 40 号铬锻造，并经热处理。

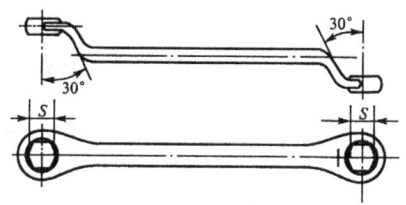

图 2-1-9　梅花扳手

5．内六角扳手

内六角扳手（见图 2-1-10）用来拆装内六角螺栓，规格以六角形对边尺寸 S 表示，尺寸为 3～27mm，共 13 种，在汽车维修作业中使用成套内六角扳手拆装 M4～M30 的内六角螺栓。

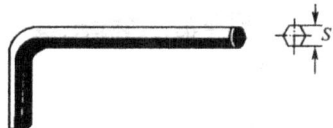

图 2-1-10　内六角扳手

6．卡扣起子

卡扣起子（见图 2-1-11）用来拆卸内衬板及车身一些塑料件的连接位置，尤其是拆装仪表板。

图 2-1-11　卡扣起子

2.1.2　修复工具

1．钣金锤

钣金锤是连续敲击钣金件使其形状恢复的基本工具。钣金锤根据用途的不同分为镐锤和冲击锤。

1）镐锤

镐锤是专门用来维修小凹陷的工具，各种规格的镐锤如图 2-1-12 所示。镐锤的尖顶用于顶出凹陷，其平头端与抵座（垫铁）配合，敲击去除小的凸点和波纹。

在使用镐锤时不要用力过大，防止尖顶将钣金穿透。镐锤不能用于修复大的凹陷表面。

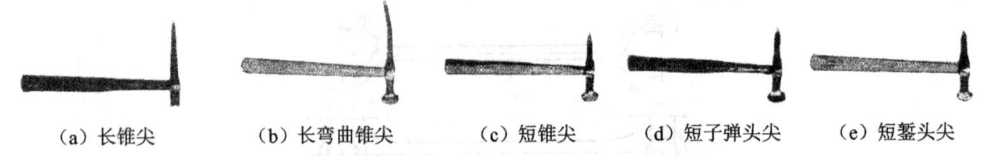

（a）长锥尖   （b）长弯曲锥尖   （c）短锥尖   （d）短子弹头尖   （e）短錾头尖

图 2-1-12 各种规格的镐锤

2）冲击锤

冲击锤（见图 2-1-13）锤头的形状多为圆形，表面几乎是平的。这种锤的顶面大，敲击时打击力可以散布到较大的面积上，适用于校正凹陷板面的初始作业或加工非表面的钣金件。

图 2-1-13　冲击锤

在钣金修复作业中，还经常用到一种中间锤，其目的是在敲击作业中起到过渡的作用，避免工具直接敲击钣金的表面，降低钣金表面损伤程度。

3）钣金锤的正确使用

利用锤击法进行钣金修复作业的关键是选择敲击部位，同时要注意锤子的正确使用。在握锤时，以下边两个手指为支点，用其他手指将钣金锤向下推。当锤击后收回锤头时，可以绕着支点进行轻微的旋转，如图 2-1-14 所示。

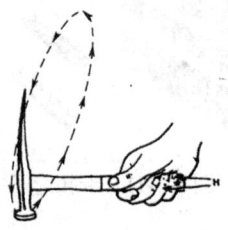

图 2-1-14　钣金锤的正确使用

在钣金修复作业前，要研究敲击的落点、力度和次数，要用手腕去驱动钣金锤垂直敲打，让锤头的平面与被敲击的金属接触，不能用整个手臂或肩部的力量，避免用力过猛。

2．垫铁

垫铁是一种手持的铁砧，是敲击整形的衬托工具，与钣金锤配合使用。图 2-1-15 所示为常用的垫铁，在使用垫铁前，要根据钣金的外形和变形情况选择合适的垫铁。

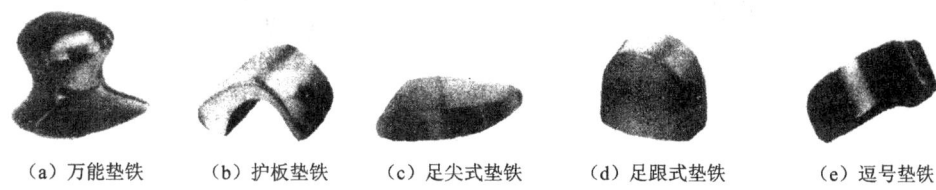

（a）万能垫铁　　（b）护板垫铁　　（c）足尖式垫铁　　（d）足跟式垫铁　　（e）逗号垫铁

图 2-1-15　常用的垫铁

3．修平刀

修平刀实际上是一根带弯曲工作面的杠杆。修平刀有各种不同的形状和尺寸组合，以适应不同曲面部位的作业。修平刀及其使用如图 2-1-16 所示。

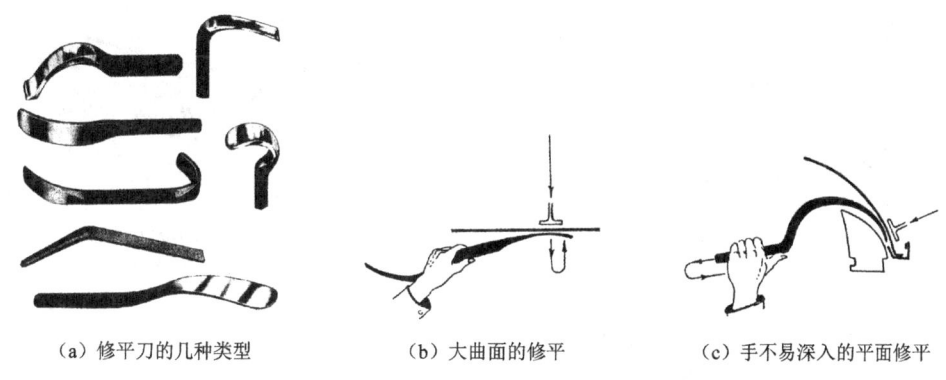

（a）修平刀的几种类型　　　　（b）大曲面的修平　　　　（c）手不易深入的平面修平

图 2-1-16　修平刀及其使用

修平刀是修理车身的特殊工具，将修平刀紧贴待修表面，再捶打修平刀，对表面某些微小的隆起、凹陷部位恢复原状特别有效。对于难以放入垫铁的弧形凹陷，修平刀可以当作垫铁使用。

在使用修平刀进行修平作业时，应注意锤击力度的控制，当锤击力度大于修平刀的顶持力时，就达不到修平的目的，甚至还会导致严重变形。

4．手锯

手锯主要用于对扁钢、型钢的下料。在锯割前，应先用划针按要求划出切割线，并用三角锉锉出起锯点。

在使用手锯时，一手在前握住锯弓，一手在后握住锯柄。如图 2-1-17 所示，起锯要略向工件前或后边缘倾斜 10°～15°，然后转回正常姿势，防止折断锯条。在推锯时，身体上部应略向前倾，给手锯以一定的压力。在拉锯时，应将手锯稍微抬起，以免加剧锯齿的磨损。

锯割的往复速度以 20～40 次/min 为宜，锯条的使用长度不应少于全长的 2/3。锯条的运动方式有直线和摆动两种，要根据工件锯割的宽度而定。

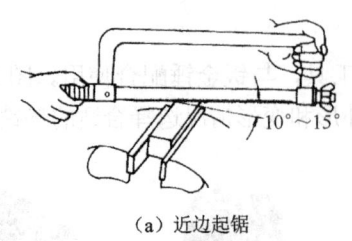
（a）近边起锯

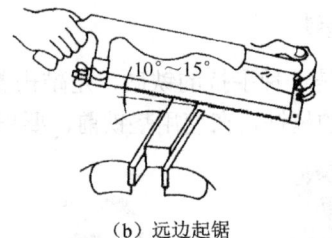
（b）远边起锯

图 2-1-17　起锯方法

5. 大力钳

常用的大力钳有 C 形大力钳、直嘴形大力钳、扁嘴形大力钳、U 形大力钳，如图 2-1-18 所示。在夹紧大力钳时应根据工件调整夹口的宽度，手的虎口不应该顶在杠杆处。

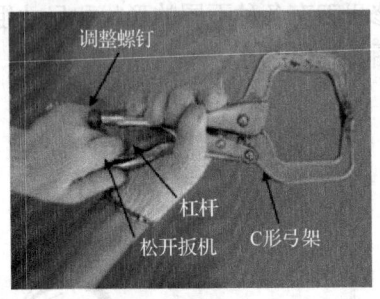
（a）C 形大力钳

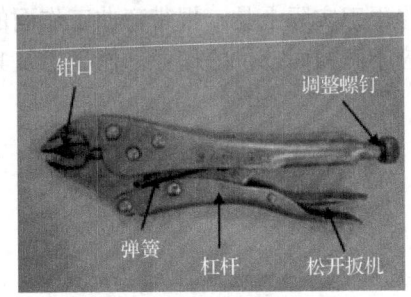
（b）直嘴形大力钳

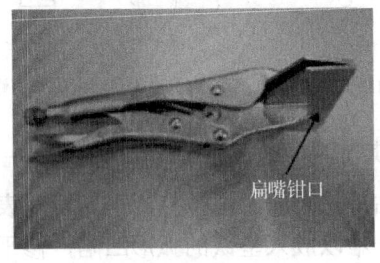
（c）扁嘴形大力钳

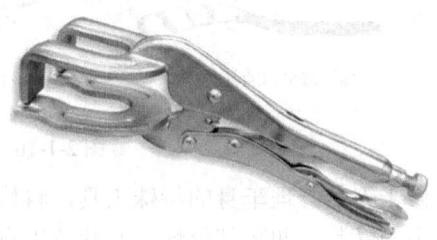
（d）U 形大力钳

图 2-1-18　常用的大力钳

6. 撬具

用于车身维修的常见撬具有撬板、撬镐，如图 2-1-19 所示。

（a）撬板　　　　　　　　　　　　　　　　（b）撬镐

图 2-1-19　撬具

将撬板伸入受损板件背面，向外侧撬动，将凹陷部位撬起，如图 2-1-20 所示。

图 2-1-20 撬具的使用

7. 线凿

线凿又称打板，种类较多，常见的线凿有直线凿、曲线凿、"7"字形线凿等，如图 2-1-21 所示。线凿主要用于汽车车身线的修理，要根据维修车辆的车身线弧度选择。

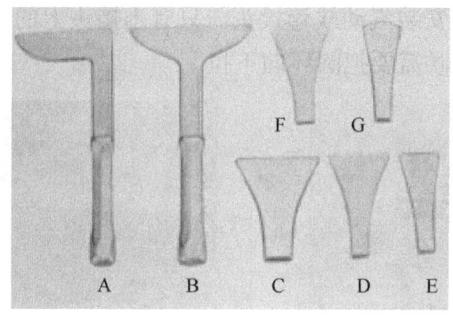

图 2-1-21 常见的线凿

2.1.3 手工工具的安全操作事项

（1）不要将手工工具用于任何非设计规定的用途。例如，不能用锉和旋具进行敲击，因为敲击会导致断裂并造成人身伤害。

（2）手工工具应保持清洁和良好的工作状况。若工具不清洁，表面粘满润滑脂、润滑油等，则容易从手中滑脱，产生危险。

（3）不要同时打开多个工具柜的抽屉，避免造成工具柜倾翻而砸伤人。

（4）手工工具在使用前要检查有无裂纹、碎片、毛刺等情况。若工具存在问题，则应修理或更换后再用。

（5）在使用锋利或带尖的工具时应特别当心。例如，凿子或冲子应正确研磨，保持锋利，使用时要正确握持，避免割伤手。

（6）在进行其他操作时不要把旋具、冲子或其他尖锐的手工工具放到口袋中，也不要放到运转的车辆的不稳定部位，避免刺伤自己或损坏车辆。

（7）将所有的零件和工具整齐地摆放到指定位置，避免其他工作人员被绊倒。

2.2　动力工具及其正确使用

为了减轻劳动强度，提高工作效率，在现代车身维修作业中，对于加工量较大的部位，用动力工具替代手工工具的机会逐渐增多。合理选用和使用动力工具，是保证维修质量，提高维修效率，确保安全生产的重要途径。

动力工具根据动力源的不同，分为气动工具和电动工具。气动工具是利用压缩空气对外输出动能的工具；电动工具是利用电机将电能转换成动能的工具。

2.2.1　拆装工具

1. 气动扳手

气动扳手（见图2-2-1）为棘轮扳手及电动工具的总合体，主要是一种以最小的消耗提供高扭矩输出的工具。

1）使用方法

（1）图2-2-2所示为安装气动软管接头。只有当接头上的圆环处于下拉状态时才能接上接头，拔掉接头的时候需要把圆环向下拉。

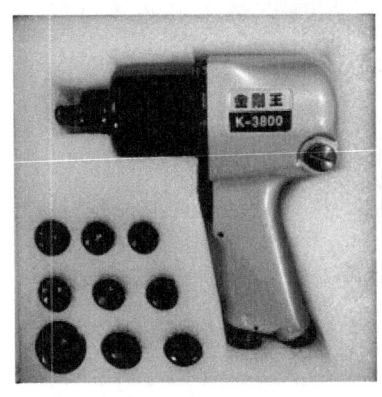

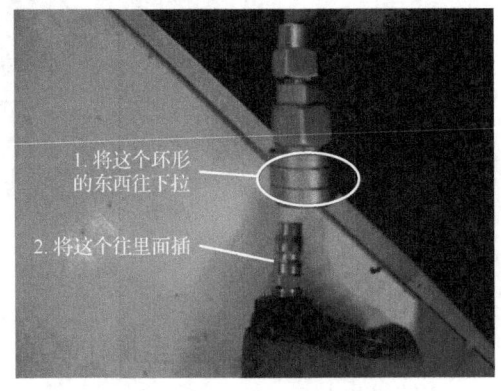

图 2-2-1　气动扳手　　　　　　　　　　图 2-2-2　安装气动软管接头

（2）套筒有不同的规格，选择合适的套筒，然后安装套筒，在如图2-2-3所示的位置安装套筒。

图 2-2-3　安装套筒

2）使用气动扳手的注意事项

（1）在操作前注意换向旋钮的位置（见图2-2-4），以便在操作进气阀时清楚旋转方向。

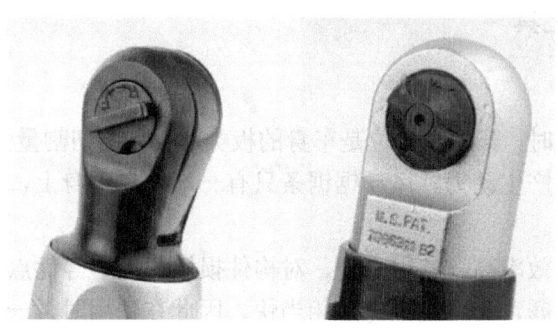

图 2-2-4　换向旋钮

（2）务必保证进入扳手气动马达的压缩空气是最大气压为 6.0bar 的洁净干燥空气，否则可能导致传动系统故障、超速、破裂、输出扭矩错误等危险情形的发生。

（3）确保所有的软管及其他连接装置尺寸正确、安装牢固，切勿使用已损坏的、磨损或老化的空气软管及其他连接装置。建议在供气线路上安装一个紧急关闭阀门，并要让他人了解安装位置。

（4）在操作工具前，务必检查油杯中是否有足够的润滑油，在缺少或没有润滑油的情况下，会加快气动马达叶片的磨损速度，导致工具性能降低、维护工作增加。

（5）身体姿态必须保持平衡和稳定，在操作气动扳手时动作幅度不要过大。在开启和操作气动扳手的过程中，时刻预防和警惕运动中扭矩和力量的突然变化。

（6）为避免软管发生故障或断裂，可在软管上流安装尺寸合适的空气保险装置，并在软管内部不关断的情况下，通过软管稳固装置来防止软管的摆动。

（7）气动扳手为带反作用力臂的扭矩工具，操作时产生的巨大扭矩都被反作用力臂吸收。因此，在操作气动扳手时必须为反作用力臂寻找足够强度的支撑点。

2. 气动錾

气动錾（见图2-2-5）可以更换各种接头，包括一字形螺丝刀头、十字形螺丝刀头、扁铲等。连接气源的方式和使用保养方法与气动扳手相似，可以参照气动扳手。

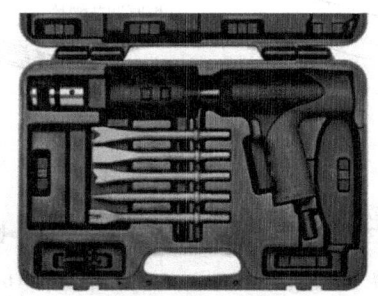

图 2-2-5　气动錾

在使用气动錾时要根据车身实际情况，合理选择不同的錾头，并检查錾头的安装是否可靠。手握气动錾要保持平稳，身体尽量躲开錾出金属屑的方向，要佩戴护目镜和耳塞。

2.2.2 修复工具

1. 风动锯

在进行切割作业时，若切割部位是车身的板类构件，则切割量大，手锯切割效率低。风动锯通过压缩空气产生动力。风动锯锯条只有一端装在锯身上，由于没有锯弓限制，切割缝可以无限延长。

风动锯具有切割效率高、使用方便、对构件损坏程度小等优点。

风动锯的锯条外露，而且切割速度相当快，因此在使用时，一定要将切割部位的周围清理好，用力要适当，避免切割到不需要切割的部位，避免伤到人。在切割缝的位置最好预先画好线，防止切偏。使用风动锯切割车身构件如图 2-2-6 所示。

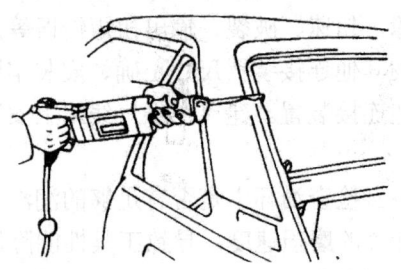

图 2-2-6　使用风动锯切割车身构件

2. 点除钻

点除钻的主要作用是进行钻削作业，一般用于钻除焊点以分离构件和在钣金构件上进行打孔等作业。

钻削使用的刃具以麻花钻头和钻孔器为主。为了便于钻除车身构件的焊点，一般要将普通钻头根据需要进行磨削，或者使用钻孔器作为专门的切具。钣金维修常用的钻头如图 2-2-7 所示。

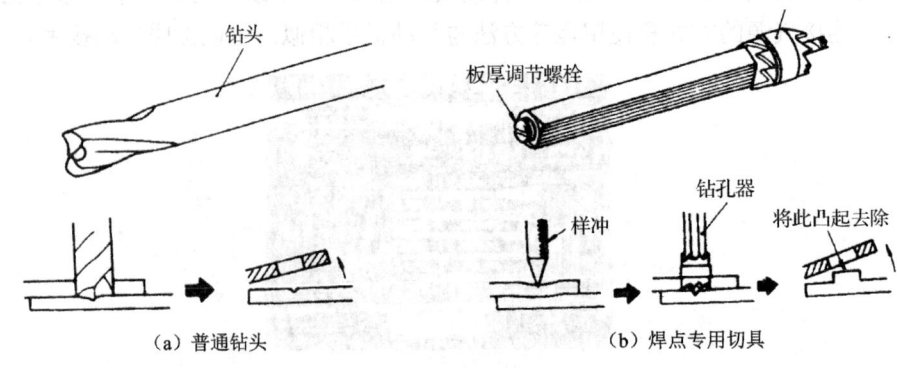

（a）普通钻头　　　　　　　　　（b）焊点专用切具

图 2-2-7　钣金维修常用的钻头

在钻削前应用中心点冲钻出定位孔。当钻孔的直径超过 12mm 时，应先用小直径钻头将定位孔钻出，然后再用合适的钻头进行切削加工。

在钻削过程中会产生热，过热会使钻头失去应有的硬度，因此在钻深孔或连续作业时，应进行必要的冷却。

由于车身构件多为薄板件，所以应注意钻削力度不宜过大，还应避免钻透瞬间产生的冲击力伤及底部相邻的部件。另外，应防止钻削过度，将不该钻除的板件钻削。

3. 打磨机

1）盘片式打磨机

用盘片式打磨机切割焊缝（见图 2-2-8），进而拆解车身构件。在切割焊缝过程中，要注意控制切割深度，避免切割过度，切割到需要保留的构件。

在安装盘片前要对其进行检查，看是否有裂纹，防止盘片在工作时破碎伤人。先将打磨机开机运转后，再将盘片接触到工作表面进行作业。

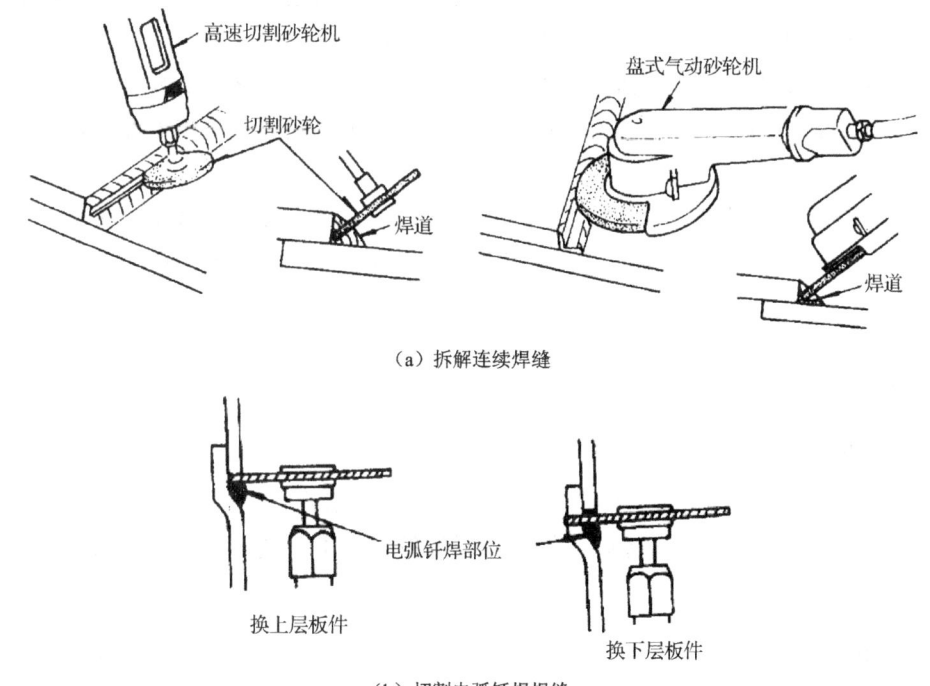

（a）拆解连续焊缝

（b）切割电弧钎焊焊缝

图 2-2-8　用盘片式打磨机切割焊缝

2）气动环带打磨机

气动环带打磨机（见图 2-2-9）可配合工件调整工具作业角度，适用于钣金件损伤区域的沟槽部位、焊接区域的焊接缝的研磨、去角、去毛边等研磨作业。气动环带打磨机在车身维修中主要用于板件局部油漆层或切割后毛刺的打磨。

图 2-2-9　气动环带打磨机

2.2.3　动力工具的安全操作事项

（1）在使用动力工具前，要安装好动力工具的护具。在对工具进行修理和维护前，应先将工具的空气软管或电源线断开。

（2）在使用动力工具时，不要超出其额定功率。例如，砂轮通常有每分钟最大转速，操作时应确保动力工具未超出砂轮、刷子或其他工具的极限转速，否则砂轮或刷子可能会炸开，砂轮碎块或钢丝甩出会造成人员、物品的损伤。

（3）在使用动力工具进行研磨修整时，应避免工具表面硬化金属过热。

（4）在进行研磨、钻孔、打磨等操作时，一定要使用夹紧装置将零件夹紧或固定小零件。

（5）在使用液压装置时，应确保施加的液压是安全的。在使用液压机时，人应该站在侧面，一定要戴上全尺寸面罩，防止零件飞出对人员、物品造成损伤。

复习题

一、判断题

1. 钣金锤是连续敲击钣金件使其形状恢复的基本工具。（　　）

2. 镐锤的尖顶用于敲击去除小的凸点或波纹，其平头端与垫铁（垫铁）配合顶出凹陷。（　　）

二、单选题

1. 在使用钣金锤进行敲击时，要用（　　）去驱动钣金锤垂直敲打。

　　A．手腕　　　　　　B．小臂　　　　　　C．大臂

2. 垫铁是一种手持的铁砧，是敲击整形的衬托工具，与（　　）配合使用。

　　A．棘轮　　　　　　B．钣金锤　　　　　　C．铲刀

3. 在进行锯削时，起锯要略向工件前或后边缘倾斜（　　），然后转回正常姿势，防止折断锯条。

　　A．10°～15°　　　　B．30°～45°　　　　C．45°～60°

4．锯条的使用长度不应少于全长的（　　）。

A．1/3　　　　　　　B．1/2　　　　　　　C．2/3

三、多选题

1．下面可以用于拆装的工具有（　　）。

A．棘轮扳手　　　B．垫铁　　　　　　C．开口扳手　　　D．卡扣起子

2．下面可以用于切割、拆除工件的工具有（　　）。

A．气动剪　　　　B．气动锯　　　　　C．气动扳手　　　D．切割机

四、简答题

1．手工工具的安全操作事项有哪些？

2．动力工具的安全操作事项有哪些？

第3章　车身结构

知识目标：

1. 熟悉车身结构类型及其主要性能
2. 掌握轿车车身构造
3. 熟悉常用车身材料及其主要性能

📖 **技能目标：**

1. 能够对轿车车身部件有正确的认知
2. 能够正确识别车身部件连接及常用车身材料

3.1　汽车车身概述

汽车车身的作用主要是保证车内人员的行车安全性及在行程中形成良好的空气动力学环境。优质的车身不仅能带来安全性能和行驶性能，也能体现车主的个性。从 19 世纪末期到 20 世纪初期，汽车设计师把主要精力都用在了汽车的机械工程学的发展和革新上。到了 20 世纪前半期，汽车的基本构造已经全部成型，汽车设计师开始着手对汽车外部造型进行改进，并相继应用空气动力学、流体力学、人体工程学及工业造型设计等理念，力求让汽车能够从外观上满足不同年龄、不同阶层，甚至不同文化背景的人群需求，使汽车成为真正的科学与艺术相结合的最佳产物，达到最完善的境界。

3.1.1　汽车车身的分类

1. 按车身承载情况分类

按汽车车身的承载情况，车身结构主要有两种类型：有车架的非承载式车身结构和无车架的承载式车身结构。除此之外，还有一种介于两者之间的半承载式车身结构。

1）非承载式车身

非承载式车身（见图 3-1-1）又称车架式车身，具有减振性能好、工艺简单、易于改型等优点，缺点是质量大、承载面高。非承载式车身的结构特征是装有车架，车身和其他零部件安装固定在车架上；车身通过橡胶垫安装在车架上，车架必须有足够的刚度和强度；载荷主要由车架吸收。车架采用 U 形截面梁或盒形截面梁结构，材料用高强度钢。非承载式车身主要用于一些 SUV、大客车和载货车。

图 3-1-1　非承载式车身

2）承载式车身

承载式车身（见图 3-1-2）又称整体式车身，具有如下典型特征。

（1）优点：

① 质量小；

② 生产性能好；

③ 结构紧凑；

④ 安全性好。

（2）缺点：

① 底盘部件与车身结合部件在运动载荷作用下，易发生疲劳损伤；

② 乘客舱易受到来自底盘的振动和噪声的影响；

③ 车身损坏后修复难度大。

（3）结构特点：

① 没有独立的车架，即无车架式车身；

② 车身由地板、骨架、内外蒙皮和车顶等焊接成刚性框架结构。

承载式车身乘客舱的刚度比非承载式车身乘客舱的刚度大，汽车的前部和后部设计溃缩区，在碰撞中通过溃缩区减小碰撞力，最大限度地保护乘客舱。

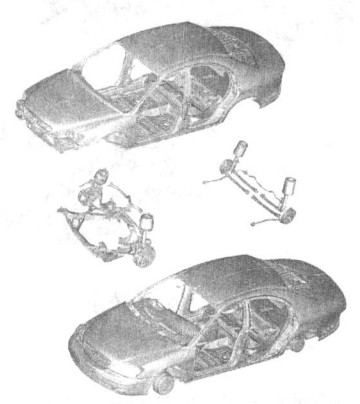

图 3-1-2　承载式车身

3）半承载式车身

这种结构的车身与车架是焊接、铆接或用螺钉连接的，载荷主要由车架吸收，车身也承受了一部分。这种结构的车身是为了避免非承载式车身相对于车架位移时发出的噪声而设计的。由于车身重量大，现在很少采用这种结构的车身。

2. 按车身形状和车顶形式分类

按车身形状和车顶形式可以将汽车车身分成以下几类。

1）普通轿车车身

普通轿车车身的特征是有一根中立柱支撑车顶，根据车门数量，普通轿车可分为两门轿车[见图 3-1-3（a）]和四门轿车[见图 3-1-3（b）]，如一汽大众的速腾。

（a）两门轿车　　　　　　　　　　　　　　（b）四门轿车

图 3-1-3　普通轿车

2）硬顶轿车车身

硬顶轿车车身的特征是没有支撑车顶的中柱，它的车顶结构被强化，以保证有足够的强度，有双门和四门两种版本，如宝马 Z4。硬顶轿车如图 3-1-4 所示。

图 3-1-4　硬顶轿车

3）舱背式轿车车身

舱背式轿车车身的特征是尾部有一个较大的后舱门，其优点是可以获得更大的后部存储空间，一般以紧凑型小轿车居多，如奇瑞 QQ。舱背式轿车如图 3-1-5 所示。

图 3-1-5　舱背式轿车

4）活顶轿车车身

活顶轿车车身的特征是采用了可收缩的帆布顶篷，顶篷内带有钢管骨架。车顶可以向下折叠，收到座椅后面。活顶轿车如图 3-1-6 所示。

图 3-1-6　活顶轿车

5）旅行轿车车身

旅行轿车车身的特征是车顶向后水平延伸，直到车身的后部，车身尾部采用后舱门，可以获得较大的储物空间，如东风本田 CRV。旅行轿车如图 3-1-7 所示。

图 3-1-7　旅行轿车

6）厢式轿车车身

厢式轿车车身的特征是采用了宽大的箱形车身，增大了内部承载空间，如广州本田奥德赛、江淮瑞风、上海通用 GL8 等。厢式轿车如图 3-1-8 所示。

图 3-1-8　厢式轿车

7）SUV 车身

SUV 即运动型多功能汽车，一般采用四轮驱动，底盘通常比轿车稍高一些，提高了车辆的通过性，适合在崎岖路面或越野路面上行驶，如北京吉普、三菱帕杰罗等。SUV如图 3-1-9 所示。

图 3-1-9　SUV

3.1.2　汽车车身的材料

1. 车身用金属材料

随着汽车的发展及环保的要求，车身的质量越来越轻，安全性能越来越高，普通的钢材已不能适应汽车发展的需要。车身开始大量应用不同种类的新材料，如高强度钢、超高强度钢、铝合金、塑料等。新材料的大量应用使车身板件的性能发生了非常大的改变，传统的修理方法已经不能很好地修复损坏的车身板件。因此，要了解车身主要材料的种类和性能，才能针对性地对新型车身进行高质量的修复。

1）金属材料的主要性能

金属材料的性能是指用来表征材料在给定外界条件下的行为参量。当外界条件发生变化时，同一种材料的某些性能也随之变化。通常金属材料的主要性能是指机械性能和工艺性能。

（1）金属材料的机械性能。

金属材料的机械性能即力学性能。所谓力学性能是指金属材料在外力作用下所表现出来的性能。力学性能包括强度、疲劳强度、塑性、韧性及硬度等。

① 强度。强度是指在外力作用下材料抵抗变形和断裂的能力，是材料最重要、最基本的力学性能指标之一。

② 疲劳强度。金属材料在极限强度下，长期承受交变负荷（大小、方向反复变化的载荷）的作用，在不发生显著变形的情况下突然断裂的现象，称为疲劳。

金属材料在重复或交变应力作用下，经过周次 N 的应力循环仍不发生断裂时所能承受的最大应力，称为疲劳极限。金属材料在重复或交变应力作用下，循环一定周次后断裂时所能承受的最大应力，称为疲劳强度。金属发生弯曲的部位会变得很硬，这种现象叫作金属的加工硬化，如图 3-1-10 所示。

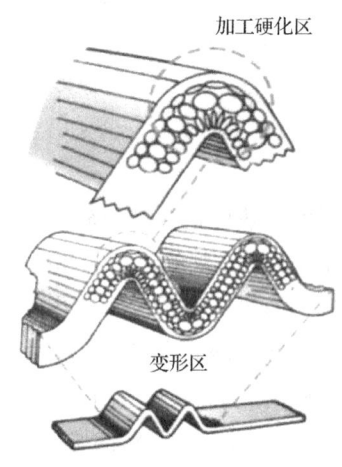

图 3-1-10　加工硬化

③ 塑性。金属材料在外力作用下，产生永久变形而不致破裂的能力，称为塑性。许多零件或毛坯都是通过塑性变形而成形的，这要求材料有较高的塑性；为防止零件工作时脆断，也要求材料有一定的塑性。

④ 韧性。韧性是指金属材料在冲击力（动力载荷）的作用下不破裂的能力。金属的韧性通常随加载速度的提高、温度的降低、应力集中程度的加剧而降低。

⑤ 硬度。硬度是指金属材料抵抗更硬物体压入其表面的能力。

（2）金属材料的工艺性能。

工艺性能是指金属材料在加工过程中所表现出来的性能，即接受加工难易程度的性能。工艺性能主要有铸造性、切削加工性、焊接性、可锻性、冲压性、热处理工艺性等。

① 铸造性。铸造是将熔融金属浇注、压射或吸入铸型腔中，待其凝固后得到一定形状和性能的铸件的方法。

② 切削加工性。金属材料在切削加工时所表现的性能称为切削加工性。切削加工性的优劣反映了金属材料经过切削加工成为满足要求的工件的难易程度。

③ 焊接性。焊接性是指用焊接方法将两种相同或不同的金属材料焊合在一起，并获得优良性能的焊缝。

一般来说，导热性过高或过低、热膨胀性高、塑性低或焊接时容易氧化、吸气的金属材料，其焊接性比较差。低碳钢具有良好的焊接性，中碳钢的焊接性中等，高碳钢、高合金钢、铸铁和铝合金的焊接性较差。

④ 可锻性。可锻性是指金属材料在锻造过程中承受塑性变形的性能。如果金属材料的塑性好，易于锻造成形而不发生破裂，就认为其可锻性好。铜、铝的合金在冷态下具有很好的可锻性，碳钢在加热状态下具有很好的可锻性，而青铜的可锻性较差，至于脆性材料的可锻性就更差了，如铸铁几乎就不能锻造。

⑤ 冲压性。冲压性是指金属材料经过冲压变形而不产生裂纹等缺陷的性能。许多金属产品的制造都要经过冲压工艺，如汽车壳体、搪瓷制品坯料。

⑥ 热处理工艺性。热处理工艺性是指金属材料经过热处理后，其组织和性能改变的性能，包括淬硬性、淬透性、回火脆性、氧化及脱碳趋势等。

2）车身用金属材料种类

（1）热轧钢板和冷轧钢板。

车身结构中有两种类型的钢板：热轧钢板和冷轧钢板。

热轧钢板是在800℃以上的高温下轧制的，它的厚度一般在1.6～8mm，用于制造汽车要求强度高的零部件，如车身、横梁、纵梁、车身内部钢板、底盘零件等。

冷轧钢板是由热轧钢板经过酸洗后冷轧变薄，并经过退火处理后得到的（因为滚轧，钢板内部结构变硬，要实施退火处理使其软化）。由于冷轧钢板是在较低的温度下轧制的，它的厚度精度高，一般厚度为0.4～1.4mm。冷轧钢板的表面质量好，具有良好的可压缩性和焊接性能。大多数承载式车身都是采用冷轧钢板制成的。在悬架周围、车身底部容易腐蚀的地方，采用经过表面处理的冷轧钢板作为防锈钢板。

（2）低碳钢。

承载式车身采用低碳钢的情况越来越少，但从修理的角度考虑，车身的覆盖件一般还会采用低碳钢来制造。

（3）高强度钢。

高强度钢泛指强度高于低碳钢的各种类型的钢材，一般强度在200N/mm^{2}以上。

新设计的承载式车身通常比非承载式车身小，要求车身的前部能够承受很大的载荷，并能够很好地吸收碰撞能量，高强度钢正好可以解决这两方面的问题。

为了达到这些要求，许多汽车制造厂都采用强度好、质量轻的高强度钢来制造现代车身大部分的板件，如图3-1-11所示。

① 高强度钢种类。

a. 高强度低合金钢。高强度低合金钢（HSLA）又称回磷钢，通过在低碳钢中加入磷来提高钢的强度。它具有和低碳钢相似的加工特性，为汽车的外部面板和车身提供了更高的抗拉强度。

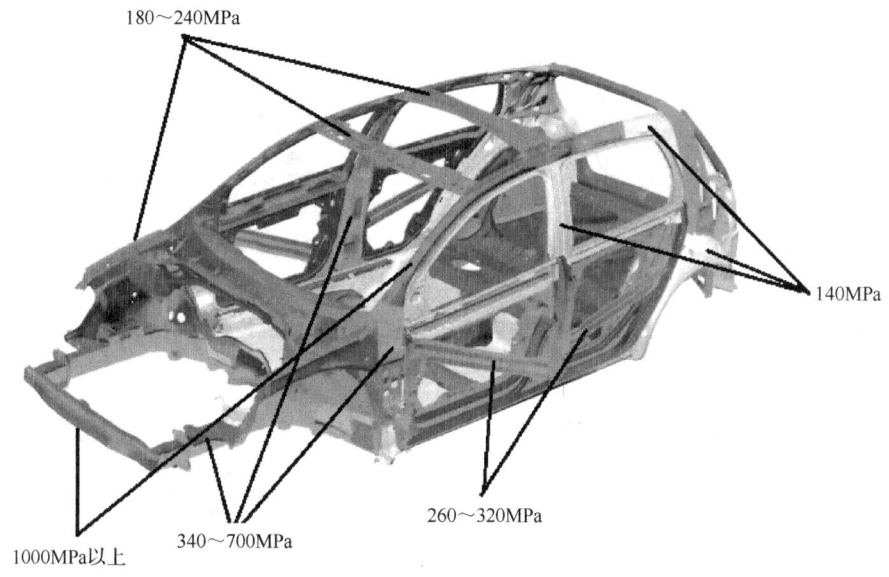

180～240MPa

140MPa

1000MPa以上

340～700MPa

260～320MPa

图 3-1-11 现代车身高强度钢板的应用

为了避免汽车结构性能明显降低，在修理时对高强度钢的加热要按生产厂规定的温度进行。根据经验，加热温度必须为 370～480℃，同时加热时间不可超过 3min。因此，在对高强度钢、低合金钢进行焊接时，要采用气体保护焊或电阻点焊，不允许采用氧乙炔焊和电弧焊。

b. 高抗拉强度钢。高抗拉强度钢（HSS）又称 Si-Mn 固溶体淬火钢。这种钢增加了硅、锰和碳的含量，使抗拉强度提高，一般用这种钢制造与悬架装置有关的构件和车身等。

c. 超高强度钢。在现代车身上应用的超高强度钢（UHSS）主要有高塑性钢、双相钢、多相钢、硼钢和铁素体-贝氏体钢等。

汽车上所有的车门、车顶纵梁和一些保险杠加强筋都是由各种超高强度钢制成的。

硼钢是在普通碳钢的基础上添加硼元素，之后进行淬火等热处理，提高了钢的抗拉强度。硼钢的抗拉强度为 1300～1400MPa。例如，VOLVOSC90 型车的中立柱就是用硼钢制造的，在受到侧面碰撞时可防止车内人员免受或少受伤害。

在采用气体保护焊的塞焊方式或大功率电阻点焊机进行焊接时，不可使用产生大量热量的焊接方式。

② 高强度钢在现代车身上的应用。

现代车身的覆盖件一般采用低碳钢或强度比较低的高强度钢制造，但是车身的结构件都采用高强度钢或超高强度钢制造。

从图 3-1-12～图 3-1-15 中可以看到，不同种类的高强度钢制成的部件（深色的部分）在现代车身中的应用。

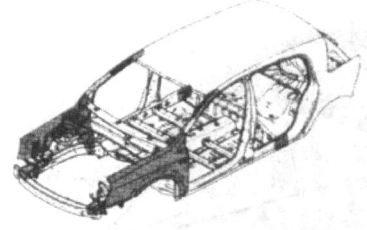

图 3-1-12　高强度低合金钢在现代车身中的应用　　图 3-1-13　高抗拉强度钢在现代车身中的应用

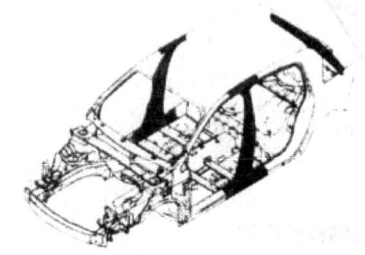
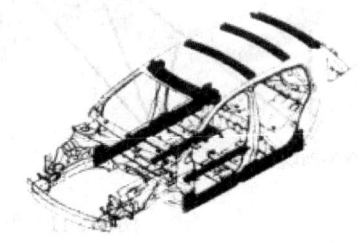

图 3-1-14　硼钢在现代车身中的应用　　　　　图 3-1-15　双相钢在现代车身中的应用

③ 钢板热处理及高强度钢板的修理方式。

a．加热对钢板性能的影响。

对低碳钢板进行加热时，随着钢板温度的增高，其强度和刚度降低。停止加热，在温度下降到常温后，钢板的强度又恢复到原来的程度。因此对于低碳钢板的修理来说，加热操作后不会降低钢板原有的强度，一般允许加热的温度不超过 200℃。

b．钢板热处理的种类。

钢板的热处理通常分为四类：正火处理、淬火处理、回火处理和退火处理。

钢板的热处理是通过调整加热温度和冷却速率来控制的，热处理的结果因金属的含碳量和合金的种类的不同而有所不同。图 3-1-16 所示为不同的钢板热处理与温度的关系。

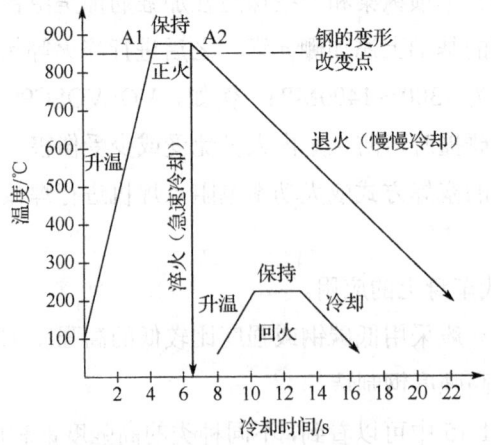

图 3-1-16　不同的钢板热处理与温度的关系

正火处理用来强化内部结构。正火处理是将钢板加热到 850℃后，通过空气进行冷却的一种热处理过程。钢板在经过机械加工产生塑性变形后，内部结构将变得散乱，从而造成强度不均，此时可借正火处理来整顿其内部结构，改善其机械性能。

淬火处理用来增加钢板的硬度。淬火处理是将含碳量为 0.4%的钢材加热至 850℃后，急速冷却的一种热处理过程。淬火处理虽然增加了硬度，但是也增加了脆性。

回火处理用来增加钢板的韧性。回火处理是将淬火处理过的材料再次加热到 200℃，然后冷却的一种热处理过程。回火处理可使材料的内部结构稳定，以增加材料的韧性。

退火处理用来增加钢板的柔软性。退火处理是将材料加热后，慢慢冷却的一种热处理过程。加热的温度根据需求而有所不同。

c. 高强度钢板的修理方式。

在承载式车身的修理中，不能应用氧乙炔焊、电弧焊等在焊接中产生大量热量的焊接方式，而是应用惰性气体保护焊和电阻点焊等产生少量热量的焊接方式。

在修理中对钢板进行加热的目的是消除钢板内部的应力，而不是用过度加热来软化钢板以方便修理。消除应力的加热温度一般不能超过 200℃，在加热时要采用热敏材料来控制加热温度。

（4）特殊金属板。

① 防锈钢板。

防锈钢板的表面有一层镀层，镀层的种类有镀锌、镀铝和镀锡。在这三种防锈钢板中，镀锌钢板和镀铝钢板比普通钢板更易腐蚀，而镀锡钢板的防腐性能则比普通钢板的防腐性能好。镀锌钢板在碱性环境中的防腐性能要好于在酸性环境中的防腐性能，一般用于车身钢板等；镀铝钢板在酸性环境中的防腐性能要好于在碱性环境中的防腐性能，一般用于排气管护板；镀锡钢板一般用于燃油箱。车身防锈钢板的种类与用途如表 3-1-1 所示。

表 3-1-1 车身防锈钢板的种类与用途

防锈钢板种类		用　途
镀锌钢板	熔融镀锌	车身钢板
	双层镀锌	车门、发动机等
镀锡钢板		燃油箱
镀铝钢板		排气管护板

镀锌钢板有以下几种。

a. 电镀锌钢板。表面均匀、涂装性能好、焊接性能好，但是镀层薄、防锈性能差。

b. 熔解镀锌钢板。镀层厚、防锈性能好，不过焊接性能和涂装性能差。

c. 镍锌合金电镀钢板。通过电镀锌和镍的合金，力求达到集涂装性能、加工性能和防锈性能为一体的效果。

d. 合金化熔解镀锌钢板。将熔解镀锌钢板加热到 450～600℃，对镀层膜与铁进行合金化处理，有利于焊接、涂装、防锈。

车身用的镀锌钢板有单面镀锌钢板和双面镀锌钢板两种，如图 3-1-17 所示。单面镀锌钢板一般用于不经常接触腐蚀物质的部位，如车身的上部。双面镀锌钢板一般用于车身的下部，如车地板、挡泥板、发动机罩等部位，这些部位经常接触腐蚀物质，需要重点防护。

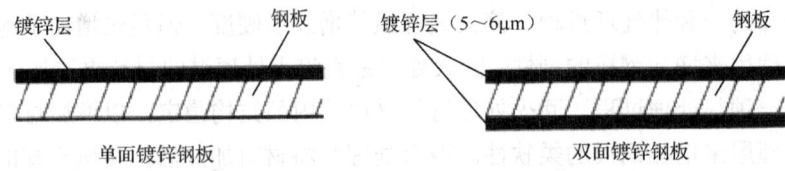

图 3-1-17　单面镀锌钢板和双面镀锌钢板

② 不锈钢板。

不锈钢板是一种铬、镍合金碳钢，碳钢的含铬量大约为 12%，在车身上主要用于一些豪华车的外部装饰件。

③ 夹层制振钢板。

夹层制振钢板的表面或中间有塑胶。以前用于钢板的覆盖塑胶膜较薄，而现在应用的覆盖塑胶膜较厚，吸收振动的效果更好一些。夹层制振钢板用于下隔板或乘坐室隔板。

④ 铝合金。

随着车身轻量化要求的提出，车身中铝合金的应用越来越多。最初铝合金只应用于车身外部装饰件，现在车身结构件也可以全部用铝合金来制造。例如，奥迪 A6、别克 GL8、标致 307 和欧宝维特 C 等发动机罩就是用铝合金制造的；雷诺 LAGUNA Ⅱ 的发动机罩、车顶和车门板都是用铝合金制造的；奥迪 A2（见图 3-1-18）、宝马 5 系列前部（见图 3-1-19）均用铝合金来制造车身结构件和外部板件。

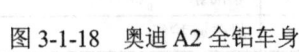

图 3-1-18　奥迪 A2 全铝车身　　　　图 3-1-19　宝马 5 系列前部铝车身

这些部件的铝合金类型是铝硅、铝镁系列铝合金，合金中主要的合金元素是硅、镁，有的还加入了铜。

铝合金部件一般应用在碰撞吸能区域，如图 3-1-20 所示。除了能够承受正常的载荷，在碰撞变形中还可以吸收大量的能量，保护后面的部件完整、不变形。铝合金一般用来制造横梁、保险杠及其支撑件等。

冲压件有非常高的强度，它们能够加强车身的强度和刚性，使车身能够在剧烈的碰撞中保持结构的完整性。在车身的铝合金件上一般都标有铝合金的类型标识，如图 3-1-21 所示。

图 3-1-20　车身前部铝合金吸能部件

图 3-1-21　奥迪 A2 车身的铝合金件上的标识

2. 车身用非金属材料

在汽车制造中，除使用金属材料外，还广泛使用非金属材料。汽车灯罩、仪表板壳、转向盘、坐垫、风窗玻璃、轮胎、传动带、连接软管等都是由各种非金属材料制成的。非金属材料具有许多优良的理化性能，可以满足某些特殊要求，而且原料丰富。

非金属材料的种类很多，这里主要介绍玻璃、塑料、橡胶和黏合剂的基本知识，以及它们在汽车上的应用。

1）车身用玻璃

车身用玻璃有安全和外观两方面的要求。车身用玻璃要有良好的光学性能，还要有良好的耐磨性、耐热性、耐光性。汽车要使用安全玻璃，玻璃在破碎后不能对车内人员造成伤害。

现在的风窗玻璃都做成整体的大曲面形，上下左右都有一定的弧度。这种曲面玻璃从加工过程到安装配合的技术要求都非常高。

现在汽车上应用的安全玻璃有夹层玻璃、钢化玻璃、区域钢化玻璃和特殊功能玻璃等类型。

（1）夹层玻璃。

夹层玻璃内部有一种透明可黏合的塑料膜，贴在二层或三层玻璃之间。它将塑料的强韧性和玻璃的坚硬性结合在一起，增加了玻璃的抗破碎能力。

（2）钢化玻璃。

钢化玻璃是将普通玻璃淬火使其内部组织形成一定的应力，从而提高玻璃的强度。在受到冲击破碎时，玻璃会分裂成带钝边的小碎块，对车内人员不易造成伤害。

（3）区域钢化玻璃。

区域钢化玻璃是钢化玻璃的一个新品种。它经过特殊处理，在受到冲击破碎时，玻璃的裂纹仍能够保持一定的清晰度，保证驾驶人的视野区域不受到影响。目前汽车的风窗玻璃以区域钢化玻璃为主，能承受较强的冲击力。

（4）特殊功能玻璃。

单面透视玻璃。这种玻璃是在普通玻璃表面涂抹一层铬、铝或铱的薄膜可以将光线大部分反射回去，使汽车从内向外的可视性好，车外却无法透视车内。

控制风窗玻璃。这种玻璃具有雨滴传感作用，其传感器可检测到雨滴，然后自动打开风窗玻璃上的刮水器，并根据雨量的大小变化，随时改变刮水器速度。

控制阳光玻璃。这种玻璃能挡住多达84%的太阳能，可以在汽车所有车窗关闭和阳光直接暴晒情况下，使车内保持凉爽。

导电玻璃。这种玻璃是在普通玻璃表面涂抹一层氧化钛、氧化锂之类的薄膜。这种玻璃会通过微量的电流，产生热量，使附在车窗上的冰霜立即融化，以保证车内人员的视线。

显示器系统玻璃。这种玻璃可以作为显示器系统，汽车路线指南、方位图等都可以从仪表板后面投射到汽车前风窗玻璃上。这样驾驶员不需要看仪表盘，只需要正视前方，就可以看到玻璃上显示的各种需要的信息，既方便又安全。

2）车身用塑料

塑料在汽车上的应用发展很快，从最初的内饰件和小零件，发展到可替代金属来制造各种机械配件和车身板件。用塑料替代金属，既可获得汽车轻量化的效果，又可改善汽车的某些性能，如耐磨、防腐、减振、减小噪声等。随着汽车工业的发展，塑料在汽车车身上的应用越来越受重视。

（1）塑料的种类。

塑料的种类很多，按其热性能的不同，可分为热固性塑料和热塑性塑料两大类。

① 热固性塑料。热固性塑料是指经过一次固化后，不再受热软化，只能塑制一次的塑料。这类塑料耐热性好，受压不易变形，但力学性能较差。常用的热固性塑料有环氧树脂、酚醛树脂、氨基树脂、有机硅树脂等。

② 热塑性塑料。热塑性塑料是指受热时软化，冷却后又变硬，可反复多次加热塑制的塑料。这类塑料加工成型方便、力学性能好，但耐热性相对较差、容易变形。热塑性塑料数量很大，约占全部塑料的80%。常用的热塑性塑料有聚乙烯、聚氯乙烯、聚四氟乙烯、聚苯乙烯、聚丙烯、聚酰胺等。

（2）塑料的主要特性。

塑料具有许多优良的物理、化学性能，主要有以下几点。

① 质量轻。塑料的相对密度一般只有$1.0\sim2.0g/cm^3$，可以大幅度减轻汽车的质量，减少油耗。

② 化学稳定性好。一般的塑料对酸、碱、盐和有机溶剂都有良好的耐腐蚀性。

③ 比强度高。比强度是指单位质量的强度。尽管塑料的强度要比金属低，但塑料的密度小、质量轻。以等质量相比，其比强度要高。

④ 电绝缘性好。大多数塑料有良好的电绝缘性。汽车电器零件广泛采用塑料作为绝缘体。

⑤ 耐磨性和减磨性好。大多数塑料的摩擦系数较小，耐磨性好，能在半干摩擦甚至无润滑条件下良好工作。

⑥ 吸振性和消声性好。使用塑料轴承和塑料齿轮的机械在高速运转时可平稳地转动，大大减小了噪声，降低了振动。

塑料也有不少缺点。与钢材相比，塑料的力学性能较低，耐热性较差（一般只能在

100℃以下长期工作），导热性差，容易吸水，吸水后性能恶化，易老化，易燃烧，温度变化时尺寸稳定性差等。

（3）塑料在汽车中的应用。

由于塑料具有诸多金属和其他材料所不具备的优良性能，所以在汽车上应用很广，常用于制作各种结构零件、耐磨零件、减磨零件、隔热防振零件等。

3）车身用橡胶

橡胶是一种高分子材料。汽车上有许多零件是用橡胶制造的，如轮胎、车门窗密封条、风扇传动带、缓冲垫、油封、制动皮碗等。

（1）橡胶的基本性能。

① 极高的弹性。这是橡胶独特的性能。橡胶在初始受载荷时变形量很大，但随着外力的增加，橡胶又具有很强的抵抗变形的能力。它可以作为减振材料，用于制造各种减轻冲击和吸收振动的零件。

② 良好的热可塑性。橡胶在一定温度下会失去弹性而具有可塑性，当橡胶处于热可塑性状态时，容易加工成各种形状和尺寸的制品，而且当外力去除后，仍能保持加工后的形状和尺寸。

③ 良好的黏着性。黏着性是指橡胶与其他材料黏结成整体的能力。橡胶有很强的吸附能力，能与其他材料黏结成整体。例如，汽车轮胎就是利用橡胶与棉、毛、尼龙等材料牢固黏结在一起而制成的。

④ 良好的绝缘性。大多数橡胶是绝缘体，是制造电线、电缆等导体的理想材料。

⑤ 橡胶还具有良好的耐寒、耐腐蚀和不渗漏水、气等性能。

⑥ 橡胶的缺点是导热性差，硬度和抗拉强度不高，容易老化等。

（2）橡胶在汽车中的应用。

在汽车上用量最大的橡胶制品是轮胎。另外橡胶还广泛应用于车门、车窗的密封条，各种胶管、胶带，减振配件及耐油配件等。

4）车身用黏合剂

黏合剂又称黏结剂，它是将两种材料黏结在一起，或者填补零件裂纹、空洞等缺陷的材料。黏合剂具有较高的黏结强度和良好的耐水、耐油、耐腐蚀、电绝缘等性能，用它来修复零件具有工艺简单、连接可靠、成本低、不会引起零件变形和内部组织发生变化等优点。

3.1.3 汽车车身的连接方式

将汽车车身上的金属零部件连接在一起的方式有两大类：车身可拆卸连接和车身不可拆卸连接。

1. 车身可拆卸连接

车身可拆卸连接有以下几种方式。

1）螺纹连接

螺栓连接如图 3-1-22 所示。螺栓焊接螺母连接如图 3-1-23 所示。螺钉卡扣连接如图 3-1-24 所示。自攻螺钉连接如图 3-1-25 所示。

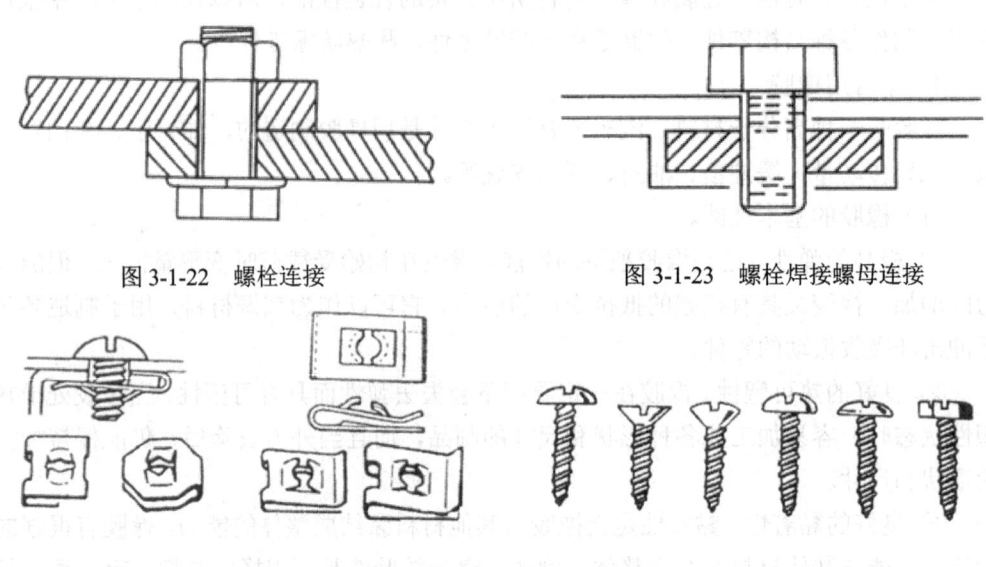

图 3-1-22　螺栓连接　　　　　　　　　图 3-1-23　螺栓焊接螺母连接

图 3-1-24　螺钉卡扣连接　　　　　　　图 3-1-25　自攻螺钉连接

2）卡扣连接

卡扣连接（见图 3-1-26）用来安装室内装饰件、装饰条、外部装饰件、线路等。

图 3-1-26　卡扣连接

3）铰链连接

铰链连接（见图 3-1-27）用来安装车门、发动机罩、行李舱盖等需要经常开关的部件。

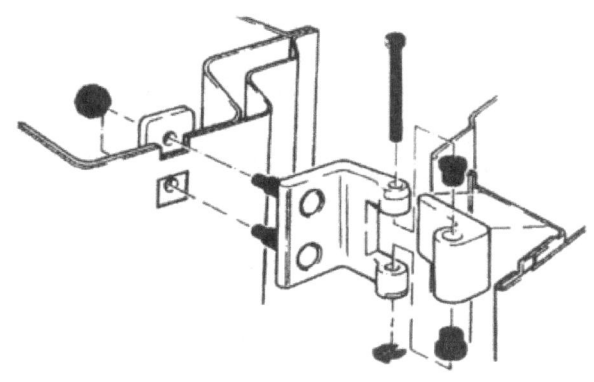

图 3-1-27 铰链连接

2. 车身不可拆卸连接

车身不可拆卸连接有以下几种方式。

1）折边连接

折边连接（见图 3-1-28）用来安装车门内外板、发动机罩内外板、行李舱盖内外板等。

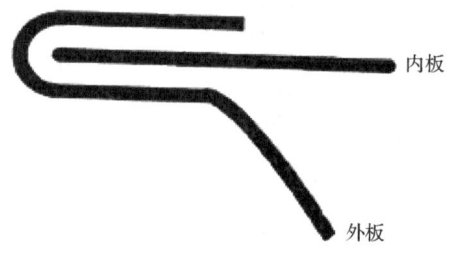

内板

外板

图 3-1-28 折边连接

2）铆钉连接

铆钉连接（见图 3-1-29）用来连接车身上的不同材料（当使用其他方式不能有效连接时），或者用来连接铝、镁或塑料车身等。

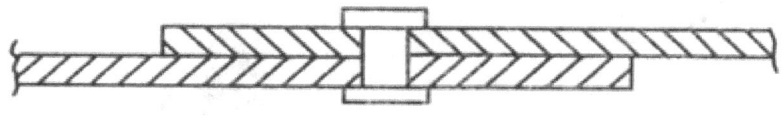

图 3-1-29 铆钉连接

3）黏结连接

黏结连接（见图 3-1-30）主要用来安装车身需要密封的板件，如一些车身大面积面板、铝车身板件、塑料车身件等。该方式一般不单独使用，而是配合螺栓、铆钉、电阻点焊、折边连接等方式一起进行连接。

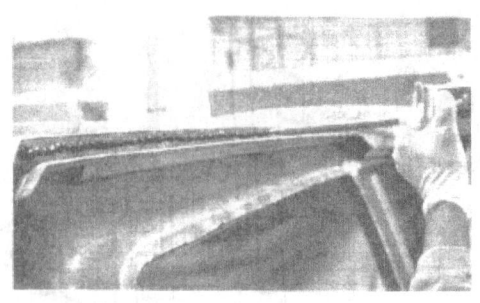

图 3-1-30　黏结连接

4）焊接连接

在汽车车身修理作业中，焊接占的比重最大，因为焊接可以获得与母材相近的强度。连续焊接不仅具有良好的水密性、气密性，而且具有比其他任何连接方式都可靠的结合强度。

焊接连接是对需要连接的金属板件加热，使它们共同熔化，最后结合在一起的方式。车身组件多由钢板或型钢构成，常用的焊接方式如图 3-1-31 所示。车身的焊接连接如图 3-1-32 所示。

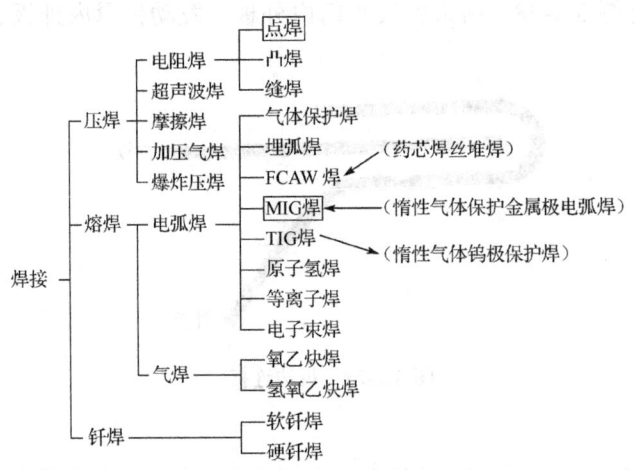

□ 整体式车身修理用的焊接方式，其他焊接方式不提倡用于整体式车身修理

图 3-1-31　常用的焊接方式

图 3-1-32　车身的焊接连接

3.1.4 车身的主要性能

1. 密封性

车身的密封性是指在关闭车身全部门、窗和孔口盖时，车身的防雨水和防尘土能力。若车身的密封性不好，不但不能使车内保持所需的温度，而且尘土和雨水都易侵入车内。影响车身密封性的主要部位是门窗缝隙，故在维修时应注意密封条的截面形状和密封效果，另外还应注意位于车厢内发动机罩的密封性和空调装置管路穿过地板孔洞的密封性。车门密封如图 3-1-33 所示。

密封条

图 3-1-33　车门密封

2. 隔热性

车内温度是保证舒适性的重要因素之一。车内温度的保持，除使用空调装置外，还要求车身具有良好的隔热性。如果车身的隔热性差，车内热（冷）量损失大，势必更多地消耗加热（制冷）设备的能量。

汽车车身的隔热一般采用隔热层。隔热层由玻璃纤维、胶合板、毛毡、泡沫塑料等材料组成。通常情况下，顶盖受太阳辐射影响最大，顶盖隔热层的厚度一般较大，如图 3-1-34 所示。为防止发动机传至车内的热量太多，一般在朝向发动机的防火板表面加一层铝铂，如图 3-1-35 所示。

图 3-1-34　顶盖隔热层

图 3-1-35　发动机防火板表面的铝铂

3．防振和降噪性

由于车身骨架轮廓的误差，蒙皮和车身骨架不能完全贴合，加之车身骨架立柱间有一定的空腔，所以在客车行驶过程中往往会出现蒙皮鼓动并产生噪声。

目前比较广泛采用的措施是利用喷涂的方法，在蒙皮内侧和骨架所形成的空腔内填充聚氨酯硬质泡沫塑料，如图3-1-36所示。聚氨酯硬质泡沫塑料层是双组分发泡材料在喷涂3～5s后产生化学反应，成为固化的发泡塑料，并均匀地填满缝隙，牢固地黏接在喷涂表面上形成的。这样既保证了车身的密封性和隔热性，又因其增强了蒙皮与骨架的阻尼，减弱或消除了蒙皮的鼓动声，使车身的振动减轻，并降低了噪声。

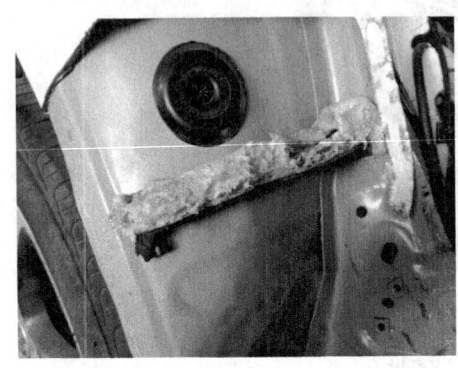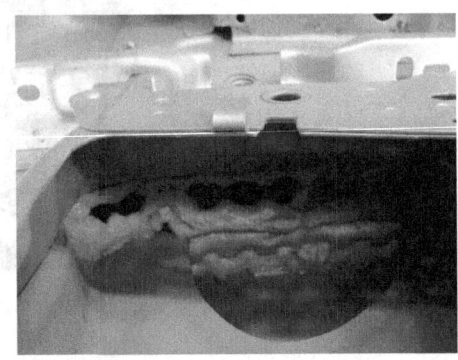

图3-1-36　聚氨酯硬质泡沫塑料

4．安全性

汽车的安全性通常被划分为主动安全性和被动安全性。汽车主动安全性是汽车本身防止或减少道路交通事故发生的一种有效机能。汽车主动安全性主要取决于汽车的总体尺寸、制动性、行驶稳定性、操纵性、信息性及驾驶员的工作条件（操作元件人机特性、座椅舒适性、噪声、温度、通风和操纵轻便性等）。汽车被动安全性是指一旦发生交通事故，如何避免或减轻车内人员被伤害的保护性对策，这主要取决于车身刚度匹配、车内软化和安全保护装置（安全带和安全气囊）等。

3.2　非承载式车身结构

非承载式车身是传统的汽车车身结构。在这种结构中，车架是整个车辆的结构基础，车身壳体通过螺栓安装在车架上，发动机、变速器、悬架等大总成也安装在车架上。车架必须有足够的强度，才能承载各大总成的重量，并保证在碰撞中汽车的主要部件的固定位置不会发生较大的变动。车架通常是由高强度槽钢或箱形构件制成的，上面固定了一些横梁、支架和拉杆，用于安装汽车底盘部件，横梁、支架和拉杆通常通过焊接连接、铆钉连接或螺栓连接方式连接到车架纵梁上。非承载式车身结构组成如图3-2-1所示。

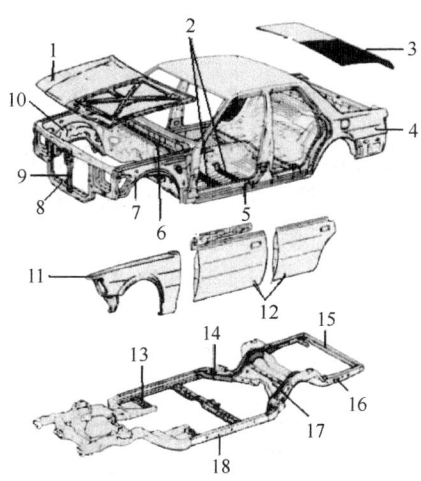

1—发动机舱盖；2—座椅支架；3—行李箱盖板；4—后侧围板；5—车门槛板；6—前隔板；7—挡泥板上围板；
8—散热器框架；9—发动机锁扣支架；10—挡泥板；11—翼子板；12—车门；13—防振梁；14、16—后边梁；
15—后横梁；17—中横梁；18—中边梁。

图 3-2-1　非承载式车身结构组成

3.2.1　车架

非承载式车身因为采用了厚重的车架，车辆总重一般比承载式车辆大很多，影响了车辆的动力性和燃油经济性。

非承载式车身有梯形车架、周边式车架和 X 形车架三种。

梯形车架是由两根纵梁与几根横梁组成的，两根纵梁可能是平行的，也可能是不平行的，整个车架看上去像一个梯子，如图 3-2-2 所示。梯形车架现在应用较少，一般应用于载货车上。

周边式车架在结构上与梯形车架类似，其特点是两根纵梁在车身底部基本上沿着周边布置，并在前轮后部和后轮前部分别设计了阶梯变形部位，以形成抗扭箱形结构。这种车架结构可以在受到侧面碰撞时更好地保护车内人员的安全。

X 形车架的特点是中间窄，前后宽，具有较高的抗扭曲性，但现在已经基本不再使用。

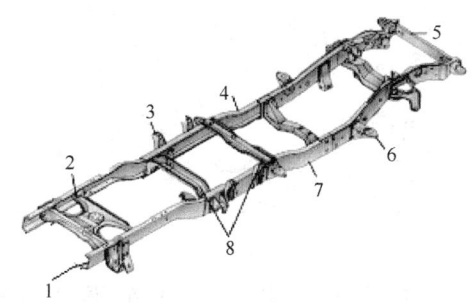

1—车架顶角；2—前横梁；3—车身支架；4—右纵梁；5—后横梁；6—车身支架；7—左纵梁；8—车架横梁。

图 3-2-2　梯形车架示意图

3.2.2 车身主体

1. 前段车身

非承载式车身前段的主要零部件（见图3-2-3）与承载式车身的主要零部件相似，但连接方式不同，如散热器框架、前翼子板、挡泥板通常都是用螺栓固定的，维修时比较容易拆装。

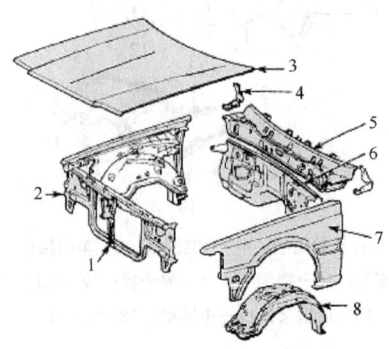

1—发动机舱盖锁闩支架；2—散热器框架；3—发动机舱盖；4—发动机舱盖铰链；

5—车颈板；6—防火板；7—前翼子板；8—挡泥板。

图 3-2-3　非承载式车身前段的主要零部件

散热器框架一般是由上、下、左、右四根支架焊接起来的一个整体结构。翼子板的上端和后端与内板通过点焊连接，这样不仅提高了翼子板的强度和刚度，在受到侧面碰撞时保护悬架和发动机不受损坏，还减少了振动和噪声。

2. 非承载式车身本体

非承载式车身本体（见图3-2-4）可分为乘客舱和行李舱两大部分。它主要由防火板、仪表板、底板、车顶板、立柱、车门、后侧尾板、行李箱盖等部件组成。各个部件的结构与承载式车身中的相应结构类似。车身本体安装在车架上，不是主要的承载部分，所以各个构件的连接方式可能与承载式车身相应构件的连接方式不同。

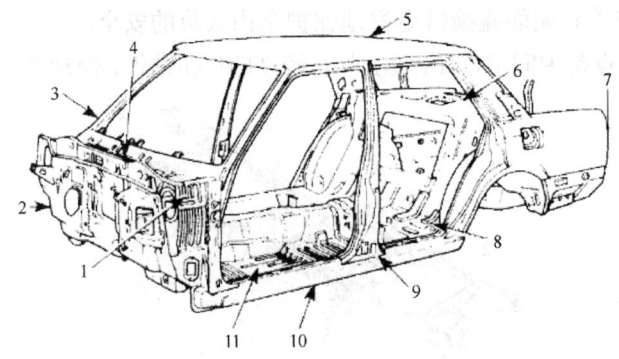

1—车颈板侧面面板；2—防火板；3—前立柱（A柱）；4—车颈板；5—车顶板；6—上背板；

7—后侧围板；8—乘客舱后部底板；9—中立柱（B柱）；10—门槛板；11—乘客舱前部底板。

图 3-2-4　非承载式车身本体

3.3　承载式车身结构

为了省去笨重的车架而使汽车轻量化，绝大多数轿车都采用承载式车身结构。现代轿车承载式车身壳体前部都有副车架，在副车架上安装发动机、传动系统、前悬架和前轮，组合成便于装配和维修的整体。捷达轿车的车身壳体如图 3-3-1 所示。

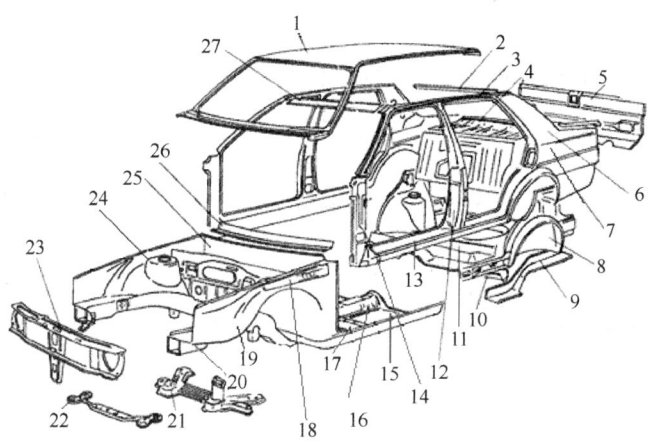

1—顶盖；2—后风窗框上横梁；3—上边梁；4—后搁物板；5—后围板；6—后立柱（C 柱）；7—后翼子板；8—后轮罩；
9—后纵梁；10—地板后横梁；11—后地板；12—B 柱；13—门槛；14—A 柱；15—前地板；16—地板通道；
17—前座椅横梁；18—前翼子板加强撑；19—前挡泥板；20—前纵梁；21—副车架；22—前横梁；23—散热器框架；
24—减振器拱形座；25—防火板；26—前风窗框下横梁；27—前风窗框上横梁。

图 3-3-1　捷达轿车的车身壳体

轿车车身按照图 3-3-2 分段，按长度方向分为前段、中段、后段。中段刚度最大，前、后段有较大韧性。例如，在汽车正面碰撞试验（车速为 50km/h）中，前段收缩 30%～40%，中段仅收缩 1%～2%。

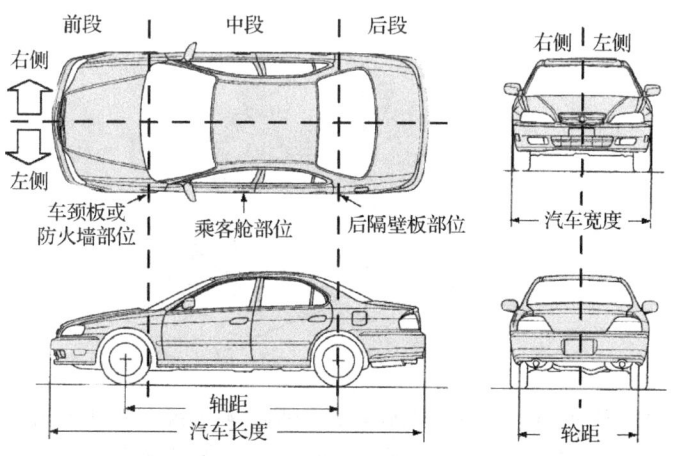

图 3-3-2　车身分段组成

1）前段

前段又称车头部分，包括前保险杠和防火板之间的所有构件，如保险杠、散热器格栅、水箱支架、前纵梁、前横梁、前翼子板、减振器支座等构件。

2）中段

中段又称中间部分，包括构成乘客舱的所有车身构件，如地板、车顶、车颈板、风挡玻璃、车门、A柱、B柱、C柱等。

3）后段

后段又称尾段部分或后尾部分，包括后风挡玻璃和后保险杠之间的所有构件，如后侧围板（后翼子板）、行李箱、后地板、后纵梁、行李箱盖、后保险杠等构件。

4）左侧和右侧

在进行事故勘察、制作查堪报告和定损单时，经常要说明是车辆的左侧受损还是右侧受损，维修左侧或右侧的哪个零部件。在查阅配件信息和专业的估损资料时，也要区分左右两侧的配件。为避免混淆，汽车行业中对车辆的左右侧规定如下：驾驶员坐在驾驶席上，其左手侧为车辆的左侧，右手侧为车辆的右侧。

3.3.1　车身壳体件

车身壳体件包括前段车身壳体件、中段车身壳体件和后段车身壳体件。

1. 前段车身壳体件

前段车身的主要壳体件有前纵梁、前横梁、散热器框架、减振器拱形座和车颈板等。它们构成了一个封闭的箱体结构，为发动机、变速器等动力总成提供了承载空间，也提供了承载这些大总成的强度。另外，汽车的转向系统、前悬架也安装在了前段车体上，因此前段车身的受力形式非常复杂。前段车身的主要壳体件如图3-3-3所示。

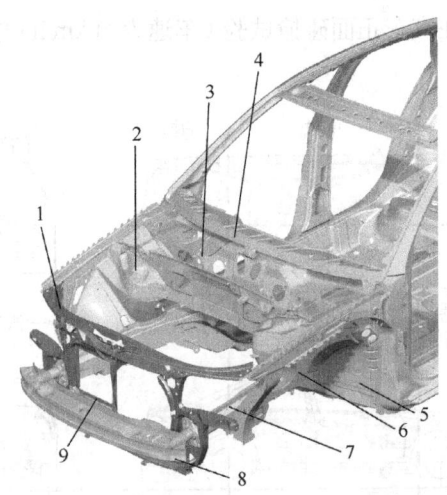

1—散热器框架；2—减振器拱形座；3—防火板；4—车颈板；5—挡泥板；
6—翼子板挡泥板；7—前纵梁；8—保险杠横梁；9—前横梁。

图3-3-3　前段车体的主要壳体件

1）前纵梁

前纵梁通常以点焊方式焊接在防火板的前面、翼子板挡泥板的下面，车身左右两侧各有一根，通常是箱形构件，带有波纹加工设计，是承载式车身上强度最大的构件。

奔驰、宝马、沃尔沃等一些高档轿车经常采用渐变型纵梁设计，即前纵梁内侧钢板的厚度是渐变的，靠近保险杠的一端较薄，靠近驾驶舱的一端较厚，如同两个楔块。在受到碰撞外力时，纵梁可以呈逐级线性变形，从而达到吸收碰撞能量的作用。前纵梁如图 3-3-4 所示。

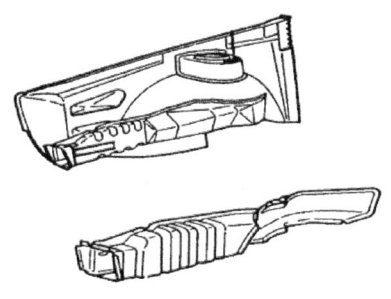

图 3-3-4 前纵梁

2）前横梁

前横梁焊接在两侧前纵梁之间，用于固定发动机和变速器总成，增大车身的横向强度。

3）散热器框架

散热器框架是一个相对独立的框架，位于车体结构的最前端，用来固定发动机散热器，通常采用螺栓连接或焊接连接方式连接在纵梁和翼子板挡泥板之间。

4）翼子板挡泥板

翼子板挡泥板也称内翼子板或翼子板裙板，包围在车轮上方，通常采用螺栓连接或焊接连接方式连接在纵梁和防火板之间，车身左右两侧各有一个，对增大前段车体强度具有重要作用。

5）减振器拱形座

减振器拱形座（见图 3-3-5）也称减振器塔座或支柱塔，用来固定前悬架的减振器支柱和螺旋弹簧。它的变形可能会影响车轮定位参数，因此对强度的要求很高。减振器拱形座通常与翼子板挡泥板一起加工成形。

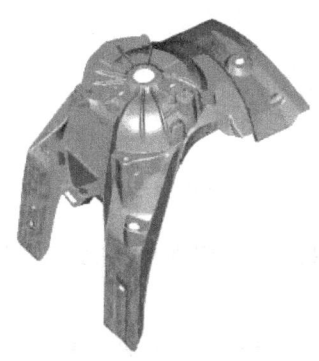

图 3-3-5 减振器拱形座

6）防火板

防火板（见图3-3-6）也称前围板或前壁板，介于发动机舱和乘客舱之间，是车身前段和中段的分界线。通常以焊接连接方式固定，对保护车内人员的安全有重大作用。

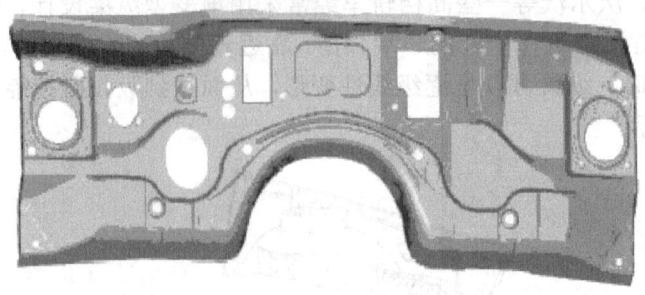

图3-3-6 防火板

7）车颈板

车颈板位于前风挡玻璃的正前方、防火板的上方，由上盖板和两侧盖板构成。

2．中段车身壳体件

中段车身的主要壳体件有车身底板、立柱、门槛板、车顶纵梁和车顶横梁等构件，它们焊接在一起构成乘客舱，为车内人员提供安全、舒适的乘坐空间，在事故中可以有效地保护车内人员的安全。中段车身的主要壳体件如图3-3-7所示。

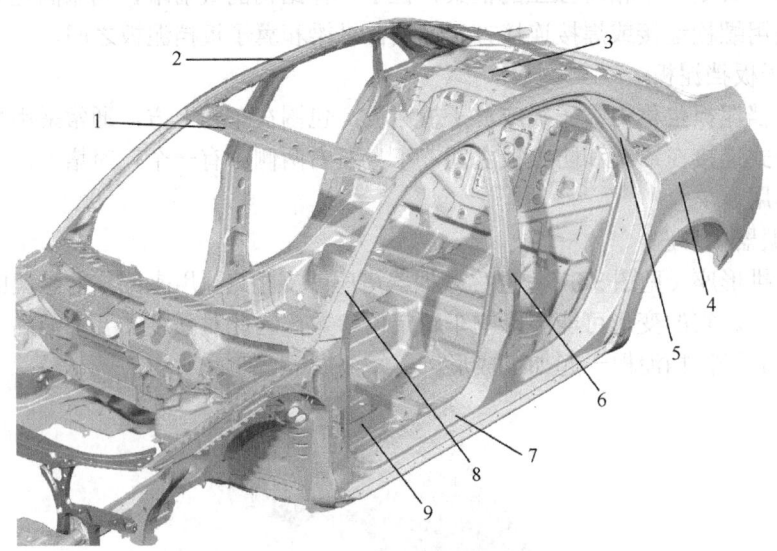

1—车顶横梁；2—车顶纵梁；3—后搁物板；4—后翼子板；5—C柱；6—B柱；7—门槛板；8—A柱；9—车身底板。

图3-3-7 中段车身的主要壳体件

1）车身底板

车身底板是乘客舱底部的主要结构，通常是一整块冲压成形的大钢板。车身底板是全车焊接的基础件，是与各大总成连接的重要构件。它承受汽车重量（自身重量、载重量）、地面反作用力、牵引力、制动力、惯性力、离心力、侧向力等交变冲击力，因此对强度的要求很高。组成车身底板的构件如图 3-3-8 所示。

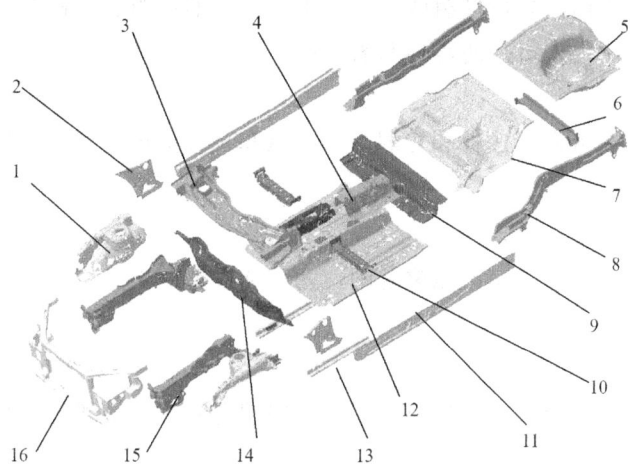

1—前轮罩板；2—A 柱；3—前围上板；4—坑道加强板；5—后地板；6—后地板横梁；7—中地板；8—后纵梁；9—地板过渡板；10—座椅支撑梁；11—门槛内板；12—前地板；13—地板纵梁；14—前围下板；15—前纵梁；16—水箱架。

图 3-3-8　组成车身底板的构件

2）立柱

对于常见的四门轿车车身，左右两侧各有三根立柱，分别为 A 柱、B 柱、C 柱。A 柱是从车顶向下一直伸到车体底部的钢制箱形构件，有时内部还装有加强件，因此非常坚固。A 柱一方面为前门提供铰接安装点，另一方面起到保护车内人员的作用。B 柱在前后车门之间，一方面支撑着车顶板，另一方面为后门提供铰接安装点，在侧面受到碰撞时还起到保护车内人员的作用。C 柱从后侧围板向上一直伸到车顶，用以固定车顶后部和后风窗玻璃，其形状因车身形式的不同而有所不同。立柱、地板及门槛板如图 3-3-9 所示。

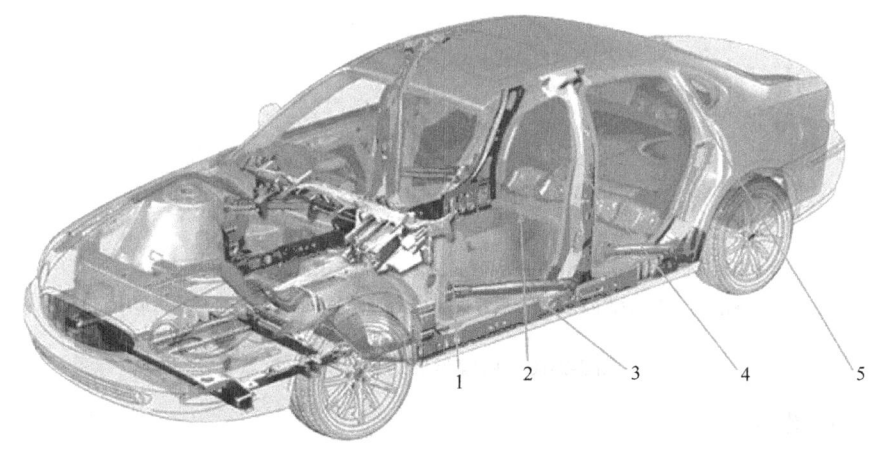

1—A 柱；2—地板；3—门槛板；4—B 柱；5—C 柱。

图 3-3-9　立柱、地板及门槛板

3）门槛板

门槛板又称脚踏板，是装在车门框底部的加强梁。它通常与地板、立柱、后侧围板焊装在一起，通常由内、外板件组成，对汽车底板和车身侧面具有加强作用，在侧面受到碰撞时能够保护车内人员，通常与B柱连接。

4）车顶纵梁

车顶纵梁焊接在A柱、B柱和C柱之间，为车顶板提供支撑。在翻滚事故中对车内人员起着保护作用。

5）车顶横梁

车顶横梁焊接在两侧的车顶纵梁之间，为车顶板提供支撑。在翻滚事故中对车内人员起着保护作用。

6）后搁物板

后搁物板又称后窗台板，是后座与后风挡玻璃之间的一块薄板，通常装有一对音响扬声器。

3. 后段车身壳体件

后段车身的很多壳体件与前段车身相似，如后纵梁、行李箱底板和后减振器拱形座等。后段车身的主要壳体件如图3-3-10所示。

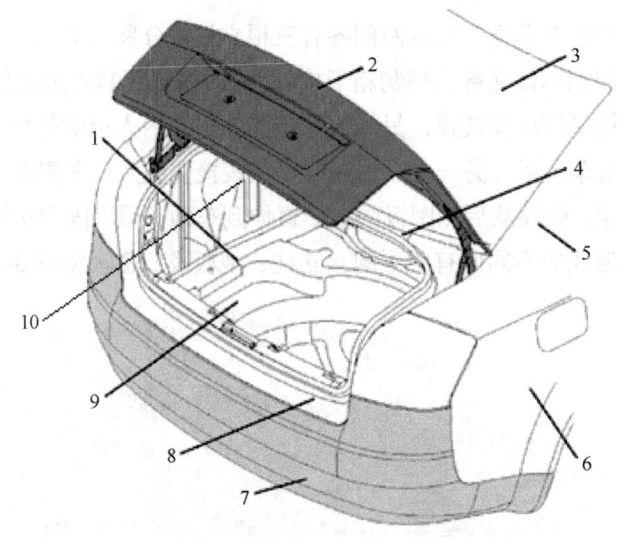

1—后纵梁；2—行李箱盖；3—后风挡玻璃；4—后部上盖板；5—后三角翼板；
6—后侧围板；7—后保险杠；8—后背板；9—行李箱底板；10—后减振器拱形座。

图3-3-10　后段车身的主要壳体件

1）后纵梁

后纵梁焊接在后段车身底部，通常是箱形构件，非常坚固，为车辆的后部提供了足够的强度。

2）行李箱底板

行李箱底板通常由一整块钢板冲压而成，焊接在后纵梁、后轮罩内板和后背板之间，构成行李箱的底部。大多数轿车的行李箱底板上冲压出了一个备胎坑，用于安装备胎。

3）后减振器拱形座

后减振器拱形座也称后减振器塔座，与后轮罩内板和外板焊接在一起，用于固定后悬架减振器的顶部。后减振器拱形座不但承受着来自地面的冲击载荷，而且其刚度和形状会影响后轮的定位参数，因此对强度和精度要求比较高。

除以上构件外，前后风挡玻璃对车身强度也起着非常重要的作用，因此也被视为壳体件。

3.3.2 车身覆盖件

车身覆盖件是指车身上具有不同曲面形状及大小尺寸的薄板。其作用是覆盖在车身本体上，使车身形成完整封闭体，满足车内人员的乘坐要求，同时增大车身的强度和刚度。承载式结构的车身覆盖件通常包括可拆卸的前翼子板、车门、发动机舱盖、行李箱盖和不可拆卸的后翼子板、车顶板等，如图 3-3-11 所示。

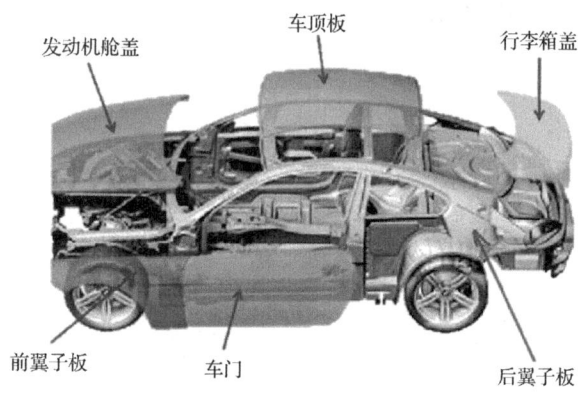

图 3-3-11 车身覆盖件

车身覆盖件包括前段车身覆盖件、中段车身覆盖件和后段车身覆盖件。

1. 前段车身覆盖件

前段车身覆盖件主要有前翼子板、发动机舱盖。

1）前翼子板

前翼子板是包在前悬架和挡泥板外面的盖板，从前保险杠一直延伸到前车门位置，遮盖在前车轮外面，因旧式车身上该部件的形状和位置类似鸟翼而得名，通常用螺栓固定在车体上。前翼子板在事故中经常受损，能够单独更换。左前翼子板如图 3-3-12 所示。

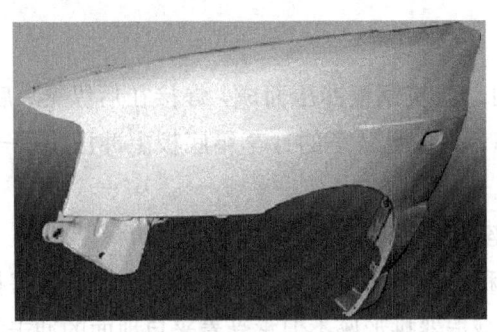

图 3-3-12　左前翼子板

2）发动机舱盖

发动机舱盖是发动机舱的上盖板，通常用铰链连接在车颈板上。发动机舱盖通常由内、外两块金属板焊接或黏接而成，中间夹着隔热材料。内板主要起增大发动机舱盖强度的作用，其几何形状不定，但基本上都是骨架形式，这种发动机舱盖钣金修复的难度较大。发动机舱盖的开启方式有两种，即向后翻转或向前翻转。对于向后翻转的发动机舱盖，为了避免碰到前风挡玻璃，其安装位置在设计时设定了一个规定的角度，使它们之间至少能够保持 10cm 的距离。另外，为防止发动机舱盖在行驶中由于振动而自动开启，其前端装有锁止装置。该锁止装置的拉手一般都安装在乘客舱内的仪表板左下方。发动机舱盖结构如图 3-3-13 所示。

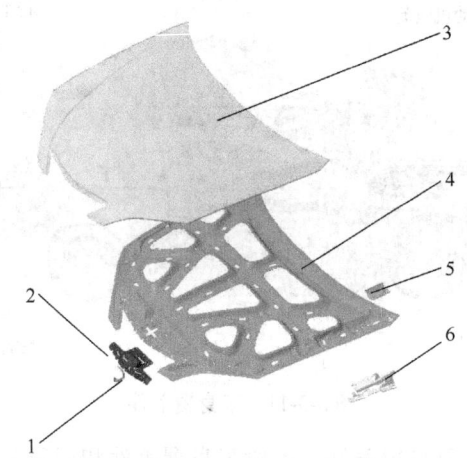

1—发动机舱盖锁扣；2—锁扣加强板；3—发动机舱盖外板；4—发动机舱盖内板；5—铰链加强板；6—发动机舱盖铰链。

图 3-3-13　发动机舱盖结构

2．中段车身覆盖件

中段车身覆盖件主要有车门、车顶板。

1）车门

车门通常由蒙皮、门内骨架、门板、内饰等零件组成，蒙皮、门内骨架和门板通常用点焊连接或蜷曲黏接的方式接合在一起。为加强侧面抗碰撞强度，门内通常设有防撞杆。车门上通常装有风窗玻璃、玻璃升降器、门锁及相关电控装置、按钮和开关等。由此可见，车门是一个非常复杂的总成。车门通过铰链与门柱相连，车门铰链通过螺栓连接或焊接连接的方式固定在立柱和门框上。车门总成的组成如图 3-3-14 所示。车门结构的组成如图 3-3-15 所示。

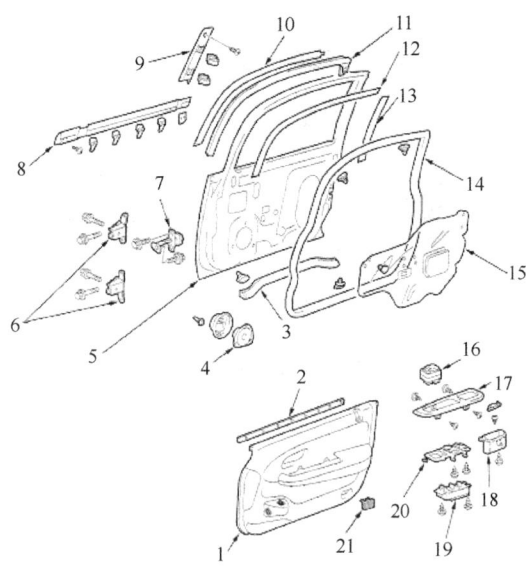

1—门板；2—车窗内饰密封条；3—底部密封条；4—扬声器；5—车门内骨架和蒙皮；6—车门铰链；7—锁止杆；
8—车窗外部密封条；9—门框饰件；10—门顶外槽型条；11—车门上部密封条；12—门顶内槽型条；
13—车门中部内槽型条；14—车门密封条；15—塑料盖；16—电动后视镜开关；17—拉手盒盖板；18—拉手盒；
19—电动车窗开关；20—内板；21—礼貌灯。

图 3-3-14　车门总成的组成

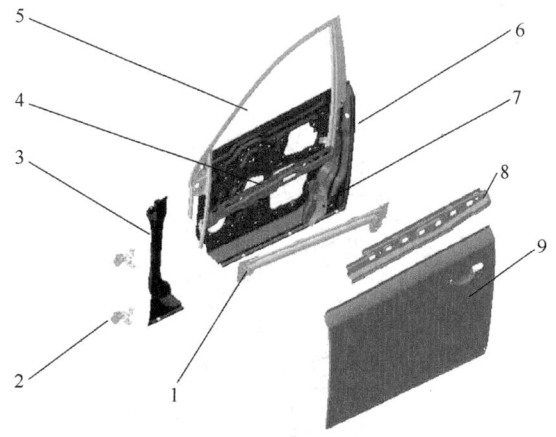

1—防撞杆；2—车门铰链；3—门边板；4—门内板加强板；5—门框；
6—门内板；7—门锁加强板；8—门外板加强板；9—门外板。

图 3-3-15　车门结构的组成

2）车顶板

车顶板是乘客舱顶部的盖板。对于承载式车身的整体刚度而言，车顶板不是关键部件，所以有些车型在车顶板上开设天窗。带天窗的车型在车顶板上设有一个天窗开口，如图 3-3-16 所示。车顶板通常焊接在立柱上。车顶板底部一般都装有隔垫和内衬，起到隔热、隔音和美化的作用。

1—车顶板；2—天窗。

图 3-3-16 带天窗的车顶板

3. 后段车身覆盖件

后段车身覆盖件主要有行李箱盖、后翼子板，两厢轿车、MPV 和 SUV 的车身尾部还有一个后舱门。

1）行李箱盖

行李箱盖是行李箱上盖板，结构比较复杂，通常由行李箱盖锁闩、行李箱盖支撑、警示牌、行李箱盖内板、行李箱盖开关、行李箱盖铰链构成。为了提高行李箱盖的强度和吸能效果，在行李箱内板上装有加强筋。行李箱盖的内外板件结构加大了钣金修复的难度，如果行李箱盖的内外板件在事故中严重损坏，一般只能更换。行李箱盖以铰接方式连接在上部后盖板上。行李箱盖上通常留有安装后牌照的位置，有时还安装部分尾灯。行李箱盖的构成如图 3-3-17 所示。

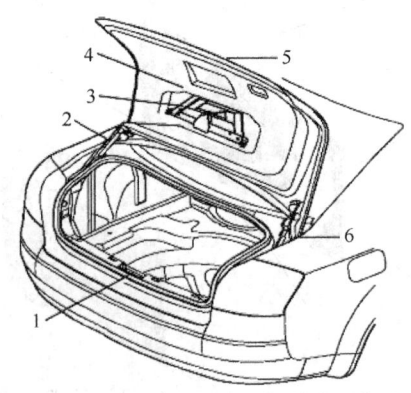

1—行李箱盖锁闩；2—行李箱盖支撑；3—警示牌；4—行李箱盖内板；5—行李箱盖开关；6—行李箱盖铰链。

图 3-3-17 行李箱盖的构成

2）后翼子板

后翼子板是后部车身两侧的大块板件，从后车门一直延伸到后保险杠位置，构成后段车身的侧面。后翼子板通常以焊接方式固定，是后段车身中的重要构件。

3）后舱门

后舱门又称尾门或背门，是一整块冲压板件，用于两厢车，以铰接方式安装在车顶板上。后舱门上通常还有玻璃窗、玻璃升降器、风窗刮水器、门锁等零部件，也是一个复杂的总成。后翼子板、后保险杠及后舱门的位置如图 3-3-18 所示。

1—后翼子板；2—后保险杠；3—后舱门。

图 3-3-18　后翼子板、后保险杠及后舱门的位置

3.3.3　车身附属件

车身附属件包括车身外部装饰件、车身内部装饰件、其他车身附属件。

1. 车身外部装饰件

车身外部装饰件主要指车侧装饰条、车轮装饰罩、车标、浮雕式文字等，散热器格栅、保险杠、灯具及外后视镜等附属件也有明显的装饰性。部分车身外部装饰件如图 3-3-19 所示。

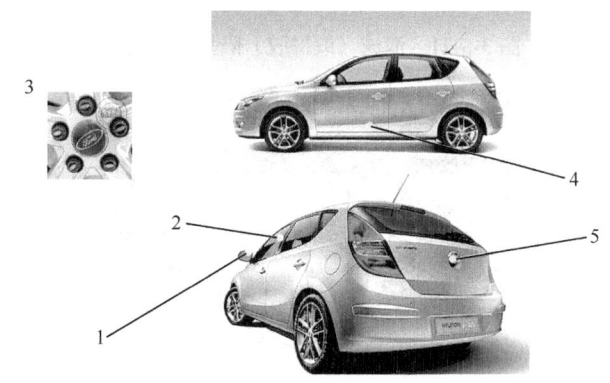

1—外后视镜；2—车门窗密封条；3—车轮装饰盖；4—车侧装饰条；5—车标。

图 3-3-19　部分车身外部装饰件

1）保险杠

保险杠是前段车身重要的安全部件，也是车辆保险估损中最常遇到的部件，主要由杠皮、侧导流板、侧格栅等零部件组成。前保险杠的主要零部件如图3-3-20所示。保险杠通常用螺栓或卡扣安装在前段车体上。它的作用是在碰撞时产生变形，吸收部分能量，保护后面的车体不受损坏。

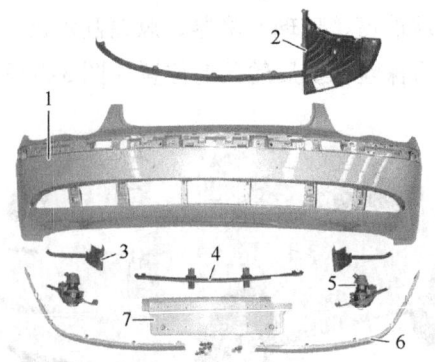

1—杠皮；2—侧导流板；3—侧格栅；4—中部格栅；5—前雾灯；6—侧盖板；7—牌照安装板。

图3-3-20　前保险杠的主要零部件

现代轿车上广泛采用吸能型保险杠，能够有效地减少碰撞力进一步向车身构件传递。保险杠的吸能器有多种类型，比较常用的有泡沫（或橡胶）隔垫式吸能器（见图3-3-21）、充液式吸能器（见图3-3-22）、充气式吸能器（见图3-3-23）、弹簧储能式吸能器（见图3-3-24）。

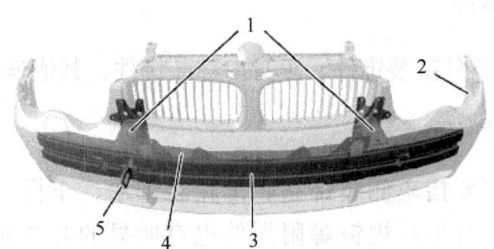

1—蜂窝状铝合金吸能元件；2—杠皮；3—泡沫塑料（或橡胶）碰撞缓冲器；4—保险杠横梁；5—拖钩。

图3-3-21　泡沫（或橡胶）隔垫式吸能器

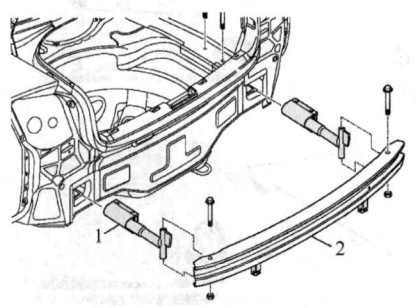

1—液压缓冲式吸能器；2—保险杠横梁（加强杆）。

图3-3-22　充液式吸能器

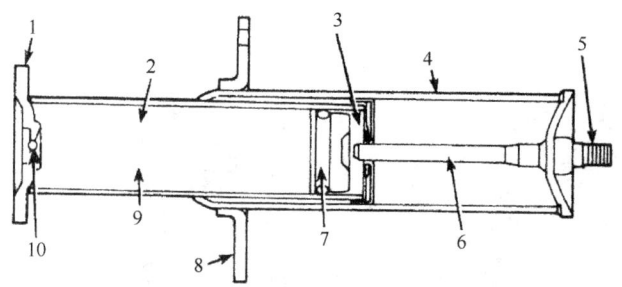

1—保险杠安装支架；2—活塞；3—液压油；4—活塞筒；5—安装螺栓；
6—计量杆；7—浮动活塞；8—车架安装支架；9—气体；10—密封球。

图 3-3-23　充气式吸能器

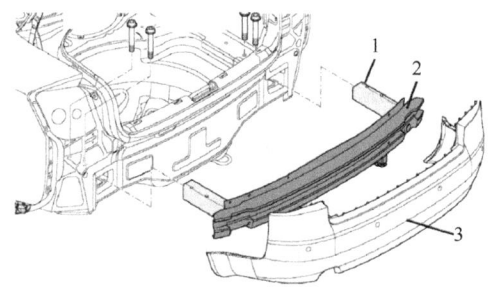

1—弹簧吸能装置；2—保险杠横梁；3—保险杠杠皮。

图 3-3-24　弹簧储能式吸能器

2）散热器格栅

散热器格栅（见图 3-3-25）也称进气格栅，是散热器框架的中心盖板。散热器格栅上的百叶窗是为了让气流通过，以便帮助散热器散热。一般轿车散热器格栅上还带有厂家的徽标。

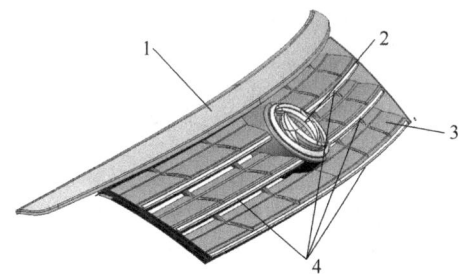

1—散热器格栅装饰条；2—前徽标；3—散热器格栅本体；4—散热器格栅镀铬条。

图 3-3-25　散热器格栅

2. 车身内部装饰件

车身内部装饰件包括仪表罩、车内后视镜、遮阳板、仪表台、中央面板、转向盘等。轿车广泛采用天然纤维或合成纤维的纺织品、人造革或多层复合材料、连皮泡沫塑料等表面装饰材料。车身内部装饰件如图 3-3-26 所示。

1—仪表罩；2—空调出风口；3—车内后视镜；4—遮阳板；5—仪表台；
6—仪表台置物箱；7—手套箱；8—中央面板；9—转向盘。

图 3-3-26　车身内部装饰件

1）仪表板

仪表板又称仪表盘，是一个非常复杂的总成，除了有仪表台板、组合仪表、音响系统、暖风和空调控制旋钮、空调出风口等零件，仪表板下面通常还装有安全气囊、电控单元、线束等电气器件，一些高级轿车还带有驾驶员信息显示屏。仪表板总成如图 3-3-27 所示。

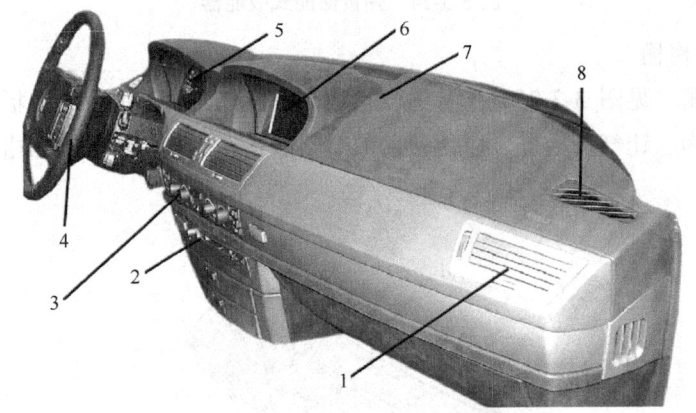

1—空调出风口；2—音响系统；3—暖风和空调控制旋钮；4—转向盘；5—组合仪表；
6—驾驶员信息显示屏；7—仪表台板；8—风窗除雾风口。

图 3-3-27　仪表板总成

2）座椅

座椅的作用是支撑人体，使驾驶员操作方便和乘坐舒适。座椅由骨架、坐垫、靠背、头枕和调节机构等部分组成，分为手动座椅[见图 3-3-28（a）]和电动座椅[见图 3-3-28（b）]。手动座椅的高矮、前后及靠背倾斜角度是需要人工调整的。电动座椅内装有多个电动机，通过电动机对座椅进行调整。

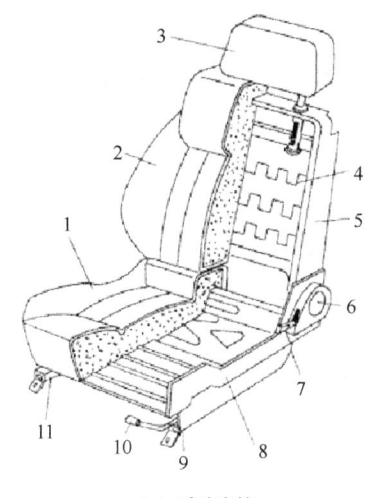

（a）手动座椅　　　　　　　　　　　　　（b）电动座椅

1—坐垫芯及蒙皮；2—靠背芯及蒙皮；3—头枕；4—S 形弹簧；5—靠背骨架；6—靠背角度调节器；

7—调角手柄；8—坐垫骨架；9—左滑轨；10—行程调节手柄；11—右滑轨。

图 3-3-28　座椅

3. 其他车身附属件

其他车身附属件包括门锁、门铰链、玻璃升降器、车身密封件、风窗刮水器、头枕、遮阳板、安全带、安全气囊、点烟器、烟灰盒等。在现代汽车上常装有无线电收放音机和杆式天线，有的汽车车身上还装有无线电话机、电视机或加热食品的微波炉和小型电冰箱等附属件。

1）风窗刮水器

风窗刮水器是为了保证驾驶员的视野，刮去附着在风窗玻璃上的雨水、雪花或尘土而设计的。一般采用电动风窗刮水器，电动风窗刮水器通过电动机驱动减速机构摆动，再驱动杆系做往复运动，从而带动刮水刷臂和刮水片总成做扇形摆动来完成刮水动作。风窗刮水器如图 3-3-29 所示。

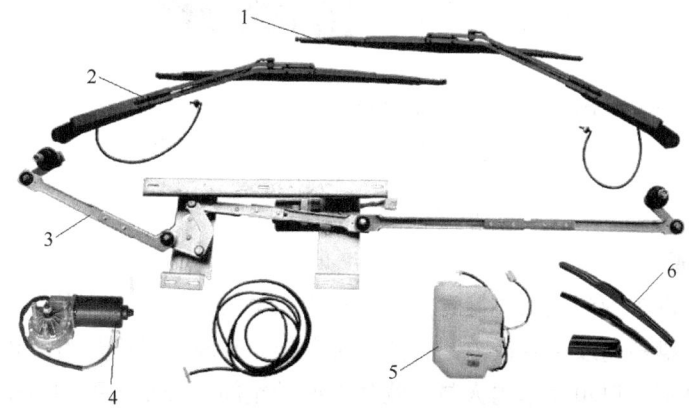

1—刮水片；2—刮水刷臂；3—刮水连杆；4—刮水器电机；5—洗涤液罐；6—无骨刮水片。

图 3-3-29　风窗刮水器

2）车身密封件

为了保证行车过程中车身的安全性及人员的安全性，车身大量使用密封件。车身密封件如图3-3-30所示。

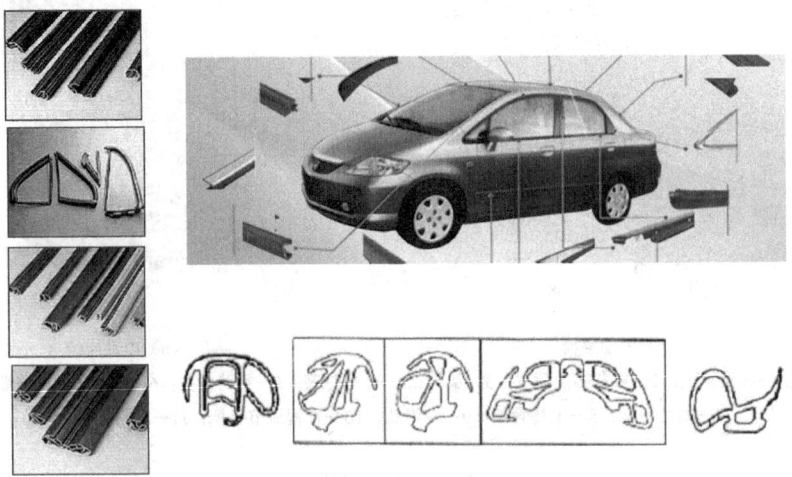

图3-3-30　车身密封件

3）安全带

安全带是最有效的防护装置，可以大幅度地降低碰撞事故的受伤率和死亡率。最常用的安全带是三点式安全带，如图3-3-31所示。

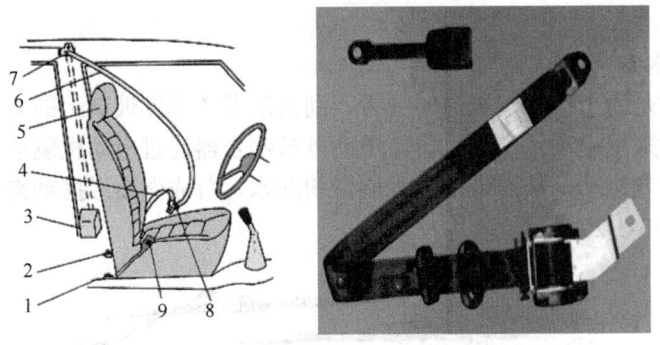

1—内侧地板固定点；2—外侧地板固定点；3—收卷器；4—腰带；5—肩带；
6—导向板；7—外侧上方固定点；8—锁扣；9—插板。

图3-3-31　三点式安全带

4）安全气囊

安全气囊在汽车受到正面碰撞时能避免车内人员与前方的物体发生撞击。安全气囊平时折叠在转向盘毂内或仪表板内，必要时可在极短时间（碰撞开始后0.03～0.05s）内充满气体而呈球形，以填补车内人员与物体之间的空间。安全气囊通常采用氮气。当汽车以大于20km/h的速度发生碰撞时，安全气囊就会自动充气弹开，瞬间在驾驶员和转向盘之间充起一个很大的气囊，减轻驾驶员头部及胸部的伤害。安全气囊如图3-3-32所示。

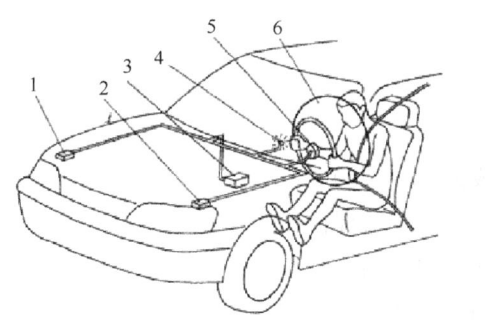
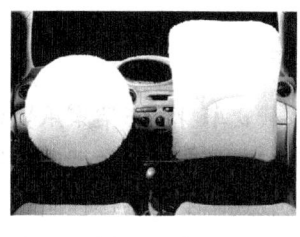

1—右前方传感器；2—左前方传感器；3—中央传感器总成；4—气囊指示灯；5—气体发生器；6—气囊。

图 3-3-32　安全气囊

5）头枕

头枕是在汽车后部受到撞击时限制人的头部向后运动的装置，可避免颈椎受伤。头枕如图 3-3-33 所示。

图 3-3-33　头枕

6）门锁与门铰链

在现代汽车上，门锁和门铰链都应有足够的强度，在汽车受到碰撞时，能同时承受纵、横两个方向的载荷而不致使车门开启，从而避免车内人员被甩出车外，减少受重伤或死亡的危险。在事故结束后，门锁应不失效，仍能开启。门锁与门铰链如图 3-3-34 所示。

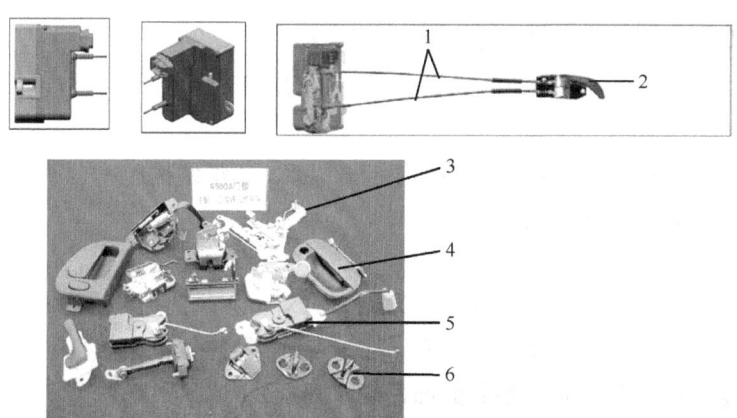

1—内扣手拉线；2—内扣手；3—门锁总成；4—门把手；5—中控锁芯；6—锁扣。

图 3-3-34　门锁与门铰链

复习题

一、判断题

1. 非承载式车身由车架来承受载荷。（　　）
2. 承载式车身有部分骨架，车身部件全部焊接在一起。（　　）
3. 非承载式车身是用螺栓固定在车架上的。（　　）
4. 承载式车身的门槛板是车身的覆盖件。（　　）
5. 前置后驱汽车前段车身的强度比前置前驱汽车前段车身的强度大。（　　）
6. 行李箱盖的构造类似于发动机罩，包括外板、内板和加强梁。（　　）
7. 汽车车身按形状分类，可分为轿跑车、硬顶式轿车、掀背式轿车、厢型车4类。（　　）
8. 在梁和支柱等车身构件被焊接成框架结构后，车身形成整体式结构，具有一定的强度和合适的刚度，起承载作用。（　　）
9. 车身内部装饰件主要指车内既起保护人体作用又起装饰内部作用的部件，以及具有某种功能的车内附属件。（　　）
10. 波纹加工一般用于前侧梁、后侧梁等。（　　）

二、单选题

1. 下面不是车身结构件的是（　　）。
   A. 主车身　　　　　B. 后纵梁　　　　　C. 前翼子板
2. 承载式车身上刚性最大的部分是（　　）。
   A. 前车身　　　　　B. 中车身　　　　　C. 后车身
3. 对于同样大小的汽车，非承载式车身和承载式车身的内部空间相比（　　）。
   A. 非承载式车身的内部空间大　　　　　B. 承载式车身的内部空间大
   C. 同样大
4. 下面属于承载式车身前段车身部件的是（　　）。
   A. 门槛板　　　　　B. 前纵梁　　　　　C. B柱
5. 车身立柱采用（　　）。
   A. U形结构　　　　　B. X形结构　　　　　C. 箱形结构
6. 车门内外板的连接方式为（　　）。
   A. 焊接连接　　　　　B. 折边连接　　　　　C. 螺栓连接
7. 下面属于车身覆盖件的是（　　）。
   A. 前纵梁　　　　　B. 翼子板　　　　　C. 散热器框架
8. 下面会影响前轮的定位参数的部件是（　　）。
   A. 减振器支座　　　B. 水箱框架　　　　C. 翼子板
9. 与前纵梁焊接在一起的部件是（　　）。
   A. 挡泥板　　　　　B. 前横梁　　　　　C. 翼子板

10. 前后保险杠的作用是（　　）。

    A．减轻汽车的损坏程度　　　　　　　　B．装饰

    C．以上选项都对

三、多选题

1. 承载式车身的部件中由高强度钢制造的有（　　）。

    A．翼子板　　　　　　B．B 柱　　　　　　C．车顶板　　　　　　D．A 柱

2. 承载式车身上属于吸能区域的部件有（　　）。

    A．前纵梁　　　　　　B．车顶板　　　　　　C．中地板　　　　　　D．后纵梁

3. 由（　　）构成的轿车通常被称为三厢车。

    A．发动机舱　　　　　　　　　　　　　　B．座舱

    C．行李舱　　　　　　　　　　　　　　　D．座舱和行李舱一体舱

4. 汽车车身由（　　）组成。

    A．车身本身　　　　　　　　　　　　　　B．车身外部装饰件

    C．车身内装件　　　　　　　　　　　　　D．车身电气附件

5. 车辆后部由包含行李箱在内的（　　）零件组成。

    A．后地板底板　　　　　　　　　　　　　B．后地板侧板

    C．侧围板轮罩外板　　　　　　　　　　　D．后地板侧梁

四、简答题

1. 非承载式车身的典型特征有哪些？

2. 承载式车身的典型特征有哪些？

3. 列举车身常用的镀层材料有哪些？

4. 塑料的主要特性有哪些？

5. 橡胶的基本性能有哪些？

6. 列举车身各部件的连接方式有哪些？

7. 车身的主要性能有哪些？

8. 承载式车身覆盖件一般包括哪些？

第4章 车身焊接

知识目标：

1. 掌握焊接技术，了解焊接特点
2. 掌握焊接工艺过程
3. 了解焊接种类及特点

技能目标：

1. 能进行焊接操作
2. 能对焊接质量进行分析

4.1 车身焊接概述

在汽车车身修理作业中，焊接占的比重最大，通过焊接可以获得与母材相近的强度。连续焊接不仅具有良好的水密性、气密性，而且具有比其他任何连接方式都可靠的结合强度。

焊接是对需要连接的金属板件加热，使它们共同熔化，最后结合在一起的连接方式。车身组件多由钢板或型钢构成，常用的焊接方法有电阻点焊、气体保护焊、介子焊。

4.1.1 车身焊接的种类

1）压焊

压焊是指通过电极对金属进行加热使其熔化，并加压使金属连接在一起。在各种压焊方法中，电阻点焊是汽车制造业中最常用的焊接方法，但它在汽车修理业中应用得较少。

2）熔焊

熔焊是指通过电弧或火焰等方式（通常采用焊条、焊丝）将金属件加热到熔点，使它们熔化后连接在一起。

3）钎焊

在需要焊接的金属件上，将熔点比它低的金属熔化（金属件不需要熔化）后进行连接。根据钎焊材料熔化的温度，可将钎焊方式分为软钎焊和硬钎焊。钎焊材料的熔化温度低于450℃的钎焊方式是软钎焊，钎焊材料的熔化温度高于450℃的钎焊方式是硬钎焊。

4.1.2 车身焊接的特点

随着汽车制造技术的发展，以前厚重的非承载式车身变为如今由薄且高强度的钢板经过冲压加工、焊接而成的承载式车身。车身在制造时大量应用高强度钢、超高强度钢，高强度钢会因焊接时的加热改变内部结构，降低强度，遗留安全隐患。因此，现在的车身焊接方式绝大部分为电阻点焊，电阻点焊具有快速、热变形小、不需要焊料、易形成自动化生产的特点。另外，激光焊接也可用于焊接车身，铝车身件常用铆钉连接的方式连接。在汽车修理中，一般选用气体保护焊。

4.2 电阻点焊

4.2.1 电阻点焊的特点、设备及焊接原理

1. 电阻点焊的特点

电阻点焊是汽车制造厂在流水线上对承载式车身进行焊接时最常用的一种方法。在承载式车身上进行的焊接工作中，有 90%～95% 都采用电阻点焊。电阻点焊适用于焊接承载式车身上要求焊接强度好、不变形的薄型零部件，如车顶、窗洞、门洞、门槛板及许多外部壁板等。

在修理高强度钢和超高强度钢的车身时，要求使用电阻点焊机进行焊接修理。在使用电阻点焊机时，修理人员必须知道如何调整焊机，如何进行试焊和焊接。

电阻点焊有下列优点：

（1）焊接成本比气体保护焊等焊接方法的焊接成本低。

（2）没有焊丝、焊条或气体等消耗。

（3）焊接过程中不产生烟或蒸气。

（4）焊接时不需要去除板件上的镀锌层。

（5）不引入新的材料。

（6）不需要对焊缝进行研磨。

（7）速度快，只需 1s 或更短的时间便可焊接高强度钢、高强度低合金钢或低碳钢。

（8）焊接强度高、受热范围小、金属不易变形。

2. 电阻点焊的设备

电阻点焊的设备（见图 4-2-1）由变压器、焊机控制器和电阻点焊焊枪（焊炬）等构成。

（1）变压器。变压器将 220V 或 380V 线路电压、低电流强度的电流转变成低电压（2～5V）、高电流强度的焊接电流，避免电击的危险。小型点焊机的变压器可安装在焊枪上，也可安装在远处，通过电缆和焊枪相连。

（2）焊机控制器。焊机控制器可调节变压器输出焊接电流的大小，并可精确调节焊接电流通过的时间。在焊接时，焊接电流被接通并通过被焊金属板，之后电流被切断。在车身修理时每个焊点的焊接时间最好为 1～6s。

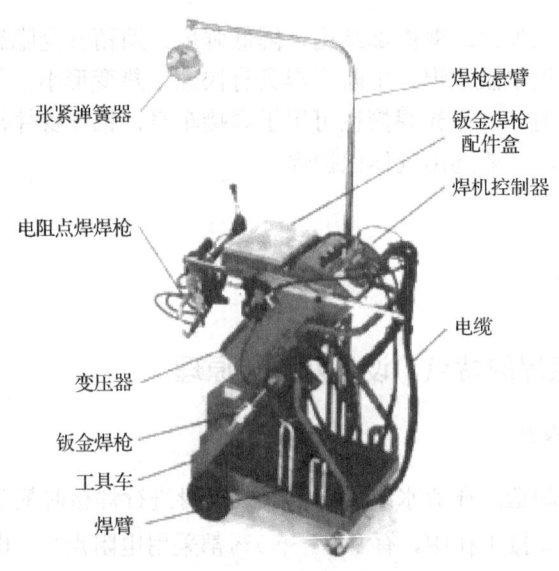

图 4-2-1　电阻点焊的设备

（3）电阻点焊焊枪。电阻点焊焊枪（见图 4-2-2）通过电极向被焊金属施加挤压力，并构成电流回路。大多数电阻点焊焊枪都带有一个加力机构，可以产生很大的电极压力来保障焊接质量。加力机构为使用弹簧的手动夹紧装置或由气缸产生压力的气动夹紧装置。有些小型的挤压型电阻点焊焊枪不具备加力机构，完全靠操作人员的手来控制压力的大小，因此该类电阻点焊焊枪不能用于车身修理中的焊接操作。

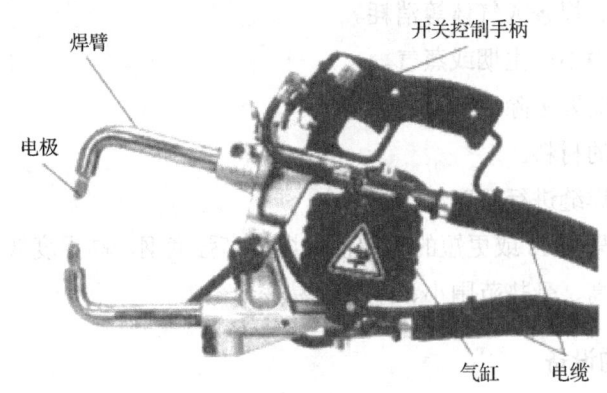

图 4-2-2　电阻点焊焊枪

车身修理中使用的大多数焊枪的焊接压力会随着电极臂的加长而减小，焊接质量下降。当焊枪配备 100mm 或更短的缩短型电极臂时，其最大焊接能力达两层 2.5mm 厚的钢板。一般要求配有加长型或宽距离电极臂的焊机至少可焊接两层 1mm 厚的钢板。

3．电阻点焊的焊接原理

电阻点焊的焊接原理是利用低电压、高强度的电流流过夹紧的两块焊接钢板时产生的大量电阻热，用焊枪电极的挤压力把两块焊接钢板熔合在一起，如图 4-2-3 所示。

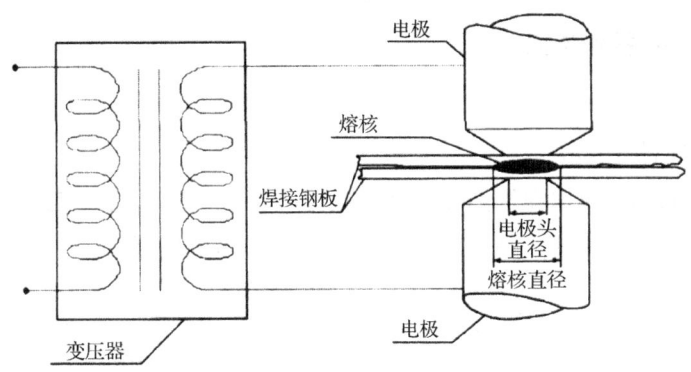

图 4-2-3　电阻点焊的焊接原理

电阻点焊的三个主要参数如下：

（1）电极压力。两个金属板之间的焊接机械强度与焊枪电极施加在金属板上的挤压力有直接的关系。当焊枪电极将金属板挤压到一起时，电流从焊枪电极流入金属板，使金属板熔化并熔合。焊枪的电极压力太小、电流太大都会产生焊接溅出物，导致焊接部位的机械强度降低；焊枪的电极压力太大会使焊点过小（熔核小），导致焊接部位的机械强度降低，如图 4-2-4 所示。焊枪的电极压力过大会使电极头压入被焊金属软化的部位过深，导致焊接质量降低。电极头被电极臂压入的深度不能超过金属板厚度的一半。

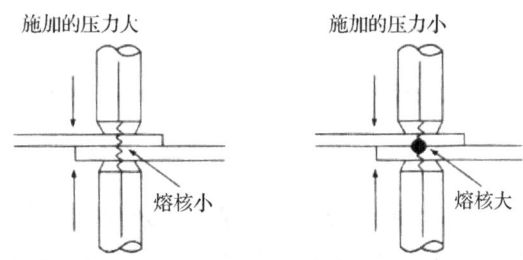

图 4-2-4　电极压力对焊接部位机械强度的影响

（2）焊接电流。在给金属板加压后，一股很强的电流流过焊枪电极臂，然后流入两个金属板。金属板的接合处的电阻值最大，电阻加热使温度迅速上升。如果电流不断流过金属板，金属板就可以熔化并熔合在一起。

（3）加压时间。在电流停止后，焊接部位熔化的金属开始冷却，凝固的金属形成圆而平的焊点。若对焊点施加的电极压力和焊接电流合适，则会使焊点的结构非常紧密，有很高的机械强度。加压时间也是一个非常重要的因素，时间太短会使金属熔合得不够紧密。焊接操作时的加压时间一般不能少于焊机说明书上的规定值。

4.2.2　电阻点焊的焊接工艺

用于承载式车身修理的电阻点焊机带有全范围的可更换电极臂装置，能够焊接车身上各个部位的板件，如轮口边缘、流水槽、后灯孔、地板、门槛板、窗洞、门洞和其他焊接部位的板件。修理人员在修理车身时，应查阅维修手册，寻找合适的专用电极臂，以便对汽车上难以焊接的部位进行焊接。

1．电阻点焊的操作步骤

1）焊接前准备

（1）穿戴好防护用品。

（2）选择电极臂。根据焊接部位选择电极臂，如图4-2-5所示。选择电极臂的原则是当多个电极臂都可以焊接某一个部位时，尽量选择最短的电极臂。

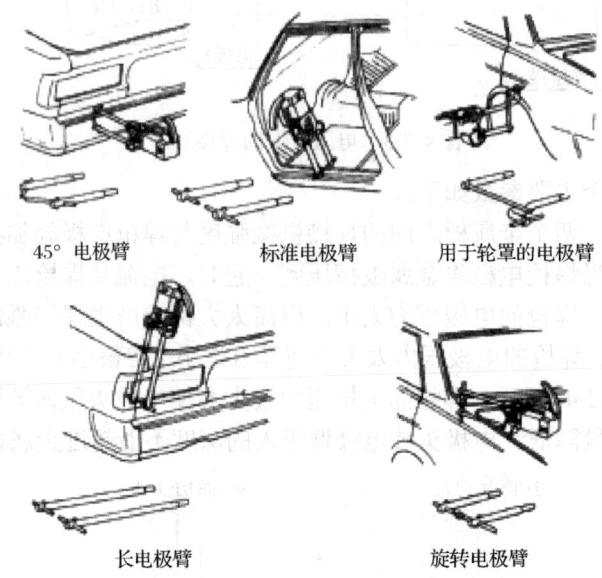

图4-2-5 根据焊接部位选择电极臂

（3）调整电极头。将上、下两个电极头对准同一条轴线。若电极头对准不好，则导致加压不充分，电流过小，焊接部位的机械强度降低。电极头的调整如图4-2-6所示。

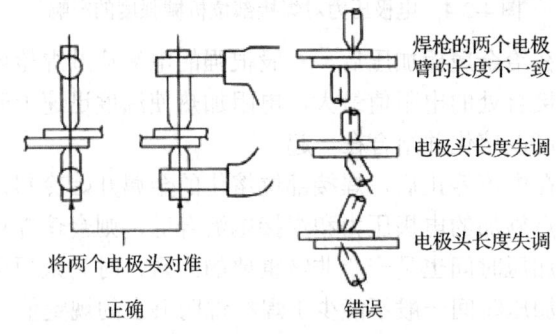

图4-2-6 电极头的调整

（4）选择电极头直径。随着电极头直径增大，焊点的直径将减小；随着电极头直径减小，焊点的直径将增大。在电极头直径小到一定值后，焊点的直径将不再增大。为了获得理想的焊接深度，可参阅图4-2-7所示的确定电极头的方法，选择合适的电极头直径。

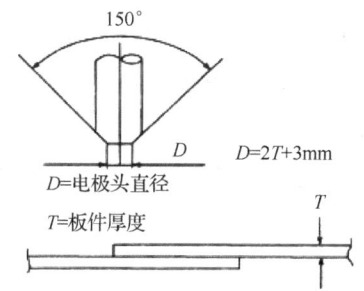

图 4-2-7　确定电极头的方法

2）焊接操作

（1）连接气管，调整气体压力为 6bar（见图 4-2-8），压缩空气为加压提供动力。

图 4-2-8　调整气体压力

（2）打开电阻点焊机的开关，调整焊接参数，如图 4-2-9 所示。焊点的形成和电流流过的时间有关。当电流流过的时间延长时，焊点产生的热量增加，焊点直径和焊接熔深随之增大，焊接部位散发的热量随着通电时间的延长而增加。在经过一定的时间后，焊接温度将不再增加，即使通电时间超过这一时间，焊点直径也不会再增大，有可能产生电极端部的压痕和热变形。在对车身上的防锈钢板进行焊接时，应比焊接普通钢板的电流强度提高 10%～20%，以弥补电流强度的损失。如果简单的电阻点焊机无法调节电流强度，可适当延长通电时间。

图 4-2-9　调整焊接参数

（3）调整电极臂，选用合适的电极头，检查电极头是否对准同一条轴线，如图 4-2-10 所示。为了获得最大的焊接压力，焊枪的电极臂应尽量缩短。要将焊枪的电极臂和电极头完全上紧，使它们在工作过程中不能松开。

（4）打磨电极头污物，处理工件焊接表面的污物。消除两个工件表面之间的间隙，若两个工件错位则容易弯折。

（5）试焊。试焊如图 4-2-11 所示。

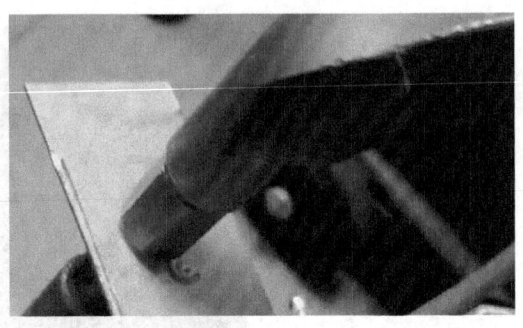

图 4-2-10　调整电极臂、电极头　　　　　　　　　　图 4-2-11　试焊

（6）破坏性试验如图 4-2-12 所示。试验后所留的孔直径≥4mm，形状接近圆形为合格，然后参照试焊各参数进行焊接。

图 4-2-12　破坏性试验

2. 焊接操作的注意事项

1）两个焊接表面的间隙

两个焊接表面之间的任何间隙都会影响电流的通过。虽然不消除这些间隙也可进行

焊接，但焊接部位的电流将变小，焊接强度将降低。焊接前要将两个焊接表面整平，以消除间隙，还要用一个夹紧装置将两者夹紧。

2）需要焊接的金属表面

需要焊接的金属表面上的油漆层、锈斑、灰尘或其他任何污染物都会减小电流，降低焊接质量，因此要将这些污染物从需要焊接的金属表面上清除。

3）防锈处理

在需要焊接的金属表面涂一层导电系数较高的防锈剂，必须将防锈剂均匀地涂在金属板上（包括金属板的断面）。

4）点焊操作的性能

在进行点焊操作时，一定要做到以下几点：

第一，采用直接焊接的方法。对于无法进行直接焊接的部位，可以采用塞焊法。

第二，电极和金属板之间的夹角应为直角。若电极和金属板之间的夹角不是直角，则电流强度会减小，焊接强度会降低。

第三，当三层或更多层的金属重叠在一起时，应进行两次或更多次点焊。

5）点焊的焊点数量

修理厂的点焊机功率一般小于制造厂的点焊机功率。和制造厂相比，修理厂在进行点焊时，应将焊点数量增加30%，焊点间距如表4-2-1所示。

表 4-2-1　焊点间距参考

板厚/mm	焊点间距/mm	板厚/mm	焊点间距/mm
0.4	≥11.0	1.2	≥22.0
0.8	≥14.0	1.6	≥29.0
0.8～1.2	≥18.0	—	—

6）焊点到金属板的边缘距离

焊点到金属板边缘的距离是由电极头的位置决定的。即使点焊的效果正常，如果焊点到金属板边缘的距离不够大，也会降低焊接强度。焊点到金属板的边缘距离如表4-2-2所示。

表 4-2-2　焊点边距参考

板厚/mm	焊点边距/mm	板厚/mm	焊点间距/mm
0.4	≥11.0	1.2	≥14.0
0.8	≥11.0	1.2～1.6	≥16.0
0.8～1.2	≥12.0	2.0	≥17.5

7）点焊的顺序

不要只沿着一个方向连续进行点焊，点焊的顺序如图4-2-13所示。这种方法会使电流产生分流而降低焊接质量。当电极头发热并改变颜色时，应停止焊接并使其冷却。

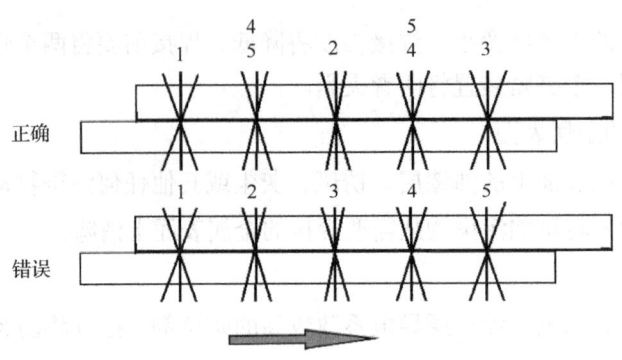

图 4-2-13　点焊的顺序

8）边角处的焊接

不要对边角的圆弧部位进行焊接。对这个部位进行焊接将产生应力集中而导致开裂。例如，在焊接下列部位时，需要特别注意：A 柱和 B 柱的上角、后侧围板的前上部分、前后车窗的角部。

4.3　气体保护焊

现在车身中的纵梁、横梁、立柱等结构件都是应用高强度钢或超高强度钢制造的。在焊接承载式车身上的高强度钢板时，气体保护焊比其他常规焊接方法更合适，不能用氧气乙炔或电弧焊进行焊接。

4.3.1　气体保护焊的特点、设备及焊接原理

1. 气体保护焊的特点

与氧气乙炔焊和电弧焊相比，气体保护焊有许多优点。不管是在高强度钢构件及承载式车身的修理中，还是在车身外部覆盖件的修理中，都可以使用气体保护焊。

气体保护焊有下列优点：

（1）操作方法容易掌握。与高级电焊工采用传统的焊条电弧焊相比，普通的气体保护焊焊工都可以做到焊接的质量更高、速度更快、性能更稳定。

（2）气体保护焊可实现焊接板件 100％熔化。因此，经气体保护焊焊接过的部位可修平或研磨到与板件表面同样的高度（为了美观），且不会降低焊接强度。

（3）电弧平稳，熔池小，便于控制，确保熔敷金属最多、溅出物最少。

（4）一般的车身钢板可以用一根通用型的焊丝来焊接。

（5）车身上不同厚度的金属可以用相同直径的焊丝来焊接。

（6）气体保护焊机可以方便地控制焊接的温度和焊接的时间。

（7）在采用气体保护焊焊接时，对需要焊接的区域的加热时间较短，减少了板件的疲劳和变形。因为金属熔化的时间极短，所以能够轻松进行立焊和仰焊操作。

2．气体保护焊的设备

气体保护焊的设备主要由以下基本部分组成。

（1）带流速调节器的保护气气源（见图 4-3-1），以防止焊接熔池受到污染。

（2）送丝装置。送丝装置有单轮和双轮两种（见图 4-3-2），对送丝的速度进行控制。

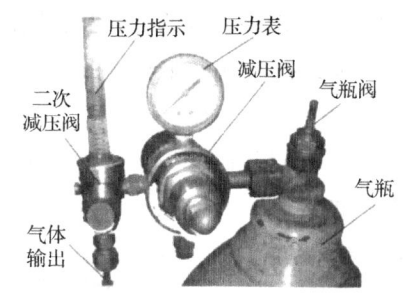

图 4-3-1　带流速调节器的保护气气源图

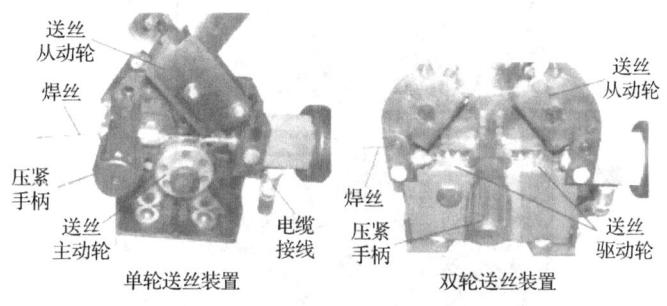

图 4-3-2　单轮和双轮的送丝装置

（3）焊丝。在车身修理中使用的焊丝种类是 AWS ER70S-6，使用的焊丝直径为 0.6～1.2mm。目前使用最多的焊丝是直径为 0.6mm 的焊丝。

（4）焊机电源。焊机电源的核心是变压器，它把 220V 或 380V 的电压变成只有 10V 左右的低电压，同时电流变得很大。鉴于焊接对电源的要求，必须使用具有稳定电压的电源。用于汽车车身修理的电源比一般工业焊机的要求要高，因为焊接薄金属板时的输出电流、电压要稳定，否则会影响焊接质量。

（5）电缆和搭铁接线装置。焊接的部位要与搭铁接线连接，形成电流回路。

（6）焊枪（见图 4-3-3）。将焊丝置于焊接部位，焊枪上有控制开关，焊枪前部主要有喷嘴和导电嘴。

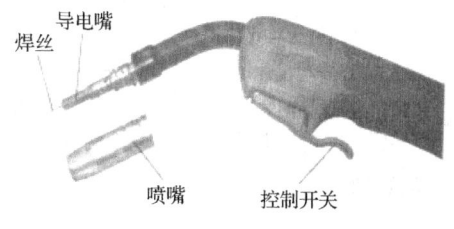

图 4-3-3　焊枪

（7）保护气。在修理车身时，焊接一般用二氧化碳或氩气和二氧化碳的混合气体（体积分数为75%的氩气、25%的二氧化碳，这种混合气体通常被称为C-25气体）来进行保护。采用二氧化碳气体保护除了使焊接熔深和焊缝增大，还使电弧变得比较粗糙且不够稳定，焊接时的溅出物增加。因此，在较薄的材料上进行焊接时，最好使用氩气和二氧化碳的混合气体。对于铝材，则根据铝合金的种类和材料的厚度，分别采用氩气或氩气和氮气的混合气体进行保护。如果在氩气中加入体积分数为4%～5%的氧气作为保护气，就可以焊接不锈钢。

（8）控制面板（见图4-3-4）。通过控制面板可进行电压、电流、送丝速度的调节，同时可进行点焊和脉冲点焊功能的控制。

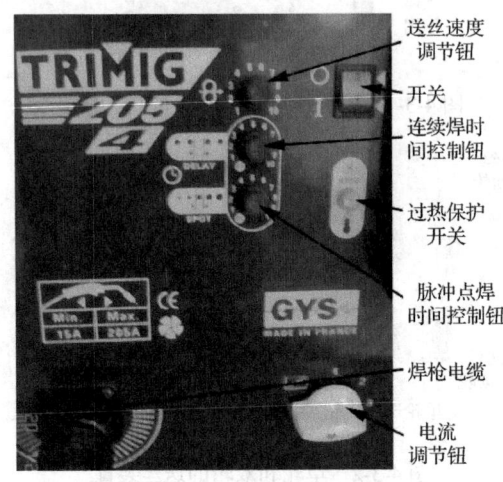

图4-3-4　控制面板

3. 气体保护焊的焊接原理

气体保护焊的焊丝以一定的速度自动进给，在焊接工件和焊丝之间出现电弧，电弧产生的热量使焊丝和焊接工件熔化，将焊接工件熔合在一起，这就是气体保护焊的焊接原理。气体保护焊的焊接原理如图4-3-5所示。

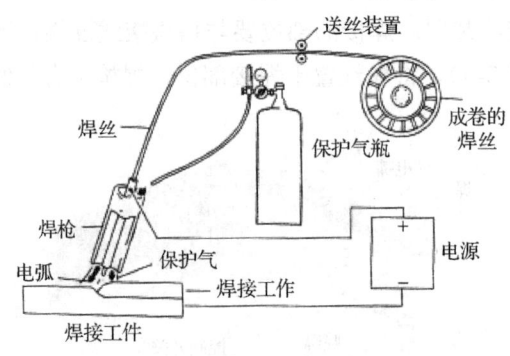

图4-3-5　气体保护焊的焊接原理

4.3.2　气体保护焊的焊接工艺

1. 气体保护焊的操作步骤

1）焊接前准备

（1）穿戴好防护用品。

（2）按照焊机说明书的规定，将气体保护焊机的电缆与电网相连接，安装并调整送丝装置中的各元件。

【注意事项】

保护气瓶内有高压，在搬动时要注意不要碰撞保护气瓶。最好用链条或带子将保护气瓶固定在底座上，使保护气瓶和气体保护焊机连接在一起，也可将保护气瓶安装在墙壁、柱子等处。在安装调节器时，一定要遵守安全规则。

（3）将搭铁安放在车身金属件焊接部位附近清洁的表面上，形成一个从焊机到工件，再到焊机的焊接回路。不能将搭铁当作接地装置，焊机应自带地线。

（4）调整送丝装置。

① 安装焊丝。图 4-3-6 所示为焊丝的安装。先用手将焊丝送进约 300mm，以保证焊丝能够顺利地通过送丝管和焊枪。

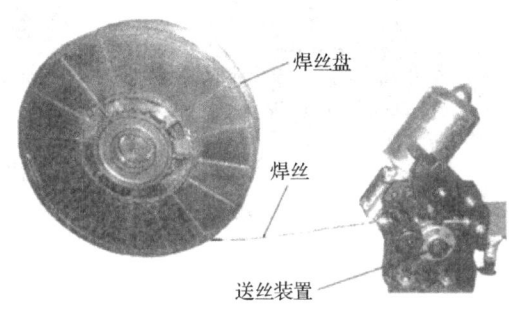

焊丝盘

焊丝

送丝装置

图 4-3-6　焊丝的安装

② 适当调整送丝轮压力，使焊丝得到足够的推力，能够离开焊丝盘并通过送丝管和焊枪。确保送丝轮轴槽、焊丝导向装置、送丝管和焊枪的导电嘴的尺寸都与所使用的焊丝的尺寸相一致。

（5）电源的极性调整。

电源的极性对焊接熔深起着重要的作用。直流电源的连接方式一般为直流反向极性连接，即焊丝为正极、工件为负极。在采用这种连接方式时，焊接熔深最大。如果焊接的材料非常薄，应以直流正向极性连接方式进行焊接，即焊丝为负极、工件为正极，焊接时在焊丝上产生更多的热量，工件上的焊接熔深较小。采用直流正向极性连接方式的缺点是，会产生许多气泡，需要更多地抛光。

2）焊接操作

（1）固定组合板件、大力钳、C 形夹钳、薄板螺钉、定位焊夹具及各种专用夹具，都是焊接过程中必不可少的工具。在焊接前要用焊接夹具把所要焊接的部件正确地夹在一起，无法夹紧的地方常用锤子和铆钉固定。焊接前的夹钳定位如图 4-3-7 所示。

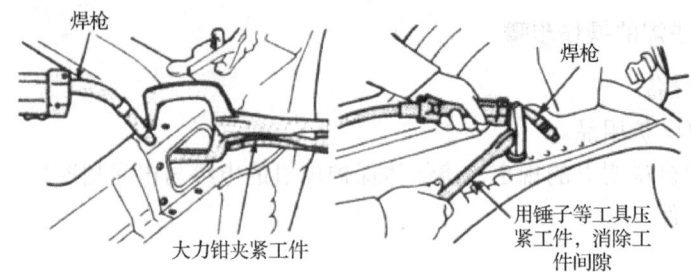

图 4-3-7　焊接前的夹钳定位

（2）打开气体保护焊机开关，预调焊机的电流参数、送丝速度参数，如图 4-3-8 所示。

（3）打开保护气瓶的阀门（见图 4-3-9），调整气体流量。

图 4-3-8　预调焊接参数　　　　　　　　图 4-3-9　打开保护气瓶的阀门

（4）固定焊板，清洁保护套，剪除焊丝端部焊瘤，进行试焊。试焊如图 4-3-10 所示。

（5）取下试焊板（见图 4-3-11），夹紧搭铁。

图 4-3-10　试焊　　　　　　　　图 4-3-11　取下试焊板

（6）板材焊接

运用连续焊的方式分段焊接，需要与试焊中的参数保持一致。板材焊接如图 4-3-12 所示。

图 4-3-12 板材焊接

2. 气体保护焊的焊接位置

在修理车身时，焊接位置通常由汽车车身上需要进行焊接部件的位置决定。焊接参数的调整也会受到焊接位置的影响。典型的焊接位置如图 4-3-13 所示。

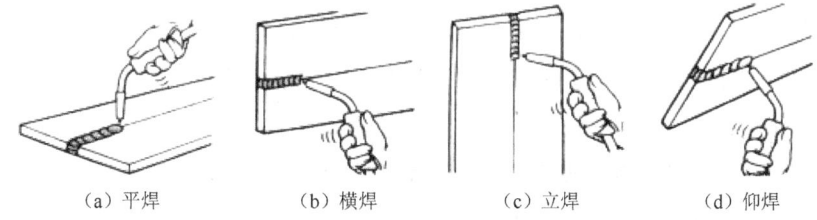

（a）平焊 　　　　（b）横焊 　　　　（c）立焊 　　　　（d）仰焊

图 4-3-13 典型的焊接位置

（1）平焊。平焊一般容易进行，而且它的焊接速度较快，能够得到最好的焊接熔深。在对从汽车上拆卸下的零部件进行焊接时，尽量将零部件放在能够进行平焊的位置。

（2）横焊。在对水平焊缝进行焊接时，应使焊枪向上倾斜，以避免重力对熔池的影响。

（3）立焊。在对垂直焊缝进行焊接时，最好让电弧从接头的顶部开始，并平稳地向下拉。

（4）仰焊。最难进行的焊接方式是仰焊。仰焊容易造成熔池过大的危险，而且一些熔融金属会落入喷嘴中而引起故障。在进行仰焊时，一定要使用较低的电压，还要尽量使用短电弧和小的焊接熔池。在将喷嘴推向工件时，为了保证焊丝不会向熔池外移动，最好能够沿着焊缝均匀地拉动焊枪。

在实际的车身焊接操作中，尽量采用平焊或横焊的方式来操作，以达到最好的焊接效果。

3．气体保护焊的基本焊接方法和基本操作方法

1）气体保护焊的基本焊接方法

（1）定位焊（见图4-3-14）。这种方法实际上是一种临时点焊，即在进行永久性焊接前，用很小的临时点焊来取代定位装置或薄板金属螺钉，对需要焊接的板件进行固定。和定位装置或薄板金属螺钉一样，定位焊是一种临时性措施。各焊点间的距离与板件的厚度有关，一般其距离为板件厚度的15～30倍，如图4-3-15所示。

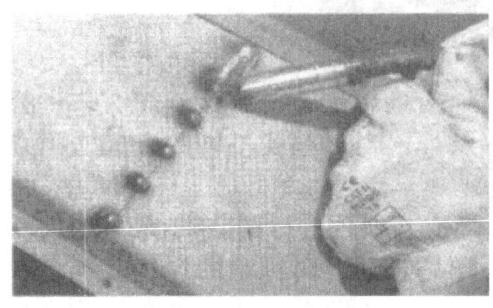

图4-3-14　定位焊

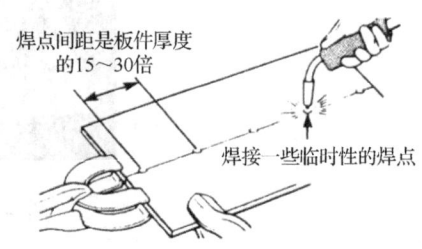

图4-3-15　定位焊的焊点间距

（2）连续焊（见图4-3-16）。焊枪缓慢、稳定地向前运动，形成连续的焊缝。操作中保持焊丝的稳定进给，以免产生晃动。在采用正向焊法时，连续且匀速地移动焊枪，并经常观察焊缝。焊枪应倾斜10°～30°，以获得最佳的焊缝、焊接线和气体保护效果。导电嘴与板件之间应保持适当的距离，焊枪应保持正确的角度。如果不能正常进行焊接，原因可能是焊丝太长。焊丝过长，金属的焊接熔深将会减小。为了得到适当的焊接熔深，提高焊接质量，应使焊枪靠近板件。平稳、均匀地操纵焊枪，将得到高度和宽度恒定的焊缝，而且焊缝上带有许多均匀、细密的焊波。

图4-3-16　连续焊

（3）塞焊（见图4-3-17）。若进行双层板塞焊，则需要在上面的板件上打孔。若进行多层板塞焊，则需要在除最底层板件外的所有板件上打贯穿孔，电弧穿过此孔，进入里面的板件，这个孔被熔化的金属填满（见图4-3-18），板件被焊接在一起。

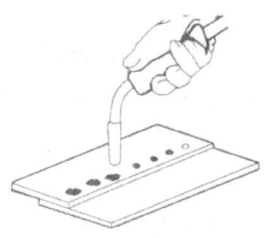

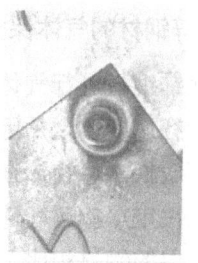

图 4-3-17　塞焊　　　　　　　　　　图 4-3-18　融化的金属填满焊孔

（4）点焊（见图 4-3-19）。当送丝装置被触发时，电弧被引入被焊的两块金属板中，将两层金属板熔化后焊接在一起。

气体保护点焊又称可熔性点焊，因为焊丝在焊接处熔化。可熔性点焊有多种操作方法，所有的车身部位借助各种喷嘴都可进行可熔性点焊。当对厚度不同的金属板进行点焊时，应将较薄的金属板焊接到较厚的金属板上。

点焊有搭接点焊和连续点焊。搭接点焊如图 4-3-20 所示。搭接点焊是指将电弧引入下层的金属板，并使熔融金属流入上层金属板的边缘。连续点焊就是一系列相连或重叠的点焊形成连续的焊缝。

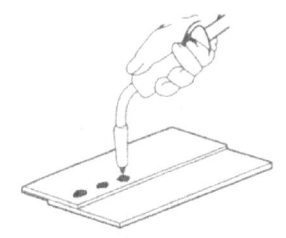

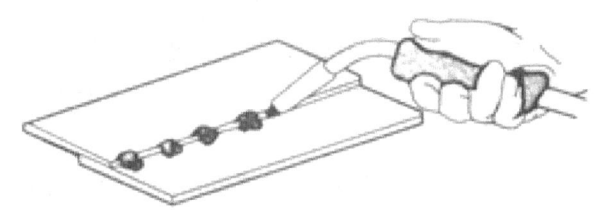

图 4-3-19　点焊　　　　　　　　　　图 4-3-20　搭接点焊

2）气体保护焊的基本操作方法

在进行气体保护焊焊接操作时，一般采用前进焊法（见图 4-3-21）和后退焊法（见图 4-3-22）。在采用前进焊法时，电弧直接加热母材的作用减小，熔深小，能清楚地看到焊接线，正确地找到焊接目标，易于操作，焊缝成形好。在采用后退焊法时，熔池底部的熔化金属被电弧吹开，熔池顶端的熔深形成侧由电弧直接加热，熔深大，不易清楚地看到焊接线，操作不便；易形成余高高、宽度窄的焊缝。若在焊接没有特殊要求时，推荐采用前进焊法。

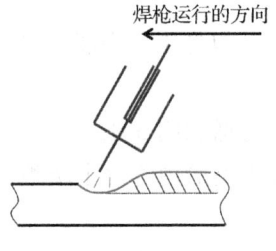

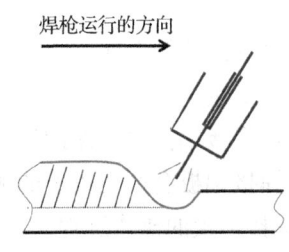

图 4-3-21 前进焊法　　　　　　　　图 4-3-22 后退焊法

4．镀锌钢材的气体保护焊

在对镀锌钢材进行气体保护焊时，不必将锌清除掉。在焊接镀锌钢材时，应采用较低的焊枪运行速度，这是因为锌蒸气容易上升到电弧的范围内，干扰电弧的稳定性。焊枪运行速度较低，可使锌在焊接熔池的端部熔掉。根据镀锌层的厚度、焊接的类型和焊接的位置来决定焊枪运行速度。

与无镀层的钢材相比，镀锌钢材的焊接熔深略浅，因此在对接焊时需要底部的直角边缘间隙稍大。为了防止较宽的间隙造成烧穿或过量的熔深，焊接时应左右摆动焊枪。焊接镀锌钢材产生的溅出物比较多，应在焊枪喷嘴的内部涂上防溅剂，并且应清洗喷嘴。

对镀锌钢材进行焊接会产生锌蒸气，而锌蒸气有毒，因此应有良好的通风条件，并且在焊接时操作人员应戴上供气的防毒面具。

5．铝板的气体保护焊

由于铝板的导热性好，所以它最适合采用气体保护焊方式进行焊接，用这种方法更容易进行高质量的焊接。在焊接之前要清除焊接区域的氧化层，因为氧化层的存在会导致焊缝夹渣和裂纹。

1）焊接铝板的注意事项

（1）要使用铝焊丝和100%的氩气。

（2）和焊接钢板相比，焊接铝板的送丝速度较快。

（3）在焊接铝板时，焊枪应更加接近垂直位置，焊接角度只能是垂直方向上倾斜5°～15°。

（4）如图4-3-23所示，焊接铝板只能采用前进焊法，不能在铝板上采用后退焊法，只能推动焊枪，不能拉焊枪；在进行垂直焊接时，应从下面开始向上焊接。

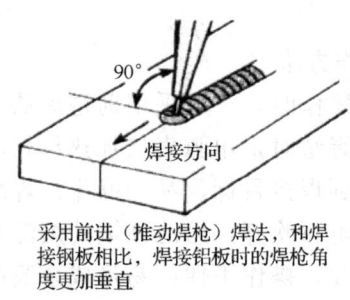

采用前进（推动焊枪）焊法，和焊接钢板相比，焊接铝板时的焊枪角度更加垂直

图4-3-23　铝板焊接

（5）将送丝滚轴上的压力调低一点，以免焊丝弯曲，但是压力不能调得过低，防止送丝速度不稳定。

（6）在焊接铝板时，保护气体的用量要比焊接钢板时增加约50%。

（7）焊接铝板会产生较多的溅出物，应在喷嘴和导电嘴的内部涂上防溅剂。

2）焊接铝板的操作过程

（1）用溶剂和一块干净的布对焊接部位的正面和反面进行彻底的清洁。

（2）将两块直角边的铝板放在金属台上，并用焊接夹具固定。

（3）如果铝板表面有涂层，可以用装有粒度为 80 号的砂轮机磨去宽度为 20mm 范围内的涂层，让金属裸露出来，也可以使用双向砂轮机。但不要将砂轮压得太紧，以免温度升高后，铝板上的微粒脱落，堵塞砂纸或砂轮片。

（4）用不锈钢钢丝刷刷净铝表面，直到表面发亮为止。

（5）在喷嘴内装入铝焊丝，当铝焊丝伸出喷嘴约 10mm 时，启动焊机。

（6）按照焊机的使用说明书调整其电压和送丝速度。说明书上给出的只是大概的数值，修理人员可能还要对这些数值进行调整。和焊接钢板相比，焊接铝板的送丝速度较快。

（7）剪断焊丝的端部，以便将熔化的部分清除掉。

（8）将两块铝板放在一起，并在它们之间留一条焊缝。导电嘴到焊接处之间的距离为 7～15mm。

（9）采用前进焊法，按照正确的焊接操作方式进行焊接。

4.4　介子焊

随着现代汽车维修技术不断发展，对汽车车身修复的要求越来越高。为了适应汽车车身修复要求的变化，使用介子焊机。介子焊机可迅速对汽车车身进行不同的修复，从而达到最佳效果，给汽修行业带来了可观的效益。

4.4.1　介子焊的设备及焊接原理

1. 介子焊的设备

介子焊机如图 4-4-1 所示。介子及拉拔器如图 4-4-2 所示。

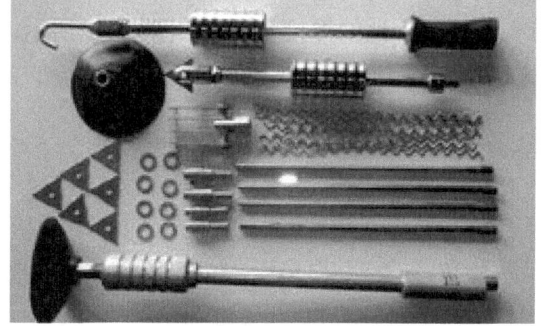

图 4-4-1　介子焊机　　　　　　　图 4-4-2　介子及拉拔器

2. 介子焊的焊接原理

介子焊机也称汽车外形修复整形机，属于电阻焊机的一种，是对车辆外壳进行整容修复处理的必备设备。介子焊机利用电极头上夹持的各种附件与钢板接触，利用高频脉冲电子控制电路，使接触部位产生电阻热，以实现相应的功能。介子焊机的调整宽度广，输出功率大，使用范围广，特性稳定，配合各种专用工具，无须拆卸车体即可在车体表面作业。

介子焊包括垫片焊接、蛇形线焊接、带滑动锤的焊接极头（三角片）焊接和收缩作业等。拉拔器的原理等同于手锤顶铁的虚敲，介子代替了顶铁的位置。

4.4.2　介子焊的焊接工艺

1. 介子焊机的工艺流程

（1）清洁表面，并判断损伤区域。

（2）打磨去除待修部位表面的旧漆层（见图 4-4-3），可以用单作用打磨机打磨，也可以用角磨机打磨。

（3）选择介子焊机参数，对介子焊机进行设定，可以选择自动模式。根据车身板材的厚度选择适当的电流，根据车身板材的厚度、电流的大小选择适当的时间，保证焊接强度，且热影响范围小。确定搭铁位置，保证垫圈强度足以承受搭铁的重量，如图 4-4-4 所示。

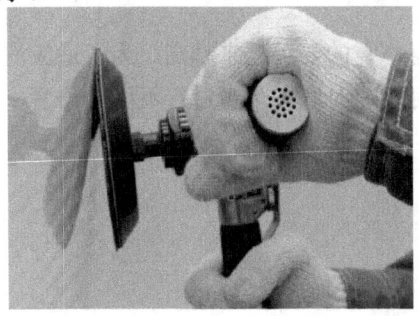
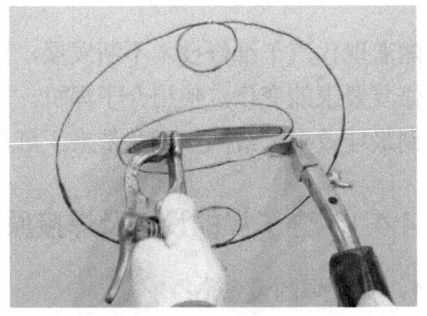

图 4-4-3　打磨　　　　　　　　　　　　　图 4-4-4　搭铁

（4）选择合适的焊接介子。如图 4-4-5 所示，若需要焊接多个介子，则介子应在一条直线上，且间距均匀。

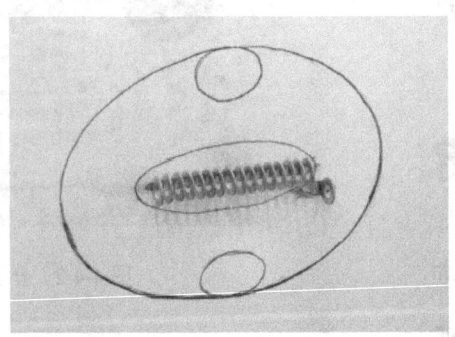

图 4-4-5　焊接介子

（5）拉拔（见图 4-4-6）的同时配合手锤消除应力，如图 4-4-7 所示。

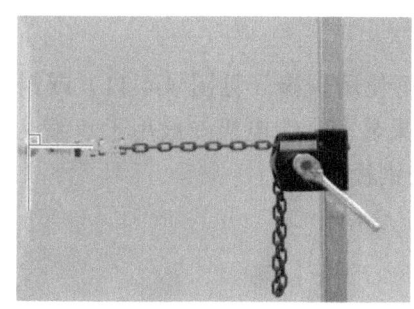

图 4-4-6　拉拔

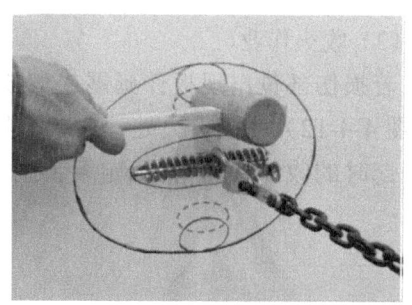

图 4-4-7　敲击隆起

（6）取下介子，取下时应用左右拧动的方法，如图 4-4-8 所示。

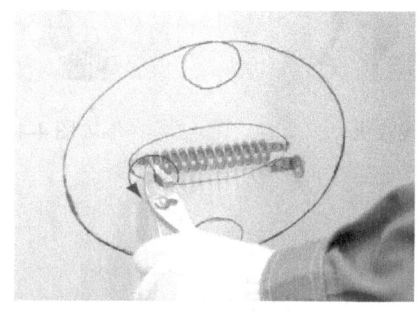

图 4-4-8　取下介子

2. 焊接方式

采用介子焊机作业时，应根据损伤程度、面积、部位等实际情况，合理选择焊接方式及拉拔方法。局部较轻微的凹陷可用单个垫片或三角片焊接后进行点拉拔。面积较大的损伤或门槛板可用成排的垫片或蛇形线焊接后进行整体拉拔。

（1）单点焊接

对于小面积的凹陷及损伤，可选用带滑动锤的三角片焊接（见图 4-4-9）；对于强度高的凹陷，可选用单个垫片粗修。

（2）整体式焊接

对于面积较大的损伤，可选用多个圆形垫片焊成一条直线铜棒或蛇形线来实现焊接。整体式焊接如图 4-4-10 所示。

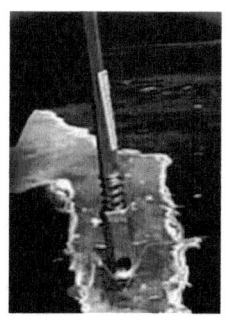

图 4-4-9　带滑动锤的三角片焊接

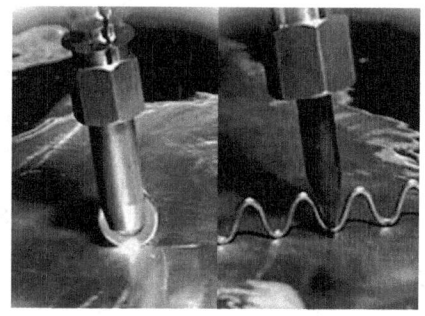

图 4-4-10　整体式焊接

（3）收火作业

若损伤部位出现板件延展或变软现象，则可使用碳棒（见图 4-4-11）或铜电极（见图 4-4-12）进行收火处理。碳棒收缩快，效果显著。铜电极一般用于点缩（小面积凸起时的收缩操作），一定要将铜电极压紧在钢板上。

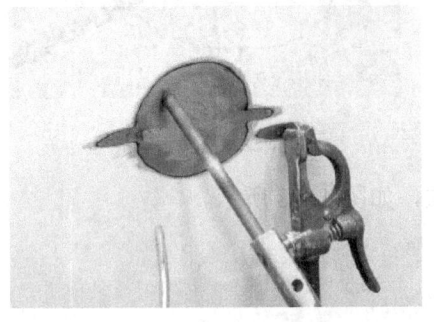
图 4-4-11　碳棒划线收火

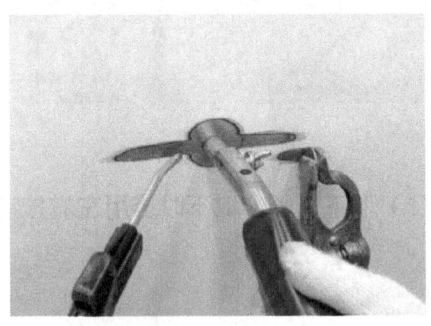
图 4-4-12　铜电极收火

4.5　焊接质量分析

焊接产品的质量保证贯穿设计、制造的全过程。为了确保焊接过程中焊接接头的质量符合设计和工艺要求，应在焊接前和焊接过程中对被焊金属材料的焊接性、焊接工艺、焊接规范、焊接设备和焊工的操作进行焊接检验，并对焊成的焊件进行全面的检查。

4.5.1　常见的焊接缺陷

1. 气孔或凹坑

气体进入焊接金属中会产生气孔或凹坑（见图 4-5-1）。导致气孔或凹坑的原因有：板件上有锈迹或污物，焊丝上有锈迹或水分，喷嘴堵塞，焊丝弯曲，保护气体的流量过小，焊接时冷却速度过快，电弧过长，焊丝规格不正确，气体被不适当封闭，焊接表面不干净等。

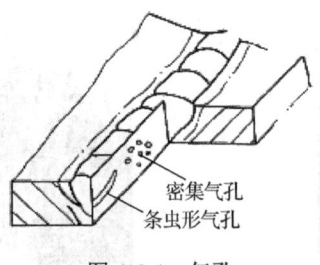
密集气孔
条虫形气孔
图 4-5-1　气孔

2. 咬边

咬边（见图 4-5-2）是指由于过分熔化板件而形成一个凹坑。它使板件的横截面减小，焊接部位的强度严重降低。导致咬边的原因有：电弧过长，焊枪角度不正确或不稳定，焊接速度太快，焊接电流太大，焊枪送丝速度太快等。

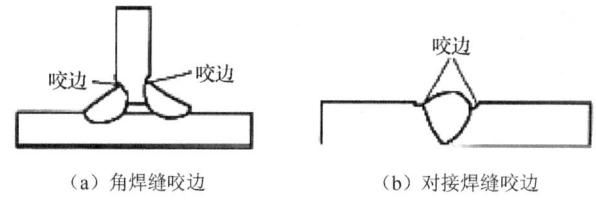

（a）角焊缝咬边   （b）对接焊缝咬边

图 4-5-2 咬边

3．不正确熔化

不正确熔化（见图 4-5-3）是发生在板件与焊接金属之间，或发生在两种金属之间的不熔化现象。导致不正确熔化的原因有：焊接速度太快，焊接电压太低，焊接部位不干净等。

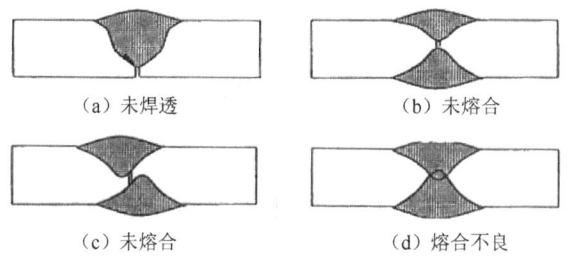

（a）未焊透   （b）未熔合

（c）未熔合   （d）熔合不良

图 4-5-3 不正确熔化

4．焊瘤

焊瘤（见图 4-5-4）会引起应力集中而导致过早腐蚀。导致焊瘤的原因有：焊接速度太慢，电弧太短。焊枪移动速度太慢，焊接电流太小等。

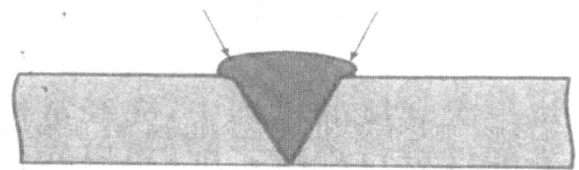

图 4-5-4 焊瘤

5．熔深不足

熔深不足也称未焊透，是金属板熔敷不足导致的，如图 4-5-5 所示。导致熔深不足的原因有：焊接电流太小，电弧过长，焊丝端部没有对准两块金属板的对接位置，坡口太小等。

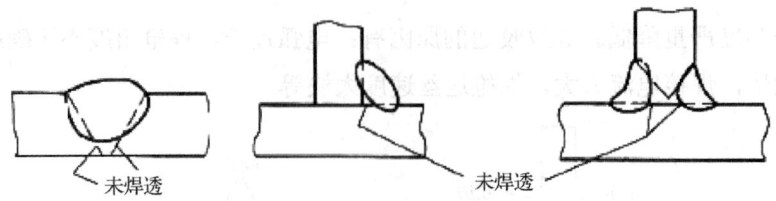

图 4-5-5　熔深不足

6. 焊接溅出物太多

如图 4-5-6 所示，过多的溅出物在焊缝的两边形成许多斑点和凸起。导致焊接溅出物太多的原因有：电弧过长，板件金属生锈，焊枪角度太大等。

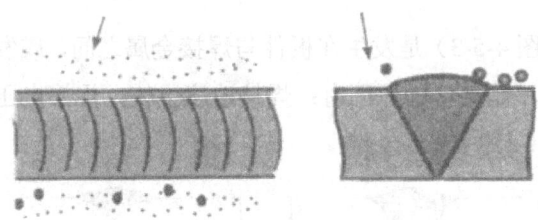

图 4-5-6　焊接溅出物太多

7. 焊缝浅

在进行角焊时，焊缝处容易产生溅出物且焊缝浅（见图 4-5-7）。导致焊缝浅的原因有：电流太大，焊丝规格不正确等。

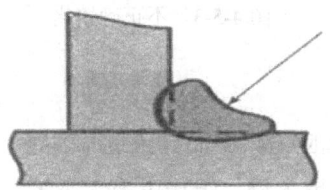

图 4-5-7　焊缝浅

8. 焊缝不均匀

焊缝不是均匀的流线形，而是不规则的形状，如图 4-5-8 所示。导致焊缝不均匀的原因有：焊枪导电嘴口被损坏或变形，焊丝通过嘴口时发生摆动，焊枪移动速度不稳定等。

图 4-5-8　焊缝不均匀

9. 烧穿

如图 4-5-9 所示，烧穿的焊缝内有许多孔。导致烧穿的原因有：焊接电流太大，两块金属板之间的坡口太宽，焊枪移动速度太慢，焊枪到板件之间的距离太短等。

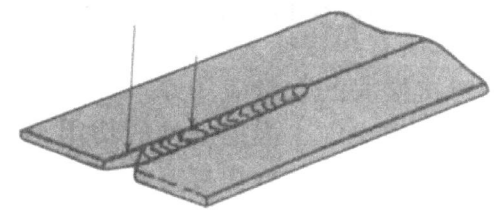

图 4-5-9　烧穿

4.5.2　影响焊接质量的因素

1. 焊接电流

焊接电流的强度会影响板件的焊接熔深、焊丝熔化的速度、电弧的稳定性、焊接溅出物的数量。随着焊接电流强度的增加，焊接熔深、剩余金属的高度和焊缝的宽度也会增加。表 4-5-1 所示为不同板厚和不同直径的焊丝所需要的焊接电流。

表 4-5-1　不同厚度的金属板和不同直径的焊丝所需要的焊接电流

焊丝电流/A		金属板厚/mm						
		0.6	0.8	1.0	1.2	1.4	1.6	1.8
焊丝直径 /mm	0.6	20~30	30~40	40~50	50~60	—	—	—
	0.8	—	—	40~50	50~60	60~90	100~120	—
	1.0	—	—	—	—	60~90	100~120	120~150

2. 电弧电压

电弧长度是由电弧电压决定的。当电弧电压过大时，电弧的长度增加，焊接熔深减小，焊缝呈扁平状。当电弧电压过小时，电弧的长度减小，焊接熔深增加，焊缝呈狭窄的圆拱状。

电弧电压过大将产生过长的电弧，从而使焊接溅出物增加，而电压过小会导致起弧困难。不同电弧电压的焊接效果如图 4-5-10 所示。

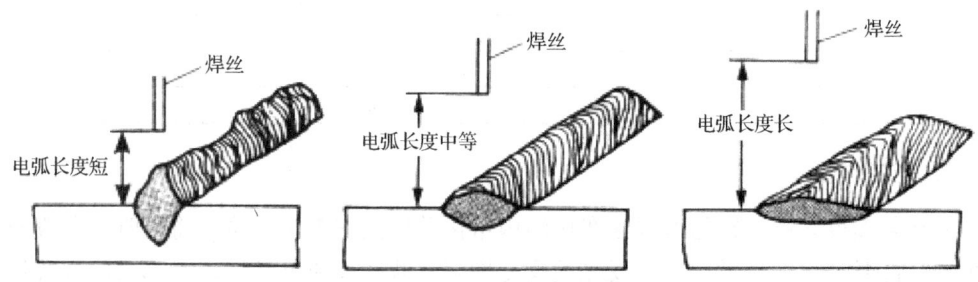

图 4-5-10　不同电弧电压的焊接效果

3. 导电嘴到工件的距离

导电嘴到工件的距离是高质量焊接的一项重要因素，标准的距离为7～15mm。如果导电嘴到工件的距离过大，从焊枪端部伸出的焊丝长度增加而产生预热，就加快了焊丝熔化的速度，保护气体所起的作用也会减小。如果导电嘴到工件的距离过小，将难以进行焊接，并会烧毁导电嘴。

4. 焊接时的焊枪角度

焊枪角度应为10°～15°，如图4-5-11所示。

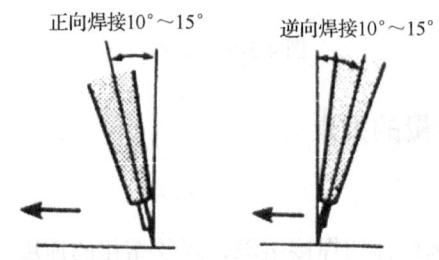

图4-5-11　焊接角度

5. 保护气体的流量

若保护气体的流量太大，则会形成涡流而降低保护层的效果；若保护气体的流量太小，则流出的气体太少，保护层的效果也会降低。根据导电嘴和工件之间的距离、焊接电流、焊接速度及焊接环境（焊接部位附近的空气流动）来调整保护气体的流量。

6. 焊接速度

在焊接时，如果焊接速度较快，焊接熔深和焊缝的宽度都会较小，而且焊缝会变成扁平状。在焊接速度较快的情况下进一步加快焊枪的移动速度将会产生咬边，而焊枪的移动速度过慢则会产生许多烧穿孔。一般来说，焊接速度由板件厚度、焊接电压两种因素决定，如表4-5-2所示。

表4-5-2　不同厚度的板件焊接时的焊丝直径、焊接速度及焊接电压

板件厚度/mm	焊丝直径/mm	焊接速度/（m/min）	焊接电压/V
0.6～0.8	0.8	1.1～1.2	17～19
1.0	0.8	1	17～19
1.2	0.8	0.9～1	17～19
1.6	0.8	0.8～0.85	18～20

7. 送丝速度

若送丝速度太慢，则随着焊丝在熔池内熔化并熔敷在焊接部位，将可听到嘶嘶声或啪啪声。此时产生的视觉信号为反光的亮度增强。若送丝速度较慢，则形成的焊接接头较平坦。若送丝速度太快，则堵塞电弧，焊丝不能充分地熔化，将熔化成许多金属熔滴

并从焊接部位飞走，产生大量溅出物。此时产生的视觉信号为频闪弧光。在进行仰焊操作时，要采用较快的送丝速度、较短的电弧和较小的金属熔滴，并使电弧和金属熔滴互相接近。

8．焊枪喷嘴

在气体保护焊机的几个主要组成部分中，喷嘴最为关键，其次是送丝机构。堵塞或损坏的管道将造成送丝速度不稳定，并产生许多金属熔滴，造成喷嘴的短路。

使用气体喷嘴的注意事项如下：

（1）距离的调整。调整导电嘴到喷嘴的距离约为3mm，焊丝伸出喷嘴的长度约为7～15mm。图4-5-12所示为剪掉过长或损坏的焊丝。

（2）喷嘴溅出物的处理。如果溅出物黏附于喷嘴的端部，将使保护气体不能顺利流出而影响焊接质量，应迅速清除焊接溅出物。可以使用防溅剂来减少黏附于喷嘴端部的溅出物。用一个合适的工具（如锉刀）清除导电嘴上的溅出物，然后检查焊丝能否平稳地送出。

（3）导电嘴的检查。应及时更换损坏的导电嘴，以确保产生稳定的电弧。为了得到平稳的气流和电弧，应适当拧紧导电嘴。

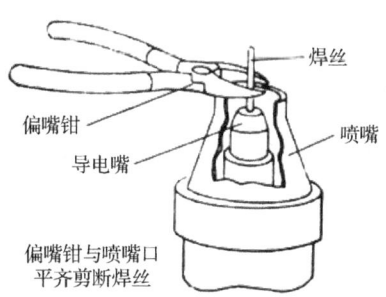

图4-5-12　剪掉过长或损坏的焊丝

复习题

一、判断题

1．在汽车车身修理作业中，焊接占的比重最大。（　　　）

2．焊接可以获得与母材相近的强度，而且连续焊接不仅有良好的水密性、气密性，而且有比其他任何连接方式都可靠的结合强度。（　　　）

3．焊接是对需要连接的金属板件加热，使它们共同熔化，最后结合在一起的方式。（　　　）

4．车身组件多由钢板或型钢构成，常用的焊接方法有气体保护焊、电弧焊。（　　　）

5．熔焊是指通过电极对金属加热使其熔化，并加压使金属连接在一起。（　　　）

6．在采用气体保护焊时，车身钢板都可以用一根通用型的焊丝来焊接。（　　　）

7. 压焊是指通过电弧或火焰等方式将金属件加热到熔点，使它们熔化后连接在一起（通常采用焊条、焊丝）。（　　）

8. 气体保护焊的保护气体可以用氩气、氮气、二氧化碳等气体。（　　）

9. 和焊接钢板相比，焊接铝板时的送丝速度较快。（　　）

10. 在采用介子焊时，应根据车身板材的厚度、电流的大小选择适当的焊接时间。（　　）

二、单选题

1. 电弧长度是由（　　）决定的。
   A．电弧电压　　　　B．电弧电流　　　　C．电弧电阻

2. 气体保护焊的焊枪角度一般为（　　）。
   A．5°～10°　　　B．10°～15°　　　C．20°～30°

3. （　　）是汽车制造厂在流水线上对承载式车身进行焊接时最常用的一种方法。
   A．电弧焊　　　　　B．气体保护焊　　　　C．电阻点焊

4. 在现在的汽车制造中，常采用（　　）使板件达到完美结合。
   A．激光焊接　　　　B．钎焊　　　　　　C．电弧焊

三、多选题

1. 适合高强度、低合金钢的焊接方式有（　　）。
   A．气体保护焊　　B．氧乙炔焊　　　C．电阻点焊　　　D．电弧焊

2. 汽车制造和维修中常使用（　　）。
   A．电阻点焊　　　B．氩弧焊　　　　C．二保焊　　　　D．电弧焊

四、简答题

1. 车身焊接种类有哪些？

2. 电阻点焊的优点有哪些？

3. 气体保护焊的优点有哪些？

4. 车身修理所用的气体保护焊方法包括哪些？

5. 焊接铝板时的注意事项有哪些？

第 2 篇

汽车车身钣金修复

　　汽车车身钣金修复是指在汽车发生碰撞后要对车身进行修复，即除对车身进行防腐和装饰的喷涂工作外的所有工作，如车身损伤分析、车身测量、车身校正、车身损伤修复等工作。

第 5 章　车身损伤分析

🎓 **知识目标：**

1. 了解车身损伤的类型
2. 掌握碰撞修复程序
3. 掌握不同部件的定损方法

🎓 **技能目标：**

1. 能按照正确方法定损
2. 能进行碰撞损伤及变形分析

交通事故引起的车身损伤千变万化，尽管各种事故现象不同，但汽车碰撞时车身结构的损伤有一定的相似之处，碰撞事故大多是单车事故和多车事故。单车事故主要指翻车事故和与障碍物碰撞事故。多车事故主要指两辆或两辆以上的汽车在同一事故中发生碰撞。尽管在多车事故中可能有两辆以上的汽车同时相撞，但讨论其损伤时可以只考虑两辆车相撞的情形。在单车事故和多车事故中，因车身结构的不同和碰撞部位的不同，车身各部件造成的损伤也不同，需要针对受损车辆的车身结构特点、损伤部位进行分析。

5.1　损伤分析概述

5.1.1　损伤分析步骤

针对碰撞损伤的具体情况可按照如下步骤进行分析：

（1）了解受损车辆车身结构的类型。

（2）目测确定碰撞的位置。

（3）目测确定碰撞的方向及碰撞力的大小，并检查可能存在的损伤。

（4）确定损伤是否限制在车身范围内，是否还包含功能部件或元件（如车轮、底盘、发动机等）的损伤。

（5）沿着碰撞能量传递路线一处一处地检查部件的损伤，直到没有任何损伤痕迹的位置。例如，通过检查车身外部板件的配合间隙来确定内部部件是否损伤。

测量汽车的主要元件。对于小的碰撞，可以通过比较车身尺寸图的标定尺寸和汽车的实际尺寸来检查，简单的测量检查可以用卷尺或轨道式量规。对于比较复杂的车身损伤，除了用卷尺和轨道式量规等工具检查，还需要用三维测量系统检查悬架和整个车身的损伤情况。

5.1.2　损伤类型及碰撞分析

1. 损伤类型

车身在经历碰撞后的损伤状况非常复杂，没有完全相同的损伤，但损伤有一定的规律性，即同种加强形式的结构件的损伤通常是一样的。车身碰撞损伤按照碰撞的损伤位置及损伤情况可以分为直接损伤和间接损伤两种类型。

1）直接损伤

直接损伤通常以断裂、擦伤和划痕形式出现，眼睛可以看到，如图 5-1-1 所示。直接损伤是引起碰撞的物体与金属板上受到损伤的部位直接接触造成的。在所有的车身碰撞损伤中，直接损伤通常只占 10%～15%。但是，如果碰撞产生了一条很长的擦伤或划痕，这在所有的车身碰撞损伤中占到 80%。现在的汽车车身由于板件越做越薄，难以再加工，所以对直接损伤较严重的板件以更换为主。

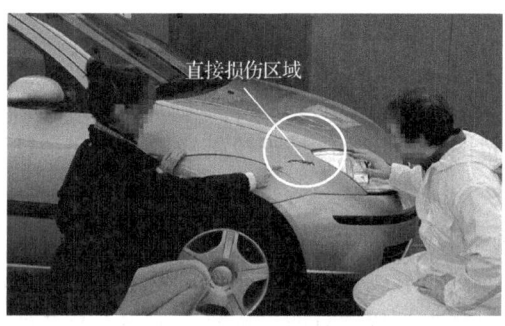

图 5-1-1　直接损伤

2）间接损伤

间接损伤是由直接损伤引起的。汽车车身上的板件结构在受到碰撞等损伤后，常常会发生弯曲或折损，如图 5-1-2 所示。通常大部分损伤都是间接损伤，大多数碰撞中两种损伤类型都会有。

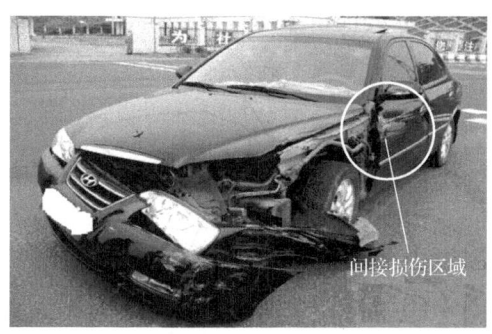

图 5-1-2　间接损伤

2. 折损类型

折损是金属的弯曲程度超过其弹性极限的结果，在超过弹性极限后，弯曲的金属将不能恢复其原来的形状。板件间接损伤的折损包括单纯铰折、单纯卷曲、凹陷卷曲、凹陷铰折 4 类。

1）单纯铰折

单纯铰折的弯曲现象像一个铰链一样，沿着工件整个长度均匀地弯曲。当产生这种变形时，金属上部表面受到拉力而产生拉伸变形，下部表面受到压力而产生压缩变形。单纯铰折总是形成一条直线形的折损，这种变形以实心金属板居多，如图5-1-3所示。

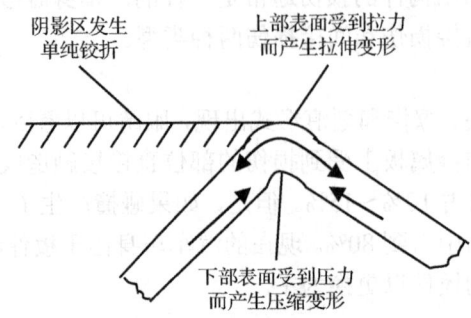

阴影区发生
单纯铰折

上部表面受到拉力
而产生拉伸变形

下部表面受到压力
而产生压缩变形

图5-1-3　单纯铰折

单纯铰折校正：沿铰折的碰撞力的相反方向施加拉力将铰折大致展平，然后在保持拉力的情况下对铰折部位的加工硬化区域沿铰折线用手锤和顶铁进行轻敲整形。

2）单纯卷曲

如图5-1-4所示，箭头的尖端挤压最为严重，具有很强的加工硬化，两边箭头的隆起部位受到压力和中间塑性变形形成弹性卷曲变形，变形消失后可以回弹。

单纯卷曲校正：只要箭头部位恢复即可恢复，不需太复杂的操作。

3）凹陷卷曲

当车身受到碰撞力产生的折损穿过隆起的加强板件的表面时，由于折损贯穿的是弧形表面，会形成凹陷卷曲，如图5-1-4所示。

凹陷卷曲是折损形成两端箭头样的弧形表面，箭头两侧部位形成向下翻卷的凹面。

凹陷卷曲校正：在折损区域沿铰折方向施加一定的横向拉力，促使中间凹陷部位回弹，恢复原形状，使用手锤和垫铁即可。

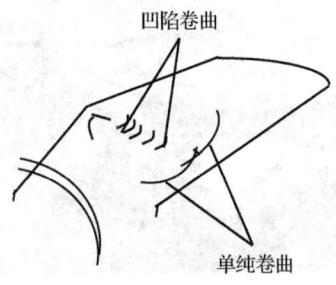

凹陷卷曲

单纯卷曲

图5-1-4　单纯卷曲和凹陷卷曲

4）凹陷铰折

车身结构件主要以箱形截面为主，截面是箱形结构的金属板底部受到两边的挤压而向中间空心部位凹陷，两侧的金属板向外挤出形成两个"尖"状的突起，此现象称为凹陷铰折。发生凹陷铰折的部件包括箱形结构梁、车门槛板、风窗支柱、中心立柱和车顶梁。

凹陷铰折校正：采用加热伴随拉伸的方法，用手锤对两侧金属受压突出的部位进行敲击复位，校正上、下、左、右 4 个方向的钢板，当对加热校正无把握时更换部件。

3．影响损伤变形的因素

汽车在碰撞时产生的碰撞力及受损程度取决于事故发生时的状况，通过了解碰撞的过程，能够部分确定汽车的损伤，定损评估人员可以从顾客那儿得到关于事故状况的信息，这种损伤评估的方法是极为必要的，它便于估算出修理的费用。因此，在深入掌握事故信息后，通常能够分析出引起碰撞的真实原因，并应考虑以下因素对汽车损伤变形的影响。

（1）被碰撞汽车的尺寸、构造、碰撞位置。

（2）碰撞时汽车的速度。

（3）碰撞时汽车的角度和方向。

（4）碰撞时汽车上的人员、货物的数量及位置。

4．碰撞对车身的影响

由于碰撞发生前驾驶人会有预先反应，某些类型的撞伤多数会以一定的形式和次序发生，如果驾驶人的第一反应是驶离危险区，汽车的侧面会被碰撞蹭伤（见图 5-1-5），严重时会引起汽车前部、中部或后部的弯曲变形。

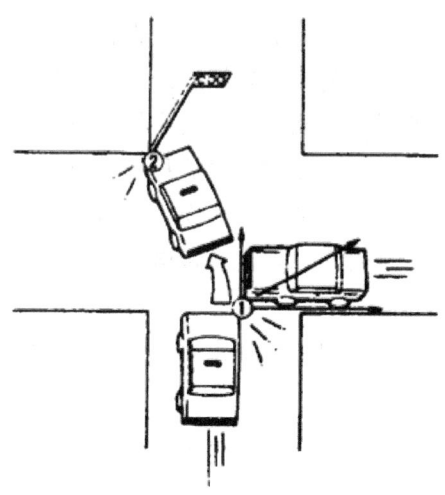

图 5-1-5　蹭伤损伤

1）碰撞的位置对车身损伤的影响

当发生碰撞时，若驾驶人猛踩制动踏板，则损伤的是汽车的前部。当碰撞点在汽车前端较高部位时，就会引起车身和车顶后移及后部下沉；当碰撞点在汽车前端下方部位时，车身惯性使汽车后部向上变形、车顶被迫上移。

2）碰撞物对车身损伤的影响

两辆相同的车以相同的速度碰撞，当撞击对象不同时，碰撞结果的差异会很大。汽车撞上一根电线杆和撞上一堵墙壁，结果就不大一样；若汽车撞上墙，则因碰撞面积较大，损伤程度就较轻；相反，若汽车撞上电线杆，则因碰撞面积较小，其损伤的程度就较严重，汽车保险杠、发动机罩、水箱等部件都严重变形，发动机也被后推，碰撞的影响还会扩展到后部的悬架等部位。

3）行驶方向对车身损伤的影响

当横向行驶的汽车撞击纵向行驶汽车的侧面时，纵向行驶汽车的中部会产生弯曲变形，而横向行驶汽车除产生压缩变形外，还会被纵向行驶的汽车向前牵引，导致汽车弯曲变形。由此可知，横向行驶的汽车虽然只有一次碰撞，但是损伤发生在两个方向。另外，汽车也可能发生两次碰撞而损伤却在一个方向上，这种情况常常发生在十字路口的汽车碰撞中。

4）车辆对车身损伤的影响

不同类型的车辆碰撞时产生的变形也不一样。碰撞车辆的质量越大，被碰撞车辆的变形越大。一辆汽车在与另一辆汽车相撞后，还可能再次发生碰撞，因此就会产生不同损伤类型的组合。在评估之前，应尽可能多地了解事实真相，确定事故实际发生的过程。

5.1.3 汽车损伤评估时的安全注意事项

在对汽车损伤评估时，应注意以下安全事项。

（1）在汽车进入车间后，首先要查看汽车上是否有破碎玻璃棱边及锯齿状金属。锯齿状的金属刃口要贴上胶带纸，最好用砂轮机或锉刀将其磨平。

（2）如果变速箱油或润滑油等泄露，一定要将其擦净。

（3）在开始焊接和切割之前，务必将储气罐移开，防止气罐漏气引起爆炸。焊接前要断开车载电脑的连接，防止焊接时的大电流损坏电脑。

（4）在拆除电气系统时，先卸下蓄电池负极电缆，切断电路，以免突然点燃易燃气体，同时保护电器系统。

（5）在进行碰撞诊断时照明应良好，如果功能件或机械部件损伤，需要在举升机或校正平台上进行细致的检查。

（6）在车身维修车间进行诊断时，应注意相关的安全规范。

5.2 覆盖件的损伤分析

5.2.1 覆盖件损伤的诊断方法

诊断损伤常用的判别方法有目测判断、触摸法判断、用直尺判断。

1．目测判断

利用覆盖件上的折射光线来判断损伤范围和变形程度，如图 5-2-1 所示。当目测判断损伤区域时，应变换目视的角度。

图 5-2-1　目测判断

操作要点：

（1）钢板要清洁。

（2）根据反射光线的扭曲程度判断。

（3）多角度、大范围地观察钢板表面。

2．触摸法判断

从各个方向触摸损伤区域，不要施加任何力量在手上，并且注意手的感觉，手要大面积覆盖，包括周边未受损区域，如图 5-2-2 所示。

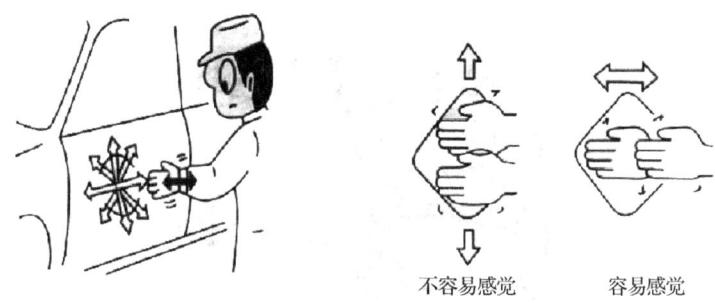

不容易感觉　　容易感觉

图 5-2-2　触摸法判断

操作要点：

（1）触摸时需要戴棉纱手套，防止手被毛刺划伤。

（2）一般中指和掌心靠前的位置感觉比较敏感。

（3）必须全方位、大范围地触摸才能准确感知凹凸情况。

3．用直尺判断

操作要点：

（1）将直尺置于未受损的板面，检测直尺与车身钣金件的间隙。

（2）将直尺置于受损区域，判断间隙的差异，如图 5-2-3 所示。

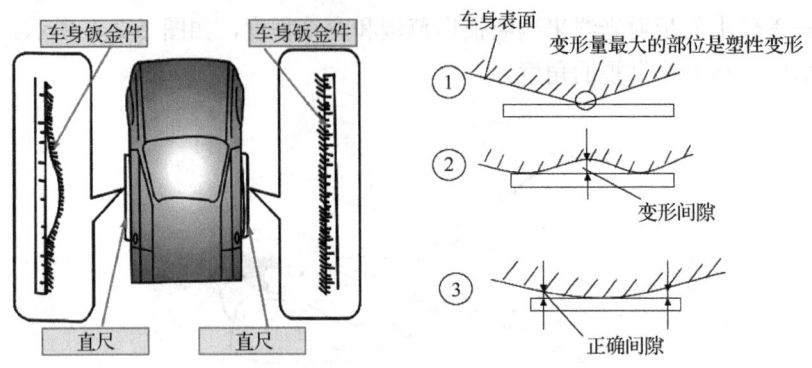

图 5-2-3　用直尺判断损伤的程度

5.2.2　典型覆盖件的损伤分析

车身板件又称车身覆盖件，它们通过螺栓、胶粘、铰接或焊接等方式覆盖在车体表面，起到密封车身、减小空气阻力、美化车辆的作用。承载式车身的覆盖钣金件通常包括可拆卸的前翼子板、车门、发动机罩、行李箱盖，以及不可拆卸的后翼子板、车顶等。

1．发动机罩及附件

典型的发动机罩（图见 5-2-4）由一块外板和一块内板构成，内、外板外部边缘通过折边和点焊连接，内、外板的结合面用胶黏剂黏接到一起。

图 5-2-4　发动机罩

双板结构的发动机罩的变形很难校正。当发动机罩必须更换时，使用原厂件、修复件配件或同类、同品质件皆可。

发动机罩的拆卸和更换工时包括拆卸和更换发动机罩的工时、拆卸和更换发动机罩降噪层的工时及将发动机罩安装到铰链上并加以调整的工时。

铰链轻微损坏时可以修理，但当铰链严重歪曲或扭曲时就需要更换了。

发动机罩锁在遭受碰撞变形、破损后以更换为主。

发动机罩撑杆有钢质撑杆和液压撑杆两种，钢质撑杆轻微变形可校正修复，严重变形需要更换；液压撑杆在遭受碰撞变形后以更换为主。

发动机罩拉线在轻度碰撞后一般不会损坏，严重碰撞会造成拉线折断，此时应更换。

2. 前翼子板及附件

若前翼子板的损伤程度没有达到必须将其从车上拆下来才能修复，如整体形状还在，只是中间局部凹陷，则一般不考虑更换。若前翼子板的损伤程度达到必须将其从车上拆下来才能修复，并且前翼子板的材料价格低廉、供应流畅，材料价格达到或接近整形修复的工时费，则考虑更换。

如果前翼子板每米长度超过 3 个折曲、破裂变形，或者已无基准形状，应考虑更换（一般来说，当每米长度的折曲、破裂变形超过 3 个时，整形和热处理后很难恢复其尺寸）。如果每米长度不足 3 个折曲、破裂变形，且基准形状还在，应考虑整形修复。如果修复工时费明显小于更换费用应考虑以修复为主。

前翼子板的附件有装饰条。装饰条损伤后以更换为主，即使未被撞击，也常因前翼子板的整形需要被拆卸，拆下后就必须更换。

3. 车门

车门是最复杂和最昂贵的车身板件之一。典型的车门是由内板件和外板件（也叫外壳）组成的，如图 5-2-5 所示。外板件通常由金属薄板制成，也可由金属材料、玻璃纤维或塑料制成。

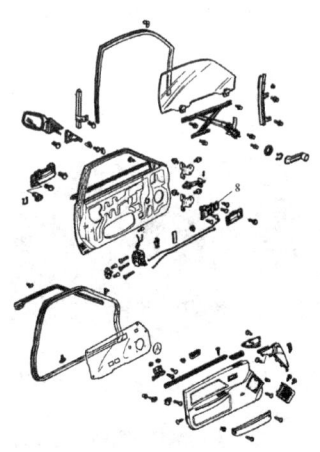

图 5-2-5　典型的车门总成

如果门框产生塑性变形，一般无法修复，应考虑更换。许多车的车门面板是作为单独零件供应的，损坏后可单独更换，不必更换总成。

车门防擦饰条碰撞变形后应更换。在车门变形后，需要将防擦饰条拆下整形。多数防擦饰条为自干胶式，拆下后重新粘贴上不牢固，用其他胶粘贴影响美观，应更换。门框产生塑性变形后，一般不好整修，应考虑更换。门锁及锁芯在严重撞击后会发生损坏，一般以更换为主。后视镜镜体破损以更换为主，对于镜片破损，有些高档轿车的镜片可单独供应，可以通过更换镜片修复。玻璃升降机是碰撞中经常损坏的部件，玻璃导轨、玻璃托架也是经常损坏的部件，碰撞变形后一般都要更换。

4．后翼子板

三厢车后翼子板属于不可拆卸件，因此更换它需要将其从车身上切割下来，而国内绝大多数汽车维修厂在切割和焊接方面满足不了制造厂提出的工艺要求，从而造成车身新的损伤。因此，后翼子板只要有修理的可能都应修复，不像前翼子板存在值不值得修的问题，损伤诊断方法与前翼子板相似。

5．行李箱盖及附件

行李箱盖大多由冲压成形的冷轧钢板经翻边胶黏制而成。判断其是否碰撞损伤变形，应看是否要将两层分开修理。若不需要分开，则不应考虑更换。若需要分开修理，则应首先考虑工时费与辅料费之和与其价值的关系，若工时费与辅料费之和接近或超过其价值，则应考虑更换，反之则考虑修复。行李箱工具盒在碰撞中时常破损，评估时不要遗漏。

6．车顶

当坠落物体碰到汽车顶部时，除车顶钢板受损外，车顶纵梁、后顶盖侧板和车窗也可能同时被损伤。在汽车发生翻滚时，车的顶盖受损严重，甚至波及立柱、车下部的悬架等，如图 5-2-6 所示。车顶损伤可通过观察和测量直观判定。

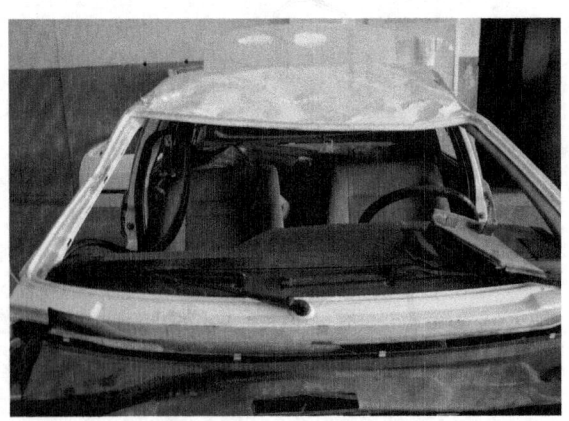

图 5-2-6　车身顶部碰撞

5.2.3　覆盖件损伤分析操作

覆盖件损伤分析操作如下。

（1）穿戴防护用品，包括工作服、安全鞋、棉纱手套等。

（2）准备工具，包括直尺、样板规、记号笔、车身洁净布及卫生工具等。

（3）实施鉴定。

① 使用目测判断，环车检查，判断损伤区域，从不同的角度观察损伤面，确定受损部位的上下左右边缘。

② 在确定大致受损区域后，用触摸法来确定受损部位的凹陷和凸起。

③ 利用直尺和记号笔量出水平方向的变形量，并标出。

④ 利用按压法确定受损面板是否存在蹦弹。

以上四种鉴定步骤都是日常工作中经常使用的，但不建议在每次评估时都按顺序全部使用，可以结合不同的损伤情况灵活使用。其中直尺测量法和按压法往往用在修复后。

（4）标出受损区域，用记号笔把受损区域和未受损区域的边界线标出来。

（5）制定维修计划。

5.3 结构件的损伤分析

5.3.1 结构件的碰撞损伤分析

1. 碰撞分析

1）碰撞冲击力

在汽车碰撞过程中，冲击力的方向总是与某点冲击力的特定角度相关。因此，冲击力可以分成分力，通过汽车向不同方向分散。

冲击力造成的损伤面积取决于冲击力与汽车质心相对应的方向。

一种情况是冲击力和汽车质心不在同一条直线上，碰撞时车身会发生翻转，如图 5-3-1（a）所示。

另一种情况是冲击力指向汽车的质心，汽车不会旋转，大部分能量将被汽车零件所吸收，造成的损坏是非常严重的，如图 5-3-1（b）所示。

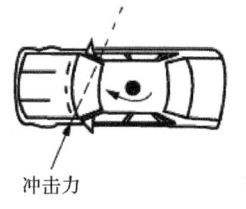
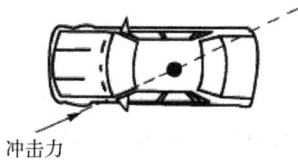

（a）冲击力和汽车质心不在同一条直线上　　　　（b）冲击力和汽车质心在同一条直线上

图 5-3-1　冲击力的方向与汽车质心的关系

驾驶员的反应经常影响冲击力的方向，尤其对于正面碰撞。

驾驶员意识到碰撞不可避免时，第一反应就是旋转转向盘以避免发生正面碰撞，如图 5-3-2（a）所示。驾驶员的第二反应就是试图制动，汽车进入制动状态，使汽车沿前保险杠向下俯冲，如图 5-3-2（b）所示。

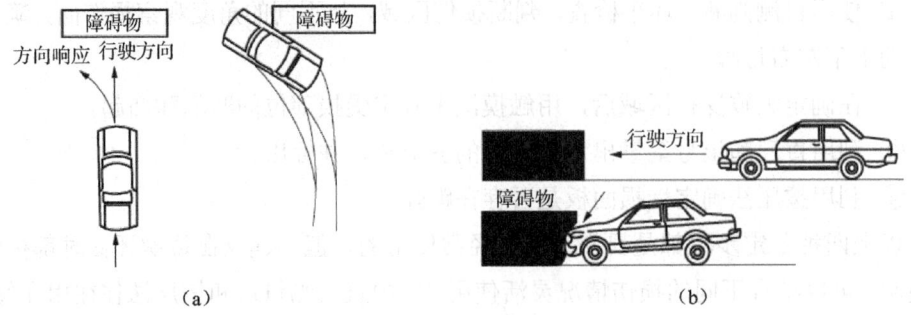

图 5-3-2　驾驶员的反应对碰撞方向的影响

2）碰撞接触面积

假设汽车以相同的速度和相近的载货量行驶，碰撞的类型不同，损坏的程度也不同。

若碰撞接触面积大，则损坏程度相对较轻。如图 5-3-3（a）所示，保险杠、发动机罩、散热器、翼子板等会有变形。

碰撞接触面积越小，程度损坏就越严重。如图 5-3-3（b）所示，保险杠、发动机罩、散热器等都发生严重的变形。发动机向后移动，碰撞所带来的影响甚至扩散到后悬架。

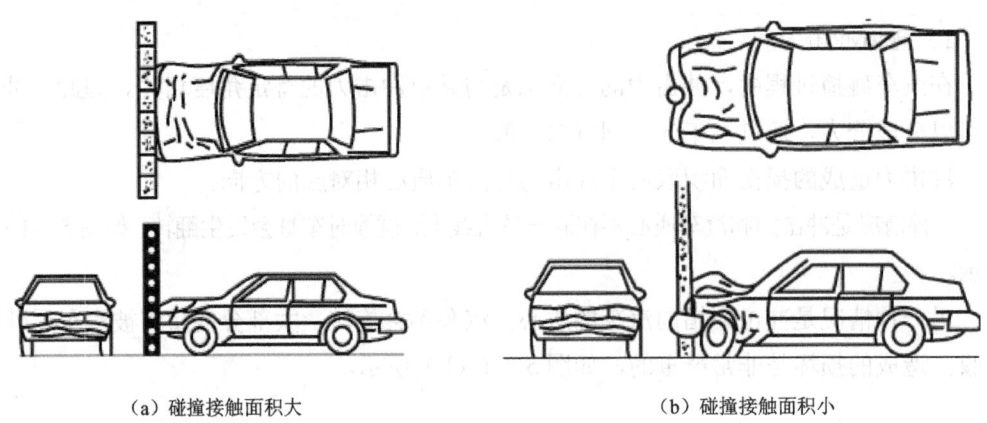

（a）碰撞接触面积大　　　　　　　　　　　　（b）碰撞接触面积小

图 5-3-3　不同的碰撞接触面积产生的损伤

还有许多其他类型的碰撞和混合碰撞的类型，如一辆汽车撞击另一辆正在运动的汽车。做出精确的损失评估，弄清楚汽车碰撞是如何发生的非常重要。

2. 结构件的碰撞损伤形式

1）碰撞对非承载式车身的损伤

非承载式车身由车架及周围的可分解的部件组成。图 5-3-4 中圈出的部位为车架上刚度较弱的部位，主要用来缓冲和吸收来自前端或后端的碰撞能量，车身通过橡胶件固定在车架上，橡胶件同样也能减缓从车架传至车身上的振动效应。

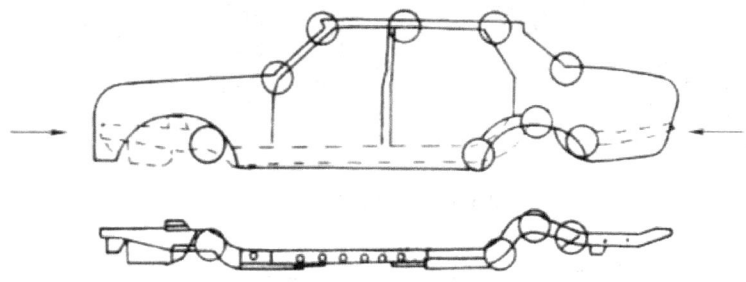

图 5-3-4　车架上刚度较弱的部位

车架的变形大致分为左右弯曲、上下弯曲、皱折与断裂损伤、菱形变形、扭曲变形。

（1）左右弯曲。

如图 5-3-5 所示，从一侧来的冲击力经常会引起车架的左右弯曲。左右弯曲通常发生在汽车的前部或后部，一般可通过观察钢梁的内侧及对应钢梁的外侧是否变形来确定，如图 5-3-6 所示。

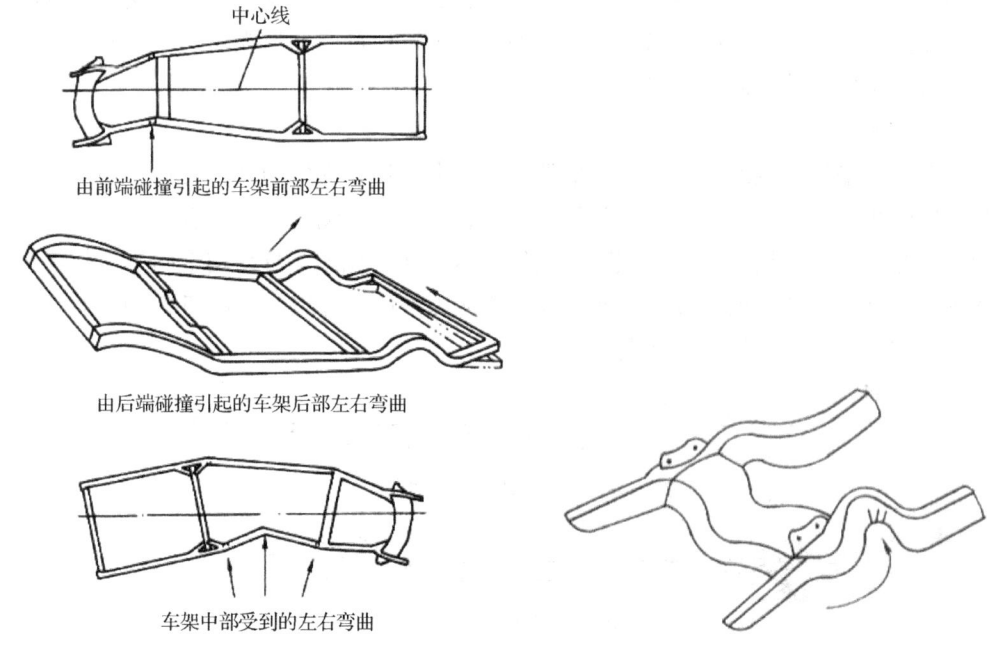

中心线

由前端碰撞引起的车架前部左右弯曲

由后端碰撞引起的车架后部左右弯曲

车架中部受到的左右弯曲

图 5-3-5　车架的左右弯曲　　　　　图 5-3-6　确定车架损伤的常见部位

此外，通过发动机舱盖、行李箱盖及车门的缝隙、错位等情况也能够辨别左右弯曲。

（2）上下弯曲。

如图 5-3-7 所示，汽车碰撞产生上下弯曲后，车身外壳表面会比正常位置高或低，结构上也有前、后倾现象。上下弯曲一般由来自前方或后方的直接碰撞引起（见图 5-3-8），可能发生在汽车的一侧，也可能发生在汽车的两侧。

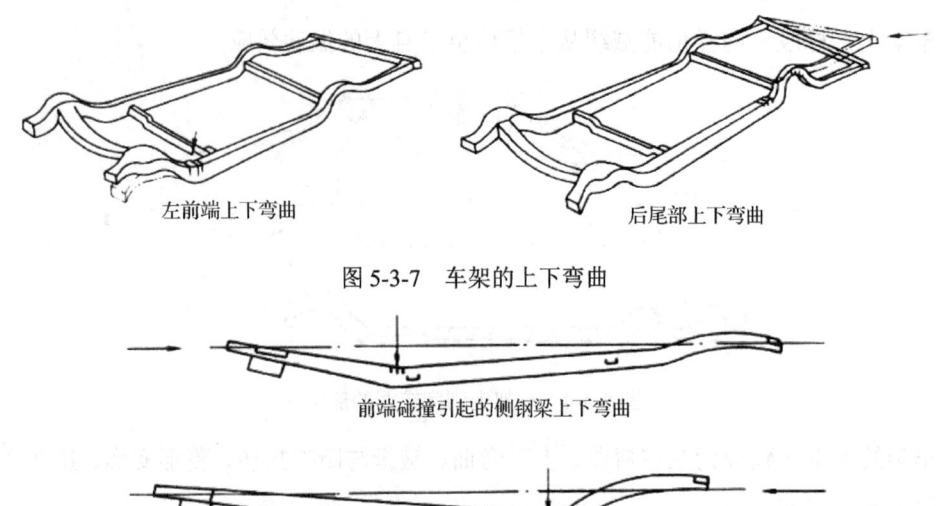

左前端上下弯曲　　　　　　　　　　后尾部上下弯曲

图 5-3-7　车架的上下弯曲

前端碰撞引起的侧钢梁上下弯曲

后端碰撞引起的侧钢梁上下弯曲

图 5-3-8　直接碰撞引起的上下弯曲

辨别上下弯曲可以查看翼子板与门之间的缝隙是否在顶部变窄，下部变宽；可以查看车门在撞击后是否下垂；可以观察悬架钢板是否发生弯曲变形损伤，严重的上下弯曲能够造成悬架钢板的弯曲变形损伤。

（3）皱折与断裂损伤。

汽车在碰撞后车架或车上某些零部件的尺寸会与厂家提供的技术资料不相符，断裂损伤通常表现在发动机舱盖前移或侧移、行李箱盖后移或侧移。有时看上去车门与周围吻合得很好，但车架已产生皱折或断裂损伤，这是非承载式车身结构不同于承载式车身结构的特点之一。皱折或断裂损伤通常发生在应力集中的部位（见图 5-3-9），而且车架通常还会在对应的翼子板处造成向上变形。

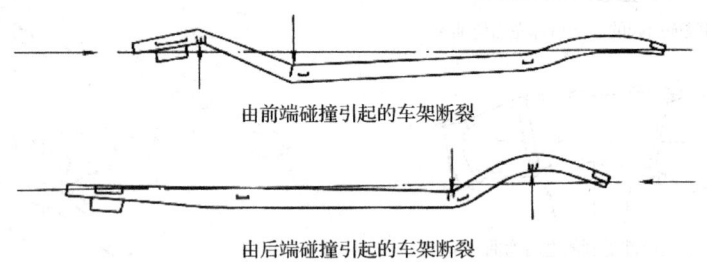

由前端碰撞引起的车架断裂

由后端碰撞引起的车架断裂

图 5-3-9　车架的断裂损伤

（4）菱形变形。

如图 5-3-10 所示，当汽车的一角受到来自前方或后方的碰撞力时，同侧车架向后或向前移动，引起车架错位，使整个车架成为一个接近平行四边形的形状，菱形变形会对整个车架产生影响，而不是一侧的钢梁。从视觉上，我们会看到发动机舱盖及行李箱盖错位，通常菱形变形还会附有许多断裂及弯曲变形损伤的组合损伤。

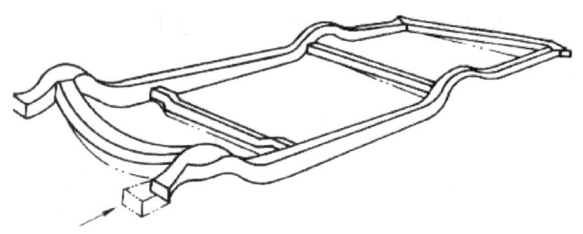

图 5-3-10　引起整个车架的菱形变形

（5）扭曲变形。

扭曲变形是车架损伤的另一种形式，如图 5-3-11 所示。当汽车在高速行驶的状态下撞到与车架高度相近的障碍后时常发生这种变形。另外，汽车尾部受到侧向撞击时也常发生这种变形。受到此损伤后，汽车的一角会比正常情况下高，而相反的一侧会比正常情况下低。应力集中处时常伴有皱折或断裂损伤。

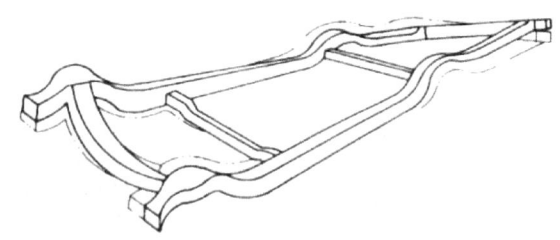

图 5-3-11　使整个车架发生扭转的扭曲变形

2）碰撞对承载式车身结构的损伤

承载式车身的损伤变形较复杂，需要全方位分析。碰撞力会从碰撞点沿着车身传递，即使前端发生碰撞，后端也有可能发生损伤。

（1）承载式车身变形的形式。

由碰撞引起的承载式车身结构的损伤可以运用如图 5-3-12 所示的圆锥体形法进行分析。

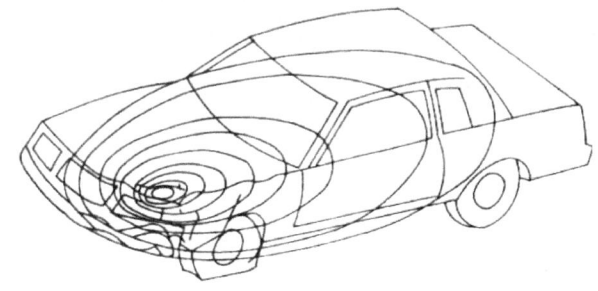

图 5-3-12　运用圆锥体形法确定碰撞对承载式车身结构的影响

在承载式车身结构的汽车受到撞击时，汽车车身由于吸收碰撞能量而产生变形，碰撞能量通过车身扩散，车身结构从撞击点依次吸收碰撞能量，碰撞能量主要被车身吸收，如图 5-3-13 所示。将目测撞击点作为圆锥体的顶点，圆锥体的中心线表示碰撞力的方向，其高度和范围表示碰撞力穿过车身壳体扩散的区域。圆锥体顶点附近通常为主要的受损区域。由于整个车身壳体由许多片薄钢板连接而成，碰撞引起的振动大部分被车身壳体吸收。

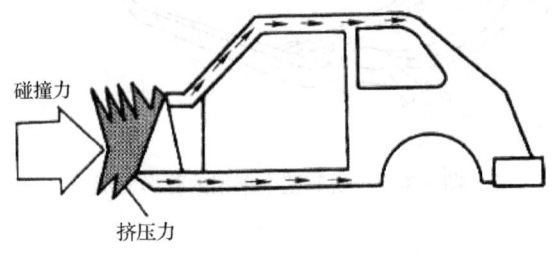

图 5-3-13　碰撞能量沿着车身扩散

将振动波造成的影响称为二次损伤，通常，此损伤会影响承载式车身内部零部件并造成相反一侧的车身变形损伤，如图 5-3-14 所示。

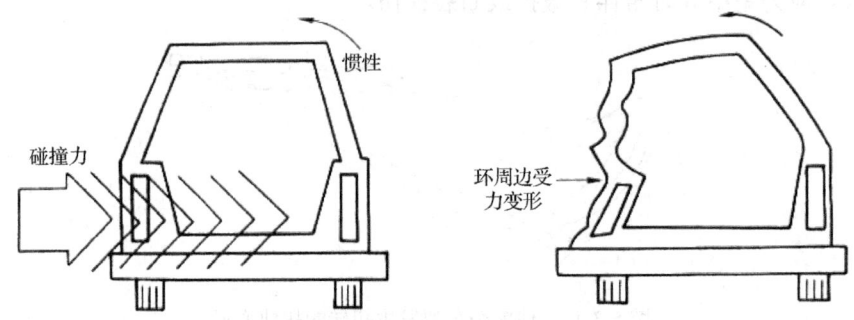

图 5-3-14　由于惯性作用，汽车车顶向碰撞的一侧移动

为了控制二次损伤并为车内人员提供一个更为安全的空间，承载式车身结构的汽车在前部和后部设计了如图 5-3-15 所示的应力吸收区域。在受到碰撞时，它能按照设计要求形成折曲，这样传到车身结构的振动波就被大大减小。换言之，来自前方的碰撞力被前部车身吸收（见图 5-3-16），来自后方的碰撞力被后部车身吸收（见图 5-3-17）。而来自前侧方的碰撞力被前翼子板及前部纵梁吸收，来自中部的碰撞力被边梁、立柱和车门吸收，来自后侧方的碰撞力被后翼子板及后部纵梁吸收。

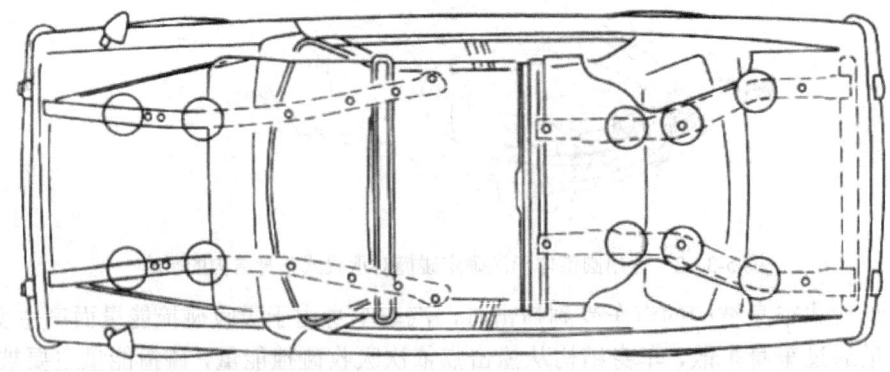

图 5-3-15　承载式车身结构的横向刚度较弱的部位（应力吸收区域）

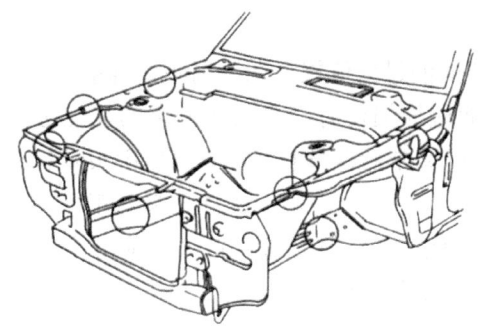

图 5-3-16 承载式车身结构的前部刚度较弱的部位（应力吸收区域）

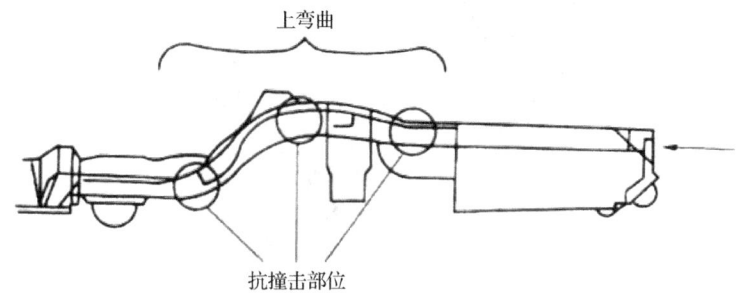

图 5-3-17 承载式车身结构的后部刚度较弱的部位（应力吸收区域）

（2）承载式车身的碰撞损伤分析。

① 前端碰撞。

若碰撞程度较轻，则保险杠会被后推，前纵梁及内轮壳、前翼子板、前横梁及散热器框架会变形；若碰撞程度加大，则前翼子板会弯曲变形并移位触到车门，发动机舱盖铰链会向上弯曲变形并移位触到前围盖板，前纵梁变形加剧造成副梁的变形；若碰撞程度更严重，则 A 柱会产生变形，车门开关困难，甚至造成车门变形。若前端的碰撞从侧向而来，则由于前横梁的作用，前纵梁会产生变形。前端碰撞常伴随着前部灯具及护栅破碎，冷凝器、散热器及发动机附件损伤，车轮移位等。前端碰撞如图 5-3-18 所示。

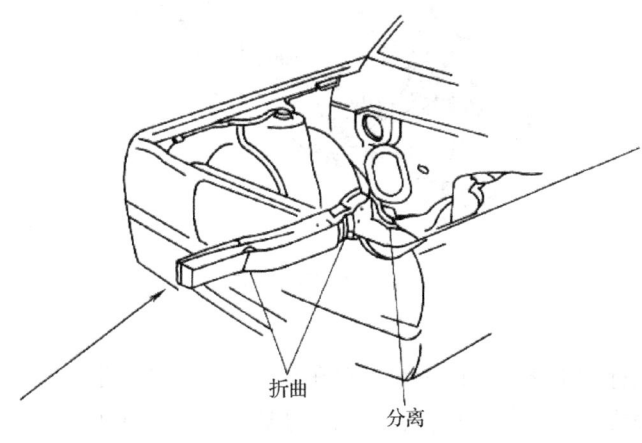

图 5-3-18 前端碰撞

② 后端碰撞。

由于油箱是在后桥前面的最佳位置，在后端碰撞时不会对油箱造成损伤。

当汽车后端发生正面碰撞损伤时，损伤较严重的往往是汽车在碰撞事故中为被动碰撞。若碰撞程度较轻，则通常后保险杠、行李箱后围板及行李箱底板可能压缩弯曲变形；若碰撞程度较重，则 D 柱下端前移，D 柱上端与车顶接合处会产生折曲，后门开关困难，后风窗玻璃与 D 柱分离，甚至破碎；若碰撞程度更严重，则会造成 B 柱下端前移，在车顶 B 柱处产生凹陷变形。后端碰撞常伴随着后部灯具的损坏等。后端碰撞如图 5-3-19 所示。

图 5-3-19　后端碰撞

③ 侧面碰撞。

在汽车遭受侧面碰撞后，分析汽车的结构尤为重要。一般来说。对于严重的碰撞，车门 A、B、C 柱及车身底板都会变形。当汽车遭受的侧向力较大时，惯性会使另一侧的车身产生变形。当前后翼子板中部遭受严重碰撞时，还会造成前后悬架零部件的损伤；当前翼子板中后部遭受严重碰撞时，还会造成转向系统中横拉杆，转向机齿轮、齿条的损伤。侧面碰撞如图 5-3-20 所示。

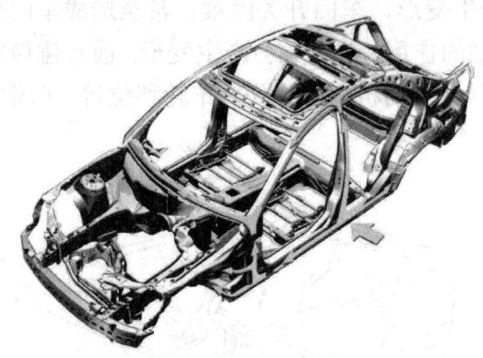

图 5-3-20　侧面碰撞

④ 底部碰撞。

底部碰撞常指行驶中路面凹凸不平、存在异物（如石块）造成车身底部损伤。常见的损伤部位有前横梁、发动机下护板、发动机油底壳、变速箱油底壳、悬架下托臂、副梁、后桥及车身底板等。

⑤ 顶部碰撞。

汽车单独遭受顶部碰撞的概率较小，单独的顶部受损多为空中坠落物所致，以顶部面板及骨架变形为主，如图 5-3-21 所示。汽车倾覆是造成顶部受损的常见原因，汽车倾覆造成顶部受损常伴随着车身立柱、翼子板和车门变形及车窗破碎。

在车辆翻滚时，车身立柱和车顶板会弯曲，相应的支柱也会损伤。根据翻滚方式的不同，还可能造成车身前部或后部损伤，其辨认特征是车门及车窗附近发生变形，易于发现。

图 5-3-21　顶部损伤

5.3.2　典型结构件的损伤分析

1. 受损零部件修与换的原则

在汽车的损失评估中，受损零部件修与换的标准是一个难题。在保证汽车修理质量的前提下，"用最小的成本完成受损部位的修复"是修理受损汽车的原则。

在进行零部件的损伤评估时，要决定进行修复还是更换，一般可以按以下原则进行：

（1）修理费用超过更换费用的 75% 的零部件一般应更换。

（2）修复后很难达到原有的性能，还可能有漏液、跑偏等后遗症的零部件一般应更换。

（3）影响安全的零部件一般应更换。

（4）修复后影响外观的零部件一般应更换。

（5）没有技术能力进行修复的零部件一般应更换。

2. 结构件的损伤分析位置检查

在大多数情况下，碰撞部位能够观察出结构损伤的迹象。用肉眼检查后，进行整体估测，从碰撞的位置估计汽车受到的碰撞力的大小及方向，判断碰撞能量如何扩散并造成损伤。在估测中，先检查汽车是否有扭转和弯曲变形，再设法确定损伤的位置及各种损伤是否由同一次碰撞引起的。

1）车身上容易识别的损伤变形的部位

在碰撞中碰撞能量通过车身刚性部件的传递，如 A 柱、车顶纵梁、地板纵梁等箱形截面梁，最终传递至车身部件内并损坏薄弱部件。因此，要找出汽车损伤，必须沿着碰撞力扩散的路径，按顺序一处一处地进行检查，重点检查零件的棱角和边缘，确认变形情况。

检查中要特别仔细地观察板件连接点是否错位、开裂（见图5-3-22），加固材料（如加固件、盖板、加强筋、连接板）上是否有裂缝，各板件的连接焊点是否变形，油漆层、内涂层及保护层是否裂缝和材料剥落，以及零件的棱角和边缘是否有异样等，如图5-3-23所示。

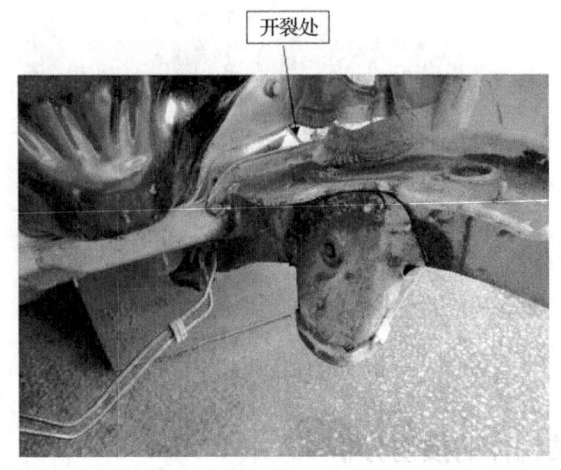

图 5-3-22　纵梁开裂

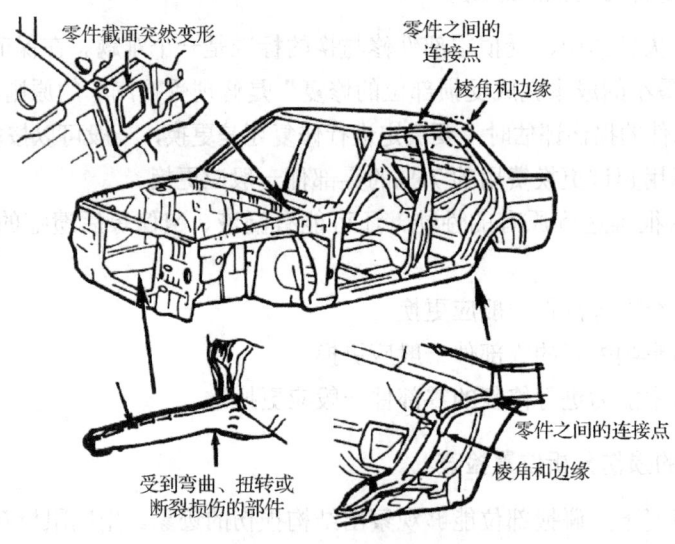

图 5-3-23　容易识别的损伤变形的部位

此外，在遭受同样的碰撞力的情况下，若碰撞区域的部件的刚性不同，则碰撞后的损伤情况也不一样。当碰撞区域部件的刚性较小时，碰撞区域附近的损伤迹象比较明显；当碰撞区域部件的刚性较大时，碰撞区域附近的损伤迹象较小。有时碰撞区域上的损伤迹象虽然很小，但是能量却穿过碰撞区域而传递到车身内部很深的部位产生"内伤"。

2）车身部件的配合间隙

车身前部的配合间隙如图 5-3-24 所示。车身上的车门、翼子板、发动机罩、行李箱盖与车灯之间的配合间隙都有一定的尺寸要求，通过观察和测量它们之间间隙的变化可以判定发生了哪些变形。翼子板是安装在翼子板骨架上的，可以通过简单地观察翼子板与车门的配合间隙来确定车身是否受到损伤。如图 5-3-25、图 5-3-26 所示，通过对比车门与左右翼子板的配合间隙来确定车身的损伤变形情况，可以看出左侧车身变形严重。

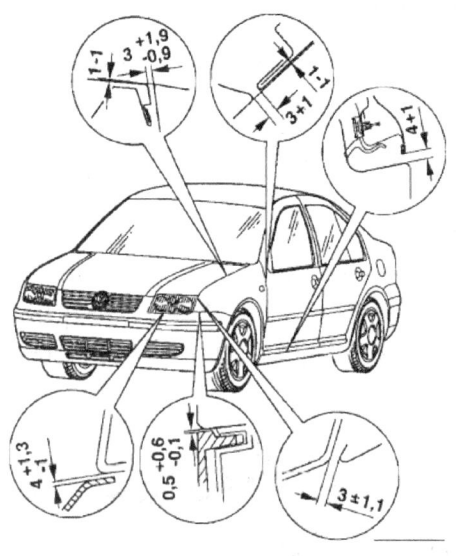

图 5-3-24　车身前部的配合间隙

图 5-3-25　右翼子板与车门的配合间隙

图 5-3-26　左翼子板与车门的配合间隙

在前端碰撞事故中，了解车身损伤情况最重要的方法是检查后车门与后顶侧板之间的间隙及水平差异；还有一个较好的方法是比较汽车发动机罩与翼子板左右侧的间隙。

3）检查汽车惯性损伤

当汽车受到碰撞时，一些质量大的部件（如发动机）的惯性会转化成巨大的作用力，使其向相反方向移动而发生冲击，产生损伤，这就需要对固定件及其周围部件、钢板进行检查。对于非承载式车身，车身安装在橡胶隔垫上以减小其惯性，但是剧烈的碰撞也会引起车身和车架的错位，破坏车身上的隔离件。

此外在碰撞中由于惯性的原因，车内人员可能对仪表板、转向盘、转向支柱和座位靠背等造成损伤。行李箱中的行李也可能对行李箱盖、地板和后顶侧板造成损伤。

5.4　附件的损伤分析

5.4.1　保险杠的损伤分析

泡沫塑料被塞进铝制的保险杠横梁中。保险杠横梁用可变形件和发动机支撑座固定连接。这个泡沫塑料可以把受到的碰撞能量降到最小，不会对发动机支撑座有损伤。这些件非常容易更换，这就使事故之后的维修费用很低。

1．前保险杠

保险杠的功能是保护车辆，避免因汽车低速碰撞造成车身前部损坏。前保险杠（见图 5-4-1）主要起装饰及初步吸收前部碰撞能量的作用，大多由塑料制成。对于用热塑性塑料制成、价格昂贵、表面烤漆的保险杠，若破损不多，则可以使用塑料焊接进行修复。

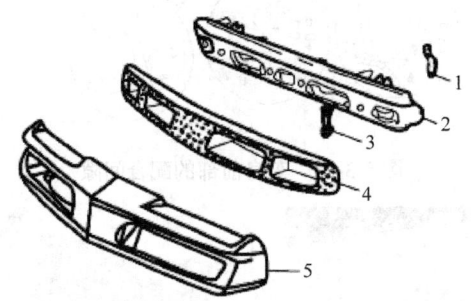

1—垫片；2—保险杠；3—板销；4—吸能区；5—护罩。

图 5-4-1　前保险杠

传统保险杠由厚弹簧钢板材制成并镀铬，镀铬弹簧钢保险杠现在仍用于高级轿车、厢型汽车和货车中。但大多数轿车已装备了塑料保险杠，这些塑料可以是氨基甲酸酯、聚合碳纤维或合成材料。

镀铬装饰件承受冲击时容易破裂，保险杠横梁损伤变形后，通常应予以更换。

塑料保险杠损坏后，经常伴随护罩的损坏。这些塑料部件可以用原厂件、拆车旧件或报废车辆回收件更换。

保险杠饰条破损后以更换为主。

保险杠使用内衬的多为中高档轿车，内衬常由泡沫制成，一般可重复使用。

保险杠支架多为钢质，一般价格较低，碰撞损伤后大多更换。

保险杠灯多为转向信号灯和雾灯，表面破损后大多更换，对于价格较高的且只损坏少数支撑部位的雾灯，常用焊接和黏结修理的方法予以修复。

2．后保险杠

高强度硼钢制造的保险杠横梁安放在保险杠覆盖件后面，用可变形件和纵向横梁固定。这个可变构件接收碰撞能量，不会使纵向横梁造成损坏。这些部件非常容易更换，这就使事故之后的维修费用很低。

5.4.2　其他附件的损伤分析

1．后搁板及饰件

后搁板在碰撞后基本都能整形修复，损伤严重时应更换。后搁板面板由毛毡制成，一般不用更换。后墙盖板也很少破损，若损伤严重则以更换为主。高位刹车灯的损伤按前照灯标准处理。

2．仪表台

正面或侧面碰撞常造成仪表台整体变形、皱折或固定爪破损。若仪表台的整体变形在弹性限度内，则将骨架校正后重新装回即可。皱折影响美观，对美观要求较高的新车或高级车最好更换。因仪表台价格较贵，老旧车型更换的意义不大。少数固定爪破损以焊修为主，多数固定爪破损以更换为主。

左右出风口常在侧面碰撞时破损，右出风口也常在二次碰撞时被副驾驶人员的右手支撑压坏。

左右饰框常在侧面碰撞时破损，严重的正面碰撞也会造成支撑断裂，以更换为主。

杂物箱常在二次碰撞时被副驾驶人员的膝盖撞破，一般以更换为主。

严重的碰撞会造成车身底板变形，车身底板变形会造成过道罩破裂，过道罩以更换为主。

3．玻璃及附件

在许多承载式车身结构的汽车上，风窗玻璃被视为承载式车身结构的一部分，它使车身更加坚固。这些风窗玻璃用氨基甲酸乙酯胶黏剂固定。

风挡玻璃因碰撞而损坏后基本以更换为主。前风挡玻璃胶条有密封式和粘贴式两种，密封式胶条可以不更换；粘贴式胶条必须更换。粘贴在前风窗玻璃上的内视镜，破损后一般更换。

需要注意的是，后风挡玻璃为带加热除霜的钢化玻璃，价格可能较高。有些汽车的前风挡玻璃带有自动灯光和自动雨刷功能，价格也会偏高。

风窗玻璃、天窗玻璃在破碎后一般需要更换。

4．塑料件

塑料件的修与换应从以下几个方面考虑：

（1）损伤后影响其他部件的零部件必须考虑更换。

（2）整体破碎的零部件应以更换为主。

（3）价值较低、更换方便的零部件应以更换为主。

（4）应力集中部位的零部件应以更换为主。

（5）基础零部件尺寸较大，受损多为划痕、撕裂、擦伤或穿孔，这些零部件拆装麻烦、更换成本高或无现货供应，应以修理为主。

（6）对于表面无漆面的、不能使用氰基丙烯酸酯黏结法修理的且表面光洁度要求较高的塑料零部件，由于修理后会留下明显的痕迹，一般考虑更换。

5. 纺织品及橡胶

汽车上的纺织品、橡胶很多，如内饰、坐垫、轮胎等。在发生碰撞时，纺织品的损伤形式一般是漏油污染、起火燃烧、撕裂等。只要纺织品受到损伤，一般需要更换，个别污染不太严重的纺织品可通过清洗等方式予以恢复。

橡胶具有良好的耐磨性、柔性、不透水性、不透气性及电绝缘性等，主要用作轮胎、垫圈、地板等，起到耐磨、缓冲、防尘、密封等作用。汽车上的橡胶制品的损伤形式一般为老化、破损、烧损等。损伤后无法修复或没有修复价值的橡胶制品只能更换。

6. 其他常损零部件

1）无修复价值的零部件

在汽车发生事故后，某些损伤的零部件虽然从技术的角度可以修复，但是从经济学的角度考虑，基本没有修复价值，即修复价值接近或超过原价值的零部件。

2）结构上无法修复的零部件

某些零部件由于所用原材料的缘故，在发生碰撞后，一旦破损，一般无法维修，只能更换。脆性材料的结构件一般都具有这一特性，如汽车灯具的损毁、汽车玻璃的破碎等。

3）安全上不允许修复的零部件

为保证使用安全，汽车上的某些零部件一旦发生故障或损坏，往往不允许修复后再用，如行驶系的车桥、悬架，转向系的所有零部件，制动系的所有零部件，安全气囊的传感器等。

4）工艺上不可修复后再使用的零部件

某些零部件的工艺设计就存在不可修复后再使用的特点，如胶贴的风窗玻璃饰条、门饰条、翼子板饰条等。这些零部件一旦损坏或开启后，就无法再使用。

复习题

一、判断题

1. 作为汽车维修人员，应了解碰撞损伤的影响因素有哪些，能分析汽车碰撞的角度、力度和障碍物的形状对损伤的影响。（　　）

2. 汽车碰撞时所受碰撞力的大小只与其运动状态、碰撞物体的形式、碰撞持续的时间有很大的关系。（　　）

3. 当碰撞力以一定的角度撞击车的前部时，影响不会波及车身的尾部。（　　）

4. 当车辆受到一个来自前方的非正面碰撞时，整个车身会变形。若不修理好，则会导致风噪大、漏水、轮胎磨损快等问题。（　　）

5. 在行驶时，车辆具有一定的惯性，车上搭载的发动机、变速器等总成及车上的人员、货物等也具有一定的惯性。（　　）

二、单选题

1. 承载式车身结构的汽车通常在以下（　　）部位设置吸能区。

　　A. A 柱　　　　　　　　B. B 柱　　　　　　　　C. 发动机舱

2. 当碰撞力以一定的角度撞击车的前部时，影响会波及车身的（　　）。

　　A. 前部　　　　　　　　B. 中部　　　　　　　　C. 尾部

3. 力有三要素，即方向、大小和（　　）。

　　A. 作用点　　　　　B. 施力的物体　　　　C. 受力的物体

4. 在汽车发生碰撞时，若碰撞面积很大，则受损程度会（　　）。

　　A. 很小　　　　　　　　B. 很大　　　　　　　　C. 不变

5. 当车身（　　）受到冲击时，损伤波及至仪表板以后部位的情况是极少的。

　　A. 前端　　　　　　　　B. 中部　　　　　　　　C. 后端

三、多选题

1. 在碰撞事故发生时，应力集中通常发生于（　　）。

　　A. 截面积改变的部位　　　　　　　B. 形状改变的部位

　　C. 支点部位　　　　　　　　　　　D. 其他部位

2. 汽车碰撞时所受力的大小与（　　）有关。

　　A. 碰撞前的运动状态　　　　　　　B. 碰撞体的形式

　　C. 碰撞持续的时间　　　　　　　　D. 碰撞后的运动状态

3. 车身变形后若不修理好，则会导致（　　）。

　　A. 风噪大　　　　B. 漏水　　　　C. 风噪小　　　　D. 轮胎磨损快

4. 承载式车身虽为一体结构的单壳车身，但从结构上还是被分割为（　　）。

　　A. 前部车身　　　　　　　　　　　B. 中部车身

　　C. 后部车身　　　　　　　　　　　D. 以上说法都不对

四、简答题

1. 针对碰撞损伤的具体情况可按照哪些步骤进行分析？

2. 板件的折损类型有哪些？

3．影响车身损伤变形的因素有哪些？

4．覆盖件损伤的诊断方法有哪些？

5．汽车损伤评估时的安全注意事项有哪些？

6．结构件更换的条件有哪些？

7．车身结构件的损伤分析位置检查包括哪些？

8．塑料件的修与换应从哪几个方面考虑？

第6章 车身测量

📖 **知识目标：**

1. 了解车身测量常用工具
2. 掌握车身测量常用工具的使用注意事项
3. 掌握测量基准的选用方法

📖 **技能目标：**

1. 正确识读车身数据图
2. 正确使用车身测量工具
3. 能进行三维测量

汽车制造的过程中有很多重要的测量基准，这些测量基准既是汽车制造时的基准，也是车身修复的工艺基准和测量基准。若将这些原始的制造基准作为修复时和修复后的测量基准并达到该基准，则车身修复将有质的飞跃。

对于车身局部的变形或损坏，一般可以直观地作业判断。当车身变形严重时，必须以正确的测量结果作为判断的依据。

6.1 测量基础知识

6.1.1 车身测量基准

1. 测量的重要性

车身的测量工作是车身修复程序中必须进行的操作，从事故车的损伤评估、校正到板件的更换、安装、调整等工序都要用到测量工作。

对于承载式车身来说，转向系和悬架是依据装配要求设计的，车身损伤后就会严重影响到悬架结构的安装基础。车身上这些构件一旦变形就会使转向器或悬架的工作性能失常，如减振性能恶化、转向操作失灵、传动系振动或异响，以及拉杆端头、轮胎、齿轮齿条、常用接头或其他转向装置的过度磨损。为保证汽车使用性能良好，总成的安装位置必须正确，因此在修理后要求车身尺寸配合公差不能超过 3mm。

无论是非承载式车身还是整车式车身，在修理过程中，测量工作都是非常重要的。必须对受伤部位的所有主要加工控制点对照车身的标准尺寸（生产商提供）进行检查。在对车身进行修理时，车身修理人员使用测量系统应该认真做到以下几点：

（1）准确地进行测量。

（2）进行多次测量。

（3）重新核实所有的测量结果。

2．车身测量基准的选取

在使用直尺测量数据时，要有一个零点作为尺寸的起点。同样，车身三维测量也必须先找到长度、宽度和高度的测量基准，只有找到测量基准，测量才能顺利进行。

1）基准面

基准面是为了便于测量车身的高度尺寸，而假想出来的光滑平面，是高度测量的基准。在实际的测量过程中，只要找到一个与车身高度尺寸平行的平面，将其作为测量的高度基准面，而读取高度数值时只考虑所有的测量值与标准值的差距变化即可。如图 6-1-1 所示，基准面被用来作为车身所有垂直轮廓测量的参照面，汽车高度尺寸的数据就是从基准面得到的测量结果。

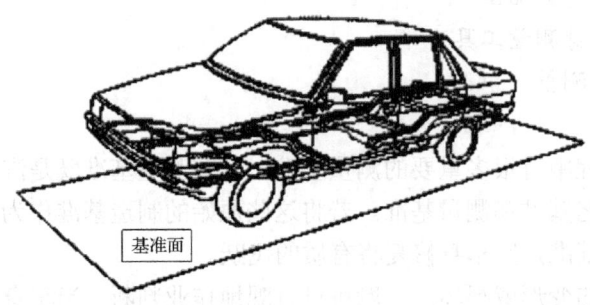

图 6-1-1　三维测量的高度基准面

由于测量基准面和车辆的基准面不一定相同，为了方便找到测量基准面，一般的做法是用四个高度相同的主夹具，将车身的夹持部位完全落入主夹具钳口内，并且把夹具高度位置锁紧，以此时车辆的高度为基准，不用找到真正的车辆高度基准。

2）中心面

中心面是假想一个平面在宽度方向上，将车分成左右对称的两部分，此为三维测量的宽度基准面，如图 6-1-2 所示。大部分汽车都是对称的，这意味着汽车右侧尺寸与左侧尺寸是完全相同的。如果汽车不对称，这些尺寸就不同了。因此，在校正不对称的汽车车身部件时，要使用车身数据图来不断测量和校正。

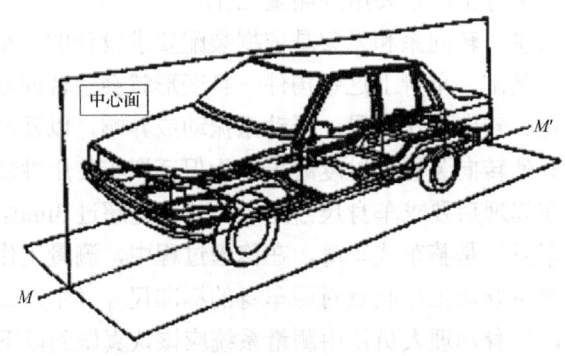

图 6-1-2　三维测量的宽度基准面

3）零平面

零平面是在设计车身时，在车身底部预留两组孔，通过两组孔的平面将车身分割成前中后三部分，这三部分在汽车的设计中已形成。分割三部分的面是长度测量基准面，如图 6-1-3 所示。在实际测量中，零平面也叫零点。无论是非承载式车身还是承载式车身，中部区域都可用来观测车身结构对中情况的基础，所有的测量及对中观测结果都与零平面有关。

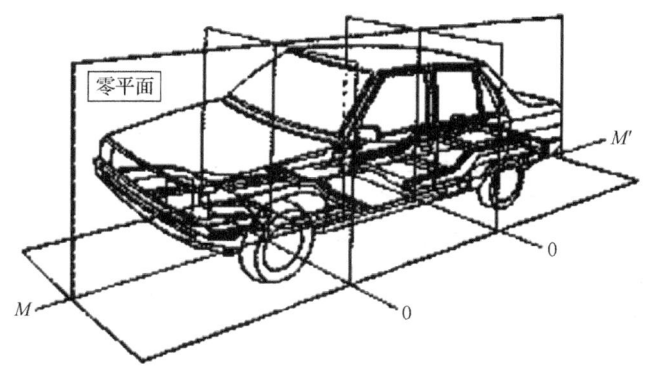

图 6-1-3 三维测量的长度基准面

首先应该测量中段。如果中段不对中，就移到车上未受损伤的一端找到位置正确的三个基准点。注意，要对车身进行准确的测量，必须从至少三个图纸确定的尺寸开始测量，这样做的目的是要测量车身的方正情况。

然后通过检验损伤的部位，可以确定需要测量点的位置和范围。通常，车前端的碰撞会引起车门轻度变形，其损伤范围不会超过中段，因而无须测量后段。当发生严重的碰撞时，应进行多样测量，以便能了解正确的形变状况，不过测量过多也会引起不必要的混乱。基准点间的距离可以用量规或卷尺进行测量。

在实际测量工作中，高度基准面一般使用车身校正仪的平台平面，宽度基准面是指车辆的中心面与测量系统的中心面重合或平行。长度的基准面不在车身校正仪的平台或测量尺上，而在车身上，可以找到前或后的零平面作为长度基准面，从而测量其他测量点的长度数据。

6.1.2 车身数据图的识读

各汽车公司的汽车都有车身数据，有些数据也是公司通过测量来获得的。对于不同的数据，公司和厂家提供的数据格式可能不同，但要表达的基本内容是一致的，都要提供车身主要结构件、板件（车门、发动机罩、行李箱盖、翼子板等）的安装位置，机械部件（发动机、悬架、转向系统等）的安装尺寸。

1. 底部车身数据图

不同公司提供的数据图在形式上可能有所不同，但是基本的数据信息是相同的，都要反映车身上测量点的长、宽、高的三维数据。下面以几种常见的数据图来解读车身数据图中的内容。

图 6-1-4 所示为底部车身数据图，图 6-1-4 的上半部分是俯视图，下半部分是侧视图；左侧部分代表车身的前方，右侧部分代表车身的后方。要读取数据，首先要找到数据图中长、宽、高的三个基准。

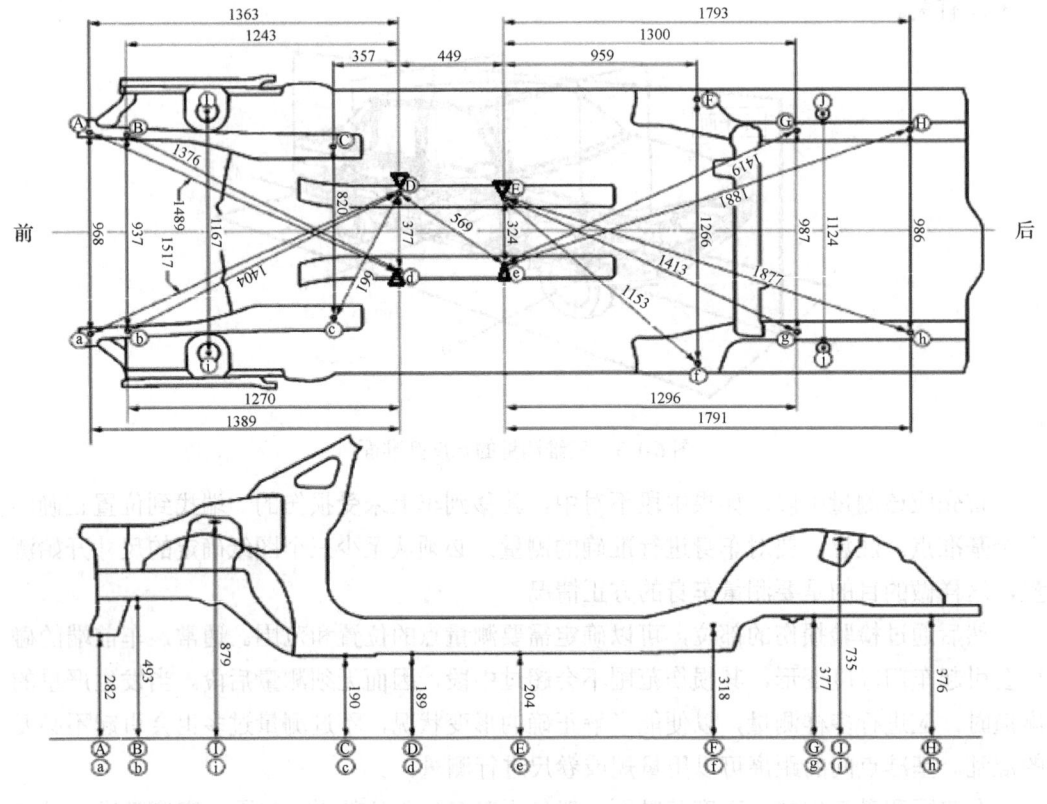

图 6-1-4　底部车身数据图

（1）宽度数据。俯视图的中间位置有一条贯穿左右的线，这条线就是中心面，又称中心线，它把车身一分为二。俯视图上的黑点表示车身上的测量点，一般的测量点是左右对称的。两个黑点之间的距离有数据显示，单位是 mm（有些数据图还会在括号内标出英制数据，单位是 in），每个测量点到中心线的宽度数据是数据图上标出的数据值的二分之一。

（2）高度数据。在侧视图的下方有一条较粗的黑线，这条线就是车身高度的基准线（面）。线的下方有 A（a）～J（j）的字母，表示车身测量点的名称，每个字母表示的测量点一般在俯视图上都显示两个左右对称的测量点。俯视图上每个点到车身高度基准线都有数据表示，这些数据就是测量点的高度值。

（3）长度数据。在字母 D（d）和 E（e）的下方各有一个小黑三角，表示 D（d）点和 E（e）点是长度方向的零点。长度基准点有两个，D（d）点是车身前部测量点的长度基准点，E（e）点是车身后部测量点的长度基准点。

例如，我们要找 A 点的长、宽、高的尺寸，首先要在图中找出 A 点在俯视图和侧视图上的表示位置，从俯视图中可以看出 A 点与 a 点之间的距离是 968mm，A 点至中心线的宽度值是前述距离的一半，即 484mm。从侧视图中可以看出 A 点的高度为 282mm。从 A 点和 D 点的向上延伸线可以看出两点间的长度值为 1363mm。

在使用这种数据图配合测量系统进行测量时，首先要把测量系统的宽度基准调整到与车辆的宽度基准一致或平行，然后调整车辆的高度，让车辆的高度基准与测量系统的高度基准平行，长度基准就在车身下部的基准孔位置。找到基准后可以使用各种测量头对车身进行三维测量。

如图 6-1-5 所示，只用俯视图来表示底部车身数据，左侧为发动机室数据图，右侧为底部车身数据图，同样要找到数据图中表示基准的长、宽、高三个基准。俯视图的左侧部分代表车身前部，右侧部分代表车身后部。

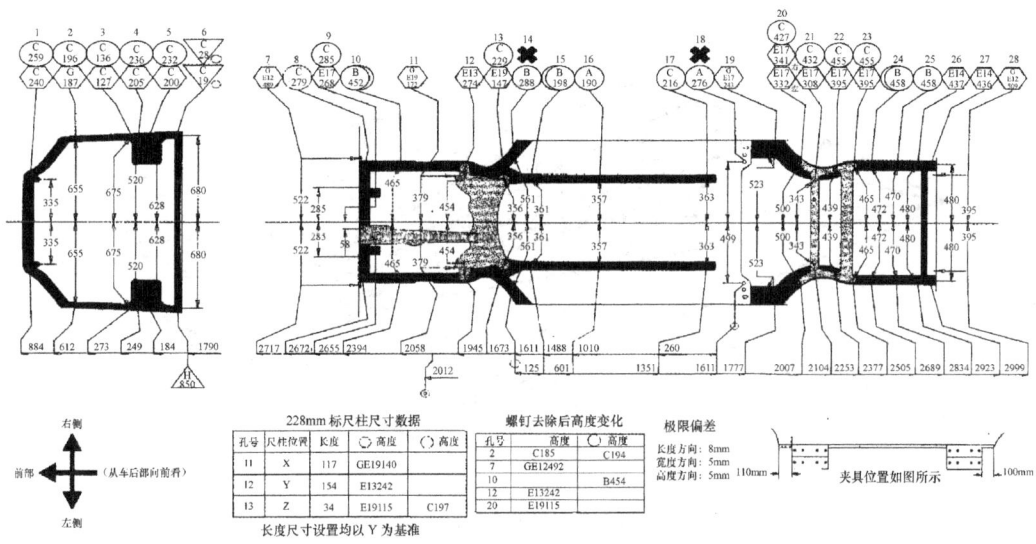

图 6-1-5 底部车身数据图

（1）宽度数据。车身上的测量点用 1～28 的数字表示，每个数字代表车身上左右两个测量点。通过每个测量点到中心面的数据，可以直接读出任一测量点的宽度数据。

（2）高度数据。在数据图的上方有一排图标，有圆圈、六角形和三角形，内部有字母和数字。圆圈表示测量点是一个孔，六角形表示测量点是一个螺栓，三角形表示测量点是测量部件的表面。字母表示测量时所用测量头的型号。数字表示高度数值，有时同一个点有两个高度值，是因为有螺栓和拆掉螺栓后的测量高度是不同的。

（3）长度数据。在使用这种数据图配合测量系统进行测量时，首先要调整车辆的高度达到要求的数值，然后把车辆固定在主夹具上。移动测量系统，把测量系统的宽度基准调整到与车辆的宽度基准一致。长度基准的位置就在车身下部的基准孔位置，把测量系统的长度零点设定在此基准孔上。找到长、宽、高的基准后，可以使用各种测量头对车身进行三维测量。

2. 上部车身数据图

上部车身数据图主要显示车身上部的测量点，包括翼子板的安装点，水箱框架的安装点，减振器支座的安装点，前、后风窗的测量点，前、后门的测量点，前、中、后立柱铰链和门锁的测量点，行李箱的测量点和其他一些测量点。

上部车身的这些测量点（如发动机室的测量点）对车身的性能影响很大，其他的测量点数据对车身的外观尺寸调整非常重要。

有些数据图显示的是车身上部测量点的点对点之间的数据。车身数据图包括发动机室，前、后风窗，前、后门，前、中、后立柱和行李箱的尺寸。

发动机室的数据图显示发动机室的主要部件的安装点数据，可以通过点对点的测量方式测量，一般可以使用卷尺、轨道式量规等工具进行测量，如图6-1-6所示。

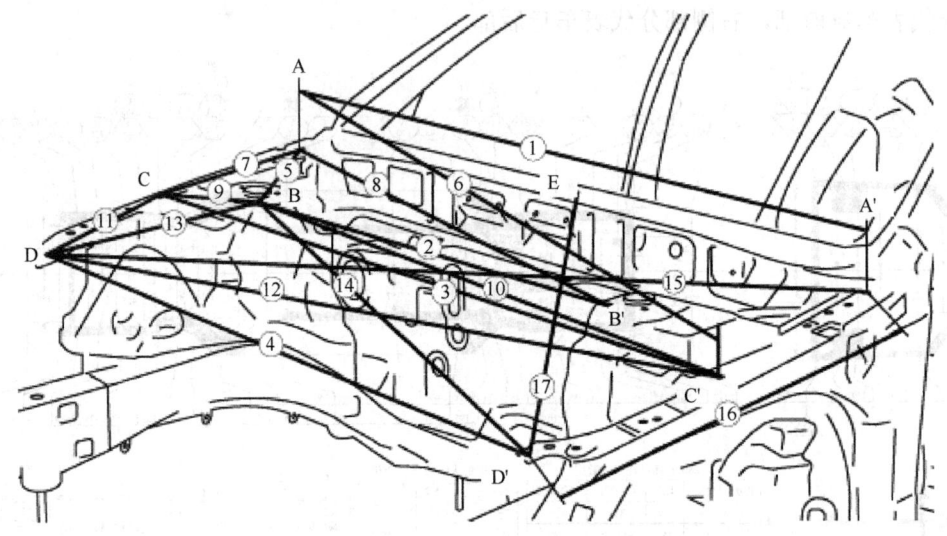

图6-1-6 点对点的测量

前风窗的尺寸通过测量图6-1-7中A、B、C、D四个点的相互尺寸得到。

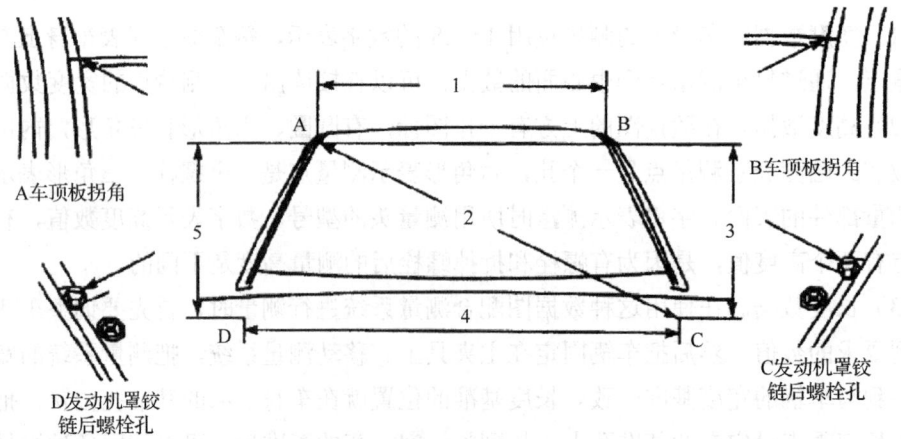

图6-1-7 前风窗尺寸测量

后风窗的尺寸通过测量图 6-1-8 中 A、B、C、D 四个点的相互尺寸得到。

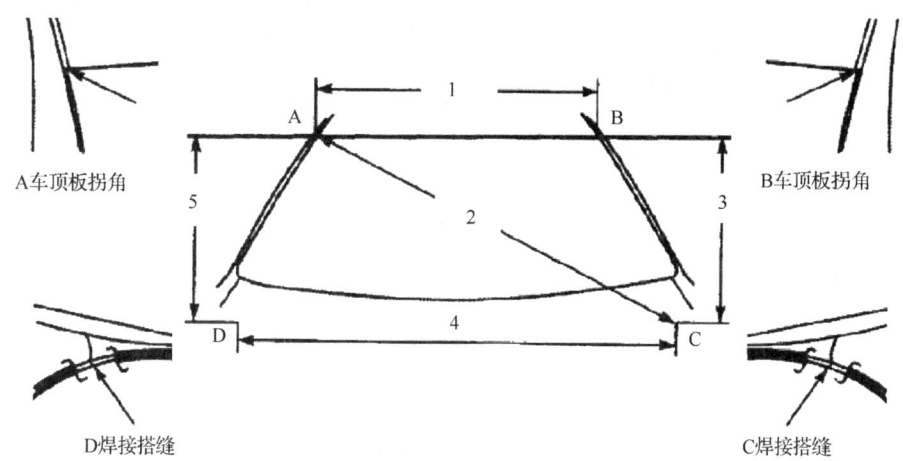

图 6-1-8   后风窗尺寸测量

前门的尺寸通过测量图 6-1-9 中 A、B、C、D 四个点的相互尺寸得到。

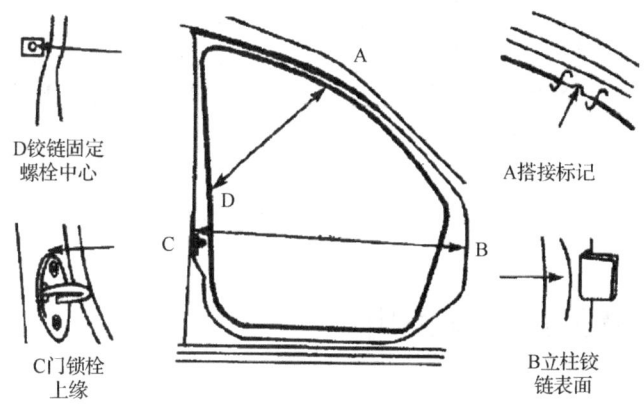

图 6-1-9   前门尺寸测量

后门的尺寸通过测量图 6-1-10 中 A、B 两点间的尺寸得到。

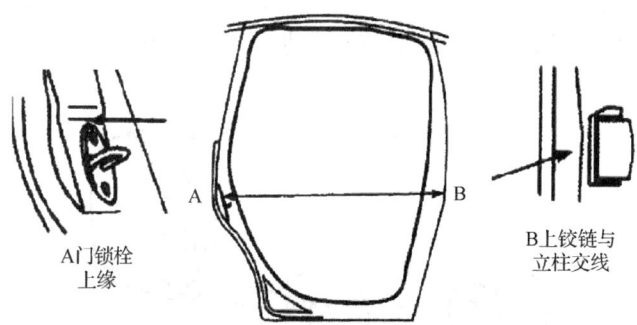

图 6-1-10   后门尺寸测量图

中柱的尺寸通过测量图 6-1-11 中 A、B 两点间的尺寸得到。

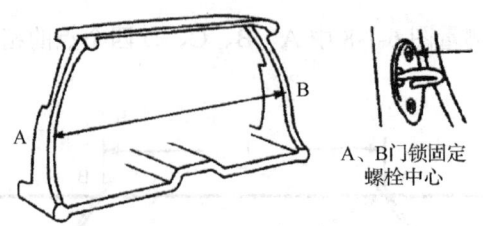

A、B门锁固定
螺栓中心

图 6-1-11　中柱尺寸测量

行李箱的尺寸通过测量图 6-1-12 中 A、B、C、D、E、F 六个点的相互尺寸得到。

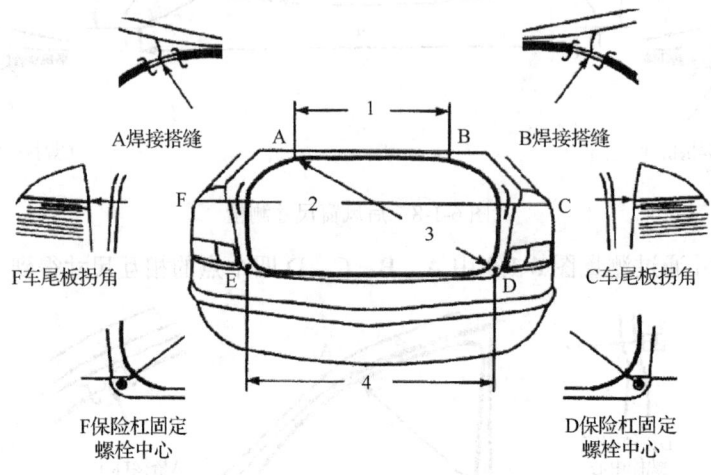

A焊接搭缝　　　　　　　　　　　　　　　B焊接搭缝

F车尾板拐角　　　　　　　　　　　　　　C车尾板拐角

F保险杠固定
螺栓中心

D保险杠固定
螺栓中心

图 6-1-12　行李箱尺寸测量

6.2　车身测量工具及其使用

6.2.1　二维测量工具及其使用

1. 卷尺测量

修理人员常用的基本测量工具有钢板尺和卷尺（见图 6-2-1），这两种工具都可以测量两个测量点之间的距离，将卷尺的前端进行加工后，再插入控制孔测量，会使测量结果更为精确。

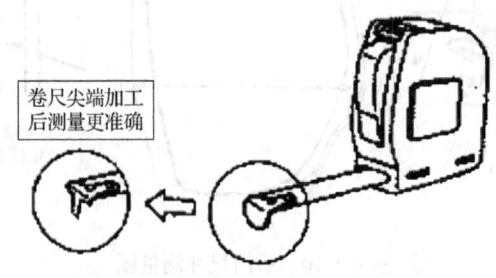

卷尺尖端加工
后测量更准确

图 6-2-1　卷尺

2．量规测量

量规主要有轨道式量规、中心量规和麦弗逊撑杆式中心量规等，它们既可以单独使用，也可以互相配合使用。轨道式量规多用于测量点与点之间的距离，中心量规用于测量部件之间是否发生错位，麦弗逊撑杆式中心量规用于测量麦弗逊悬架支座（减振器支座）是否发生错位。轨道式量规和麦弗逊撑杆式中心量规可作为一个整体使用。

（1）轨道式量规。轨道式量规（见图 6-2-2）不仅可以测量和记录一对测量点，而且可以和另外两个控制点进行交叉测量和对比检验。用轨道式量规测量的最佳位置为悬架和机械元件上的焊点、测量孔等。在修理车身时，对关键控制点必须用轨道式量规反复测定并记录，以监测维修程度，防止过度拉伸。上部车身的测量大多可以使用轨道式量规来进行，在对一些小的碰撞损伤进行维修时，用这种方法既快速又有效。用轨道式量规还可以对下部车身和侧面车身的尺寸进行测量。

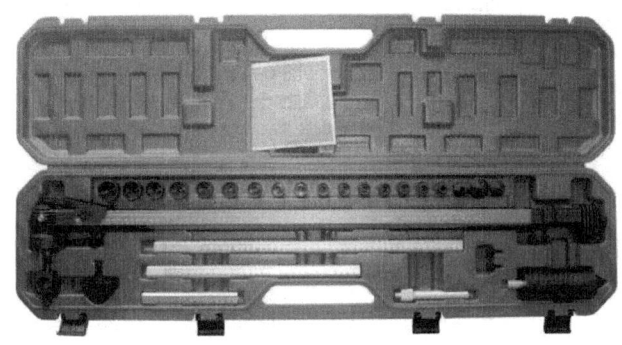

图 6-2-2　轨道式量规

有些轨道式量规附有刻度，一般都是公制单位，再配合使用经过精度检验的钢尺测量就更为快捷。

用轨道式量规进行点对点测量，如图 6-2-3 所示。在车身结构中，大多数的控制点实际上都是孔、洞，而测量尺寸一般都是中心点至中心点的距离。

图 6-2-3　用轨道式量规进行点对点测量

用轨道式量规进行测量时，一般测量孔的直径比轨道式量规的测量头锥头的直径要小，测量头锥头起到自定心的作用，如图 6-2-4 所示。当测量孔的直径大于测量头锥头的直径时（见图 6-2-5），为了用轨道式量规进行精确测量，在测量孔的直径相同时，就需要用同缘测量法（见图 6-2-6），即两个测量孔的直径相同，孔中心的距离就是两孔同侧边缘的距离。

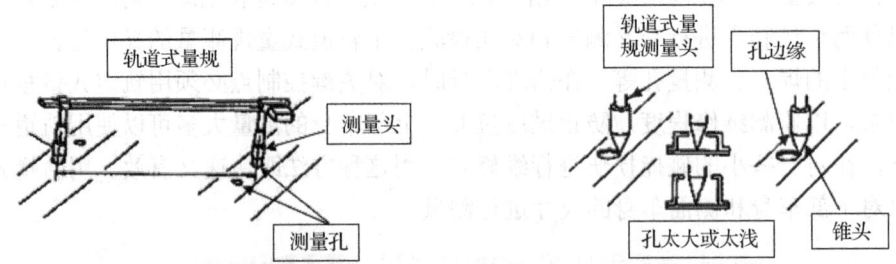

图 6-2-4　轨道式量规测量　　　　图 6-2-5　测量头锥头的直径小于测量孔的直径

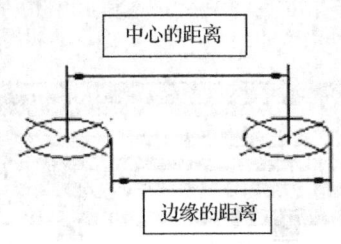

孔中心的距离与边缘的距离相同

图 6-2-6　同缘测量法

如果需要测量的孔径不是同一尺寸，有时甚至不是同一类型的孔（圆孔、方孔、椭圆孔等）。要测出孔中心点间的距离，就要先测得两孔内缘间距，再测得两口外缘间距，然后将两次测得的结果相加再除以 2 即可。也就是说，当孔径不同时，内边缘和外边缘的平均值与孔中心距离相同。例如，有两个圆孔，一个圆孔直径为 10mm，另一个圆孔直径为 25mm，测得其内缘间距为 300mm，外缘间距为 336mm，则孔中心的距离为 (300+336)÷2=318mm，即用轨道式量规测得的两个测量孔之间的尺寸为 318mm。

使用轨道式量规测量的注意事项如下：

① 汽车上固定点（如螺栓孔）的测量位置是中心。

② 点对点测量为两点间直线的距离测量。

③ 量规臂应与汽车车身平行，这就要求量规臂上的指针在测量某些尺寸时要设置成不同的长度。

④ 有些标准车身数据要求平行测量，而有些车身数据则只要求点至点之间的长度测量，也有的两者都用。修理人员必须使用与车身表述的数据一致的测量方法，否则很容易发生错误的测量。

⑤ 按车身标准数据测量损伤车辆的所有点,损伤的程度通常用标准数据减去实际测量数据来表示。

(2)中心量规。中心量规最常用的是自定心量规,自定心量规的结构同轨道式量规很相似,但它不是用来测量的。自定心量规可安装在汽车的不同位置,在量规上有两个由里向外滑动时总保持平行的横臂,可使量规安装在汽车不同的测量孔上。将中心量规(通常为 3 或 4 个)悬挂在汽车上,每一个横臂相对于量规所附着的车身结构都是平行的。将 4 个中心量规分别安置在汽车的最前端、最后端、前轮的后部和后轮的前部。

(3)麦弗逊撑杆式中心量规。麦弗逊撑杆式中心量规可以测量出减振器拱形座或车身上部部件相对中心面和基准面的不对中情况。它一般安装在减振器的拱形座上,利用减振器拱形座量规就能观察到上部车身的对中情况。

麦弗逊撑杆式中心量规有一根上横梁和一根下横梁。下横梁有一个中心销,上横梁有两个测量指针。测量指针的作用是将量规安装到减振器拱形座或上部车身上。上横梁一般是从中心向外标定的。

测量指针有两种类型:锥形和倒锥形。倒锥形测量指针带有槽口,以便安装在车身上(如未拆卸的螺栓头)。测量指针一般用蝶形螺钉固定在套管上。测量指针的长度有很多种,适用不同高度的测量。在使用不同高度的测量指针安装量规时,标尺的读数是不一样的。

在上、下横梁之间有两根垂直立尺连接,上、下横梁的间距通过调整立尺的高度来达到。借助标准车身数据,维修人员可以利用连接上、下横梁的垂直立尺将下横梁设在基准面内,以便将减振器拱形座上的量规调整到正确的尺寸。在下横梁定位好后,上部定位杆应当处于减振器拱形座的基准点处。否则表明减振器拱形座已经受到损坏或定位失准,维修人员就需要进行校正,以便使前悬架和车轮能正确定位。

麦弗逊撑杆式中心量规一般用来检测减振器拱形座的不对中情况。另外,它还可以用来检测散热器框架、B 柱、车顶部和后侧围板的不对中情况。

6.2.2 三维测量设备及其使用

1. 机械式通用测量系统

机械式通用测量系统有门式通用测量系统(见图 6-2-7)、米桥式通用测量系统等,在现代车身修理中广泛应用。在测量时,只要将机械式通用测量系统绕着车辆移动,不仅能检查车辆所有基准点,而且能快速地确定车辆每个基准点的位置。

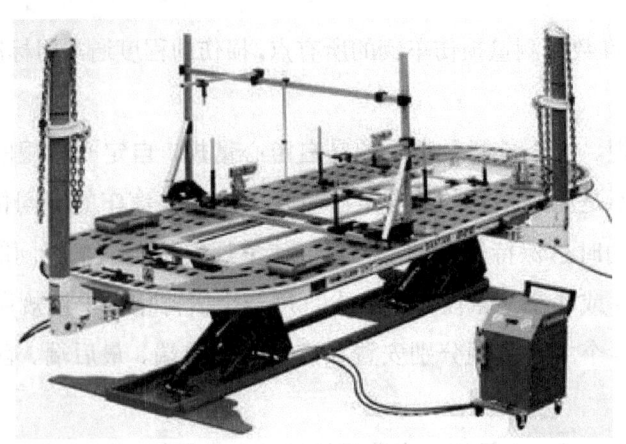

图 6-2-7　门式通用测量系统

正确安装测量系统的各个部件，用测量头来测量基准点，若车辆基准点的位置与标准数据图中的位置不同，则车辆的基准点可能发生了变形。若测量头不在正确的基准点位置，则测量的车辆尺寸是不正确的。不在正确位置的基准点必须恢复到事故前的标准值后，才能对其他点进行测量。

在开始任何测量工作前，要进行以下准备工作。

（1）拆下可拆卸的损坏件，包括机械部件和车身覆盖件。

（2）若车辆损坏非常严重，则对车辆的中部或基础部分先进行粗略的校正，然后将中部基准点的尺寸恢复到标准数值。

（3）如果某些机械部件不需要拆除，就对这些部件进行必要的支撑。

米桥式通用测量系统主要由底部的米桥尺、横尺及测量头、门形立尺及上横尺，以及许多辅助测量头和安装各种用途量尺的固定器组成。机械式通用测量系统的测量精度必须达到±1～±1.5mm，才能作为一个合格的车身测量工具。

在测量时，首先建立车辆和测量系统的基准，在测量桥或测量架上安装好横尺，将测量头安装在横尺上，然后就可以同时测量受损车辆上的多个基准点。

机械式通用测量系统的各个部件一般都是由铝合金制造的，在使用过程中必须小心操作，轻拿轻放，以确保测量系统的部件不被损坏。这种测量系统的精确度取决于测量头的位置和精确性。与轨道式量规相比，机械式通用测量系统具有即时读取测量数据的优点。

在实际测量操作过程中，修理人员首先要用测量头来测量基准点。通过各基准点实际测量数据与标准数据相比较，就能很快地确定各个基准点所处的位置是否变形，如果车身基准点的数据超过±3mm的公差，就必须对基准点进行校正。

在找好基准点以后，就可以利用安装在测量架上的测量头来测量车身上的各个测量点。利用机械式通用测量系统测量车身底部数据如图 6-2-8 所示。根据每个车辆的标准数据，通过测量、对比数据的变化来判定车身部件是否变形，校正工作是否准确，或者更换部件的定位是否正确。

图 6-2-8 利用机械式通用测量系统测量车身底部数据

2. 电子式车身测量系统

电子式车身测量系统使用计算机和专门的电子传感器来迅速、便捷地测量车身结构的损坏情况。性能好的电子式车身测量系统能够在车身拉伸校正过程中给出实时的测量数据。

在电子式车身测量系统计算机的数据库中，存储了大量的不同厂家、不同年代的车身数据，这些标准车身数据图可以随时被调出。系统可以自动地将实际的测量值与标准值进行比较，不用人工翻查印刷数据手册或记录测量值。车身数据会在计算机屏幕上显示出来。电子式车身测量系统主要有以下几种类型。

1）激光测量系统

激光测量系统（见图 6-2-9）包括反射标靶、一个激光发射接收器和一台计算机。现代激光测量系统使用起来相对比较容易而且非常精确。它采用激光测量技术，由两个准分子激光发射器发射激光投射到反射标靶，每个反射标靶上有不同的反射光栅，通过接收光栅反射的激光束测量出数据并传输给计算机，由计算机通过计算得到测量点的空间三维尺寸。

图 6-2-9 激光测量系统

激光测量系统提供直接且瞬时的尺寸数据。在拉伸和校正作业过程中，车辆的损伤区域和未损伤区域中的基准点都可被持续监测。

将被修车辆装到校正架上之后，在车辆的中部下面放置激光发射接收器，然后将激光发射接收器的电缆插到计算机上。调出被修车辆的车身数据尺寸图。车身数据尺寸图可能有一个、两个或三个视图，一些图表还给出了发动机罩下面和车身上部的尺寸。

按照计算机的提示选择合适的数字标靶、标杆和磁性安装头，将其安装到车辆的测量点上。标靶和安装在测量孔上的磁性安装头（或弹簧片）通常存放在机柜中。磁性安装头通过标靶座固定在指定的位置或车辆的基准点上。弹簧片和可调节的安装头可以张大，便于安装在车身不同尺寸的孔上。

为了测量车身上部的各个点，要在悬架拱形座（挡泥板上冲压成形的减振器支座）上安装一个专用支架。在量针接触减振器拱形座上特定的点时，支架底部的标靶反射的激光就可以被激光发射接收器读取。

在车辆上安装好激光发射接收器和标靶之后，先使用计算机对系统进行标定，然后再读取车辆的尺寸，通过一系列的计算机命令，激光测量系统就可以完成对结构损伤的精确测量。

2）超声波测量系统

全自动电子测量系统中目前应用最广泛的一种测量系统是超声波测量系统（见图6-2-10），它的测量精度小于±1mm，测量稳定、精确，可以瞬时测量，操作简便、高效。它可以对车辆的预检、修理中的测量和修理后的检验等工作提供有效的帮助，现在也用于一些二手车辆交易中的车身检验工作。

超声波测量系统由超声波发射器、超声波接收器、控制柜（包括计算机，也称主机）及各种测量头和测量杆组成，如图6-2-11所示。

图6-2-10 超声波测量系统

图6-2-11 超声波测量系统的组成

3）简易电子测量系统

简易电子测量系统又称自由臂式车身电子测量系统，如图6-2-12所示。此系统在测量时不需要更换测量杆和测量头。可以用一个测量头测出车身表面、底盘、立柱等部位的变形尺寸量，同时可以将变形前后的情况通过曲线的形式表现出来。

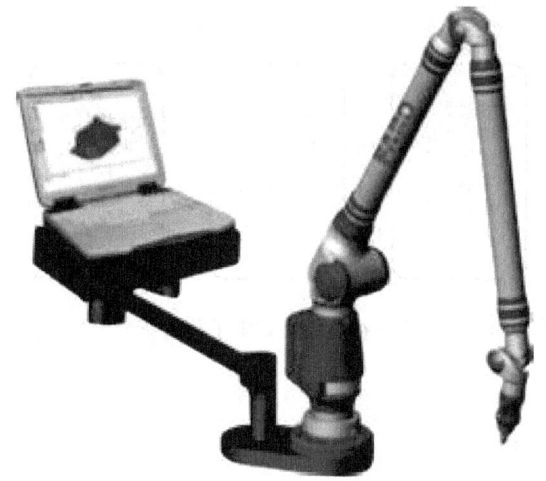

图 6-2-12　简易电子测量系统

3．三维电子测量实例

1）卡尔拉得自由臂式电子测量系统实例

图 6-2-13 所示为卡尔拉得自由臂式电子测量系统的组成。

滑尺　　　　　　　　　　　　　长尺

测量套筒+测量探头

机柜　　　　　　　　　　充电器

图 6-2-13　卡尔拉得自由臂式电子测量系统的组成

卡尔拉得自由臂式电子测量系统的操作步骤如图 6-2-14 所示。

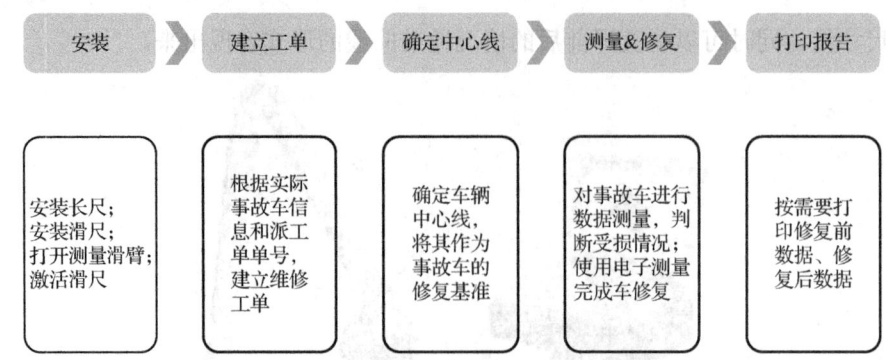

图 6-2-14　卡尔拉得自由臂式电子测量系统的操作步骤

（1）安装。

① 安装长尺。

将测量长尺安装在工作台上，如图 6-2-15 所示。安装时有箭头的一侧对准车头方向，长尺与工作台应平行并固定。

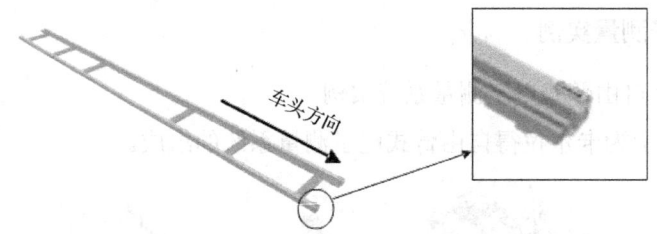

图 6-2-15　安装长尺

② 安装滑尺。

将滑尺放置在长尺上，如图 6-2-16 所示。

③ 打开测量滑臂。

将滑尺上的锁定手柄顺时针转动 90º，以打开测量滑臂，如图 6-2-17 所示。

图 6-2-16　安装滑尺　　　　　　图 6-2-17　打开测量滑臂

④ 激活滑尺。

按下滑尺上的靶心键（见图 6-2-18），启动滑尺，按照如图 6-2-19 所示的方向旋转滑尺，激活滑尺。

靶心键

图 6-2-18 启动滑尺

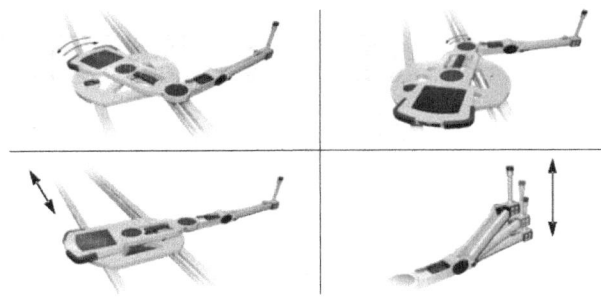

图 6-2-19 激活滑尺

【注意事项】

● 在开启计算机前，将蓝牙插入 USB 接口。

● 在滑尺开机前，安装滑尺电池。

● 当滑尺移出长尺时，应保持滑尺锁定状态；当滑尺在长尺上时，必须将测量滑臂打开。

● 滑尺在接通后，LED 灯亮起，绿色表示已激活，红色表示未激活，使用前必须激活才能用。

（2）建立工单。

① 打开测量系统应用程序。

开启计算机，打开测量系统应用程序，测量系统界面如图 6-2-20 所示。

② 建立维修工单。

在程序开启后，根据事故车铭牌上的相关信息建立维修工单，并且填写相关车辆和车主的信息，如图 6-2-21 所示。

图 6-2-20 测量系统界面

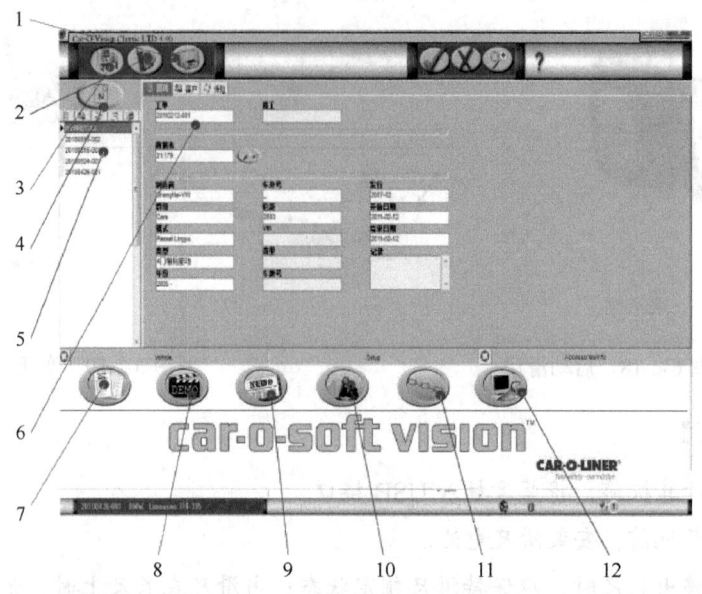

1—打印工单；2—中心线或测量；3—工单；4—新建工单；5—工单列表；6—工单号；
7—数据索引；8—演示；9—新闻；10—支持；11—连接；12—系统功能。

图 6-2-21　建立维修工单

③ 填写维修工单。

在如图 6-2-22 所示页面中 1 的位置填入工单号。单击确认按钮可确认所输入的工单号，单击取消按钮可取消所输入的工单号。

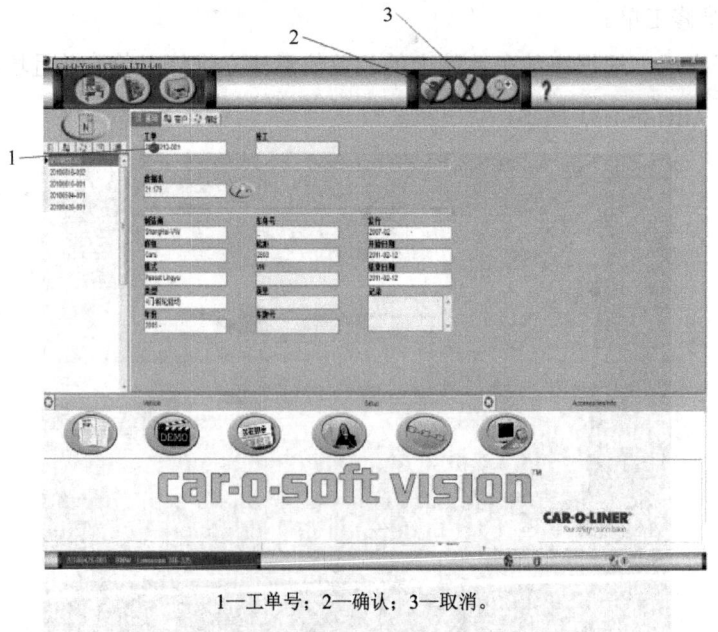

1—工单号；2—确认；3—取消。

图 6-2-22　填写维修工单

④ 选择车型。

在填写维修工单后，根据维修车辆选择车型，填写完后单击确认按钮，如图 6-2-23 所示。

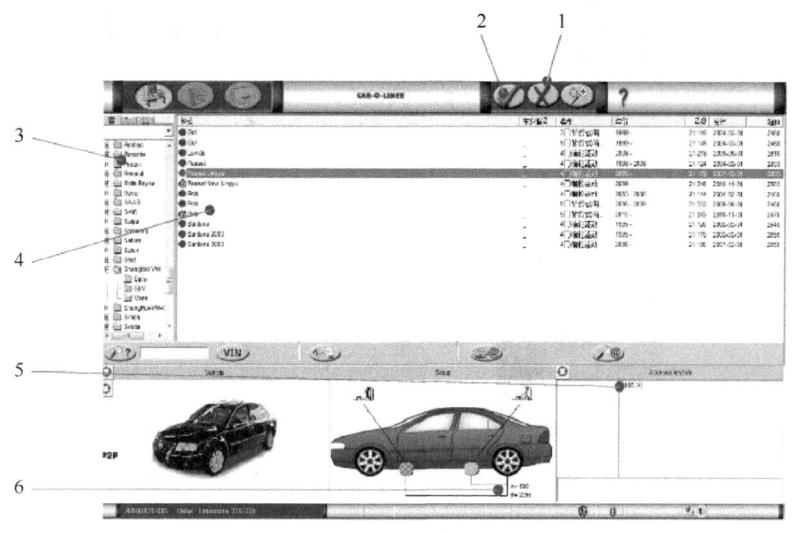

1—取消；2—确认；3—车辆制造商；4—车型；5—车身夹具和特殊测量头信息；6—前后夹具位置。

图 6-2-23　选择车型

（3）确立中心线。

① 在建立工单后，决定是否拆装发动机，选择状态并确认，如图 6-2-24 所示。

② 选取基准点。

选取的基准点（见图 6-2-25）应符合以下几点：

a. 未受损的点；

b. 数据图中存在的点；

c. 中部车身的点；

d. 选择 3～5 个部件且相互距离远，并在车身左右两侧，长度不小于车长的 50%，宽度不少于 1000mm。

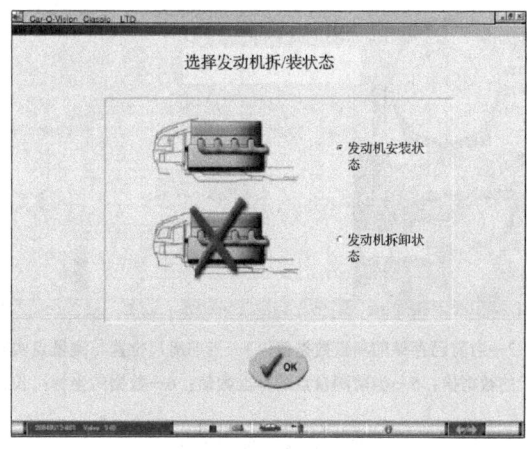

图 6-2-24　是否拆装发动机

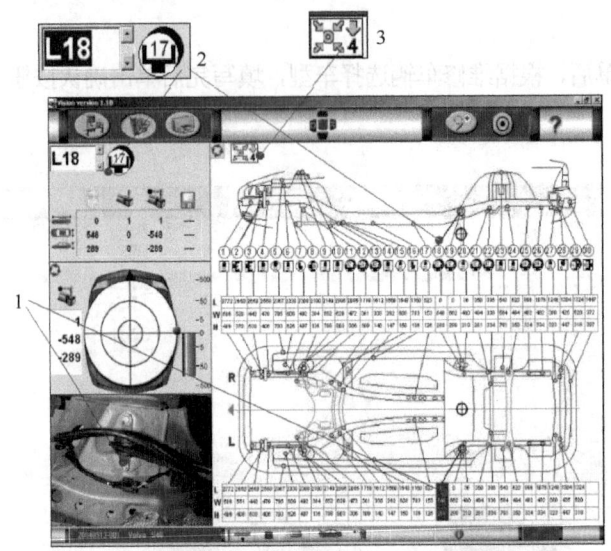

1—基准点；2—当前测量点所需的测量头；3—待测中心线测量点的数量。

图 6-2-25　选取基准点

（4）测量和修复。

① 测量诊断。

根据标定出的中心线，按照事故车的具体情况，对受损区域或全车进行测量，测量时按滑尺上的靶心键得出事故车的变形数据，完成碰撞损伤诊断。测量结果如图 6-2-26 所示。

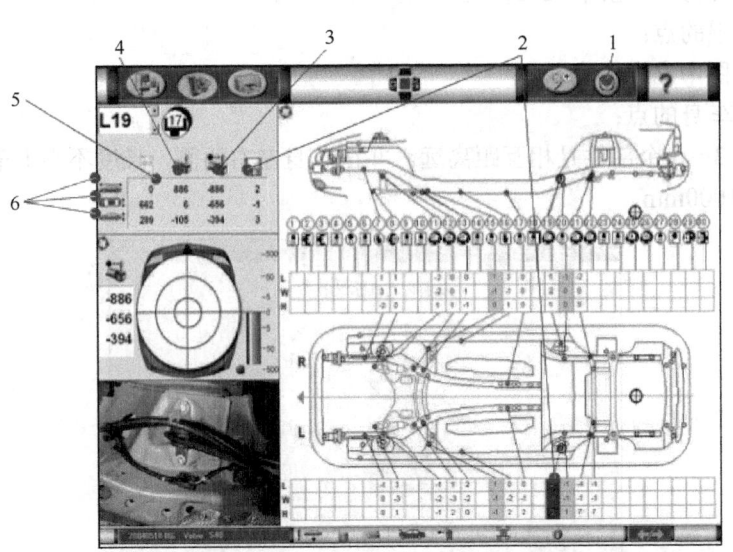

1—测量数据点；2—当前已存储的测量数据值；3—当前滑尺位置与测量点实际位置的差值；
4—当前滑尺的数据值；5—当前测量点的标准数值；6—数据的坐标：长、宽、高。

图 6-2-26　测量结果

② 制定修复方案。

根据测量结果，推荐校正力的作用方向，如图 6-2-27 所示。

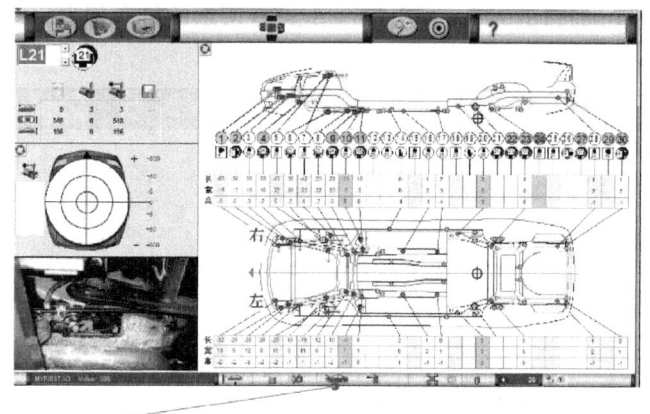

碰撞损伤诊断完成后，将修复前测量
记录图标转换成修复后测量记录图标，
然后进入修复工序。点击屏幕底部状
态栏的图标即可完成转换。

修复前测量记录

修复后测量记录

图 6-2-27　推荐校正力的作用方向

根据碰撞损伤诊断结果，制定事故车的修复方案，以图 6-2-27 中数据图的第 1 点为例。

右侧第 1 点：长度方向短了 65mm，宽度方向窄了 10mm，高度方向低了 5mm。左侧第 1 点：长度方向短了 32mm，宽度方向窄了 10mm，高度方向低了 2mm。

因此，需要向碰撞力相反方向，按照相应的变形尺寸进行校正，图 6-2-27 中的箭头指碰撞变形方向。按照由未受损区域向受损区域、由已修复区域向未修复区域、由中间向外侧，由低向高的原则制定修复方案。

③ 拉伸校正实时监控。

图 6-2-28 所示为拉伸校正实时监控，避免出现过度拉伸。在拉伸时，图 6-2-28 中 1 和 2 会随着测量点的变化而变化，修复完成后，1 在圆圈中心，2 会消失。

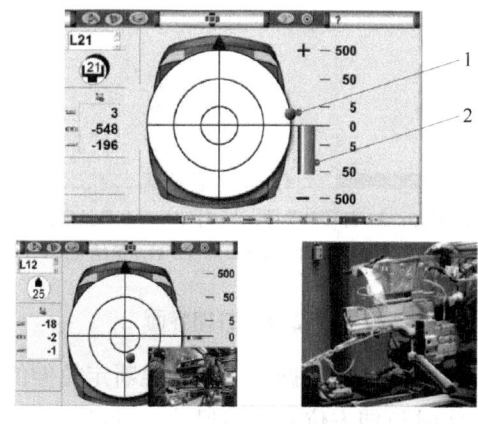

图 6-2-28　拉伸校正实时监控

（5）打印报告。

① 进入打印界面。

单击图 6-2-29 中的打印按钮，弹出如图 6-2-30 所示的打印界面。

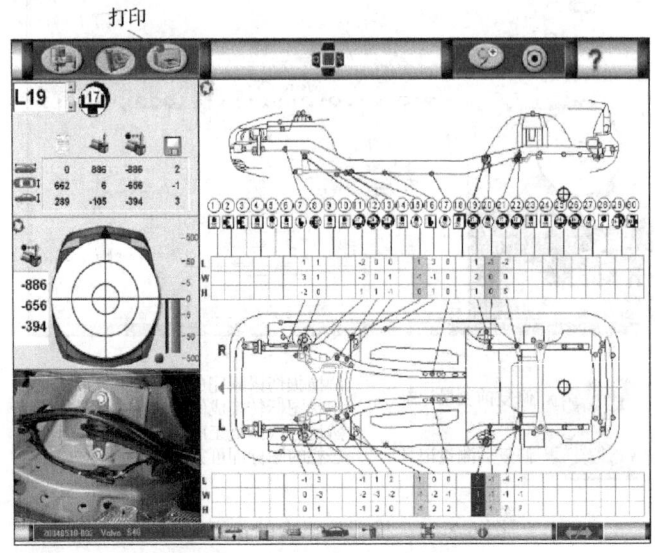

图 6-2-29　选择打印

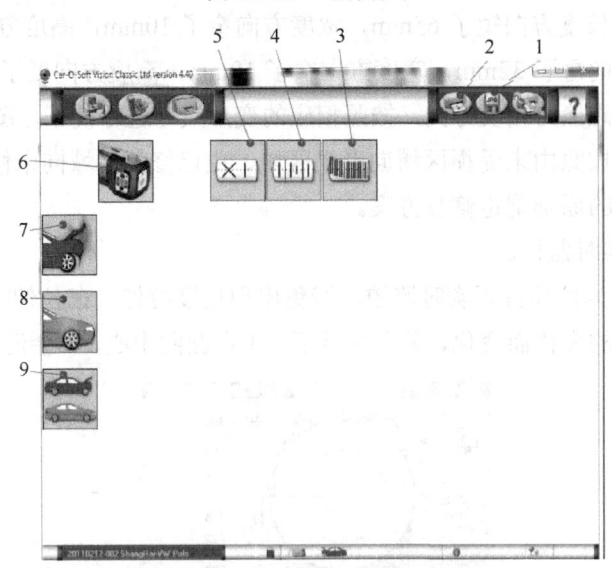

1—以 JPG 格式存储；2—打印；3—打印矢量图；4—打印相对测量结果；5—打印绝对测量结果；
6—打印底盘测量结果；7—打印车辆修复前测量结果；8—打印车辆修复后测量结果；9—同时打印车辆修复前/后测量结果。

图 6-2-30　打印界面

修理人员通过计算机显示的拉伸数据可以准确地断定拉伸的方向及拉伸的尺寸和力度，通过同步检测显示的实时拉伸方位和拉伸尺寸，可以简单明了地控制拉伸方向和拉伸力度，同时能够对测量情况进行很好的存档。

2）Shark 超声波电子测量系统实例

（1）Shark 超声波电子测量系统的优点。

① 测量精度可以达到±1mm。

② 测量稳定、准确。

③ 可以瞬时测量。

④ 操作简便、高效。

⑤ 适用于车辆的预检、修理中的测量和修理后的检验等工作。

（2）Shark 超声波电子测量系统的总体组成。

Shark 超声波电子测量系统的总体组成如图 6-2-31 所示。

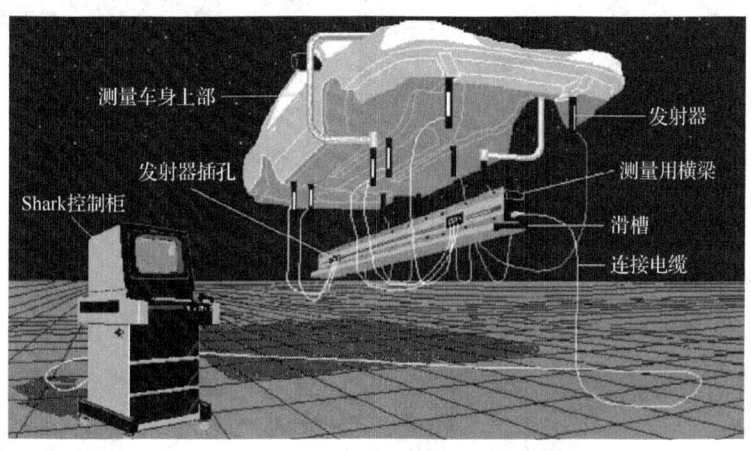

图 6-2-31 Shark 超声波电子测量系统的总体组成

Shark 超声波电子测量系统的常用附件如图 6-2-32 所示。

图 6-2-32 Shark 超声波电子测量系统的常用附件

（3）Shark 超声波电子测量系统的设备要求。

① 系统要求车辆底盘与校正仪平台间的距离为 30～40cm，因此在配备校正仪时要求使用加高夹具（包括单夹头夹具和插销夹具），设备出厂所配置的加高夹具能增高 10cm。

② 通过连接电缆将测量横梁连接到控制柜上。将电缆一端接到测量横梁的端口，另一端接到控制柜接口上的 BEAM 端口，如图 6-2-33 所示。

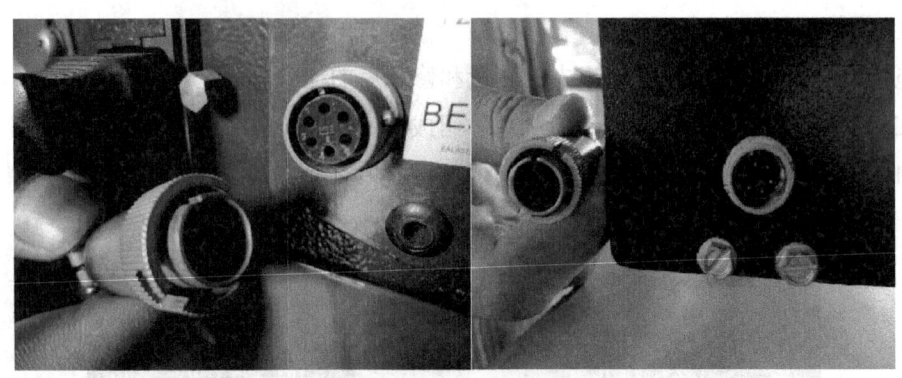

图 6-2-33 控制柜 BEAM 端口与测量横梁端口

（4）放置测量横梁。

将车辆开上检测台，或将测量横梁放置在待测车辆的底部，如图 6-2-34 所示。

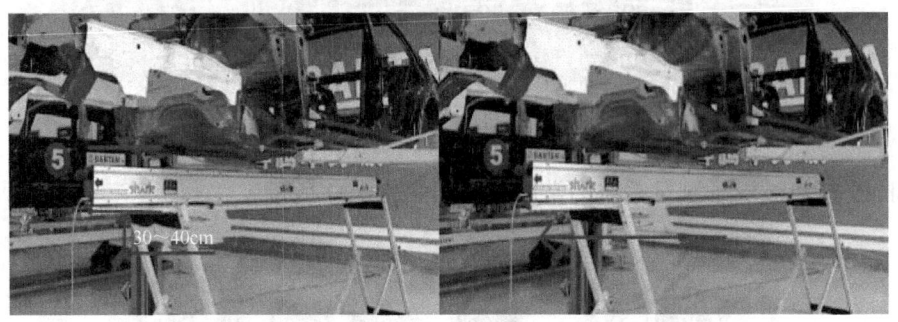

图 6-2-34 放置测量横梁

（5）进入 Shark 超声波电子测量系统，开始测量。

① 进入系统，选择语言，按 F1 键进入下一个界面，如图 6-2-35 所示。

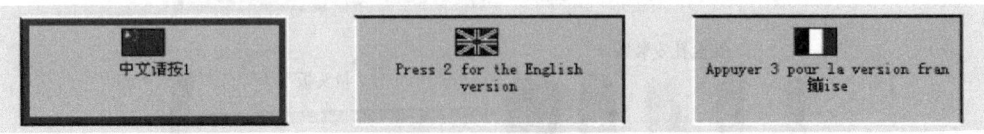

图 6-2-35 选择语言

② 进入初始界面，如图 6-2-36 所示。此界面为欢迎界面，单击"F1 继续"按钮后进入下一个界面。

③ 进入测量界面，如图 6-2-37 所示。此界面为测量界面，单击"F1 继续"按钮后进入下一个界面。

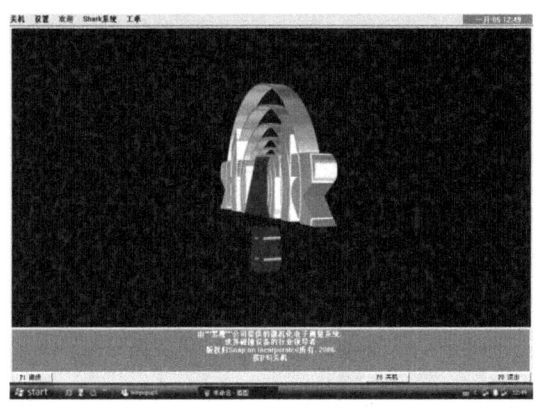

图 6-2-36 欢迎界面

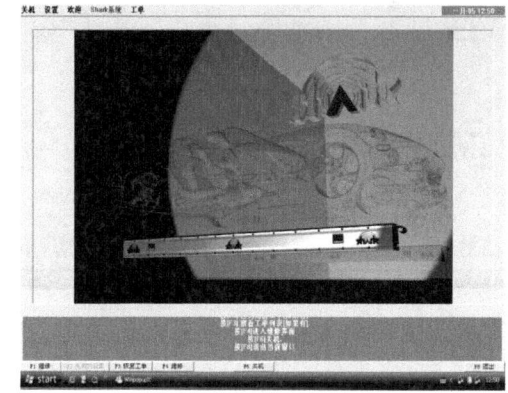

图 6-2-37 测量界面

④ 进入工单界面，如图 6-2-38 所示。此界面可建立工单，若是新客户，则根据其信息进行工单填写，若是老客户则可直接从客户列表中选取。单击"F1 继续"按钮后进入下一个界面。

⑤ 进入选择车型界面，选择对应的车型，根据车型在右侧选择欧洲车型、美国车型或中国车型。在弹出的"车辆选择"对话框中先选择"F1 品牌"进行品牌的选择（见图 6-2-39），再选择"F2 车型"进行车型的选择，选对车型后单击"OK"按钮，如图 6-2-40 所示。

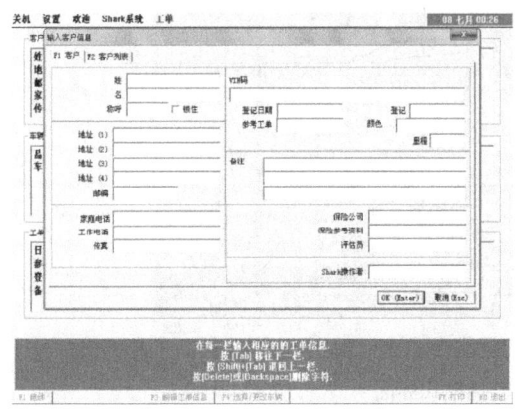

图 6-2-38 工单界面

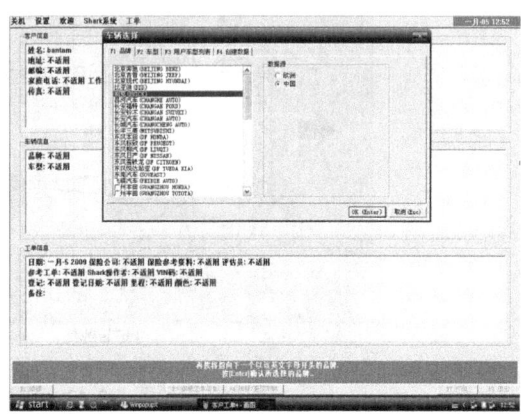

图 6-2-39 选择车型

⑥ 修改工单界面，如图 6-2-41 所示。若工单中客户信息有误则单击"F3 编辑工单信息"按钮进行修改，若车辆信息有误则单击"F4 选择/更改车辆"按钮进行修改，确定无误后单击"F1 继续"按钮进入下一个界面。

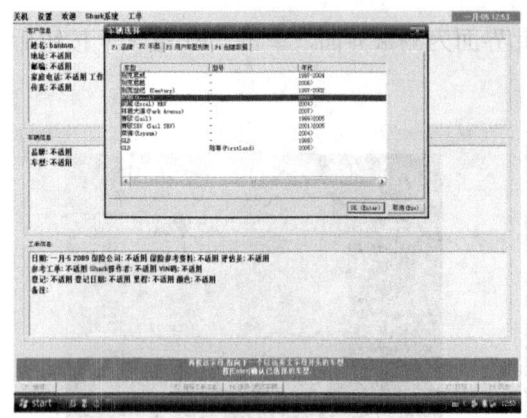

图 6-2-40　选择车型界面

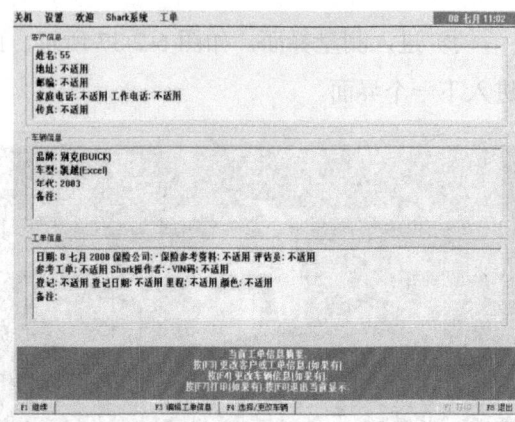

图 6-2-41　修改工单界面

⑦ 进入选择车辆模式界面，如图 6-2-42 所示。选择车辆模式，根据车辆损伤情况按"Page Up"或"Page Down"键，或者左/右箭头键选择有无悬架。单击"F4 逆转铝梁横梁"按钮调整横梁方向，一般要求横梁方向和车头方向保持一致。准备好后单击"F1 继续"按钮进入下一个界面。

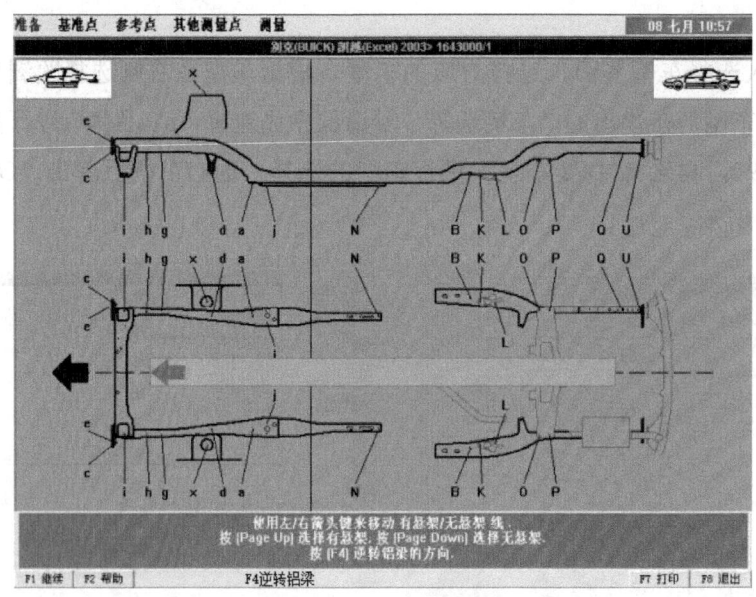

图 6-2-42　选择车辆模式界面

⑧ 进入选择基准点界面，如图 6-2-43 所示。首先选择 4 个基准点，一般选择 a 点和 b 点作为测量的基准点。若 a 点或 b 点出现损坏，则选用没受损的点作为基准来修复 a 点和 b 点，再将 a 点和 b 点作为基准点。基准点一般为 3 个，在 a 点和 b 点的 4 个点中，有一个点是作为参考点来对基准面进行验证的。在基准点选择无误后，在车辆相应的点上挂上附件及发射器，如图 6-2-44 所示。

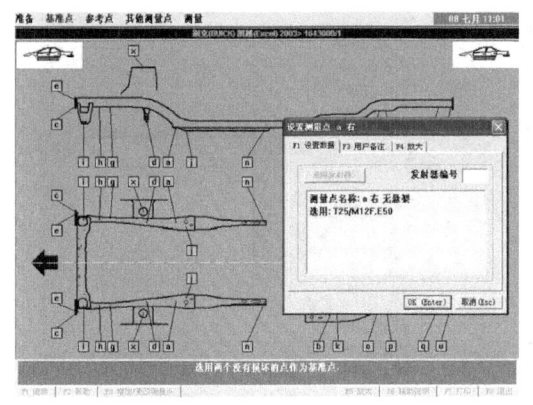

图 6-2-43　选择基准点界面

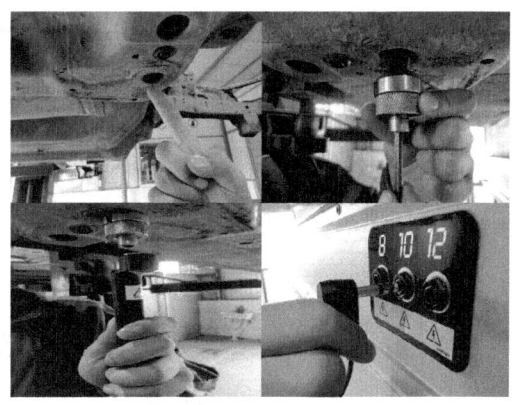

图 6-2-44　连接发射器

在车上找到选定的基准点，根据数据图上相应点的信息将附件连接到选定的基准点上，并将发射器连接到附件上，转动发射器朝向测量横梁，以保证发射器发射的超声波能被横梁的高频麦克风接收。将发射器插头连到一个有数字的横梁插座中，在一般情况下，左、右横梁插座号应该自动出现在发射器数字框中。如果没有，可使用键盘手动输入数字。单击"OK"按钮或按"Enter"键确认，将自动进入参考点界面，如图 6-2-45 所示。

⑨ 进入选择测量点界面，如图 6-2-46 所示。选择其他要测量的点进行测量，设备配备了 6 对测量探头，基准点和参考点在整个测量中不能移动，因此每次只能测量一对点。选择正确的测量点及附件，挂上测量探头。单击"F1 继续"按钮进入下一个界面。

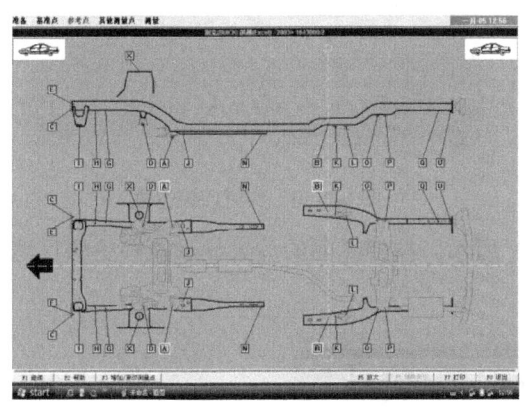

图 6-2-45　参考点界面

图 6-2-46　选择测量点界面

⑩ 进入显示测量数据界面，如图 6-2-47 所示。测量界面中左侧为选择点的标准数据、测量值和差值，右侧为各测量点的变形差值。若要测量其他点，则单击"F8 退出"按钮退回其他测量界面。

⑪ 继续测量。单击上次测量的点（为白色框），在弹出的对话窗中选择"删除发射器"命令，该点将变成蓝色，然后再选择要测量的其他点进行测量，如图 6-2-48 所示。

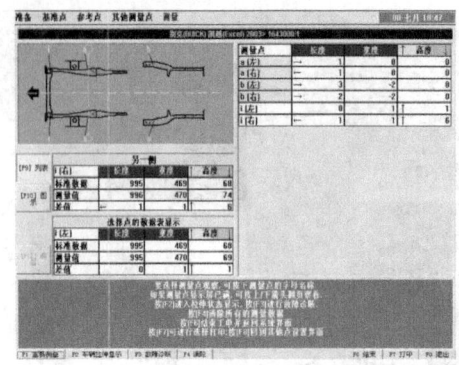

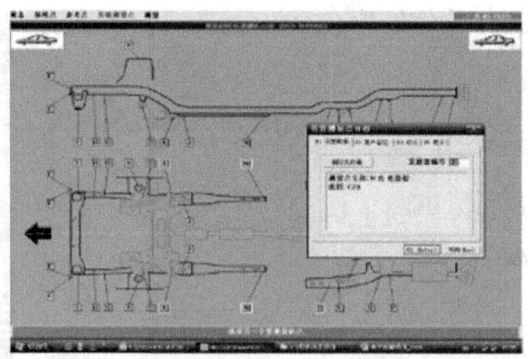

图 6-2-47　显示测量数据界面　　　　　　图 6-2-48　其他测量点的测量

⑫　显示所有测量数据，如图 6-2-49 所示。

⑬　实时监控界面，如图 6-2-50 所示。在测量界面单击"F2 车辆拉伸显示"按钮进入拉伸界面。发射器会不间断地测量，对车身进行实时监控。黄绿色圆圈代表高度方向的误差，红白相间的线代表长度和宽度方向的误差，起始点代表目前变形车身的位置，终止点代表正确的位置。若要对每点进行放大则按 F1 键。

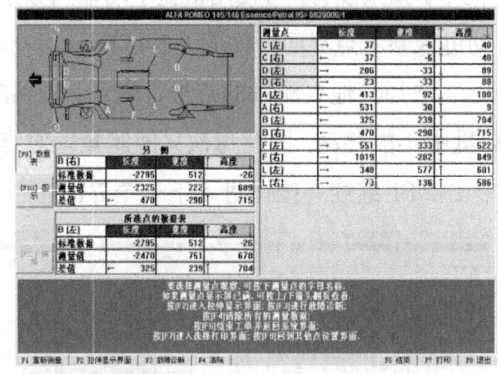

图 6-2-49　6 组测量数据　　　　　　　图 6-2-50　实时监控界面

⑭　进入各点实时监控界面，如图 6-2-51 所示。拉伸界面的放大显示能够更醒目地显示车辆测量点的变形与修复情况。

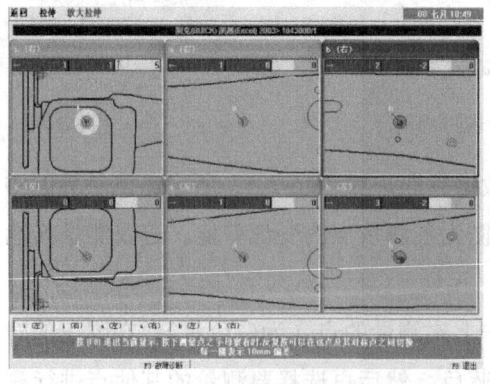

图 6-2-51　各点实时监控界面

⑮ 进入打印界面，如图 6-2-52 所示。退回到测量界面后单击"F7 打印"按钮进入打印界面，可根据需要打印相应的结果。

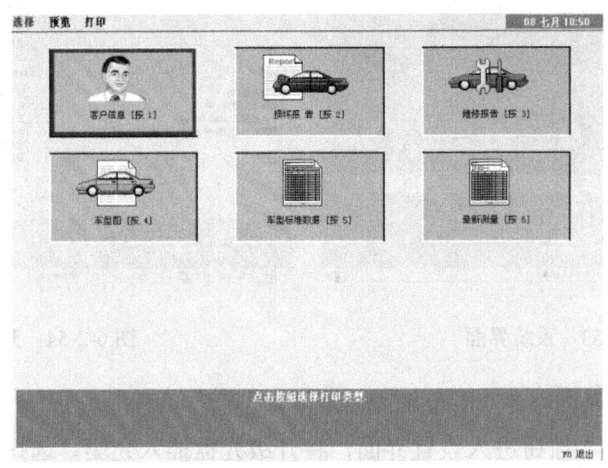

图 6-2-52　打印界面

⑯ 整理工具。将仪器退回主界面，依次拆下车身底部的发射器，并按照规定将其缠绕并放置在规定的位置。依次拆下车身底部的所有连接附件，并放置在规定的位置。将传输导线与测量横梁、计算机仪器断开，按照规定方式缠绕并放置在规定的位置。将测量横梁放置在规定的位置并清洁，按照规范放下车辆，并清洁工具、场地。

【注意事项】

附件的 E 系列加长杆要按照杆上的图示说明旋转垂直车身拉拔，不允许折拔，在 C20、C30、CH1 连接着发射器或 E 系列加长杆时，拆卸发射器或 E 系列加长杆要一只手按住 C20、C30、CH1，另一只手进行拆卸，防止 C20、C30、CH1 支腿发生损坏。

4．测量设备的维护

以 Shark 系统的维护为例介绍测量设备的维护。

1）数据升级

（1）进入系统界面，单击"F4 维修"按钮进入维修界面，如图 6-2-53 所示。

（2）查找序列号。

进入系统界面后，先在右下角找到软件序列号，观察升级光盘序列号的前六位是否与设备软件序列号的前六位相同。再找到最新的数据库更新号，观察升级光盘的更新号是否为下一更新号。升级时要连续升级，不能间断升级。若软件序列号目前是 61，则升级光盘必须从 62 连续升级，不能从 61 直接升级到 63 或更高。升级界面如图 6-2-54 所示。

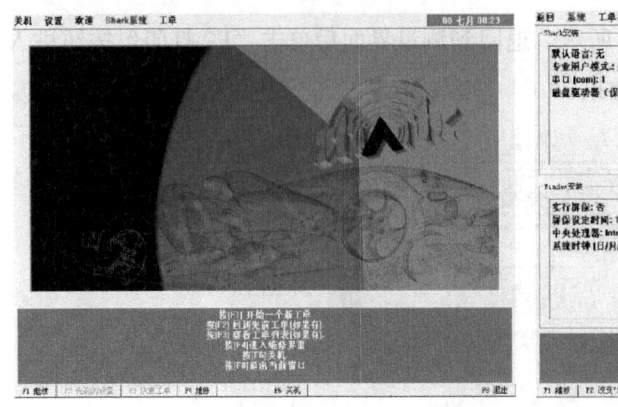 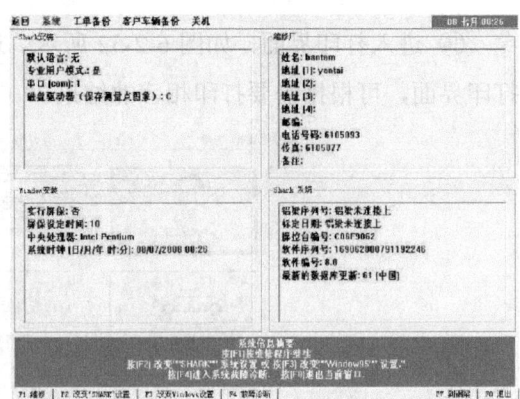

图 6-2-53 系统界面   图 6-2-54 升级界面

（3）退到设置界面。

单击"F8退出"按钮进入设置界面，将升级光盘插入光驱，选择"更新"命令，如图6-2-55所示。

（4）输入序列号。

在进入输入序列号界面后，弹出"Serial Number"对话框，输入升级光盘上的序列号，单击"OK"按钮即可，如图6-2-56所示。

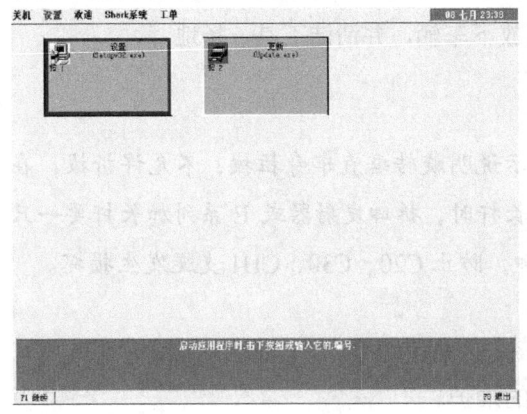 

图 6-2-55 设置界面   图 6-2-56 序列号输入界面

2）设备自检

（1）进入检测界面。

进入检测界面（见图6-2-57），单击"F4故障诊断"按钮。

（2）通信测试。

进入检测选择界面。客户可自行选择通信和PSU的测试。检测横梁需要由专业人员用专业设备进行，如图6-2-58所示。

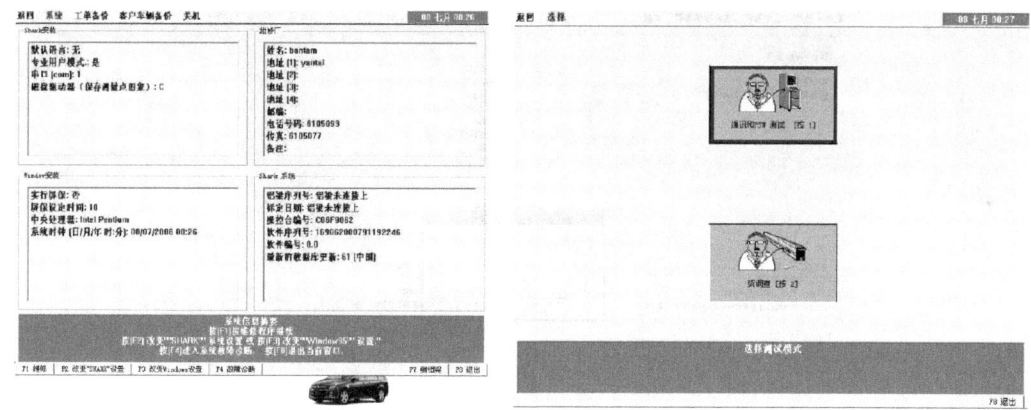

图 6-2-57　检测界面　　　　　　　　　　图 6-2-58　通信测试

（3）进入选择端口界面。

在选择端口界面选择"PSU 3"命令，如图 6-2-59 所示。将通信电缆从控制台和横梁上拔下，将横梁端电缆插入机柜的"TEST"孔，观察机柜的两个指示灯是否亮，若亮则电缆无误，否则电缆损坏。

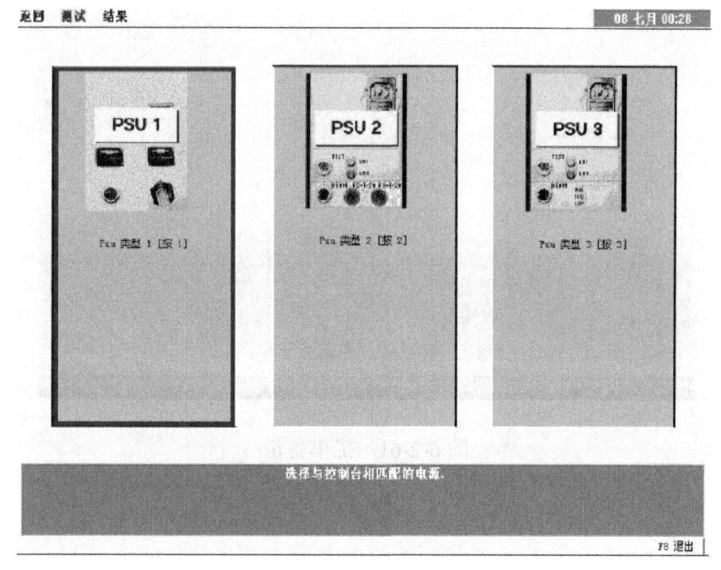

图 6-2-59　选择端口界面

3）文件备份和恢复

（1）进入系统界面，单击"F1 继续"按钮，弹出"Shark"对话窗，输入密码后单击"OK"按钮，如图 6-2-60 所示。

（2）将 U 盘（Shark 8 以下版本需要插入软盘）插到接口，选择相应按钮对客户档案和数据进行备份和恢复，如图 6-2-61 所示。

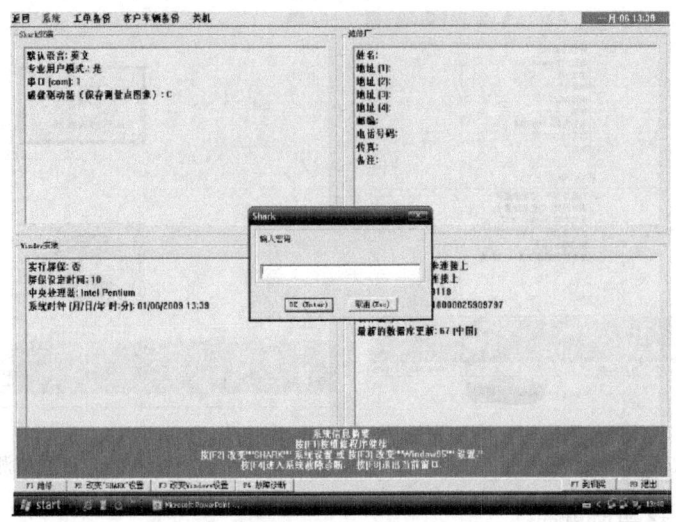

图 6-2-60　输入密码

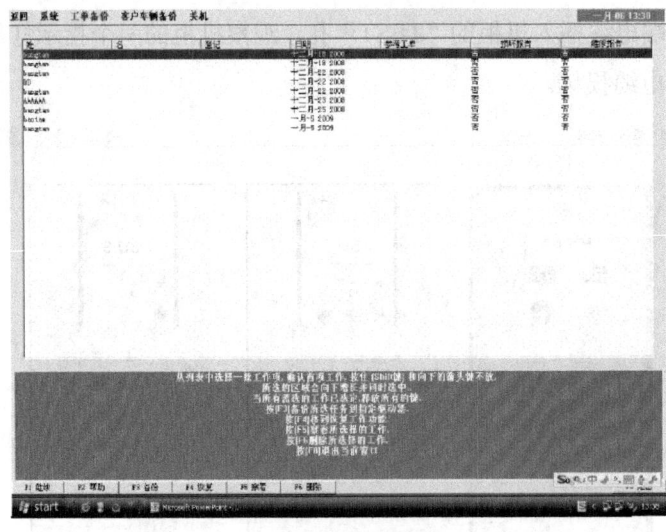

图 6-2-61　工单备份

复习题

一、判断题

1. 车身测量一般只在拉伸中配合使用。（　　）

2. 点对点的测量是指测量两点之间的直线距离。（　　）

3. 三维测量是长度和宽度尺寸的测量。（　　）

4. 在车身测量中最先测量车身的中间部分。（　　）

5. 车身测量的误差允许为±5mm。（　　）

6. 车身的基准面、中心面和零平面各只有一个。（　　）

二、单选题

1. 在车身测量时，长、宽、高的基准各有（ ）。
    A．1个、1个、2个　　　　　　　B．2个、1个、1个
    C．1个、2个、1个

2. 点对点的测量可以使用（ ）。
    A．轨道式量规　　　B．中心量规　　　C．麦弗逊撑杆式中心量规

3. 在用同缘测量法测量两个孔的距离时，外边缘距离为 450mm，内边缘距离为 430mm，两个孔的距离为（ ）。
    A．430mm　　　　B．440mm　　　　C．450mm

4. 使用钢卷尺可以测量（ ）。
    A．纵梁上的测量点　B．发动机舱上部的测量点
    C．减振器支座的高度尺寸

5. 各汽车生产厂、数据公司提供的车身数据的格式（ ）。
    A．都相同　　　　B．都不同　　　　C．只有高度数据相同，其他不同

三、多选题

1. 车身的测量位置包括（ ）。
    A．螺栓　　　　　　　　　　B．车身上的圆孔、方孔或椭圆孔
    C．焊接裙边搭接缝隙　　　　D．所有的孔

2. 选择车身数据要根据（ ）。
    A．汽车公司　　　B．车辆型号　　　C．车身大小　　　D．生产年代

3. 一般车身数据图中有（ ）。
    A．长度尺寸　　　B．宽度尺寸　　　C．高度尺寸　　　D．对角线尺寸

4. 下面有关车身测量的叙述正确的是（ ）。
    A．如果对角线测量正确，那么车辆就没有变形
    B．测量要从车身中部开始
    C．所有尺寸的测量都要用三位测量的方法进行
    D．轨道式量规可以测量车门、车身侧面尺寸

四、简答题

1. 车身修理人员在使用测量系统时应该做到哪几点？
2. 车身测量基准的选用原则是什么？
3. 列举车身测量工具有哪些？
4. 使用轨道式量规测量的注意事项有哪些？

第7章　车身校正

📖 知识目标：

1. 了解车身校正的重要性
2. 掌握常用的校正设备的使用注意事项

📖 技能目标：

1. 能正确使用校正设备
2. 能正确选择夹具

车辆在受到严重撞击后，车身的覆盖件和结构件钢板都会发生变形。车身覆盖件的损伤可以用锤子、垫铁和外形修复机来修理，但修理车身结构件的损伤仅仅使用这些工具是无法完成的。非承载式车身的车架和承载式车身的结构件非常坚固与坚硬，强度非常高。对于这些部件的整形，必须通过车身校正仪的巨大液压力才能够进行修复操作，车身校正仪可以快速精确地修理这些变形损坏的构件。

7.1　车身校正基础

7.1.1　车身校正设备及其基本要求

1. 车身校正设备的基本要求

以前车身的校正和拉伸是以人力来操作的，是一种笨重的体力操作过程。现在已被巨大且平稳的液压力代替。使用现代化的车身校正设备（见图 7-1-1）来进行车身维修操作相对来说是比较容易的。

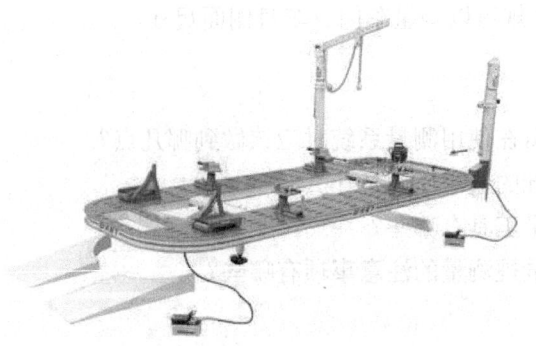

图 7-1-1　车身校正设备

车身校正的重点是"精确地恢复车身的尺寸与状态"。因为车身（特别是承载式车身）是车辆的基础，汽车的发动机、悬架、转向系统等都安装在车身上，如果这些部件安装点的尺寸没有校正到原尺寸，将影响车辆的性能。

在车身修理中为了达到比较好的修复效果，必须使用有能力完成多种基本修复功能的校正设备。虽然车身校正设备种类繁多，但并不是每个称为车身校正仪的设备都能高效、精确、安全地修复汽车车身。为了能够完成车身修复工作，车身校正设备必须具备以下条件：

（1）配备高精度、全功能的校正工具。

（2）配备多功能的固定器和夹具。

（3）配备多功能、全方位的拉伸装置。

（4）配备精确的三维测量系统。

对于半承载式或非承载式车身的汽车，悬架系统和传动系统是直接安装在车架上的。如果车架结构已经过必需的校正，它们的安装位置也应该被校正。但是对于承载式车身的汽车，车身是一个整体结构，一些校正参考点位于车身结构的上部，超过了一般的二维车架校正设备的能力范围。另外，车架式结构可以接受反复的拉伸过程，而对于承载式车身的薄板结构，要求一次就调整好位置，反复拉伸会使板件破裂。因此对于承载式车身的修复，其校正设备必须能同时显示每一个参考点上非准直度（变形）的方向。这也要求校正设备除具备全方位的拉伸功能之外，还要配备一套精准的三维测量系统，能够监控、指导整个校正过程。只有使用这样的设备，车身修理人员才能够精确地确定拉伸校正次序，监控整个校正过程，并确定每个拉力的作用效果。

2．车身校正设备

1）L 型简易校正仪

L 型简易校正仪如图 7-1-2 所示。牵拉装置装配有液压系统，在可移动的立架和支柱之间用链和夹钳牵拉被损坏的车身部分。因为容易搬运，这种装置很容易安放在损伤部位的牵引方向上，但是这种类型的装置只能在一个方向上拉伸车辆。因此，它只适合一些小的碰撞修复，对于复杂的碰撞变形不能进行精确的修复。

2）框架式车身校正仪

框架式车身校正仪如图 7-1-3 所示。使用专用测量头可以快速地把车身变形点拉伸到标准位置，达到修复的目的。在欧洲曾广泛使用框架式车身校正仪。

图 7-1-2　L 型简易校正仪　　　　　图 7-1-3　框架式车身校正仪

3）平台式车身校正仪

平台式车身校正仪（见图 7-1-4）是一款通用型的车身校正设备，可以对各种类型、型号的车身进行有效校正。

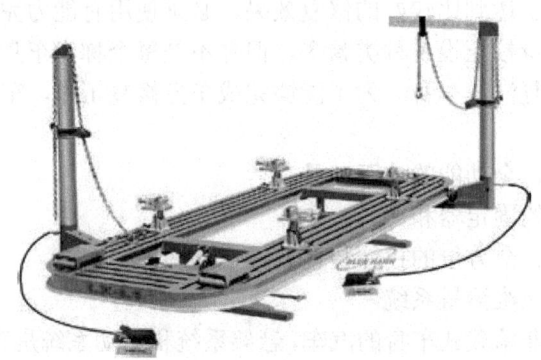

图 7-1-4　平台式车身校正仪

平台式车身校正仪的形式有多种，但一般配有两个或多个塔柱进行拉伸校正。这种拉伸塔柱为车身修理人员提供了很大的自用度，可绕车身的任何角度、任何高度和任何方向进行拉伸。很多平台式车身校正仪有液压倾斜装置或整体液压升降装置，利用一个手动或电动拉车器，将车身拉或推到校正平台的一定位置。

平台式车身校正仪主要由以下部分组成。

（1）平台。平台（见图 7-1-5）是车身修复的主要工作台，拉伸校正、测量、更换板件等工作都在平台上完成。

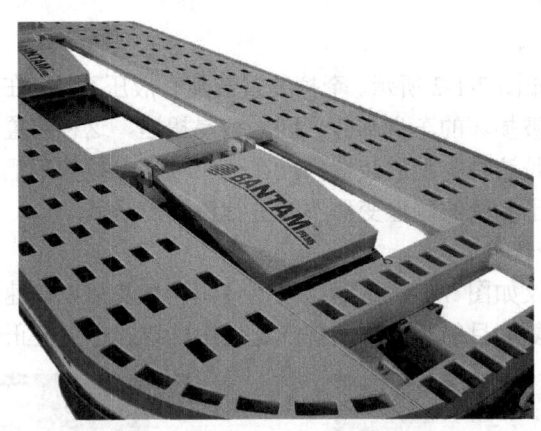

图 7-1-5　平台

（2）上车系统及升降系统。通过上车系统及升降系统（见图 7-1-6）可以把事故车放置在校正平台上。上车系统包括车板、拖车器、车轮支架、拉车器（牵引器）等，通过液压升降机构将平台升到一定的工作高度。平台分固定式的和可调式的，固定式的平台一般为倾斜式升降平台，工作高度为 500～600mm；可调式的平台一般为整体式升降平台，工作高度为 300～1000mm。

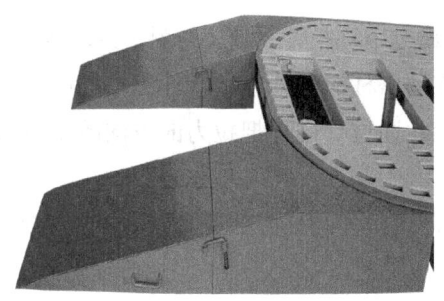

（a）上车系统

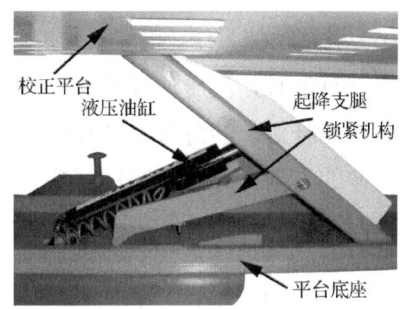

（b）升降系统

图 7-1-6　上车系统及升降系统

（3）主夹具。不同形式的主夹具如图 7-1-7 所示。在维修前，固定在平台上的主夹具将车辆紧固在平台上，车辆、平台和主夹具成为一个刚性的整体。车辆在拉伸操作时不能移动。为满足不同车身下部固定位置的需要，主夹具的结构有多种，双夹头夹具可以夹持比较宽的裙边部位，防止拉伸中损坏夹持部位；单夹头夹具的钳口开口很宽，能够夹持车架。一些特殊车辆的夹持部位有特殊的设计，例如，有些车没有点焊裙边，像奔驰或宝马的车就需要专门的奔驰、宝马夹具来夹持。

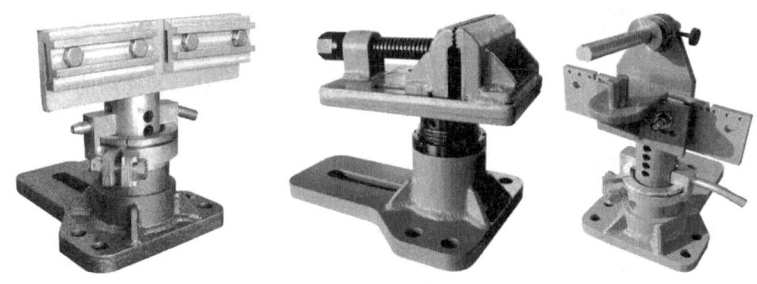

图 7-1-7　不同形式的主夹具

（4）液压系统。液压泵如图 7-1-8 所示。车身的拉伸校正工作是指通过液压的强大力量把车身上的变形板件拉伸到位。校正仪上的气动液压泵通过油管将液压油输送到塔柱内部的油缸中，将油缸中的活塞顶出。气动液压系统一般是分体控制的，而比较先进的电动液压系统一般是集中控制的，由一个或两个电动泵来控制所有的液压装置，这样效率更高、故障率更低、工作更平稳。

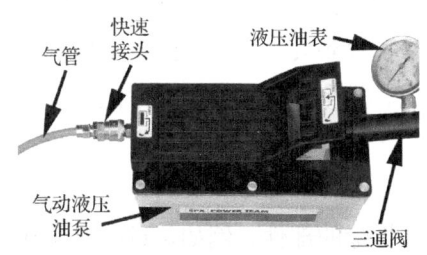

（a）气动液压泵

（b）电动液压泵

图 7-1-8　液压泵

（5）塔柱拉伸系统。损坏板件的拉伸操作是通过塔柱拉伸系统（见图7-1-9）实现的。塔柱内部有油缸，液压油推动油缸活塞，活塞推动塔柱的顶杆，顶杆伸出塔柱的同时拉动链条，顶杆后部的链条锁紧窝可以把链条锁紧，通过导向环把拉力的方向改变成需要进行拉伸的方向，导向环通过摩擦力卡在塔柱上。

（6）钣金工具。钣金工具包括各种对车身各部位拉伸的夹持工具，如图7-1-10所示。

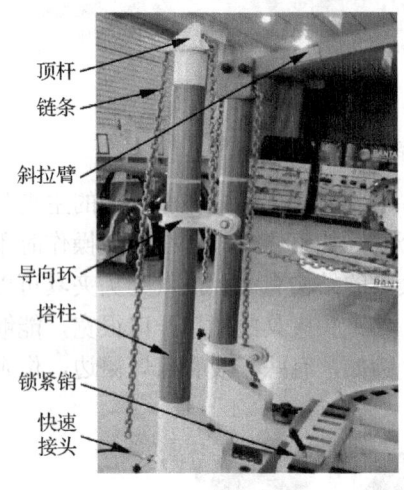

顶杆
链条
斜拉臂
导向环
塔柱
锁紧销
快速接头

图7-1-9　塔柱拉伸系统

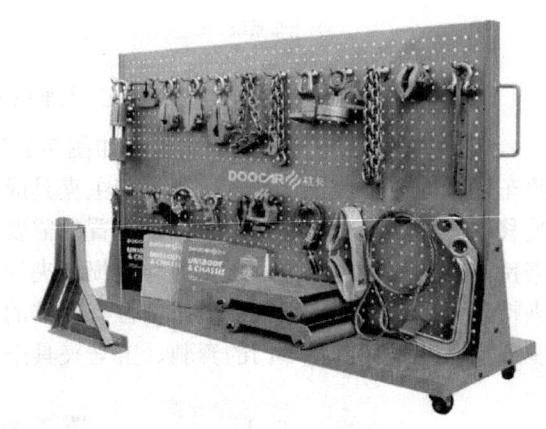

图7-1-10　拉伸用的钣金工具

7.1.2　车身校正的方法

1．车身校正前的准备

根据车身的测量和损坏分析的结果来制定精确的碰撞修理程序（工艺），然后按照已制定好的程序完成车身修理操作。

1）车身损坏分析

特别是对承载式车身应进行详细的测量和车身损坏分析，在损坏分析上多花一点时间，分析得越详细、越彻底，修复计划就做得越完善，整个车身修复的质量、效率就越高。

2）拆除车辆部件

在拉伸校正开始之前，应该拆去车上妨碍校正的部件。有些覆盖件需要拆卸，有些机械部件也需要拆卸。因为承载式车身的损伤容易扩散到其他位置，经常扩散到一些意想不到的地方，有些损伤甚至波及远端部件或系统。只有拆除这些部件才能更好地找出损伤。

拆卸汽车部件要注意以下事项。

（1）只拆卸为了接近车身需要修理部位而必须拆除的部件。例如，过去将承载式车身汽车放在校正平台之前，要拆去悬架、传动装置、发动机和水箱等总成。不过现在有了定位器和发动机台架等辅助设备，如果这些总成损伤不是非常严重，可以不进行拆卸。

（2）在进行修复前，要仔细研究车身结构、损伤位置和损伤程度，决定需要拆卸的部件，以及如何拆卸更为方便。

（3）在拆卸部件时应以单元的形式来拆卸，这样可以减少拆卸时间。

3）制定修理（拉伸）程序

制定拉伸程序应遵循两条基本规则，以保证通过最少量的拉伸校正来修复损坏部件的变形，并且不会造成进一步的车身结构损伤。

（1）按与碰撞损坏相反的顺序修理碰撞时出现的损伤（先里后外），即最后出现的损伤要最先修理，最先出现的损伤要最后修理。

（2）按与碰撞相反的方向来设计拉伸校正的顺序。

2．车身校正方法

1）单向拉伸

在进行车身校正时，按如图 7-1-11 所示进行校正。

图 7-1-11　单向校正

在校正时首先找到拉力的方向（与碰撞力的方向相反），然后在撞击点上沿着这一方向施加一个力进行拉伸，此方法叫作单向拉伸。对于碰撞较轻的局部变形，利用单向拉伸就能修复。但对于较为严重的车身变形，就要在修复过程中，根据恢复情况不断调整拉力的方向、大小和作用点，如图 7-1-12 所示。

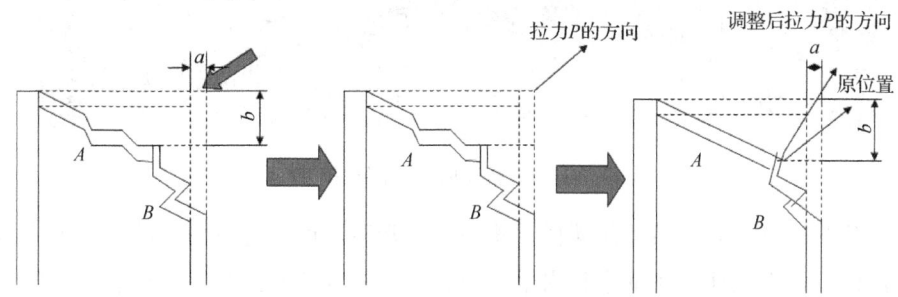

图 7-1-12　调整拉力方向进行修复

对于局部损伤已经基本得到修复的构件，应以其轴线所在的直线作为拉伸的方向一次完成校正，如图 7-1-13 所示。

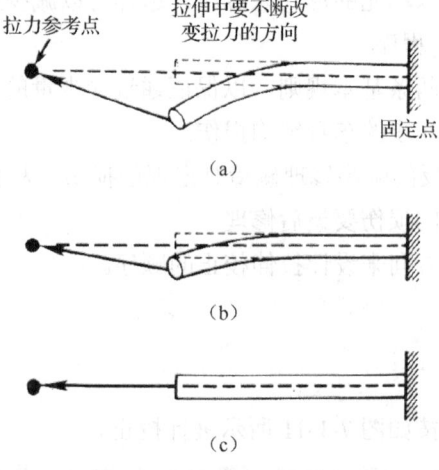

（a）

（b）

（c）

图 7-1-13　基本拉伸方向

2）多向拉伸

在现实生活中，汽车发生碰撞时碰撞力的作用是非常复杂的。由于车身构件属于立体钢架式结构，这就决定了其在受到碰撞时的受力状态多为空间力系。对于复杂的车身变形，仅靠单向拉伸，容易把板件拉坏，影响维修效果，必须采用多点、多向拉伸才能提高拉伸效率和效果，如图 7-1-14 所示。

图 7-1-14　校正时多点同时拉伸

如图 7-1-15 所示，在校正纵梁的严重弯曲变形时，可以将拉力分解成两个或两个以上的力，进行多点拉伸。在垂直和水平两个方向上同时拉伸，就比较容易把变形修复到原来的形状。

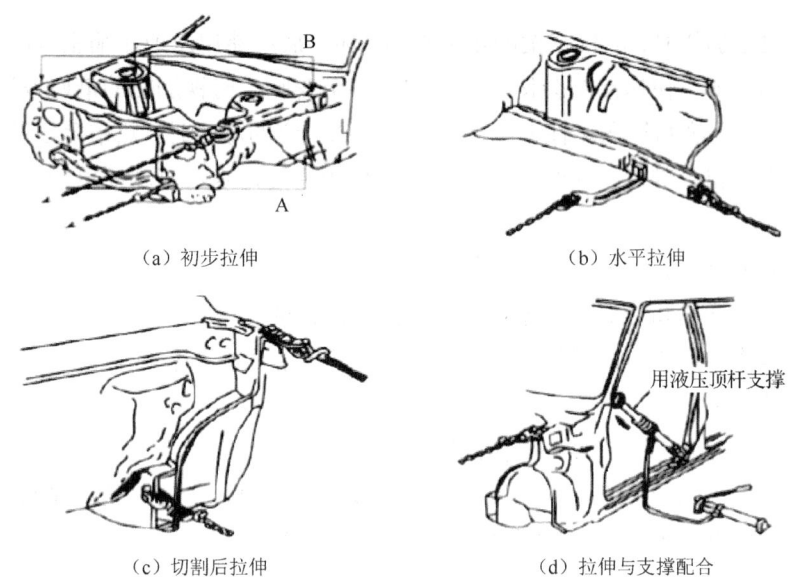

（a）初步拉伸 （b）水平拉伸

（c）切割后拉伸 （d）拉伸与支撑配合

用液压顶杆支撑

图 7-1-15 纵梁的校正

承载式车身（特别是大量使用高强度钢板的承载式车身）结构复杂，碰撞力容易扩散到整个车身，而且承载式车身大部分的板件都比较薄，高强度钢板在变形后内部有更多的加工硬化。在修理过程中，尽量要找到 2 个或更多的拉伸点和方向。

复合牵拉系统具有支撑和牵拉的能力。这种能力在修复承载式车身的二次损伤时是很需要的。使用复合牵拉系统，能对任何牵拉操作进行严格控制，并大大提升牵拉的精确度。

复合牵拉系统可以完成下面的一些工作。

（1）可以同时在 3 点或 4 点上精确地按所需方向成功地进行牵拉，对承载式车身的修复程度进行必要的控制。

（2）多点的复合牵拉极大地减小了每个点上所需的力，大的拉力通过几个连接点加以分散，减小了薄钢板被拉断的危险。

3．车身校正后应力的消除

拉伸校正的目的是将损坏的车身恢复到原来的形状，但是恢复到原来形状的金属会由于再一次的变形而使内部加工硬化（应力）的程度加重，从车身表面看已经修复好了，但钢板内部的状态并没有恢复。车身恢复也要使金属恢复到原来的状态。

（1）恢复车身的原来形状。

（2）消除或减小由于事故使车身板件反复变形积累的应力，恢复板件原来的状态。

用一块型钢或木块垫持，用铁锤敲击，可以消除大量的应力。大多数应力的消除依靠冷作用，不需要很多热量，如果需要加热，要对热量加以控制。对于现代车身上的高强度钢板上的应力不能用加热的方式来消除。

如果损坏部分需要加热，必须严格遵守汽车生产厂家维修手册上的建议。例如，在承载式车身梁上加热时，应仅在梁的角上加热，加热后不能用水或压缩空气冷却加热区，必须让它自然冷却，快速冷却会使金属变硬，甚至变脆，监视加热的最好办法是用热蜡笔或热敏涂料，用热蜡笔在冷件上做标记，当达到一定的温度时，热蜡笔记号就会溶解，用热蜡笔的方法相当准确，比维修人员用眼观察颜色变化确定温度要更精确得多，用热蜡笔的误差为±1%。

在有些应力没有完全消除时，可能出现下列情况：

（1）负载的施加和释放引起悬架和驾驶操作部件的疲劳。

（2）在再次遭到相似的碰撞时，较小的碰撞力就会引起同样或更大的损坏，甚至危及车内人员的安全。

（3）车身尺寸变形引起各种操作的困难。

这是因为板件的内应力导致应力集中，造成以上问题。要解决这些问题，还需要重新放松应力。所以在维修时一定要注意板件状态的恢复。

7.2 车身校正操作

7.2.1 车身校正的安全注意事项

1. 拉伸操作中的安全规则

在使用车身校正设备时，不正确的操作可能对人员、车身和车身校正设备造成损伤，因此要遵守以下安全规则。

（1）根据所用设备的说明书，正确地使用车身校正设备。

（2）严禁非熟练人员或未经过正式训练的人员操作车身校正设备。

（3）在固定车辆时要保证主夹具夹口咬合得非常紧固，车辆被牢靠地固定在平台上。

（4）拉伸前汽车要装夹牢固，检查主夹具的固定螺栓和钳口螺栓是否紧固牢靠。

（5）一定要用推荐型号和级别的拉伸链条和钣金工具进行操作。

（6）拉伸时钣金工具要在车身上紧固牢靠，链条必须稳固地与汽车和平台连接，以防在牵拉过程中脱落，避免将链条缠在尖锐器物上。

（7）当某一侧拉伸力量大时，一定要在相反一侧使用辅助牵拉，以防将汽车拉离校正平台。若汽车前端只有一个辅助固定，则会在拉伸过程中产生一个偏转力矩，使车身扭转。在汽车前端左右两侧使用两个辅助固定后，拉伸过程中就不会产生偏转力矩。

（8）操作人员在汽车上面和汽车下面工作时，不要用千斤顶支撑汽车。

（9）严禁操作人员与链条或牵拉夹钳在一条直线上。因为当链条断裂、牵拉夹钳滑落或钢板撕断时，可能会对拉伸方向上的人员或物品造成直接的伤害。在车外进行拉伸校正时，人员在车内工作是很危险的。

（10）用厚防护毯包住链条或者用钢丝绳把链条、钣金工具固定在车身的牢固部件上（见图 7-2-1），万一链条断裂，可以防止链条、钣金工具甩出对人员和其他物品产生损伤。

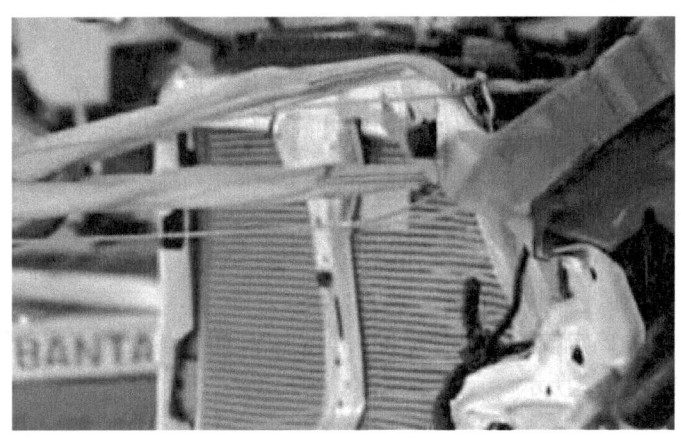

图 7-2-1　拉伸中安全绳防护

（11）在拉伸时要把塔柱与平台的固定螺栓紧固牢靠，否则拉伸中塔柱滚轮移动装置会受力损坏，可能导致塔柱突然脱离平台，造成人员和物品的损伤。

（12）塔柱使用链条进行拉伸时，保证链条在顶杆的锁紧窝锁紧，链条不能有扭曲，所有链节都呈一条直线。导向环的固定手轮是在拉伸前固定导向环高度的，当拉伸开始后要松开手轮，手轮松开后，一旦链条断裂，导向环自由向下滑落，防止链条向左右方向甩出。

2．拉伸操作中的车身防护

在进行拉伸校正之前，应对车身和一些部件进行保护。

（1）拆卸或盖住内部部件（座位、仪表、车垫等）。

（2）在焊接时用隔热材料盖住玻璃、座位、仪表和车垫，特别是在进行惰性气体保护焊接时，这种保护更为必要。

（3）在拆除车身外面的部件时，用棉布或保护带保护车身以防擦伤。

（4）如果油漆表面擦破，这部分必须修复好。因为油漆表面的小小瑕疵就可能造成锈蚀。

3．拉伸操作中的注意事项

（1）要反复拉伸。

（2）用两个夹钳拉伸一个部位时的拉力允许比用一个夹钳时的拉力增加一倍。

（3）已校正完成的部件需要辅助固定。

（4）边拉伸边检验校正的恢复程序。

（5）拉力方向应与零部件的原始位置方向相同。

7.2.2 车身校正过程案例

1. 校正前的准备工作

1）操作前准备

按照事故车情况准备好车身校正系统、测量系统、钣金工具等，并检查工具设备是否有不安全因素。同时做好安全防护，如穿戴好工作服、劳保鞋、棉纱手套、护目镜、安全头盔等劳保用品。

2）拆卸影响校正的零件

拆下影响校正工作的前翼子板，如图7-2-2所示。

3）查阅维修手册

查阅维修手册，确定校正车辆使用的夹具、夹具的安装位置、校正位置的图纸数据等相关信息，如图7-2-3所示。

 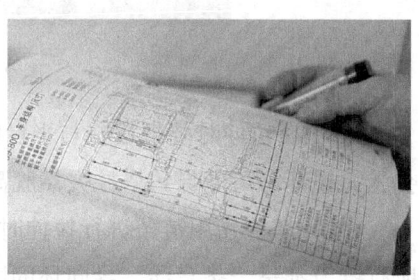

图 7-2-2 拆卸零件　　　　　　　　　　　　图 7-2-3 查阅维修手册

4）准备校正夹具

根据损伤情况选择合适的校正夹具，如图7-2-4所示。

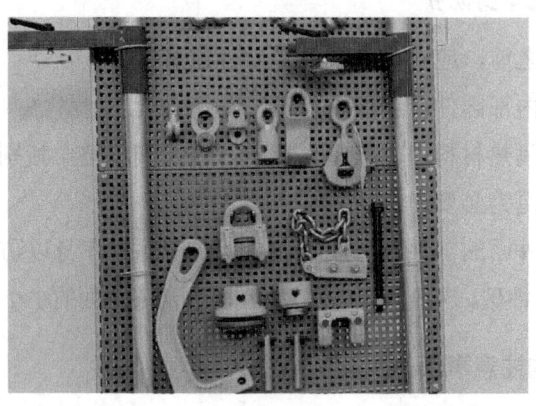

图 7-2-4 选择校正夹具

2. 固定车辆

1）将事故车移至校正平台

根据事故车的受损情况，决定是否将事故车移至校正平台，如图7-2-5所示。移动车辆时要小心谨慎，确保安全。

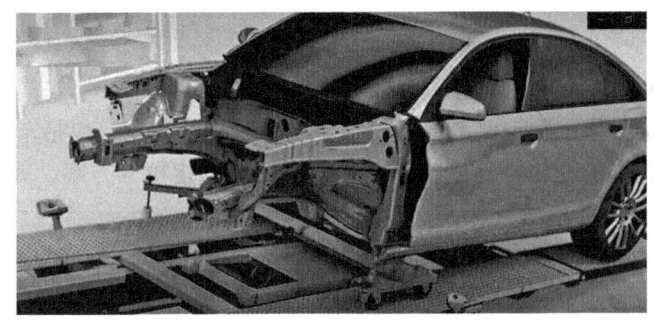

图 7-2-5　将事故车移至校正平台

2）固定车身

将车身固定在校正平台上。选取车身中部四个未受损的点（见图 7-2-6），或者按照维修图纸中推荐的主夹具固定点位置固定车身主体，并调节主夹具（见图 7-2-7），将车身和校正平台调整至平行状态，若发现不平衡应及时调整。

【注意事项】

（1）通常在汽车车身的前桥和后桥加强件折边位置车身中部的四个点选取。

（2）在安装夹具前，要清除加强件折边和夹具钳口上的润滑油和底漆，保证夹具夹紧、牢固。

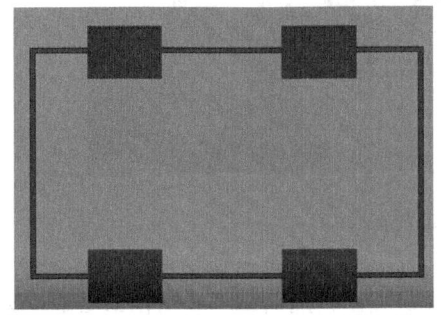

图 7-2-6　选取固定点位置

图 7-2-7　调节主夹具

3．车身测量

使用标准值测量法确定车辆的损伤情况。车身测量如图 7-2-8 所示

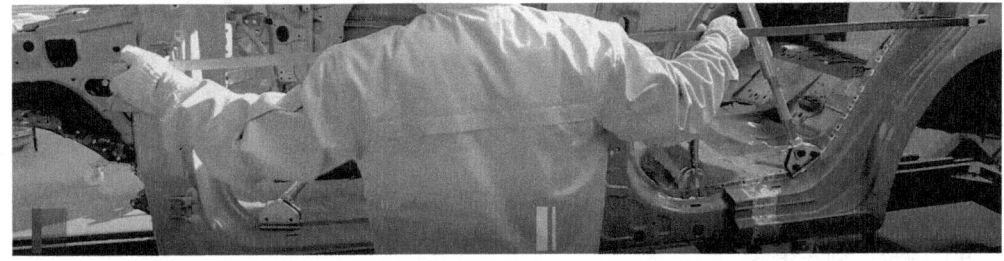

图 7-2-8　车身测量

4．车身校正

1）制定拉伸方案

根据车身测量结果，确定测量的变化值。观察变化的数据，包括车身的长、宽、高、对角线等。根据数据的变化，对受损车辆进行分析，制定拉伸方案，如图 7-2-9 所示。

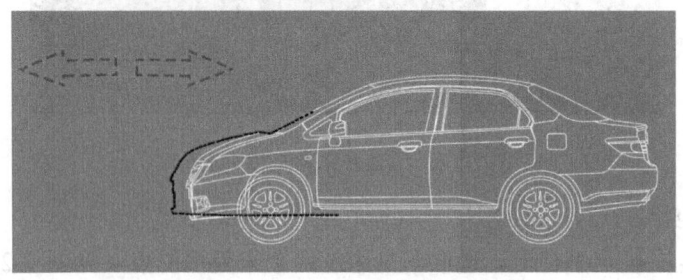

图 7-2-9　制定拉伸方案

2）实施辅助固定及支撑

在损伤变形和未变形的临界区域进行辅助固定及支撑（见图 7-2-10），确保未受损区域在拉伸校正时不发生二次损伤。辅助固定及支撑的方式取决于实际损伤情况及维修工具的种类，一般采用千斤顶、链条、拉拔葫芦和液压挺杆等。

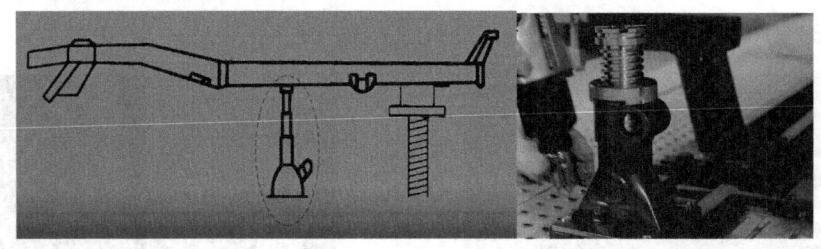

图 7-2-10　辅助固定及支撑

3）固定拉拔工具

首先，松开拉塔的 4 个固定螺栓，然后把塔柱移动到拉伸位置，并用扳手上紧 4 个固定螺栓。根据修复部位的刚度、位置和受力方向，合理选择车身校正仪附属设备中的夹具、挂钩、拉伸工具、链条和尼龙绳等，组合使用。固定夹具和安全绳如图 7-2-11 所示。

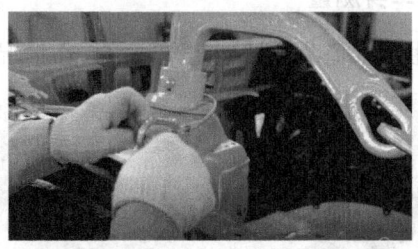

图 7-2-11　固定夹具和安全绳

4）调整、固定链条

调整链条导向环的高度，使其与拉伸链条处于同一水平，然后固定链条，如图 7-2-12 所示。

图 7-2-12　调整、固定链条

5）实施拉拔作业

按下拉伸开关，对需要拉伸的部位进行拉伸校正作业，并适当调整链条工作时间，如图 7-2-13 所示。

图 7-2-13　实施拉拔作业

6）在校正中进行实时数据测量

在校正过程中，避免工件出现过度拉伸情况，需要对校正过程实时测量，如图 7-2-14 所示。

7）消除应力

在板件被拉伸到一个合适的状态后，停止拉伸。在保持拉拔力的同时，用钣金锤敲击，释放应力。敲击位置为棱线、焊缝、折压区和延展区。对校正中产生的变形区域进行应力的消除，如图 7-2-15 所示。

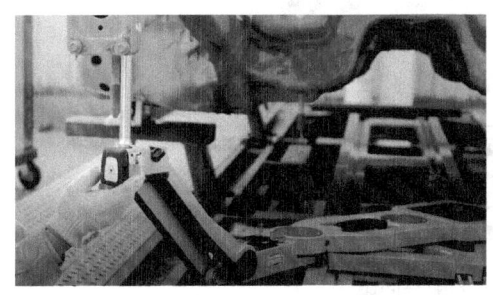

图 7-2-14　校正中的数据测量

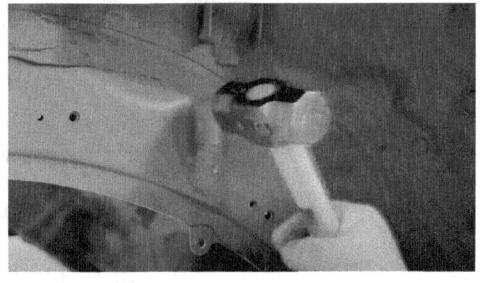

图 7-2-15　消除应力

8）校正后测量

校正完成后需要对校正工件的位置、尺寸等进行测量，变形量不能超过 3mm，如图 7-2-16 所示。

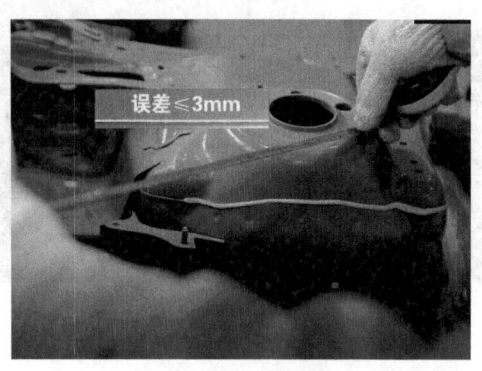

图 7-2-16　校正后测量

9）反复拉伸校正和测量

根据拉伸修复的具体情况，要反复拉伸，不断消除应力并且实时测量，直至达到标准要求。不提倡一次拉伸到位。

5．校正后的检查

在车辆修理（包括所有校正和焊接操作）完成以后，要对车辆进行最后的检查。在检查时，车身维修人员需要绕着汽车观察是否有明显的校正错误。如果在车顶线和车门之间出现大的缝隙，就说明还存在少量损坏。检查修理顺序，确认每一项是否都完成。如果检查中发现问题，应马上将车固定，重新进行拉伸，不要等到更多的修理程序完成之后，才发现损坏，再来修理。检查时应该注意以下几点：

（1）检查车门与车门槛之间的空隙（应该是一条又直又窄的缝隙）。

（2）检查整个车身上部所有部位的平整情况。

（3）关上车门，检查车门的配合间隙，如图 7-2-17 所示。打开、关闭发动机罩盖和行李箱盖，检查是否过紧。

图 7-2-17　检查车门的配合间隙

6．移下车辆

在检查完毕之后，汽车可以留在校正平台上，重新装上修理前被取下的部件，再将汽车从校正平台上移下来，如图 7-2-18 所示。

图 7-2-18 移下车辆

7. 防锈处理

对校正后的部位进行防锈处理，如图 7-2-19 所示。

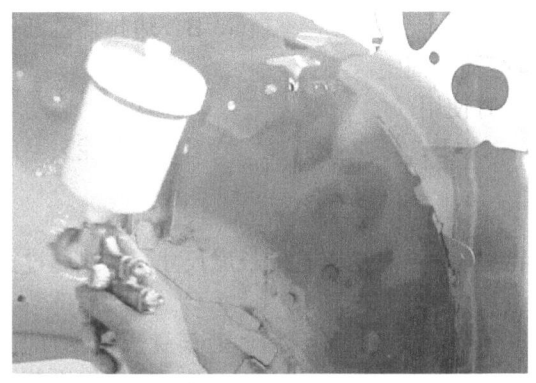

图 7-2-19 防锈处理

8. 整理现场

按照"5S"管理的要求拆除校正工具和设备，清洁工位卫生。

复习题

一、判断题

1. 在承载式车身的拉伸过程中，应用最多的设备是单拉系统。（　　）
2. 车身结构件的校正可以使用锤子、垫铁和外形修复机。（　　）
3. 拉伸校正的重点是恢复变形部件的尺寸。（　　）
4. 车身校正工作的好坏直接影响汽车的安全性。（　　）
5. 在校正时，一般在车身下部的 4 个位置进行固定。（　　）
6. 在拉伸时，钣金工具需要用钢丝绳固定。（　　）
7. 在修理车身时，要按"从外到里"的顺序完成修理过程。（　　）
8. 若车身前部损坏则先修理前部部件，若车身后部损坏则先修理后部部件。（　　）

二、单选题

1. 过度拉伸板件后的处理是（   ）。
   A. 用力顶回去　　　　　　　　　　B. 更换新的板件
   C. 进行收缩操作

2. 在拉伸时，停止拉伸、放松应力的条件是（   ）。
   A. 拉紧链条　　　　　　　　　　　B. 出现一定的变形量
   C. 拉到标准尺寸

3. 一辆前端遭受严重碰撞的汽车，要先校正（   ）。
   A. 水箱框架部位　　　　　　　　　B. 车身中部
   C. 前纵梁

4. 在甲部件拉伸校正恢复尺寸后，对与它相连的乙部件进行拉伸，处理方法是
（   ）。
   A. 拉伸乙部件时力量要小　　　　　B. 边拉伸乙部件边测量甲部件
   C. 对甲部件进行辅助固定

5. 对 B 柱进行拉伸时使用（   ）。
   A. 钢丝绳　　　　　B. 尼龙带　　　　　C. 只要能夹紧的钣金工具都可以

三、多选题

1. A 柱碰撞后长度减小，要恢复 A 柱的长度尺寸，可以通过拉伸（   ）来实现。
   A. 水箱框架　　　　B. 车颈板　　　　C. 纵梁后部　　　　D. 纵梁前部

2. 碰撞维修后的车辆在行驶一段距离后，若车身残存应力集中可能引起（   ）。
   A. 焊点拉开　　　　　　　　　　　B. 油漆层剥落
   C. 裂纹　　　　　　　　　　　　　D. 焊缝的保护层裂开

3. 下面叙述正确的有（   ）。
   A. 车身校正设备只要配备测量系统就可以高质量修复车身
   B. 车辆在固定前要把测量基准找好
   C. 朝某一侧大力拉伸时只要把中部 4 个主夹具固定好即可
   D. 校正时要边测量边拉伸

4. 在拉伸时，塔柱链条的正确操作方法有（   ）。
   A. 所有链条呈一条线　　　　　　　B. 链条在塔柱顶端锁紧窝处锁紧
   C. 链条尾部拴在导向环手轮上　　　D. 要使用推荐型号和级别的拉伸链条

5. 车身修理完毕后，某些部件上还存在应力，可能是（   ）造成的。
   A. 板件变形　　　　　　　　　　　B. 过度加热
   C. 不正确焊接操作　　　　　　　　D. 不理想的应力集中

四、简答题

1. 车身校正设备必须具备的条件有哪些？
2. 拆卸汽车零部件要注意哪些事项？
3. 在应力没有完全消除时，可能出现哪些情况？
4. 拉伸操作的注意事项有哪些？

第8章 车身损伤修复

🖥️ **知识目标：**

1. 了解车身板件的更换要求
2. 掌握车身板件的修复方法
3. 掌握修复车身板件的注意事项

🖥️ **技能目标：**

1. 能正确进行车身覆盖件的修复
2. 能正确进行车身结构件的修复
3. 能正确进行车身附件的修复
4. 能正确使用车身板件修复工具

在车身修复作业中，有相当一部分作业内容是进行车身板件的更换。能否按要求合理进行车身板件的更换，直接影响车身修复效率、修复成本和修复质量。

8.1 车身覆盖件的损伤修复

8.1.1 车身覆盖件的更换

1. 车身外部板件更换的原则

当车身的一些外部覆盖板件受到损伤时，若损伤程度小则可以对其进行钣金加工处理来消除金属板件上的凸起、凹坑或折皱；若受损或锈蚀严重，无法修复或者没有修复价值，则只能进行板件的更换。

（1）发生扭曲变形的板件需要更换。

（2）发生折曲变形严重，即有下列情况之一的板件需要更换。

① 弯曲曲面的曲率半径小于1/8rad。

② 弯折角度超过90°。

（3）发生严重撕裂的板件需要更换。

（4）对于严重的腐蚀损坏，更换板件通常是唯一的方法。

（5）已经破损且无法修复的板件需要局部或整体更换。

（6）修复较难且修复价格昂贵的板件需要更换。

2．可拆卸覆盖件的更换

1）前翼子板的更换

前翼子板的安装位置特殊，导致其损伤的概率加大。前翼子板受到正面严重碰撞会导致碰撞后塌陷与褶皱同时出现。当损伤严重，修复困难或者没有修复价值，而配件供应又比较容易时，参照车主的意见，可以采用整体更换的方法。在更换前翼子板时，先查找安装固定点，如图8-1-1所示。前翼子板总成如图8-1-2所示。

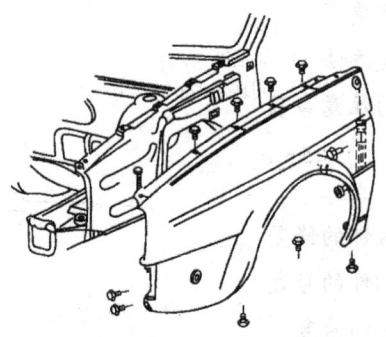

图8-1-1　前翼子板总成

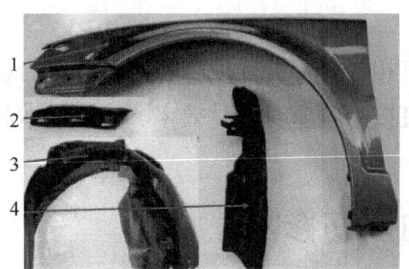

1—翼子板；2—前杠侧固定架；3—前轮罩内板；4—前翼子板封板。

图8-1-2　翼子板结构图

以雪佛兰赛欧为例，更换前翼子板的步骤如下。

（1）准备工作。

① 防护用品的准备：防护罩、工作服、工作帽、安全鞋、棉纱手套等。

② 工具的准备：修理工位、套筒、接长杆、棘轮扳手、塑料起子、金属起子、卡扣拆卸工具、螺丝刀、梅花套筒扳手、两用扳手。拆装工具如图8-1-3所示。

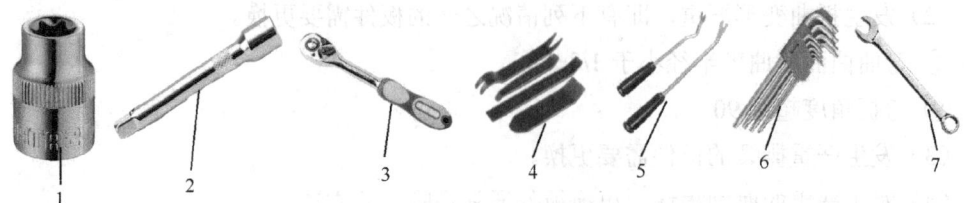

1—套筒；2—接长杆；3—棘轮扳手；4—塑料起子；5—金属起子；6—螺丝刀；7—两用扳手。

图8-1-3　拆装工具

③ 操作的准备：首先打扫修理工位卫生，准备好相关的物品、工具，然后将车辆驻车制动器拉紧，挡位置于空挡。做好内饰的遮盖，断开蓄电池负极端子，以免损伤电气设备。

（2）拆卸影响翼子板的附件。

① 打开发动机舱盖，拆卸前保险杠。

② 拆卸前照灯。

③ 拆卸侧转向灯。拔下转向灯线束，并用起子起下转向灯。

（3）拆卸前翼子板。

① 使用棘轮扳手将前轮挡泥板上的固定螺栓拧下，并取下挡泥板，如图 8-1-4 所示。

② 用卡扣拆卸工具取下内衬卡扣和内衬密封垫，并用棘轮扳手拆下固定螺栓，如图 8-1-5 所示。

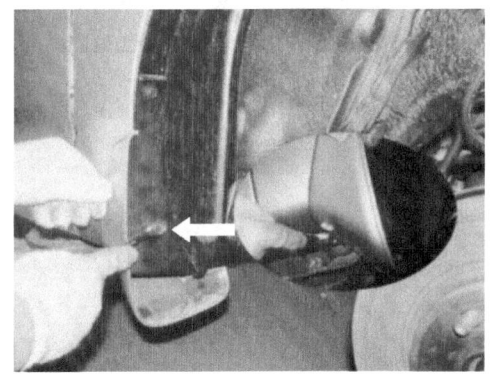

图 8-1-4　拆卸挡泥板

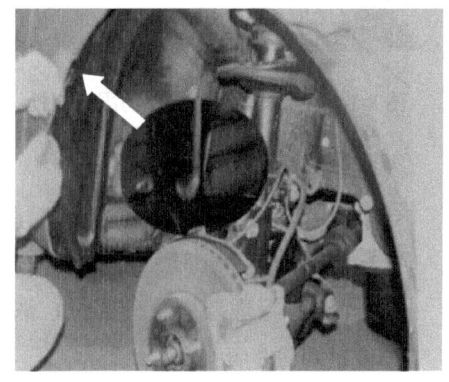

图 8-1-5　拆卸内衬卡扣和内衬密封垫

③ 拉动内衬板，使其和前翼子板分离，注意用力要轻，以防损坏，如图 8-1-6 所示。

④ 拆卸内衬加强板。在拆卸时应使用专用工具拆除塑料扣，以防损坏，如图 8-1-7 所示。

图 8-1-6　分离内衬板

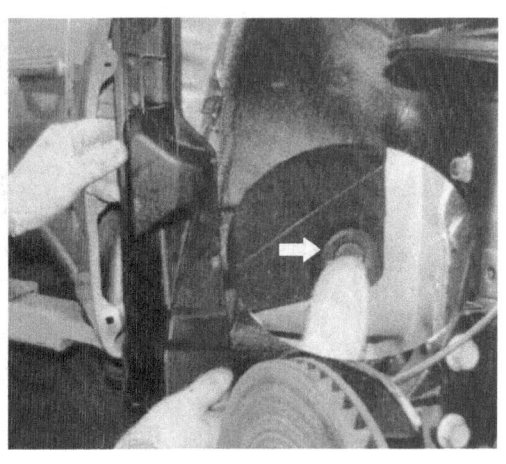

图 8-1-7　拆卸内衬加强板

⑤ 拆卸前翼子板。

使用套筒、接杆、棘轮扳手拆卸前翼子板上的固定螺栓，如图 8-1-8 所示。双手扶住前翼子板两端，将其轻轻取下，注意不要划伤车身表面，如图 8-1-9 所示。

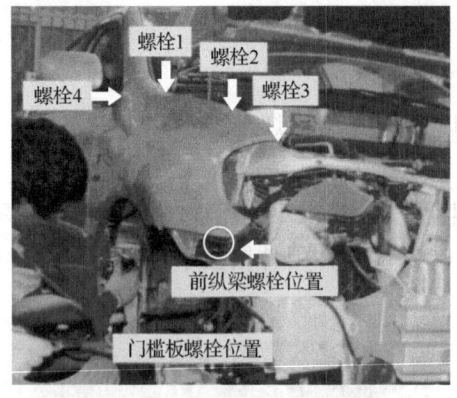

图 8-1-8　拆卸前翼子板上的固定螺栓

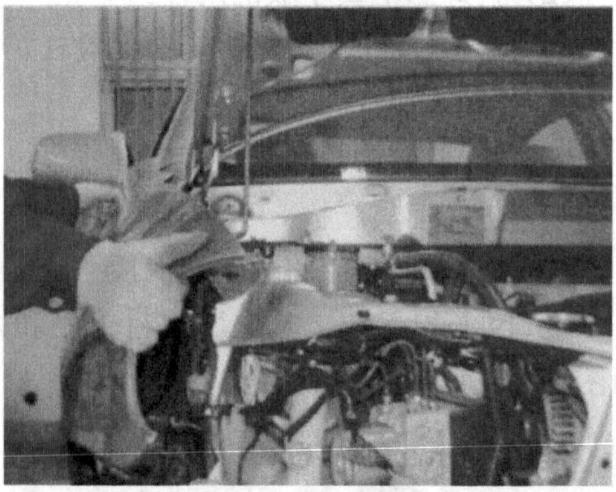

图 8-1-9　取下前翼子板

⑥ 安装新前翼子板。

安装按照拆卸的逆序即可。

⑦ 整理工位。

按照"5S"管理要求整理工位，清扫场地。

2）发动机罩的更换

汽车正面发生严重碰撞会使发动机罩出现拱曲、塌陷与褶皱等损伤。如果损伤严重，有时需要整体更换。更换发动机罩的步骤如下。

发动机罩的固定位置如图 8-1-10 所示。

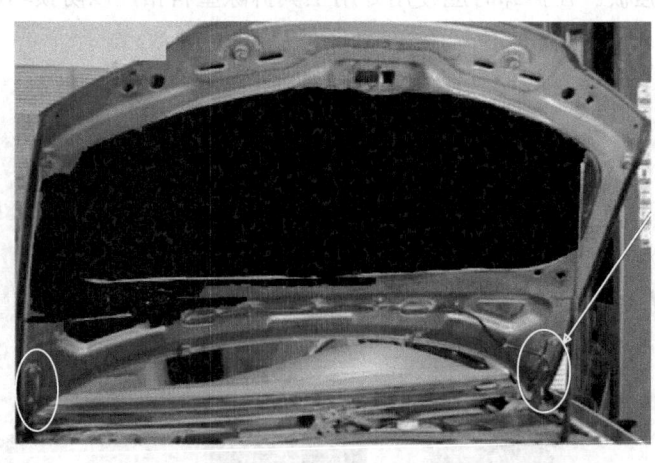

图 8-1-10　发动机罩的固定位置

（1）将风挡玻璃洗涤器喷嘴和软管拆离发动机罩，如图 8-1-11 所示。

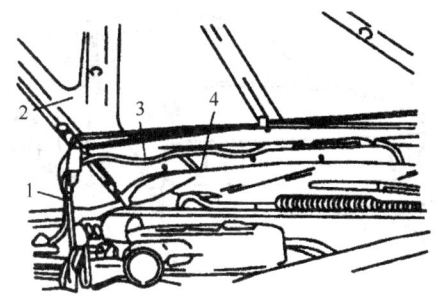

1—发动机罩铰链；2—发动机罩；3—软管；4—喷嘴。

图 8-1-11　风挡玻璃洗涤器喷嘴和软管的拆除

（2）用旋具松开铰链上的紧固螺钉。如果发动机罩上装有气动杆，需要将气动杆拆下。

（3）检查铰链及铰链支座是否发生损伤或变形。如果发现有损伤或变形，应在安装新发动机罩之前进行修理或校正。

（4）检查新发动机罩。在发动机舱上进行比对，如果差异较大，确认型号是否正确，或者发动机舱变形恢复是否达到要求。如果发动机舱变形没有完全恢复，需要进一步修复。

（5）安装发动机罩。先将后侧两个铰链连接，再将发动机罩总成放到车身原来的位置上，拧好铰链，紧固螺钉。

（6）调整发动机罩。在安装发动机罩后，要检查发动机罩与前翼子板及前围之间的间隙是否合适（见图 8-1-12），还要检查发动机罩的高度是否合适。如果不合适，应及时进行调整。在调整间隙时，可以先将铰链固定螺钉稍微松开，然后扣上发动机罩，将其位置调整好，轻轻揭开发动机罩，并打开到合适的位置后，让他人将螺丝紧固。当间隙合适、开关自如时，进一步紧固铰链、螺钉。

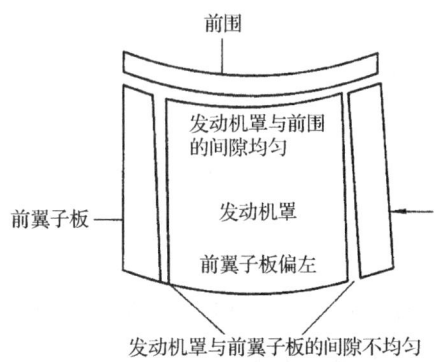

图 8-1-12　发动机罩与前翼子板及前围之间的间隙调整

对于更换的新发动机罩，如果不能简单地通过调整铰链达到调整的目的，就应调整发动机罩边缘的曲线，甚至进一步检查并测量发动机舱。

（7）扣上发动机罩进行检查，检查发动机罩能否完全锁牢，如图 8-1-13 所示。

图 8-1-13　扣上发动机罩后的检查

（8）打开发动机罩进行检查。检查发动机罩锁扣是否可以平稳解脱，锁扣钢丝绳工作是否正常，发动机罩的铰链是否有自由行程，发动机罩的支撑杆或气动杆是否可以可靠地支起，如图 8-1-14 所示。

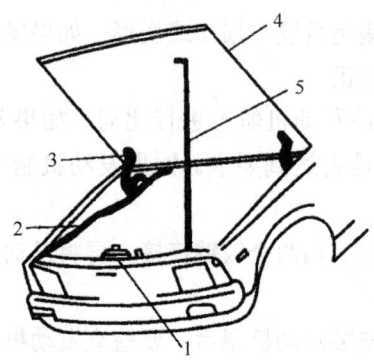

1—发动机罩锁扣；2—钢丝绳；3—铰链；4—发动机罩；5—支撑杆。

图 8-1-14　打开发动机罩后的检查

（9）安装风挡玻璃洗涤器喷嘴及软管。

（10）对现场进行"5S"管理。

3．不可拆卸覆盖件的更换

1）车门面板的更换

车门面板和其他车身覆盖件一样，可以进行整平、牵引复原。但当其损伤程度严重时，就需要更换车门面板。

更换车门面板的步骤如下。

（1）在拆卸车门之前，要检查车门铰链是否变形、车门与门洞的位置关系，还要查看车门面板的固定方式，并拆下风窗玻璃。

（2）找到车门面板上的连接焊点，用氧气乙炔焊枪和钢丝刷清除板件边缘焊点上的油漆。

（3）用焊点清除工具剔除焊点。

（4）在门框上贴上标记条，分别测出车门面板边缘到标记条下边线的距离和车门面板边缘到门框的距离。

（5）用等离子弧切割机或砂轮机把车门面板与门框之间的钎焊缝剔除。

（6）打磨车门面板边缘的翻边，如图 8-1-15 所示。只需要磨掉边缘使其断开即可，不要打磨到门框上，也不要用氧乙炔切割来拆卸，以免造成门框变形或者意外割坏门框。

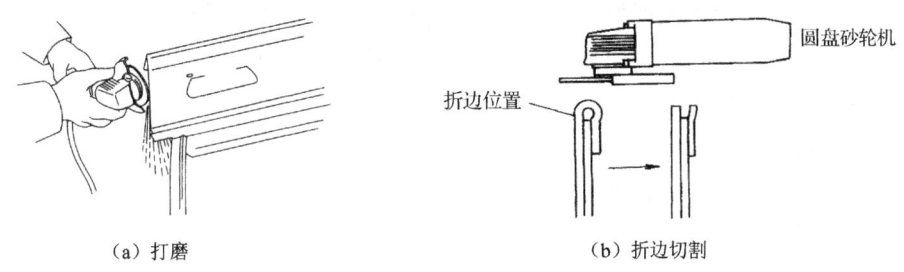

（a）打磨　　　　　　　　　　（b）折边切割

图 8-1-15　车门面板边缘打磨加工

（7）用錾子、手锤分离车门面板，待车门面板可以自由活动时，拆下车门面板，同时要对内部损伤进行平整修复。

（8）在组装前，对所有的点焊区涂刷可焊透的防锈漆，对其他裸露的金属表面除锈后用防锈底层涂料进行防腐处理。

（9）准备安装车门新面板。先钻出塞焊孔，用砂纸磨去焊接或钎焊部位的涂层，再安装隔音板，在新面板背面涂上车身密封胶。

（10）用手锤和托铁将车门面板的凸缘折边，如图 8-1-16 所示。

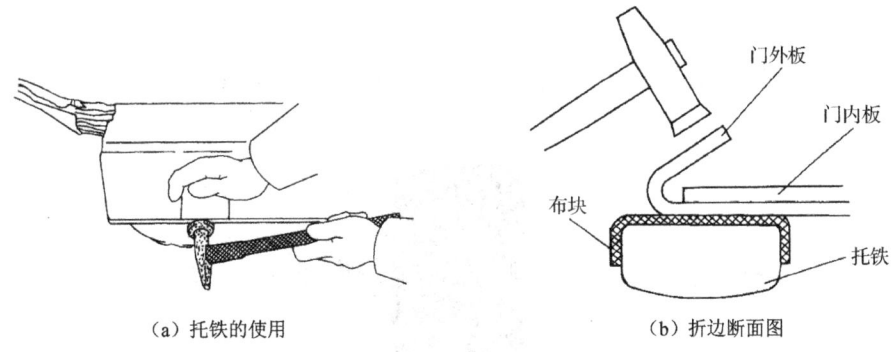

（a）托铁的使用　　　　　　　　　　（b）折边断面图

图 8-1-16　车门面板手工折边

（11）当加工凸缘弯至与内面板成 30°角时，最好用翻边钳完成弯边，如图 8-1-17 所示。

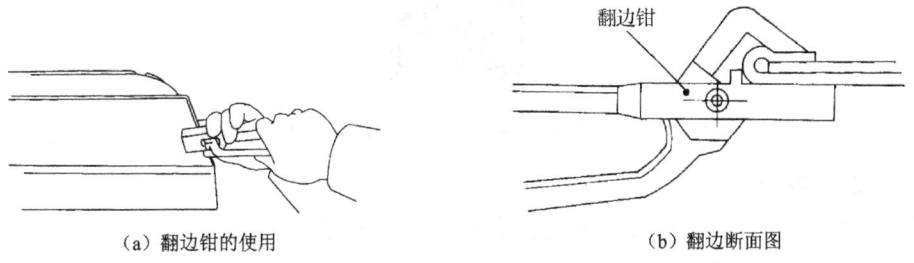

（a）翻边钳的使用　　　　　　　　　　（b）翻边断面图

图 8-1-17　用翻边钳弯边

（12）找准安装位置，用点焊或塞焊方式进行焊接。

（13）组合后检查和校准。将车门放入门洞中，检查定位情况，安装好装饰件。

2）后翼子板的更换

汽车发生追尾事故或侧面碰撞时，常会伤及后翼子板。若事故严重，则易导致后翼子板无法修复，需要进行更换。后翼子板的更换过程如下：

（1）准备防护用品。

准备防护罩、防火毯、工作服、工作帽、安全鞋、棉纱手套等。

（2）准备工具和设备。

根据维修手册和维修方案准备好砂带机、气动剪、气动锯、打磨机、点除钻、手锤、注胶枪、样冲、扁錾、热风枪、气体保护焊机等更换后翼子板所需的工具和设备，并且检查调试好各工具和设备。部分工具如图8-1-18所示。

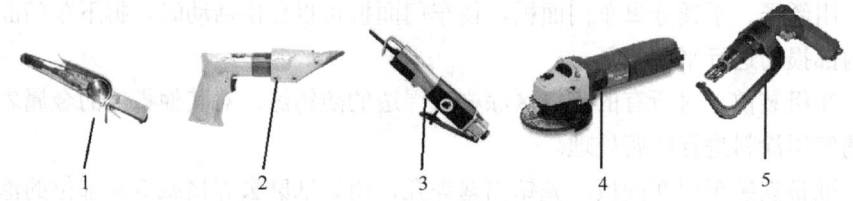

1—砂带机；2—气动剪；3—气动锯；4—打磨机；5—点除钻。

图 8-1-18　部分工具

（3）查阅维修手册。

通过查阅维修手册，确定后翼子板切割基准线位置、连接焊点位置，如图 8-1-19 所示。

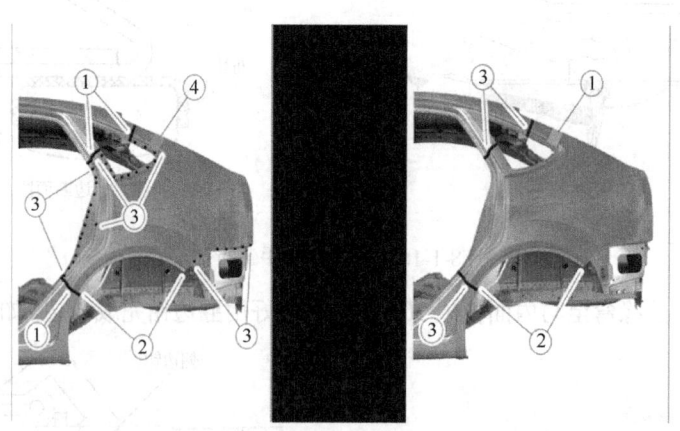

图 8-1-19　后翼子板切割基准线位置、连接焊点位置

（4）遮盖内饰。

用防火毯遮盖内饰，避免更换过程中产生的火花伤及内饰部件。

（5）拆卸影响更换的板件及附件。

拆卸后翼子板周边板件及附件，如后风挡玻璃、侧窗三角玻璃、行李箱盖、内衬板、后保险杠、内饰板、后座椅、轮胎等板件，确保后翼子板能够顺利拆卸。拆卸行李箱盖如图 8-1-20 所示。

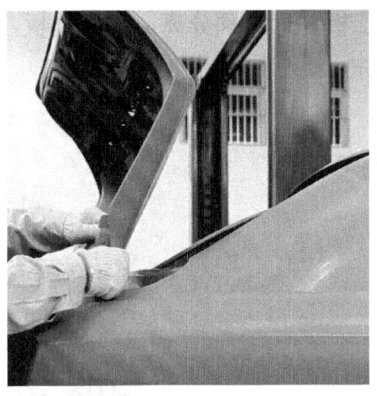

图 8-1-20　拆卸行李箱盖

（6）标识切割位置。

① 标识工具如图 8-1-21 所示。根据维修图纸及维修手册，运用直尺及记号笔在后翼子板上画出切割基准线位置，如图 8-1-22 所示。

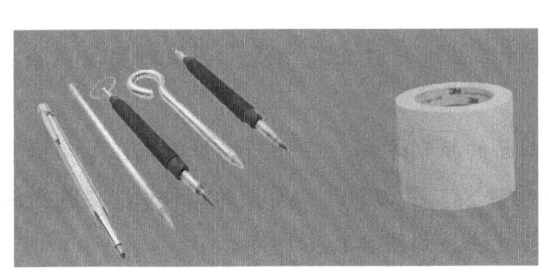

图 8-1-21　标识工具

图 8-1-22　标识切割位置

② 沿着切割基准线外侧边缘粘贴纸胶带，标识粗切割线位置，如图 8-1-23 所示。

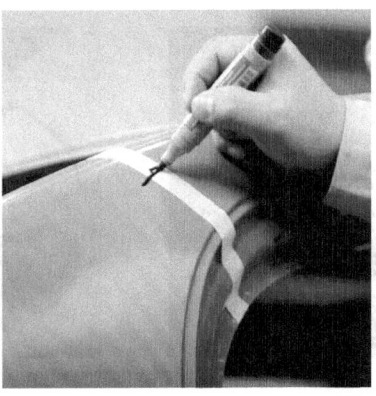

图 8-1-23　标识粗切割线位置

（7）切割钻除作业。

① 切割作业。

将粗切割线位置的后翼子板与车身预分离，插入垫板，避免切割时损伤底部板件。切割后翼子板如图 8-1-24 所示。

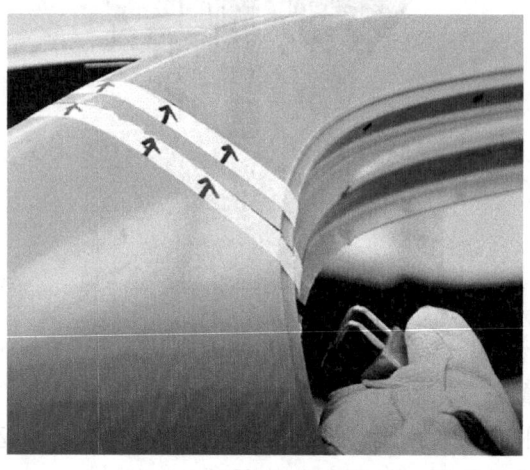

图 8-1-24　切割后翼子板

【注意事项】

- 在使用气动锯切割时，应在使用前对工具进行校正及润滑，并及时更换锯条，如图 8-1-25 所示。
- 在使用气动锯切割时注意锯片的切割面的拉动方向，在开始工作前先在气动锯中滴入 1~2 滴工具润滑油，并空转气动锯 5s。在切割结构复杂的工件时，要特别注意锯片的角度和行程，防止伤及下层板件，如图 8-1-26 所示。
- 在切割时，尽量沿着事先标识的粗切割线进行切割，如图 8-1-27 所示。
- 在切割时，注意不要切割到下层板件。
- 在切割时应预留 50mm 的距离，如图 8-1-28 所示。

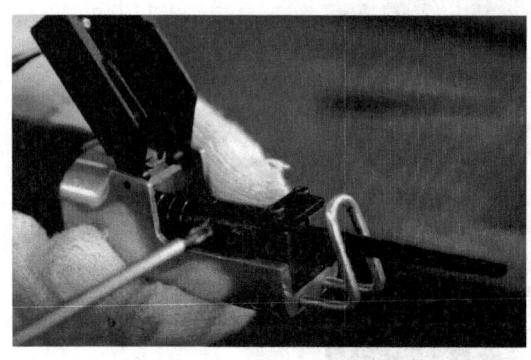

图 8-1-25　更换锯条

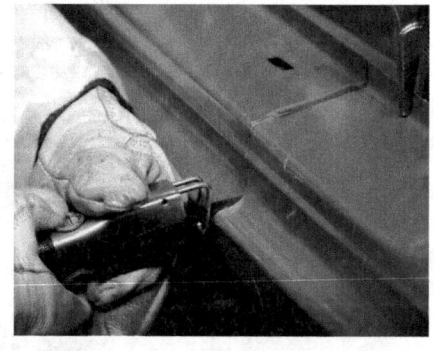

图 8-1-26　切割复杂工件

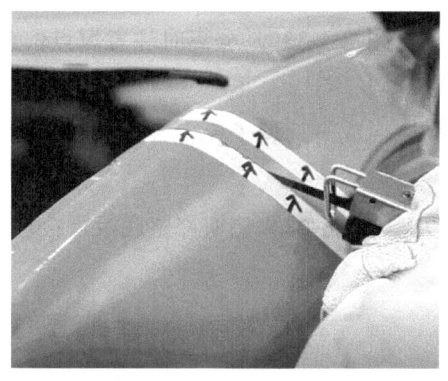

图 8-1-27 沿着标识线切割

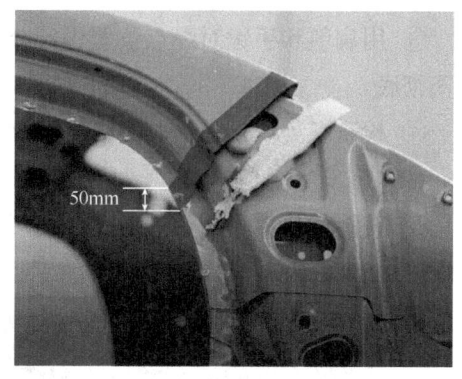

图 8-1-28 预留尺寸

② 软化胶体。

用热风枪软化后翼子板内部的胶，便于后翼子板剥离车身主体，如图 8-1-29 所示。

（8）剥离后翼子板。

① 沿着后翼子板形状，查找后翼子板与车身连接的固定焊点，使用砂带机磨除焊点位置的漆层，如图 8-1-30 所示。

图 8-1-29 预热剥离

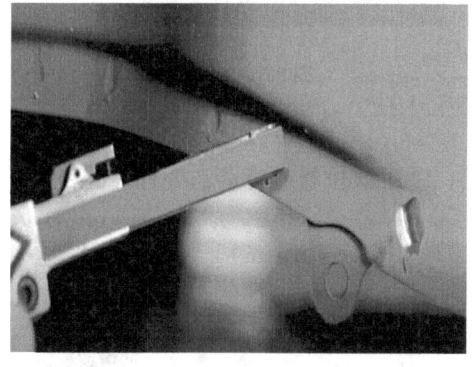

图 8-1-30 磨除焊点位置的漆层

② 固定焊点的中心位置，进行中心定位作业（见图 8-1-31），避免剔除焊点时钻头跑偏，造成焊点剔除不彻底，并用点除钻去除焊点（见图 8-1-32），注意不要伤及底板。

图 8-1-31 确定焊点位置

图 8-1-32 去除焊点

③ 用扁錾和手锤对焊点位置进行分离作业（见图 8-1-33），分离时注意焊点位置应分离彻底。

④ 检查各处焊点是否分离彻底，确认分离彻底后取下后翼子板。

（9）修复底板。

① 在拆除后翼子板后，对底板变形进行修复，使用手锤和垫铁修整底板焊接位置，如图 8-1-34 所示。

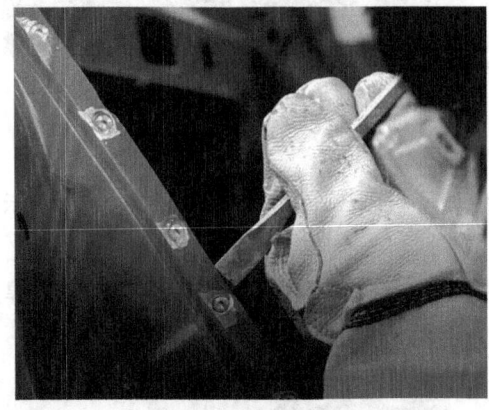 

图 8-1-33　分离焊点　　　　　　　　　　图 8-1-34　修复底板

② 打磨底板焊接位置的漆层及毛刺（见图 8-1-35），使用砂带机打磨焊接位置的漆层，并对该位置进行清洁处理（见图 8-1-36），喷涂焊接涂料，如图 8-1-37 所示。

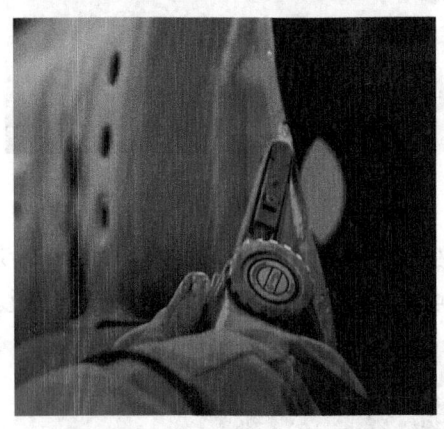 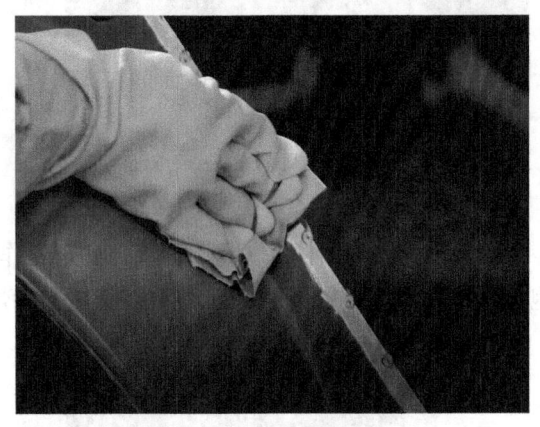

图 8-1-35　打磨焊接位置　　　　　　　　图 8-1-36　清洁焊接表面

（10）更换新后翼子板。

① 切割新后翼子板。

选择对应车型的新后翼子板，目测检查新后翼子板有无损伤、变形，按照更换位置的尺寸要求，对新后翼子板进行切割，切割前需要对待切割位置进行划线标识，然后使用气动锯或切割机进行切割作业，如图 8-1-38 所示。

图 8-1-37 喷涂焊接涂料

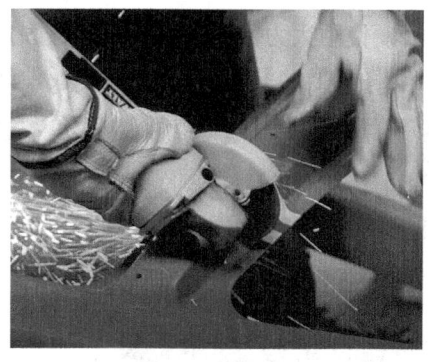

图 8-1-38 切割新件

② 修整新后翼子板。

a. 按照维修手册要求，运用直尺及记号笔在新后翼子板上标识出塞焊焊接孔的位置（见图 8-1-39），然后使用打孔器或点除钻进行打孔作业（见图 8-1-40），孔径一般为 8～10mm。

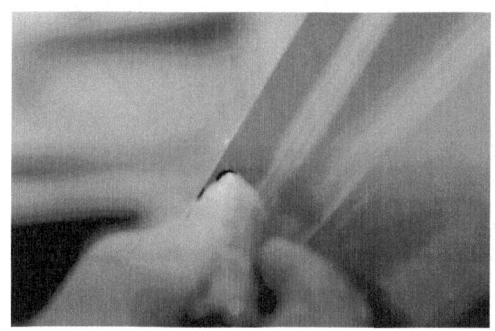

图 8-1-39 标识位置

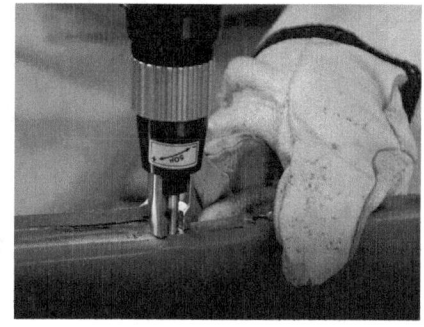

图 8-1-40 打孔作业

b. 使用砂带机打磨需要焊接的位置的毛刺和漆面，并对表面进行清洁和涂焊接漆层。

③ 安装后翼子板。

a. 先对待更换的后翼子板进行试装作业，检查车门与后翼子板的间隙，确保后翼子板安装位置合适，如图 8-1-41 所示.

b. 使用胶枪在后翼子板轮辐内涂抹密封胶，如图 8-1-42 所示。

图 8-1-41 试装作业

图 8-1-42 涂抹密封胶

c．使用大力钳对后翼子板进行固定（见图 8-1-43），固定时辅助测量以确保定位准确（见图 8-1-44），定位后检查各板件间的配合间隙，如图 8-1-45 所示。

 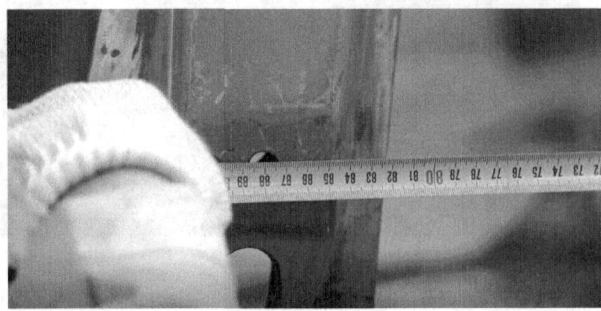

图 8-1-43　固定板件　　　　　　　　　　　图 8-1-44　测量定位

图 8-1-45　检查间隙

④ 焊接作业。

a．穿戴整齐焊接作业的安全防护用品。

b．调整二氧化碳气体保护焊机的焊接电流、焊接时间、出丝速度，如图 8-1-46 所示。将焊接搭铁线与车身接实，并在试焊板上进行试焊，确保焊接电流、出丝速度合适，如图 8-1-47 所示。

图 8-1-46　调整焊机　　　　　　　　　　　图 8-1-47　试焊

c．在焊接时，不要一次性焊接完成，焊缝位置采用连续焊接（见图 8-1-48）。塞焊时注意焊接质量（见图 8-1-49），点焊时注意焊接板件和电流调整匹配，如图 8-1-50 所示。

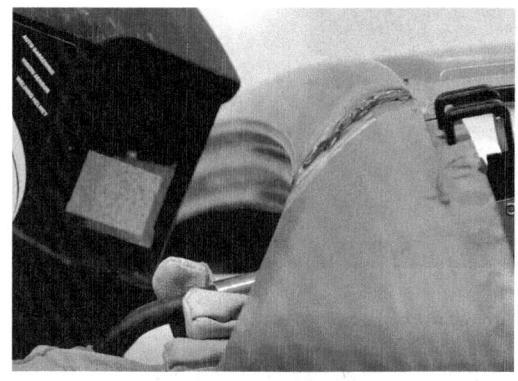

图 8-1-48 连续焊接

图 8-1-49 塞焊

图 8-1-50 点焊

⑤ 焊接后处理。

a. 使用砂轮机打磨定位点焊的焊点，如图 8-1-51 所示。

b. 做好板件打磨部位的清洁，如图 8-1-52 所示。

图 8-1-51 打磨焊点

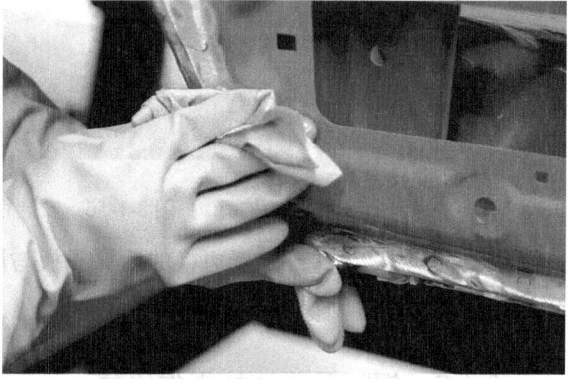

图 8-1-52 焊点清洁

c. 焊点位置喷涂防锈底漆，如图 8-1-53 所示。

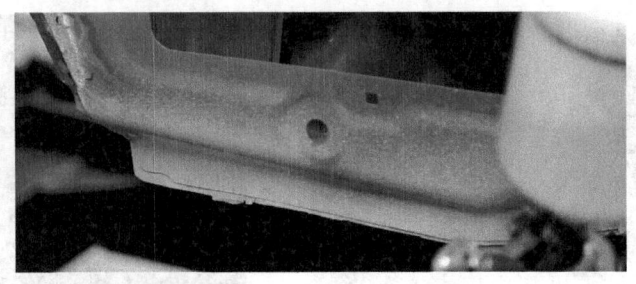

图 8-1-53　喷涂防锈底漆

d. 门槛位置刷涂防腐胶（见图 8-1-54）并注入空腔防腐蜡，如图 8-1-55 所示。

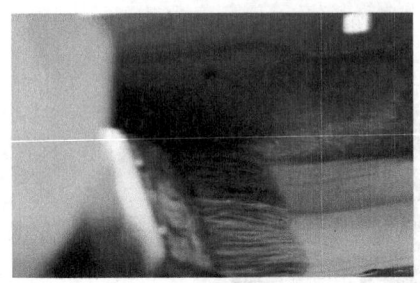

图 8-1-54　刷涂防腐胶

图 8-1-55　注入空腔防腐蜡

（11）安装被拆卸件。

按照拆卸的逆序安装各部件，图 8-1-56 所示为安装行李箱盖。

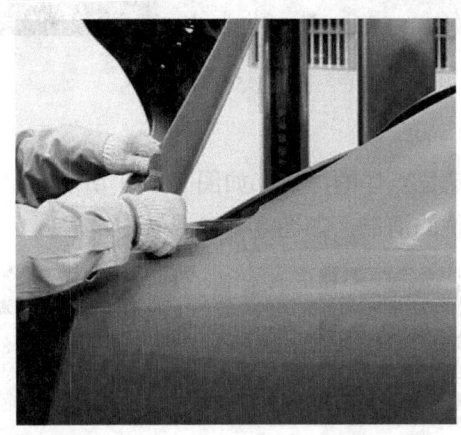

图 8-1-56　安装行李箱盖

（12）复检，再次确定新更换的后翼子板与周边板件的间隙均匀、合适。

（13）对现场进行"5S"管理。

8.1.2　钢制覆盖件的损伤修复

1. 板件损坏部位的修复程序

在对碰撞事故进行分析时，首先要找到损坏的方向，损坏的方向应该和碰撞的方向完全相反。一般通过目测检查即可找出损坏方向。

在修理时，基本的原则是最后的损伤要最先修复，最先的损伤要最后修复。

对于损坏部位，离直接损坏点最远的位置要最先进行修复，然后修复离直接损坏点第二远的位置，依次类推，直到把损伤全部修复好，最后修理直接损坏位置时可能需要塑料填充剂。

2．板件变形修复方法

1）早期的修复方法

如图 8-1-57 所示，在皱折部位钻或冲几个孔，安装好螺柱，用凹陷拉出器钩住螺柱后，用冲击锤在凹陷拉出器的金属杆上滑动并冲击把手。冲击锤轻打把手，慢慢拉起凹点。在使用螺柱拉伸时，面板上产生的孔要用气焊或锡焊封起来。如果只用车身填料简单修补这些孔，不能提供足够的锈蚀防护。

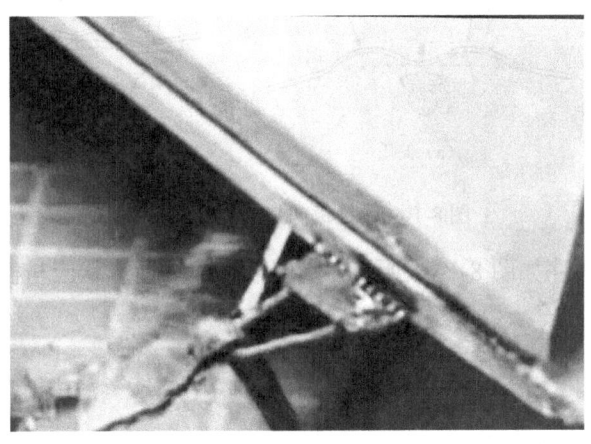

图 8-1-57　早期的修复方法

2）现在的修复方法

如图 8-1-58 所示，现在的凹陷拉出器和拉杆一般都配合外形修复机（见图 8-1-59）来使用，在车身的凹陷部位焊接一个焊钉或垫圈，然后用拉杆勾住焊钉或垫圈拉出凹陷。小的凹坑或皱折可以用一根拉杆拉平，大的凹坑可以同时使用三或四根拉杆拉平。

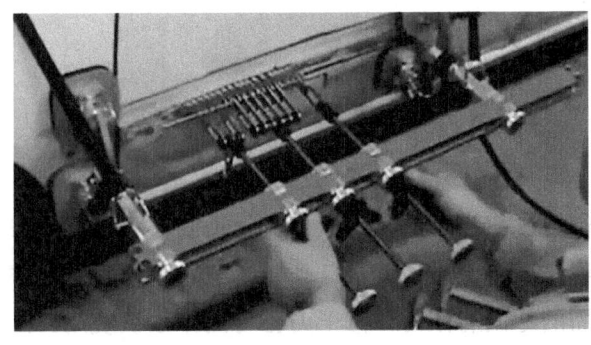

图 8-1-58　现在的修复方法

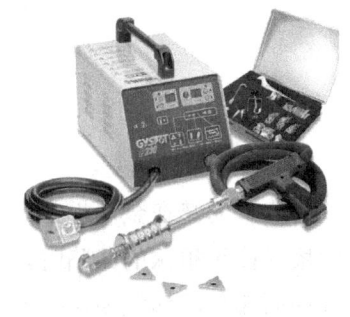

图 8-1-59　外形修复机

3）修复方法类型

（1）敲击法修复。

在使用铁锤和垫铁配合敲击维修时，每次敲击点的间距为9～12mm，直到损坏处得到修复。在用铁锤敲打金属板时，铁锤的平面应该与金属板的平面一致，否则会对金属板产生损坏。

铁锤和垫铁的敲击方法如图8-1-60所示。敲击法修整可分为正托和偏托两种方式。偏托方式是直接用顶铁抵住最大凹陷处，使用铁锤敲击凹陷周围产生的隆起变形，即"深入浅出"地从最大凹凸变形处开始敲平。当局部凹凸变形被修平至一定程度时，应改用正托方式进一步敲平。

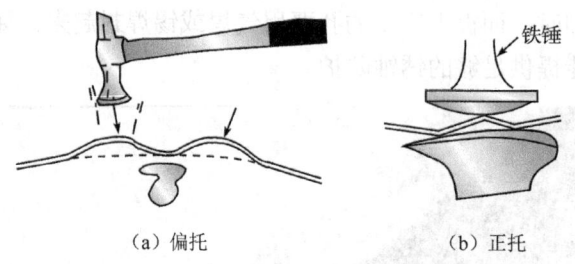

（a）偏托　　　　　　　（b）正托

图8-1-60　铁锤和垫铁的敲击方法

敲击法敲平的工序如图8-1-61所示，所用顶铁的端面形状应与板件敲击部位的形状吻合。

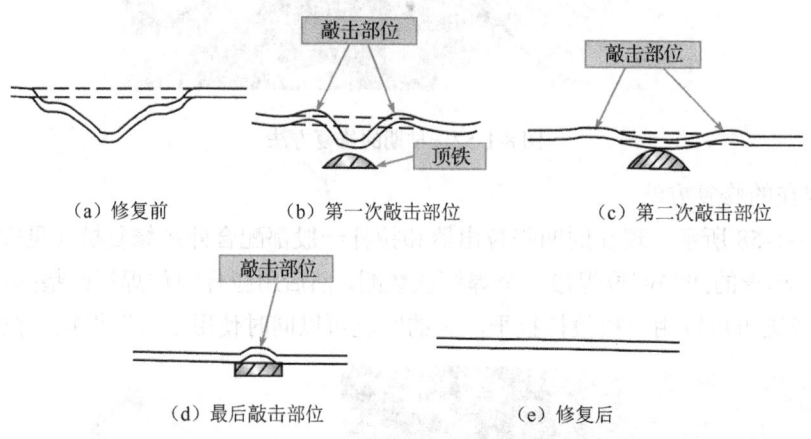

（a）修复前　　　　（b）第一次敲击部位　　　　（c）第二次敲击部位

（d）最后敲击部位　　　　（e）修复后

图8-1-61　敲击法敲平的工序

（2）用修平刀修复。

将修平刀垫在金属板上，再用铁锤或修平刀敲打，可以增加敲击的效果。在粗修整阶段或校正很深的凹陷时，也可使用修平刀，如图8-1-62所示。不同的修平刀可与不同的面板形状匹配使用，当面板背面的空间有限时，修平刀也可当作顶铁使用，如图8-1-63所示。

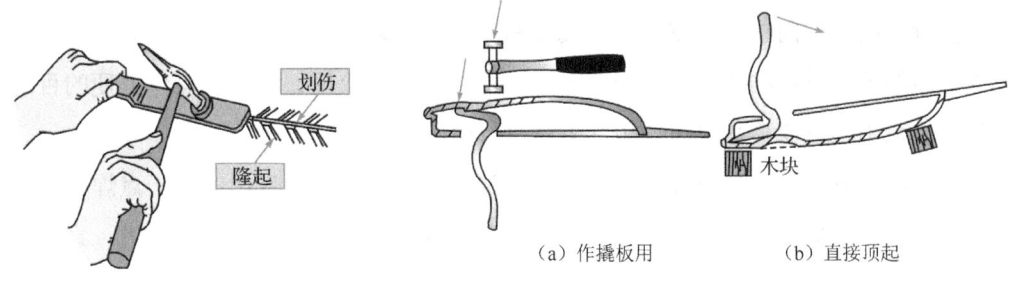

图 8-1-62　修平刀修复隆起　　　　　　　图 8-1-63 修平刀当作顶铁使用

（3）用撬镐等工具修复。

对于金属的凹陷损伤的修复，可以使用撬镐、尖锤、加长的尖锐工具、垫铁的边缘、画针等工具撬起、修复凹陷变形。操作时最好是轻撬几次，效果比重撬一、二次要好。用撬镐修复凹陷变形如图 8-1-64 所示。

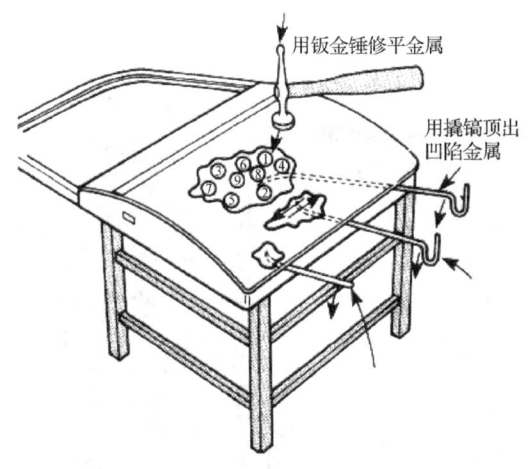

图 8-1-64　用撬镐修复凹陷变形

（4）介子焊法修复。

在板件的凹陷处焊接介子，然后拉伸介子以达到修复的目的，如图 8-1-65 所示。

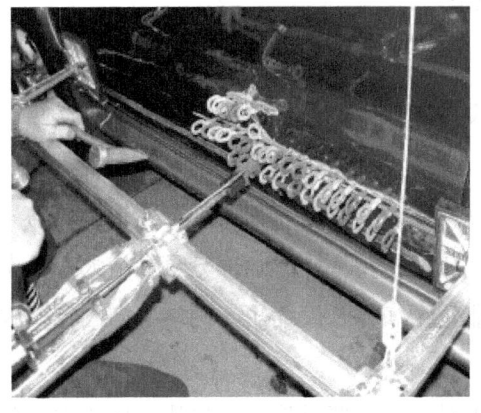

图 8-1-65　介子焊法

在对车门、车门槛板、车顶、后翼子板等一些难以拆卸的板件，以及为了便于维修不许拆卸的板件进行维修时，采用介子焊法能起到维修快捷、简单，操作方便的目的。此外，小范围凹折变形都可以使用此方法进行修复。

在使用该方法时，先将需要焊接部位的漆层打磨干净，用专门的介子点焊机将金属垫圈焊接在凹陷处，使用凹陷拉出器或动力千斤顶将一个或多个垫圈向外拔，直到凹陷的校正结束。然后反复拧垫圈使它与板件分离，并去除介子焊的焊疤。对于板件的背面，由于焊接产生的热量会破坏防腐层，所以要进行防腐蚀处理，在内部喷涂防腐剂。

（5）无损修复。

图 8-1-66 所示为无损修复套装，用黏接的方法把介子（衬垫）固定在变形的部位，通过衬垫黏接在变形区域进行拉伸校正，最后通过溶剂把黏合剂去掉，变形区域的变形被修复，但是表层的涂层不会受到损伤。

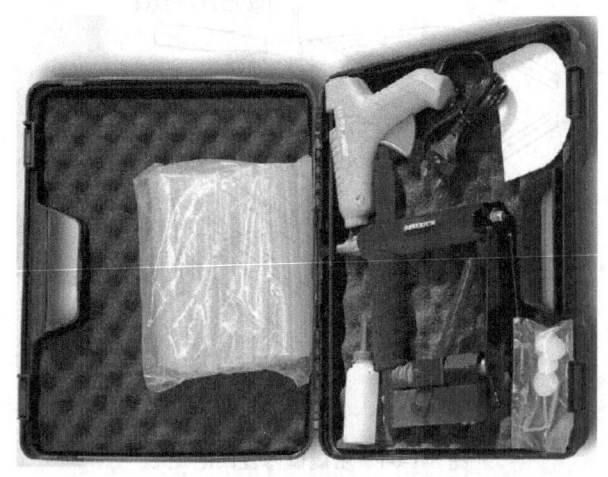

图 8-1-66　无损修复套装

3．板件隆起的热收缩

1）热收缩原理

金属受热膨胀，长度增加；金属冷却收缩，长度缩短恢复。若金属棒或板两端被单向固定，则对其先加热，然后冷却，金属棒会缩短。原因是加热时，金属棒膨胀，由于两端伸长方向固定，无法纵向伸长，金属棒内部产生很大压力。当温度进一步升高时，金属棒受热部分变软，在压力作用下，赤热部分直径增大，而压力消失，冷却后金属棒收缩，原加热部分已膨胀，金属棒长度缩短，两端单向固定，收缩不受阻，从而达到收缩的目的。

当大面积金属热收缩时，始终要对最高点加热。加热收缩顺序如图 8-1-67 所示。

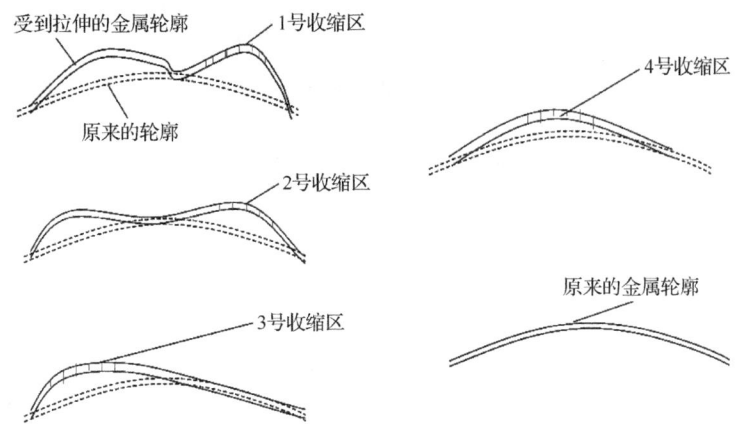

图 8-1-67 加热收缩顺序

2）收缩方法

（1）敲击收缩法。

使用如图 8-1-68 所示的收缩锤和收缩顶铁配合敲击，敲击时收缩锤要快速轻敲，沿着隆起表面的最低位置开始敲击，逐步朝着隆起的最高位置进行，要保证每次敲击的都是隆起的最低位置。

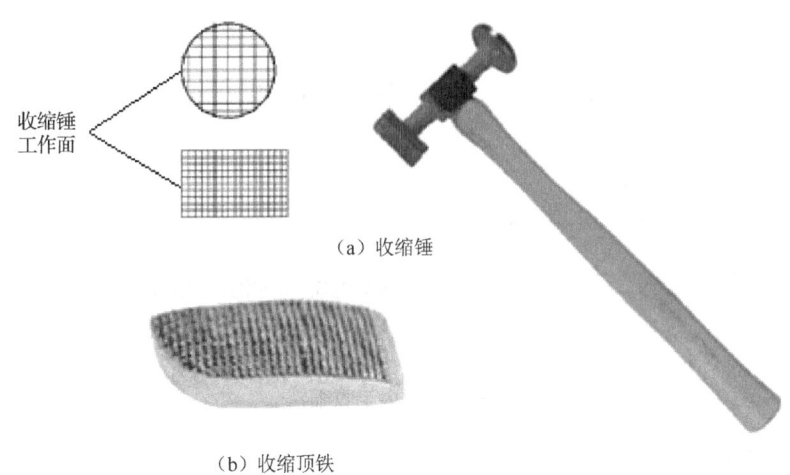

图 8-1-68 收缩锤和收缩顶铁

有时可以用敲击锉来代替收缩锤。这时可使用较大的力量来压低敲击锉，一般不会损坏金属板，而且敲击锉可以和收缩顶铁同时使用，也可以用敲击锉来"敲打"隆起的部位，由此而产生的锯齿形表面会使延伸的金属得到收缩。

（2）起皱收缩法。

图 8-1-69 所示为起皱收缩法。用鸭嘴锤和垫铁在延伸区产生一些"褶"，敲击时用鸭嘴锤在延伸部位轻敲。给金属打褶将会使延伸部位的金属表面略低于原始表面。对于打褶后降低的部位，要用塑料填充剂填平，然后锉平并磨光。

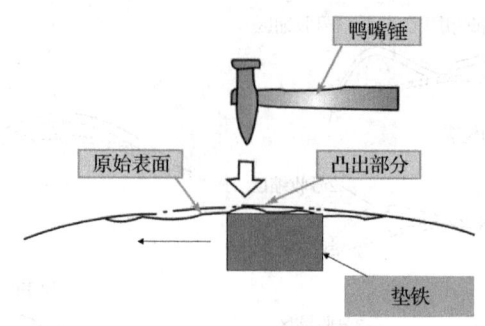

图 8-1-69 起皱收缩法

（3）火焰收缩法。

在用焊枪或收缩触头收缩某一部位时，可以对压缩区（隆起处）的一小块地方加热，使它变成鲜红色。先让延伸区的最高点收缩，然后再让下一个最高点收缩，依次类推，直到整个部位都缩回到原来的位置。火焰收缩法如图 8-1-70 所示。

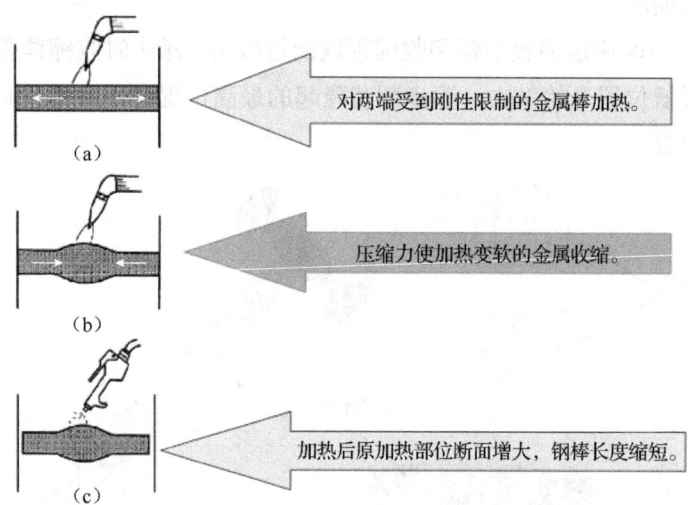

图 8-1-70 火焰收缩法

【注意事项】

- 用氧气–乙炔的中性焰（3050～3150℃）加热，使用 1、2 号喷嘴。
- 焰心到金属的距离控制为 4mm。
- 加热到金属整个受热部位达到鲜红色（800℃左右），超过鲜红色，金属会熔化。
- 一般曲面表面收缩加热区域直径为 15mm 左右。
- 平面的金属板加热区域直径为 10mm 左右。
- 冷却方式为风冷和水冷。
- 火焰加热应避免重复使用。

（4）用外形修复机热收缩。

如图 8-1-71 所示，用砂轮清除热收缩部位涂料层，焊枪更换电极触头，搭铁连接到要修复的板件上。调整外形修复机的电流、时间等参数，电极触头接触到隆起的部位，通电后由于电阻热而使板件变红。待红色消失后，用湿抹布使收缩部位冷却，对要收缩部位进行反复收缩操作，直到隆起部位与周围板件高度一致。在用电极触头收缩时同样会破坏板件背面的防腐层，所以要进行防腐处理。也可以使用修复机配备的碳棒对隆起部位进行收缩，用碳棒收缩时不用湿抹布冷却，因为碳棒与金属接触部位的温度不高。

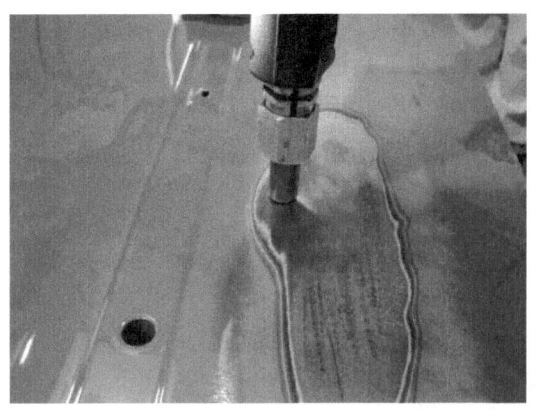

图 8-1-71　用外形修复机热收缩

4．板件变形修整后的修平处理

被损坏的部位经过敲击、拉拔及尽可能地修整以后，还要用车身锉刀或打磨机来寻找剩余的高点和低点。在磨平的过程中，应该注意避免将车身板材磨漏。

5．无损修复的实例

汽车凹陷修复快修法是指采用先进的工艺设备和技术，在不去除原漆层的情况下，利用凹陷整平工具直接对损伤部位完成快速修复的一种方法。图 8-1-72 所示为凹坑修复前后的效果。

图 8-1-72　凹坑修复前后的效果

1）损伤分析

车身维修人员首先通过观察确定没有原漆面损伤，未出现不可恢复的变形，确定可以采用不损伤漆面的维修方法。确定维修方法后采用手触摸的方法或直尺测量的方法判断损伤的区域。

2）施工流程

（1）修复前整车的清洁。

在进行维修前应对待修的汽车进行整车清洁，目的是清除车身的污点、油渍等车身脏污。对于待修补的位置，除用车身清洗液进行彻底清洁外，还要对该部位进行除油处理。除油后要进行干燥，彻底干燥后才能进行修复处理。

（2）选择工具。

采用小凹陷免喷漆专用修复工具进行施工，需要根据受损的部位、损伤的面积、损伤的深浅等实际情况选择工具。在此用到的工具有塑料转接器、微型校正整形架、塑料焊条、电热吹风机等，如图8-1-73所示。在选择塑料转接器时，以塑料转接器与车身接触面积小于凹坑面积为宜。

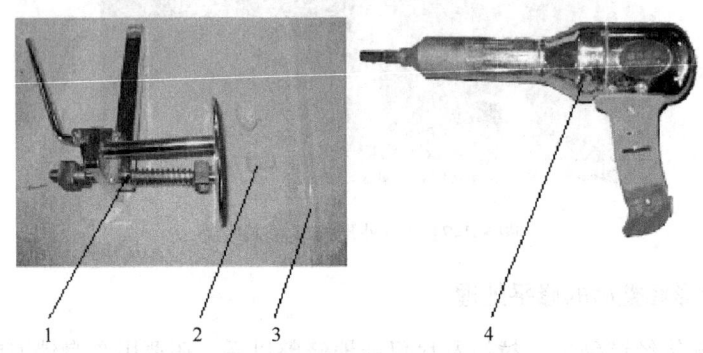

1—微型校正整形架；2—塑料转接器；3—塑料焊条；4—电热吹风机。

图8-1-73　修复工具

（3）修复操作。

在待维修车身表面清洁并干燥后，对使用的塑料转接器进行清洁并干燥。将电热吹风机进行通电使其产生可以融化塑料焊条的热度，之后将塑料焊条融化并均匀地涂覆在待修补的损伤凹坑位置，涂覆面积不可以太大，参照使用的塑料转接器与车身接触面积的大小涂覆塑料焊条，在涂覆时注意不能使电热吹风机产生的高温损伤车身漆膜。涂覆面积以塑料转接器与修补面有75%接触为宜，涂覆厚度以塑料转接器能够稳定固定到凹坑中并能够承受一定的拉拔力为宜。在安装塑料转接器时，注意不能使塑料转接器的表面直接接触车身，塑料转接器与车身安放位置要垂直，目的是防止拉拔时损伤车身漆面。安装塑料转接器如图8-1-74所示。

安装塑料转接器后间隔一段时间，塑料焊条的融化物彻底凉透，这对塑料转接器起到了很好的固定作用。等待几分钟后用手左右轻微地晃动一下塑料转接器，塑料转接器不摇晃说明固定牢固。在塑料转接器固定牢固后使用微型校正整形架进行逐步校正，校正时沿着如图8-1-75所示的拉力方向拉几下，放松一下拉力，之后继续拉伸，经过几次这样的反复，直至外力卸除后将凹坑拉平为止，拆下微型校正整形架。使用酒精等不损伤车身漆膜的溶剂轻轻喷涂在修复位置，轻轻将塑料转接器取下，并将黏在漆面的塑料物质清除干净，凹坑便修复完成。

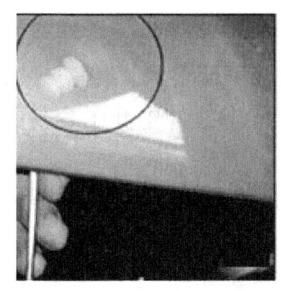

图 8-1-74　安装塑料转接器

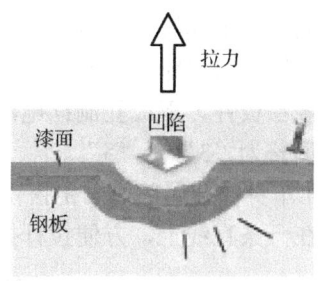

图 8-1-75　拉伸校正示意图

（4）修复后打蜡处理。

通过上面的方法进行车身表面凹坑修复后，为了使修复后的位置不留下任何痕迹，应对车身进行打蜡处理。

（5）修复后效果检查。

修复后的效果如图 8-1-76 所示。

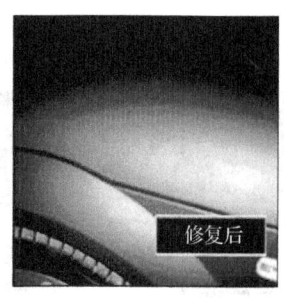

图 8-1-76　修复后的效果

6．钢制覆盖件的损伤修复实例

1）车门槛板的损伤修复

车身不可拆的板件损伤后可使用介子焊法进行修复，下面以车门槛板修复为例进行介绍。车门槛板损伤如图 8-1-77 所示。

（1）首先对损伤的车门槛板进行分析，可以使用目测、手摸和直尺测量等方法找出损伤区域凹陷最深的位置。

（2）使用打磨机局部打磨掉需要焊接介子的涂层，如图 8-1-78 所示。

图 8-1-77　车门槛板损伤

图 8-1-78　打磨涂层

（3）调整介子焊机的焊接参数，如图 8-1-79 所示。将介子焊机的按钮或旋钮调整到焊接模式，然后调整焊接电流的大小，根据焊接时的情况可调整为"40"～"60"。电流太大容易烧穿板件，形成孔洞；电流太小介子焊接不牢固，拉伸中介子容易脱落。焊接时间一般调整为"3"～"5"。

（4）在车身裸金属部位固定搭铁，在凹陷部位焊接介子，介子间隔距离为 1cm 左右。介子要焊在一条直线上，方便拉杆插入，如图 8-1-80 所示。

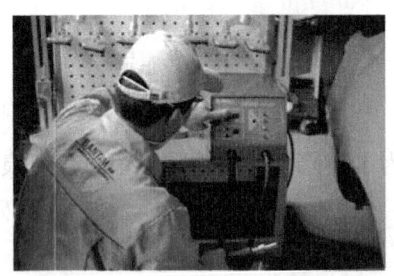 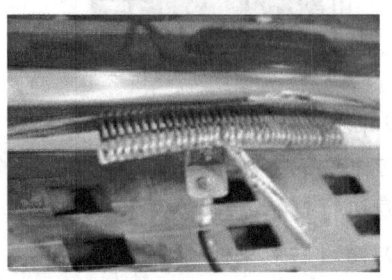

图 8-1-79　调整焊接参数　　　　　　　图 8-1-80　焊接介子

（5）焊接完毕后，选择长度合适的拉杆插入介子的拉孔中，如图 8-1-81 所示。

图 8-1-81　将拉杆插入介子的拉孔中

（6）选择合适的校正组合工具，根据车门槛板位置调整支撑座，向内慢慢拉动把手，可反复拉伸几次。调整组合工具如图 8-1-82 所示。用拉钩拉动拉杆把凹陷的板件逐步拉出（见图 8-1-83），需要注意的是，每次拉出的高度不要超过 5mm。锁止组合工具，用铁锤不断轻敲周边板件，放松板件变形位置的应力，重复上述动作直到修复完毕。不能一次拉伸太多，否则会导致板件应力太大，拉伸困难或板件破裂。

 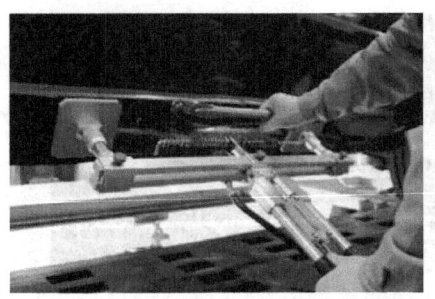

图 8-1-82　调整组合工具　　　　　　　图 8-1-83　使用组合工具拉伸凹陷

2）车身后侧围板的损伤修复

车身后侧围板是车身不可拆卸的大面积板件之一，在事故中是易损部件。车身后侧围板的损伤如图 8-1-84 所示。

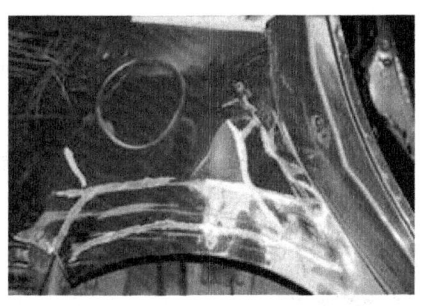

图 8-1-84　车身后侧围板的损伤

（1）找出几个凹陷较深的折线，用打磨机把凹陷位置最深处板件上的涂层打磨干净，调整焊机的焊接参数。在后侧围板打磨的位置焊接介子，将拉杆插入介子的拉孔中，如图 8-1-85 所示，在需要拉伸的部位都焊接焊片，方便同时拉伸，以确保板件变形的整体复位。

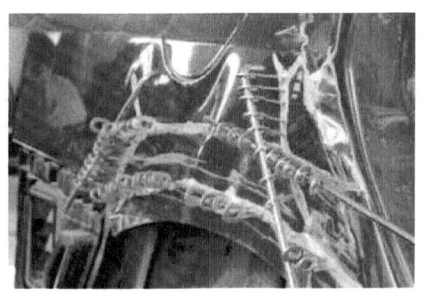

图 8-1-85　将拉杆插入介子的拉孔中

（2）选取适合的组合工具，安装适合的支撑座，调整支撑座的宽度。把拉杆插入介子的拉孔中，把组合工具螺杆端部的拉钩安装在拉杆上，向内慢慢拉动把手，可反复拉伸几次，直到把手处于锁紧位置，然后用铁锤敲打拉伸部位周围的板件，使其放松应力。松开把手后调整螺杆的长度，重新进行拉伸校正，如图 8-1-86 所示。

图 8-1-86　拉伸校正

重复刚才的动作，直到把所有损伤部位的凹陷都拉出。

3）车身侧板棱线的损伤修复

车身侧板一般都有一两条从前到后贯穿的棱线，损伤经常发生在这些位置。对于这些位置的修复，可使用棱线拉拔工具。

（1）使用打磨机打磨棱线位置板件上的涂层，棱线位置的打磨效果如图8-1-87所示。

（2）调整合适的焊接参数，在棱线损伤位置依次焊接一排介子，把拉杆插入介子的拉孔中。把组合工具的拉钩安装在拉杆上，把支撑座调整到合适的支撑位置，支撑座不能支撑在大的平面或弧面位置，要安装在门框或靠边缘的强度较高的部位。棱线损伤的拉伸如图8-1-88所示。

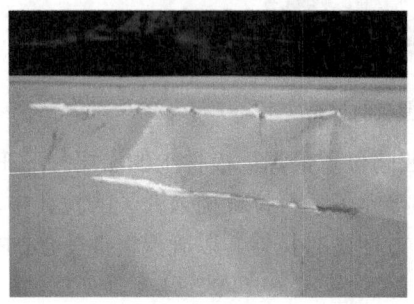

图8-1-87　棱线位置的打磨效果　　　　图8-1-88　棱线损伤的拉伸

（3）拉动组合工具的把手，逐步拉出凹陷。对于凹陷较深的部位，可分几次拉伸，每次拉伸的高度不能超过5mm，要及时放松板件的应力。当凹陷深度要修复好时，把拉伸指针在相邻部位未受损棱线处定位，然后把指针平移到受损部位，松开组合工具，观察受损部位的恢复情况，当深度低于正常高度1mm左右时，就可以停止拉伸。使用拉伸指针修复棱线损伤如图8-1-89所示。

图8-1-89　使用拉伸指针修复棱线损伤

4）车顶板的损伤修复

对于车顶板的损伤，使用常规的拉伸方法操作很难用力。可选择省力组合工具进行拉伸，将合适的支撑座安装在组合工具上，安装拉钩。

（1）打磨车顶板凹陷最深的部位的涂层。

（2）调整焊机的焊接参数，在车顶板凹陷部位上焊接介子，把拉杆安装在介子的拉孔中，如图8-1-90所示。

（3）将组合工具的拉钩安装在拉杆上，把支撑座支撑在车顶边梁的坚固部位上，均匀地用力向下撬动组合工具把手，让凹陷部位逐步恢复。当有一定的变形恢复时，一只手继续撬动把手，另一只手拿铁锤敲击板件周围，让板件的应力放松。反复拉伸，直到凹陷部位的变形恢复，如图 8-1-91 所示。

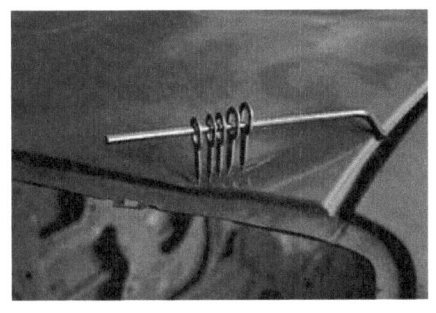

图 8-1-90　车顶损伤位置焊接垫片

图 8-1-91　车顶板损伤的修复

8.1.3　铝合金覆盖件的损伤修复

随着汽车技术的发展，汽车的结构设计、制造技术、材料选用等方面不断进行革新。为了汽车轻型化，应首先从材料轻量化入手，由于铝板比钢板轻，易于成形，可用来制造汽车上的各种板件。铝的熔点较低，加热时容易变形，因此铝制车身及车架构件的厚度通常是钢制车身及车架构件的厚度的 1～2 倍。当铝板受到加工硬化以后，难以恢复成形。一旦发生交通事故，铝质车身的维修费用较高。

1. 铝板的修复方法

1）铝板的敲击修复

铝板的强度比较低，不能使用常规钢板的整形工具，一般使用如图 8-1-92 所示的橡胶或木制的锤或垫铁来进行维修，可以防止在校正中对铝板敲击过重产生过度拉伸。

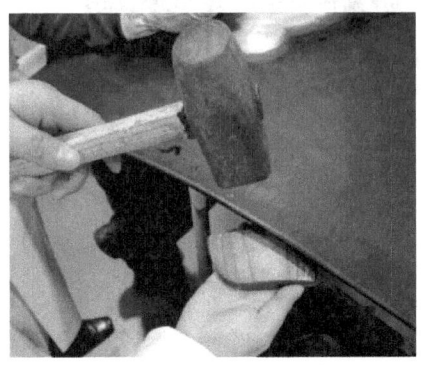

图 8-1-92　敲击法修复铝板

在使用铁锤修复铝板时，建议采用铁锤不在垫铁上敲击的方法来校正铝板。在敲击时，如果敲击力度太重或次数太多都会拉伸铝板，所以应该多次轻敲，而不应该只是重敲一两次。收缩锤不可用于修复铝板，以免使铝板开裂。

2）铝板凹陷的修复方法

（1）翘起修复。

对于铝板上出现的小范围凹陷，用尖锤或杠杆撬起的效果很好，注意不能使凹陷处升高太多，也不能拉伸柔软的铝。

（2）弹性敲击。

可以使用铁锤和修平刀进行弹性敲击，来释放隆起部位的应力。修平刀将敲击产生的力分散到一个较大的范围，使坚硬的折损处弯曲的可能性减小。

（3）用车身锉修平铝板。

由于铝很柔软，应减轻手施加在车身锉上的压力。应使用圆形边缘的车身锉，以免擦伤金属。

3）用铝外形修复机修复

铝外形修复机如图 8-1-93 所示。铝板焊接的介子是铝焊钉，通过铝焊钉对铝板进行拉伸，达到修复的效果。铝板外形修复机和钢板外形修复机的结构不一样，铝板的电阻大约是钢板的 1/4～1/5，铝板焊接时的电流就需要钢铁焊接时的 4～5 倍，很难提供这么大的电流。铝板外形修复机内部没有线圈变压器，里面有十几个大容量的电容，通过所有电容瞬间放电来进行焊接。铝焊钉的头部有一个小尖与板件接触，接触面积小，电阻大，产生的电阻热大，容易焊接，铝焊钉是一次性使用的，不能重复使用。

图 8-1-93　铝外形修复机

2. 用铝外形修复机修复的实例

（1）如图 8-1-94 所示，去除铝板需要焊接部位的表面涂层及氧化层。

（2）在焊枪上安装铝焊钉（见图 8-1-95），调整焊接参数，并接通电源。

图 8-1-94　去除旧涂层

图 8-1-95　安装焊钉

（3）通过试焊调整焊接时间，按照合适的焊接参数将铝焊钉焊在打磨好的裸金属上，注意力道适中，铝焊钉要与板面垂直。焊接焊钉如图 8-1-96 所示。

（4）在焊钉上拧上拉伸连接件，如图 8-1-97 所示。

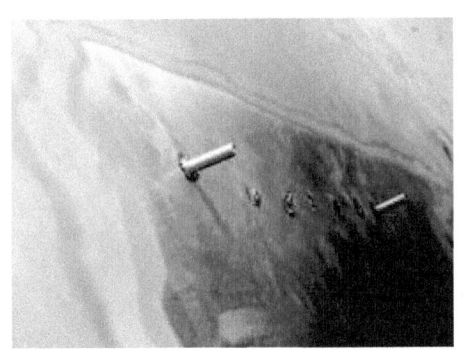

图 8-1-96　焊接焊钉

图 8-1-97　拧上拉伸连接件

（5）使用校正整形架进行拉伸校正，拉伸时动作要轻柔，力量要慢慢加大，防止局部变形过大。拉伸的同时可以用铁锤对拉伸部位进行敲击整形。拉伸校正如图 8-1-98 所示。

（6）在拉伸完毕后，用尖嘴钳清除焊接在表面的铝焊钉（见图 8-1-99），并用打磨工具整平表面。

图 8-1-98　拉伸校正

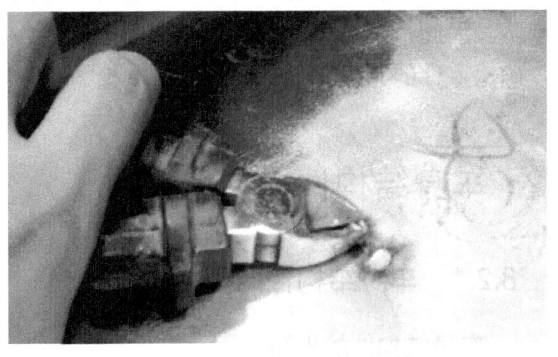

图 8-1-99　用尖嘴钳清除铝焊钉

3．铝板的收缩

对铝板进行拉伸或敲击时用力过大很容易形成隆起变形，这时就需要对受到拉伸的板件进行收缩处理，恢复正常的板件高度。

1）用氧气−乙炔火焰收缩

在使用氧气−乙炔火焰进行收缩时，由于铝板的强度低、熔点低，加热时间不能过长，并且需要边加热边冷却，否则会使铝板产生更大的变形或熔化，导致修复失败。

2）用外形修复机热收缩

用外形修复机电极触头或碳棒进行热收缩处理的程序和收缩钢板的程序类似，如图 8-1-100 所示。但是过程中要注意避免烧漏铝板。

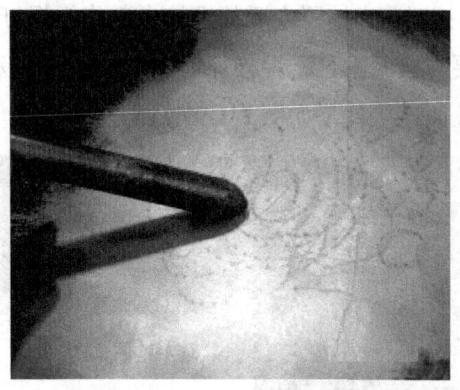

图 8-1-100　用外形修复机热收缩

4．铝板维修操作中的注意事项

（1）铝板的局部拉伸性不好，容易产生裂纹。如发动机罩内板形状比较复杂，在车身制造时为了提高其拉伸变形性能，采用高强铝合金，延伸率已超过 30%。因此，维修时要尽可能地保证形状不突变，以避免产生裂纹。

（2）尺寸精度不容易掌握，回弹难以控制。维修时要尽可能采用定位固定和加热释放应力等方法使其稳固，不会产生回弹等二次变形现象。

（3）铝比钢软，维修中的碰撞和各种粉尘附着等原因易使零件表面产生碰伤、划伤等缺陷。因此，要对模具的清洁、设备的清洁、环境中的粉尘、空气污染等方面采取措施，确保零件的完好。

8.2　车身结构件的损伤修复

8.2.1　车身结构件的更换

1．车身结构件的拆卸

车身结构件在制造时主要是通过电阻点焊连接在一起的，拆卸车身结构件主要是将电阻点焊的焊点分离。对于焊点的分离，可以用钻头钻除方式、等离子切割方式、砂轮磨除方式等。这些方式的选择由焊点的数目、配合的排列及焊接操作方法决定。当一些电阻点焊区域有多层薄板时，拆卸工具由焊接的位置和板件的布置来决定。

1）电阻点焊焊点位置的确定

为了找到电阻点焊焊点的位置，首先要去除底漆、保护层或其他覆盖物。去除底漆的方法可用氧气-乙炔中的乙炔焰烧焦底漆，并用钢丝刷将底漆刷除，也可用粗钢丝砂轮磨掉涂料。对于保护层，可用去除底漆的方法，加热软化后用铲刀剔除，也可用砂轮磨削，使焊点露出。

2）电阻点焊焊点的分离方式

（1）钻头钻除方式。钻头钻除方式是经常用的一种方式。如图8-2-1所示，用錾子确定焊点位置，然后用普通钻头或钻孔器切除焊点，将板件分离。

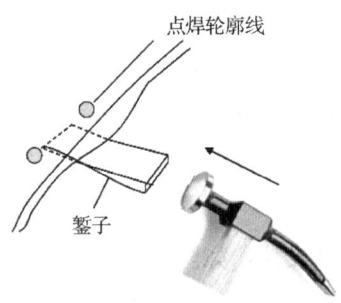

图 8-2-1　用錾子确定焊点位置

（2）等离子切割方式。等离子切割枪可以很快去除焊点，方法是使用等离子切割枪在各种不同厚度的金属上吹出孔洞，以此来清除焊点。但是这种方法的缺点是切割时不能保证下层板件的完整，容易将下层板件损坏，只适用部分部位的分离。

（3）砂轮磨除方式。对于钻头不能钻除的焊点，或者由于塞焊点太大，钻头钻除困难的焊点，可以采用砂轮磨除的方式。在操作过程中，磨削掉上层板件，而不破坏下层板件。用砂轮磨除焊点如图8-2-2所示。

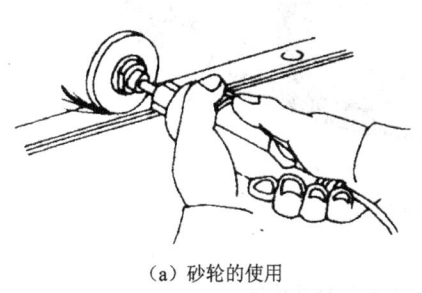

（a）砂轮的使用　　　　　　　　　　（b）磨出焊点轮廓

图 8-2-2　用砂轮磨除焊点

在用砂轮磨除焊点时，应一次磨完，中途最好不要换位，否则重新找焊点比较困难。按压砂轮的力度不宜过大，可以用火花飞溅量来判断用力是否合适，火花越多磨削的效率越高。当见到焊点轮廓时停止磨削，改用錾子沿板件间錾入，将板件分解。

3）连续焊缝的分离

在汽车的局部板件连接中，板件是用惰性气体保护焊的连续焊进行焊接的。连续焊接的焊缝长、分离困难。一般要用砂轮或高速砂轮机来分离板件，即用砂轮或高速砂轮机切割连续焊缝，去掉焊缝金属量，进而把板件分离。

在用砂轮分离连续焊缝时，应注意切割的深度，要割透焊缝而不割进或割透板件，否则会导致板件的损伤。在操作时，要握紧砂轮，让砂轮以45°角进入搭接焊缝。在磨透焊缝后，用锤子和錾子分离板件。

2. 车身结构件的分割与连接

承载式车身部件一般在接缝处进行更换，但当有许多必须分离的接缝在车辆未受损的区域时，全部更换费用太高，因此局部分割更换就十分重要。在分割车身结构件时，要保证防撞吸能区的完整，保证修理区域的强度和撞击以前一样，在以后的碰撞中依然具有吸收碰撞能量的能力。

在分割时要考虑车辆的特殊设计，如防撞吸能区、内部加强件、制造时的接缝位置及理想的分割区域。当分割高强度钢和超高强度钢时，必须先确认分割不危害车辆结构的完整性，然后才能进行分割。

可以分割和更换的主要车身结构件如图 8-2-3 所示，包括车门槛板、后侧围板、地板、前纵梁、后纵梁、行李箱底板、A柱、B柱。

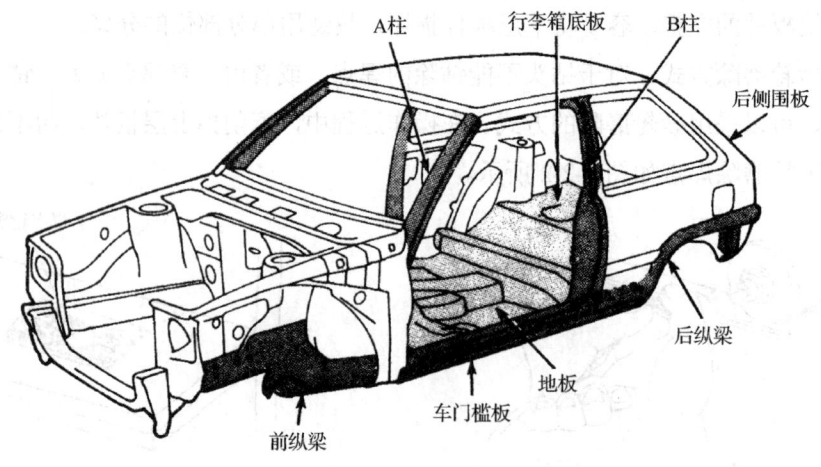

图 8-2-3　可以分割和更换的主要车身结构件

承载式车身结构件有两种基本类型：一种是封闭截面构件，如车门槛板、立柱和车身梁；另一种是开式或单层搭接连接的组合部件，如行李箱底板和车身底板。其中封闭截面构件是要求比较高的构件，在车身结构中承担主要的载荷，因此分割时要特别注意这类结构件。封闭截面构件在相同截面大小的情况下，其强度要比其他截面的强度大得多。车身封闭截面构件如图 8-2-4 所示。

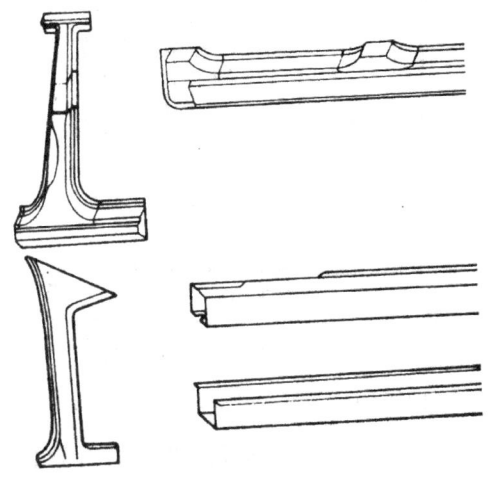

图 8-2-4　车身封闭截面构件

车身结构件的基本连接类型有三种，即有插入件的连接、无插入件的连接、搭接连接。

（1）有插入件的连接。该类连接主要用于封闭截面构件，如车门槛板、A 柱、B 柱及车身梁。插入件使这些结构件在装配时保证对中连接，并且使焊接更容易。有插入件的连接如图 8-2-5 所示。

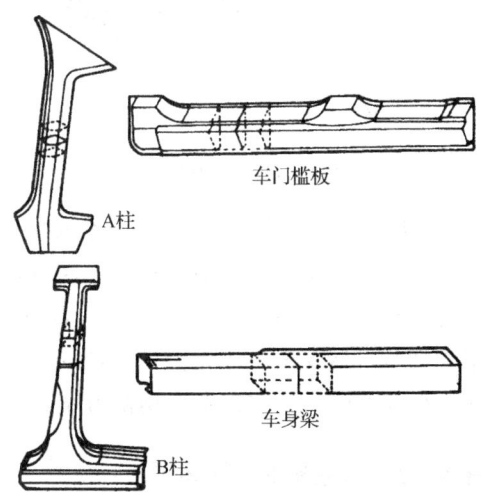

图 8-2-5　有插入件的连接

（2）无插入件的连接。该类连接通常采用偏置对接方式，多用于 A 柱、B 柱和前纵梁。无插入件的偏置对接连接如图 8-2-6 所示。

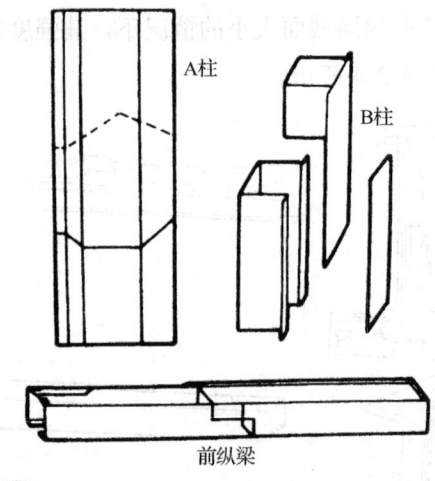

图 8-2-6　无插入件的偏置对接连接

（3）搭接连接。该类连接一般用于后纵梁、地板、行李箱底板及 B 柱。搭接连接如图 8-2-7 所示。

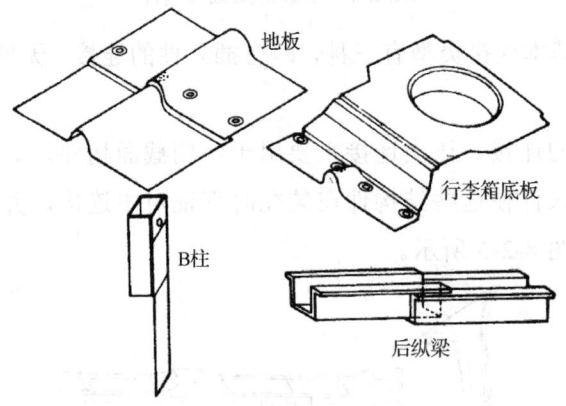

图 8-2-7　搭接连接

在分割基本连接时，要避开结构件中的一些"孔"，不要切穿任何内部加强件。内部加强件一旦被切穿，不保证该部位能恢复事故前的强度。同时还要避开支撑点。如悬架的支撑点，座椅安全带在地板上固定的固定点，以及肩带 D 环的固定点。当切割 B 柱时，应环绕着 D 环面做偏心切割，避免影响固定点的加固。有些车身结构件是组合的连接类型，因此要分别对待，不能以单一方式来考虑切割方案。

3. 车身组合结构件整体分割与连接的注意事项

在维修过程中，经常遇到车身的前部或后部遭受严重的损坏，损坏区域没有修复价值，有时候要通过车身组合结构件整体分割来切除损坏的部分，然后把另一辆汽车完好的部分连接到需要维修的车身上，这种方式就是整体分割与连接。整体分割与连接与常规的车身修理损坏的方法相比，更实用，更经济，修理时间缩短，对防腐性能影响较小。

1）车身组合结构件整体分割的注意事项

车身组合结构件整体分割操作要采用适当的技术和工艺，正确地分割、匹配和焊接各个组件。在切割过程中应注意以下事项。

（1）所有的修理工艺规程、安装和焊接都需要事先和车主充分说明。

（2）重复使用的零部件必须是同类型、同等质量的。

（3）核实悬架装置、制动装置和转向系统工作是否正常。

（4）切割前要检查前后两部分车身是否对正。若不能对正，则板件的配合间隙不能保证准确，会导致焊缝过大。

（5）地板上的加强件有时候需要拆下，但最好保留部分在车身上，以便安装时对中。

（6）在分割时就要考虑连接方案。

2）车身组合结构件整体分割后连接的注意事项

（1）在连接前，应对断面进行修整，保证不影响装配质量和装配操作。

（2）在连接部位预先钻好塞焊孔，在电阻点焊部位去除油漆层并涂刷导电底漆。

（3）连接部位应使用插入件进行加强，并保证位置对正准确。

（4）可以先进行定位焊接，待检查定位正确后再实施焊接，并边焊边检查，防止焊歪。

（5）焊接后要进行防腐处理。

（6）在防腐处理后要进行密封处理、隔热处理。

4．更换车身结构件的实例

以更换 B 柱为例介绍更换车身结构件的基本步骤。

（1）准备防护用品。

准备防护罩、防火毯、工作服、工作帽、安全鞋、棉纱手套等。

（2）准备工具。

根据维修手册和维修方案选择更换中所需的工具、设备等，并且检查调试好各工具、设备，除后翼子板更换工具外，还要准备好手锤、注胶枪、样冲、扁錾、热风枪、气体保护焊机等工具和设备。

（3）查阅维修手册。

通过查阅维修手册，确定 B 柱外板切割线位置、连接焊点位置及加强板连接焊点位置，如图 8-2-8 所示。

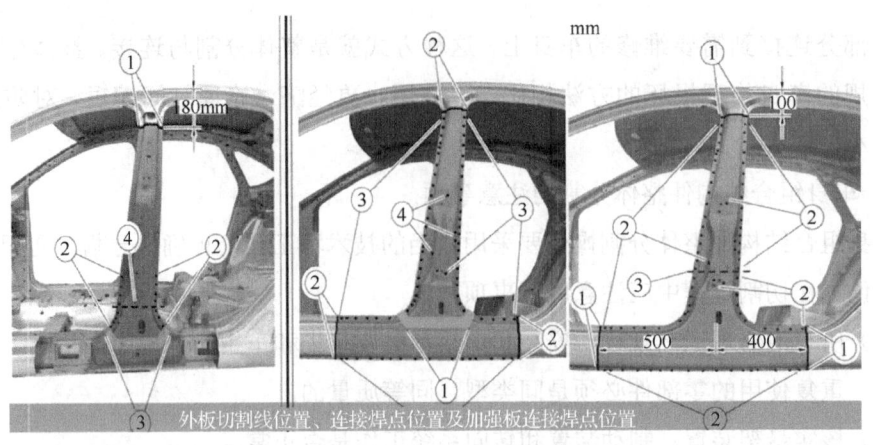

外板切割线位置、连接焊点位置及加强板连接焊点位置

图 8-2-8　确定拆卸位置

（4）拆卸前准备。

① 拆卸 B 柱外围所有板件或附件，如车门、座椅、内饰板、顶棚等，确保 B 柱能够顺利被拆卸。

② 使用防火帘遮盖车辆内饰。

（5）切割外板。

① 运用直尺及记号笔在 B 柱外板上根据维修手册要求画出切割基准线位置（见图 8-2-9），沿着切割基准线外侧边缘粘贴纸胶带，标识出粗切割线位置，如图 8-2-10 所示。

图 8-2-9　画切割基准线位置

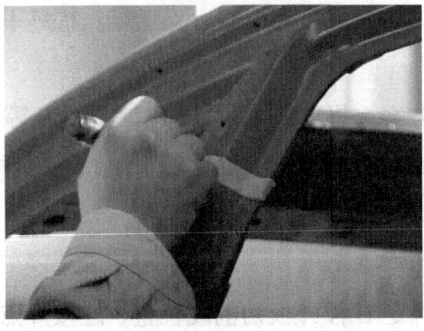

图 8-2-10　标识粗切割线位置

② 在车门位置加装辅助支撑，如图 8-2-11 所示。

③ 沿着标识位置切割外板（见图 8-2-12），切割时注意不要切到内板。

图 8-2-11　辅助支撑

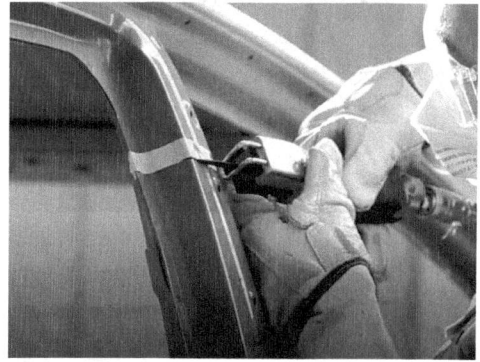

图 8-2-12　切割外板

④ 沿着 B 柱外板形状，查找 B 柱外板与车身连接的固定焊点。

⑤ 在固定焊点中心位置，进行中心定位作业，避免剔除焊点时，钻头跑偏，造成焊点剔除不彻底。

⑥ 使用铣钻钻除 B 柱外板固定连接焊点，切记不能损伤底板。

⑦ 使用錾子将 B 柱外板与车身分离。

⑧ 取下 B 柱外板。

（6）切割中间板件。

① 标识切割位置，如图 8-2-13 所示。

② B 柱一般为 3 层结构，在切割时外层板件要比内层板件短 60mm（见图 8-2-14），形成切割台阶式。

图 8-2-13　标识切割位置

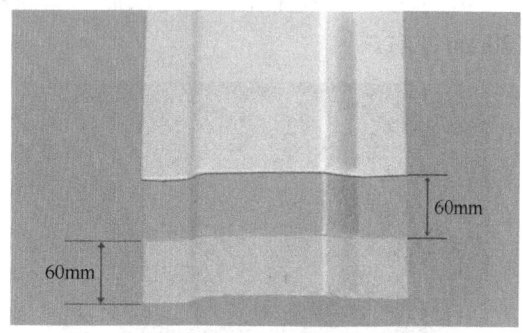

图 8-2-14　切割方式

③ 参照外板切割方式切割中板，切割时注意工具的使用。由于中间板件一般以高强度钢或超高强度钢为主，切割时较硬，故而尽量选用切割机进行切割，如图 8-2-15 所示。

④ 由于切割易使板件变形，需要使用手锤配合垫铁对变形位置进行修整，如图 8-2-16 所示。

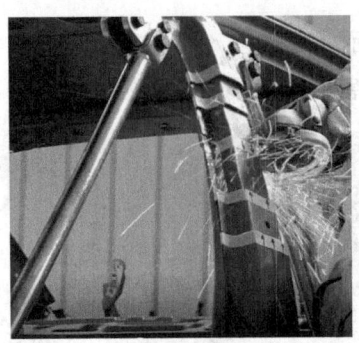

图 8-2-15　中间板件切割

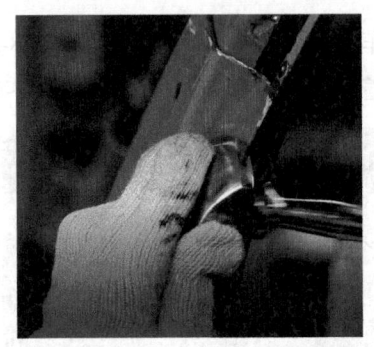

图 8-2-16　修整板件

（7）对切割位置进行去除毛刺处理，之后喷涂防锈涂层，如图 8-2-17 所示。

图 8-2-17　防锈处理

（8）安装新板件。

① 安装中间板件。

a. 使用大力钳对板件的安装进行固定，如图 8-2-18 所示。

b. 安装时可以采用搭接焊或插入加强衬板方式（见图 8-2-19），加强衬板长度为 120mm 左右。

图 8-2-18　安装固定

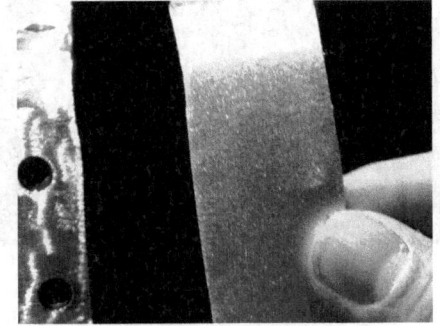

图 8-2-19　加强衬板

c. 中间板件的理想安装方法为电阻点焊（见图 8-2-20）或气体保护焊（见图 8-2-21）。

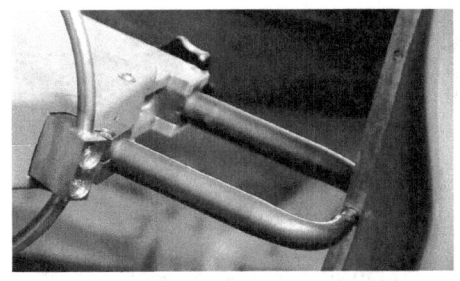

图 8-2-20　电阻点焊连接

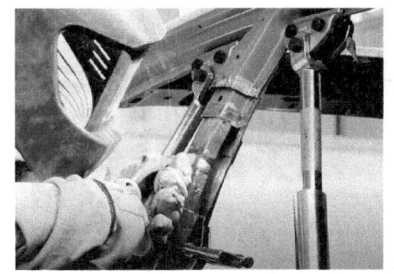

图 8-2-21　气体保护焊连接

d. 若采用气体保护焊的方式，则需要先对钢板进行钻孔处理（见图 8-2-22），再进行塞焊焊接。

e. 对接缝位置进行连续焊接（见图 8-2-23）。焊接时分段完成，减少钢板的变形。

f. 在焊接完成后，对焊点位置进行磨平处理，之后清洁焊点位置并对裸露位置进行防腐处理。

图 8-2-22　钻塞焊孔

图 8-2-23　连续焊接

② 安装外板。

a. 使用大力钳将外板进行固定，使用测量工具对固定后的外板位置进行检测，如图 8-2-24 所示。

b. 在确定位置尺寸后，安装车门（见图 8-2-25），进一步确定 B 柱的安装位置是否正确，并反复测量调整，直至位置无误才可进行焊接作业，如图 8-2-26 所示。

c. 在焊接后，对焊接位置进行打磨作业，如图 8-2-27 所示。

d. 清洁表面并进行防腐处理。

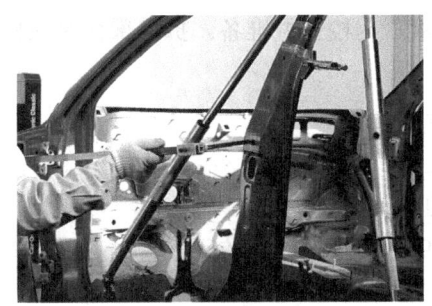

图 8-2-24　测量定位

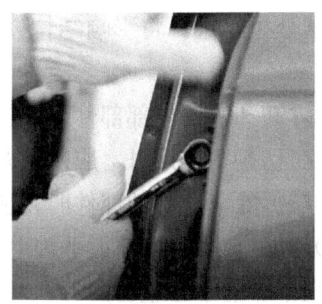

图 8-2-25　安装车门

图 8-2-26　焊接外板

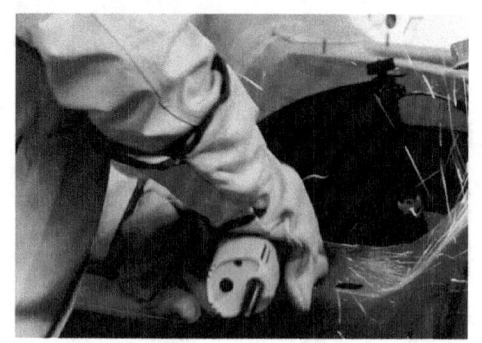
图 8-2-27　打磨表面

（9）在板件内部注入空腔蜡，如图 8-2-28 所示。

图 8-2-28　注入空腔蜡

（10）复检，再次确定新更换的车身 B 柱与周边板件的间隙正确。

（11）对现场进行"5S"管理。

8.2.2　车身结构件的损伤修复实例

车身结构件一般以焊接和铆接等方式连接在车身主体上，在一些交通事故中常会受到碰撞力的影响发生变形，轻微变形可通过校正的方法来达到修复的目的，严重的变形或扭曲变形需更换新部件来达到修复的目的。

（1）损伤分析。

根据分析结果，将影响结构修复的部件拆除，为校正做准备。拆除部件时应做好以下几点。

① 拆卸和盖住内部部件，如座椅、仪表台等。

② 在切割、焊接时，应用隔热材料盖住座位、仪表台等。

③ 在拆除车身外部部件时，应做好车身的防护。

（2）将车身固定到校正平台上（见图 8-2-29），将车辆移上校正平台时尽量使车的中心和校正平台的中心重合。

（3）通过车身测量确定维修方案，车身测量如图 8-2-30 所示。

图 8-2-29　固定车身

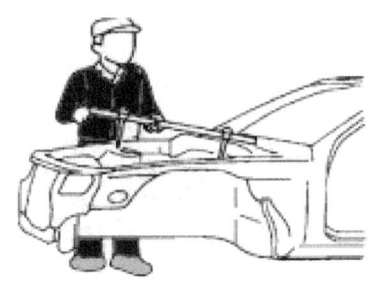

图 8-2-30　车身测量

（4）使用大梁校正仪进行校正，车身不同的结构件使用不同的夹具进行校正。

① 车身立柱的校正。如图 8-2-31 所示，车身立柱在侧面撞击时起主要防护作用，用尼龙拉带这种柔性连接方式进行校正。若侧面变形较大，可以用如图 8-2-32 所示的液压撑杆进行校正。

图 8-2-31　车身立柱的校正

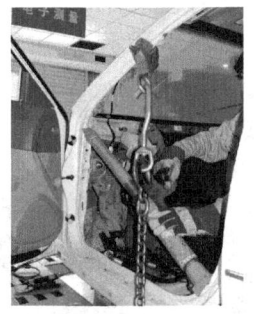

图 8-2-32　用液压撑杆校正立柱

② 减振器拱形座校正。由于其作用和形状特殊，一般用铸造的方式制作，维修时考虑到其性能特点，一般用如图 8-2-33 所示的方式进行校正。

③ 板类结构件的校正。如图 8-2-34 所示，板类结构件一般用夹钳来进行校正。

图 8-2-33　减振器拱形座的校正

图 8-2-34　板类结构件的校正

④ 车门槛板的校正。如图 8-2-35 所示，车门槛板一般用夹钳进行校正，但是需要焊接辅助焊片便于校正。校正时注意校正方式，链条和工件夹具在一条直线上。

⑤ 前纵梁的校正。如图 8-2-36 所示，前纵梁和车门槛板都属于箱形结构梁，在校正方法上相似，但校正时需要注意焊口位置的变形和开裂。

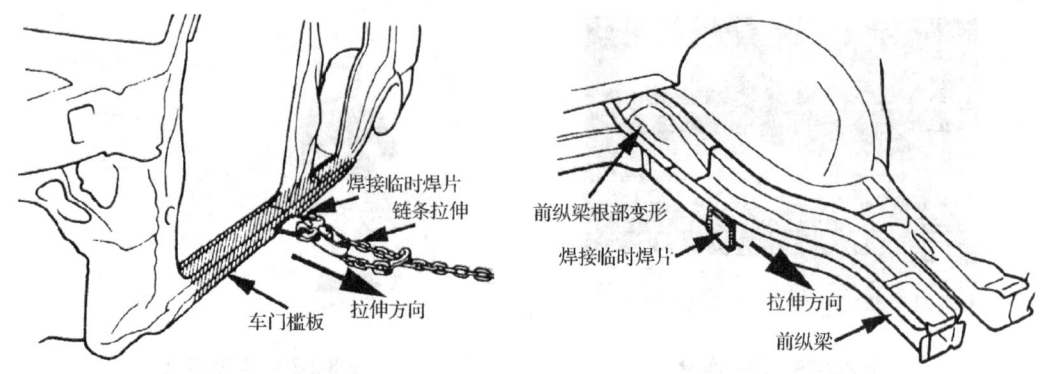

图 8-2-35 车门槛板的校正 　　　　　　　　图 8-2-36 前纵梁的校正

（5）在校正过程中消除应力集中。如图 8-2-37 所示，在校正过程中，为了防止事故车发生二次损伤，应边校正边消除应力集中，同时进行测量以防发生过度拉伸。

（6）校正后进行测量检验。

在车辆进行校正后，通过测量配合间隙和各部件的对应尺寸检验修复效果。检验配合间隙如图 8-2-38 所示。

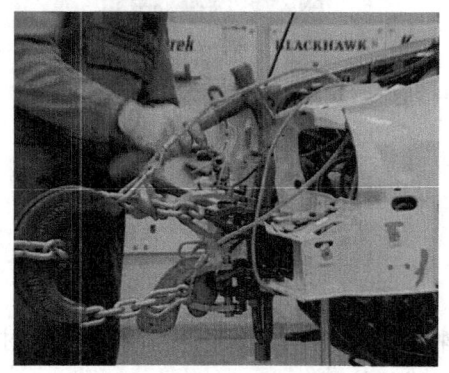

图 8-2-37 消除应力集中 　　　　　　　　图 8-2-38 检验配合间隙

（7）维修后进行防腐处理。如图 8-2-39 所示，结构件的连接处需要做好相应的防腐措施。

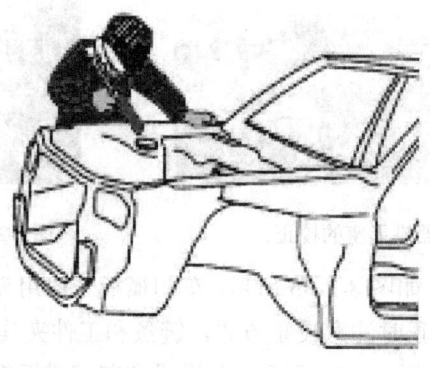

图 8-2-39 防腐处理

车身结构件修复时应严格按照校正设备的使用注意事项和车间安全操作规程进行操作。

8.3 车身附件的损伤修复

8.3.1 塑料件的损伤修复

为了顺应节能减排的要求，大量的塑料件被应用在车辆上以减轻车身重量。车身上的塑料件包括保险杠、车灯罩、翼子板喇叭口、保险杠左右弧形接板、翼子板、挡泥板、散热器格栅开口板、防飞石护板、仪表板、装饰板、燃油管、车门面板、后侧围板和发动机部件等。

1. 塑料件的识别方法

为了更好地对塑料件进行维修，维修人员需要掌握塑料件的种类及识别方法。汽车结构中常见的塑料件有两种类型，分别是热塑性塑料件和热固性塑料件。不同种类的塑料件有不同的维修方法。

在对塑料件进行维修前，必须明确需要维修的塑料件的类型，进而决定维修方法。识别未知塑料件类型的方法主要有以下 4 种。

1）编号识别法

塑料件可以通过压印在零部件上的国际标准符号或 ISO 码进行识别，许多制造商使用这些符号。如图 8-3-1 所示，符号或缩略语印制在零部件背面的一个椭圆标记内，必须拆下零件才能读取这些符号。如果无法用符号确定塑料件，可以通过车身维修手册查找车辆所用的塑料件的信息，一般车身维修手册均会列出专用的塑料种类。

图 8-3-1 编号识别法

2）燃烧测试法

通过塑料燃烧时产生的火焰和烟来确定塑料的种类，热固性塑料燃烧时不会产生熔滴，而热塑性塑料燃烧时会产生熔滴。但是这种测试并不总是可靠的。现在许多塑料件使用含有多种成分的复合塑料，在这种情况下，燃烧测试不能确定塑料的种类。此外，燃烧塑料会对环境造成污染，因此一般不建议使用此方法。

3）黏接测试法

进行焊条黏附测试或用试凑法在零部件的隐蔽部位或损坏部位进行焊接测试。试用不同的焊条，直到发现一种焊条能够黏接在塑料件上，此时也就确定了塑料的基本材料。

4）挠性测试法

如图8-3-2所示，用手弯曲塑料件，与塑料件样本的挠性进行比较，然后确定最符合基本材料特性的塑料种类。一般热固性塑料在弯折后不能完全恢复形状，而热塑性塑料弯折后较容易恢复形状。

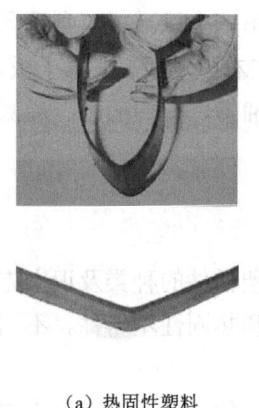
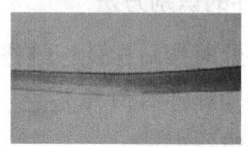

（a）热固性塑料　　　　　　　　　　　　　（b）热塑性塑料

图8-3-2　挠性测试法

2．塑料件的维修

为了高质量地修复塑料件，必须能够接触整个损坏区域。若接触不到，则必须拆下零件，且进行表面整修。常用的车身塑料件的维修方法主要有黏接法和焊接法。

1）黏接法

（1）黏接法的种类。

黏接法主要包括溶剂黏接法、氰基丙烯酸酯黏接法和双组分胶黏接法。

① 溶剂黏接法。对前照灯支柱、侧灯和小支柱等处的轻微损伤修复可以使用此方法。此方法一般把丙酮或乙酸乙酯滴在结合部位的边缘处，直到材料溶解为止。但在修理聚丙烯（PP）和聚乙烯（PE）的塑料件时，不能使用此方法，因为丙酮不能溶解这些材料。

② 氰基丙烯酸酯黏接法。氰基丙烯酸酯（CA）是一种单组分快速固化黏接剂，用来维修刚性塑料件和挠性塑料件。经常在涂覆最后的维修材料之前使用，用来作为填料或将各个部分固定在一起。氰基丙烯酸酯也称为"超级胶"，可以很快对塑料件进行黏接。

③ 双组分胶黏接法。双组分黏接剂由基底树脂和硬化剂（催化剂）组成，基底树脂装在一个容器中，硬化剂装在另一个容器中。在基底树脂与硬化剂混合后，混合剂可以在零件上固化并与基底材料连接。在许多塑料件的维修过程中，双组分黏接剂可以代替焊接，而且比单组分的氰基丙烯酸酯强度更高。

（2）黏接法的修理步骤。

① 必须将塑料件表面的蜡、灰尘或油脂清除干净。

② 在清洗后，用黏接剂工具包对损坏区域进行预处理，这个工具包应含有速凝剂和黏接剂，将速凝剂喷涂在裂缝的一侧，然后在同一侧涂上黏接剂。

③ 小心地将划伤或裂缝的两侧恢复到原来的位置，然后快速地用力将它们压在一起（压够 1min，以获得良好的黏接强度）。将维修部位硬化 3～12h（或者根据标签上的说明），以获得最大的强度。

④ 如果原有的漆面没有损坏，并且维修部位定位准确，就没有必要重新喷漆。

【黏接修复的注意事项】

- 不同的产品系列不能混用，选定一个产品系列，在整个维修过程中不能更换。
- 大多数产品系列都有两种以上的黏接剂，可用于不同种类的塑料。
- 产品系列通常包括黏接促进剂、填充剂和挠性涂料，应根据说明书使用相应的产品。
- 一些黏接剂产品系列适用于特定的基底材料。
- 许多塑料填料和黏接剂都含有黏接促进剂，使用时需要仔细查看其说明书。

2）焊接法

焊接法是利用热源把塑料焊条和塑料件熔化后连接在一起的方法。塑料件的焊接和金属的焊接有相似之处，两者都使用热源、焊条和类似的技术（对焊、搭焊等）。焊接接头的准备几乎相同，并且都要进行强度评估。

在焊接塑料件时，塑料在适当的热量和压力作用下熔合在一起。成功的焊接需要压力和热量都保持恒定且比例平衡。焊接时压力过大往往会拉伸焊缝，温度过高会使塑料烧焦、熔化或变形。

（1）塑料焊接的类型。

塑料焊接主要有以下几类。

① 热空气塑料焊接。

热空气塑料焊接是指使用电热工具产生热空气（232～345℃），通过喷嘴喷到塑料上（空气一般由车身维修车间的空气压缩机供给）。热空气塑料焊机的组成如图 8-3-3 所示。热空气焊头如图 8-3-4 所示。

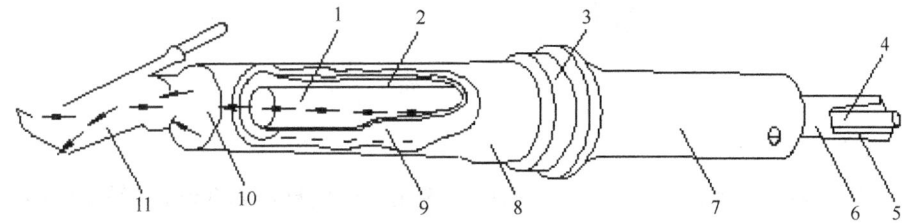

1—加热元件；2—加热胶；3—固定螺母；4—电缆；5—压缩空气或惰性气体；
6—空气管；7—把手；8—外套管；9—内套管；10—热空气；11—焊头。

图 8-3-3　热空气塑料焊机的组成

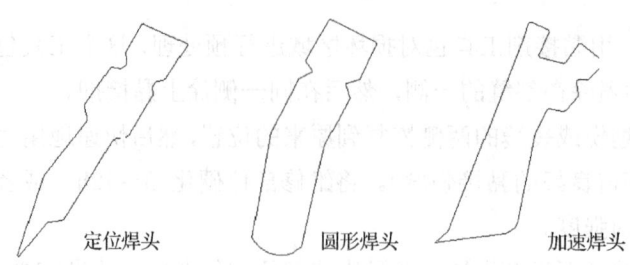

定位焊头　　　　　　　圆形焊头　　　　　　加速焊头

图 8-3-4　热空气焊头

定位焊头用来在焊接之前对塑料件的断开部位进行临时点焊。如有必要，临时点焊处可以轻易地断开重新定位。

圆形焊头用来进行短焊或焊接小孔、尖锐拐角及难以触及的部位。

快速焊头可以固定塑料焊条向前递送并自动预热。这种结构可使焊条进入基底材料，从而加速焊接，主要用于长而直的焊接处。

在使用热空气焊接时，焊条直径常常大于焊接板件的厚度，板件熔化时温度过高，为了避免由此产生的修复后板件翘曲等问题，建议使用直径较小的焊条。

一般的热空气塑料焊机的焊接厚度小于 3mm，以防塑料件变形。在对薄的塑料件进行焊接时，可选如图 8-3-5 所示的热空气塑料焊条。

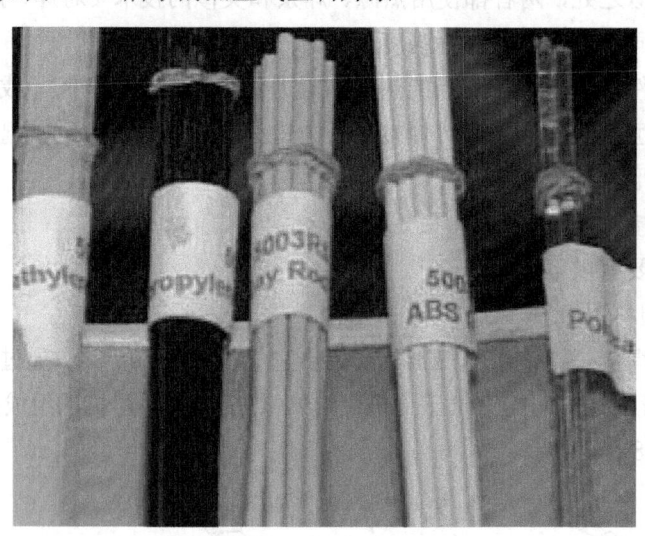

图 8-3-5　热空气塑料焊条

② 无空气塑料焊接。

无空气塑料焊接如图 8-3-6 所示。利用电热元件熔化直径为 3mm 的较小焊条，不从外部供给空气。用较小的焊条进行无空气焊接有助于解决板件翘曲和焊条过度堆积两大难题。在焊接前需要确定焊条和待修复塑料件的材料相同，否则无法成功进行焊接（许多制造商提供了焊条应用表）。在选定正确的焊条后，最好在焊接之前用一小段焊条穿过焊机清理焊头，再进行焊接。焊接时可根据焊接需要调整无空气焊机的温度调节旋钮。焊机完全加热通常需要约 3min。

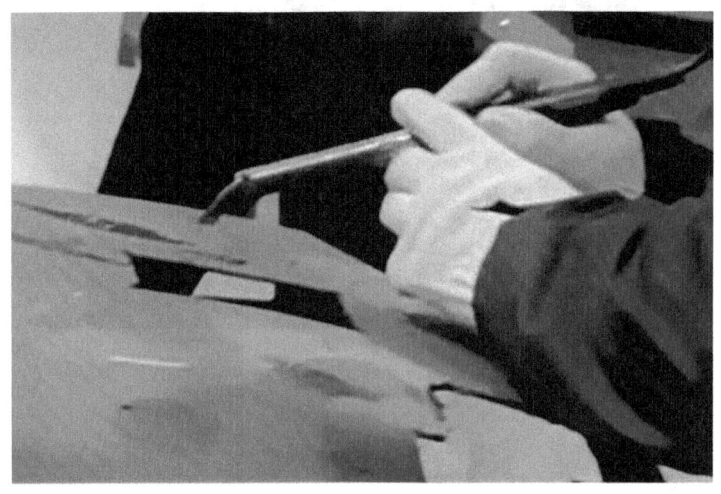

图 8-3-6　无空气塑料焊接

③ 超声波塑料焊接。

超声波塑料焊接是指依靠高频振动能量使塑料黏接在一起，而不须熔化基底材料。手持装置的可选频率为 20～40kHz，适用于焊接大的部件和空间狭窄难以到达的区域，可以在单点或多个位置上连接塑料件。因此在多数情况下，不需要进行连续焊接。焊接时间可以通过电源控制，焊接周期短，几乎不超过 0.5s。超声波栓焊沿着螺栓的周围进行，其强度与螺栓直径或焊接深度有关，当焊接深度等于螺栓直径的一半时达到最大抗拉强度。

（2）塑料焊接的注意事项。

为了保证塑料件的良好焊接，一定要注意以下几点。

① 焊接前需要测试焊条与基底材料的兼容性。在测试时，将焊条熔化在损坏部位的隐蔽处，然后使焊条冷却，试着从焊接部位上拉离焊条。若焊条兼容则会黏在上面。

② 不同的塑料有不同的焊接温度，应合理调整焊机的温度。温度过高会使塑料烧焦、熔化或变形；温度过低无法将基底材料和焊条熔透。

③ 焊接压力应大小相宜。

④ 焊接时应匀速焊接，保证焊接面良好。

⑤ 在开始无空气焊接之前，先用一小段焊条穿过焊机，将焊头清理干净。

3．塑料保险杠的维修实例

在交通事故中，塑料保险杠常易受到碰撞而破损或产生裂纹。前保险杆裂口如图 8-3-7 所示。

图 8-3-7　前保险杠裂口

1）维修方法

（1）焊接维修。

① 维修前清洁。

对维修部位进行清洁，使用专用的塑料清洁剂进行清洁、除油处理，以准确地确定损伤区域。

② 选取维修工具。

根据损伤情况和维修方法，选取电钻、单作用打磨机、塑料焊枪、塑料焊条等维修工具。维修工具如图 8-3-8 所示。

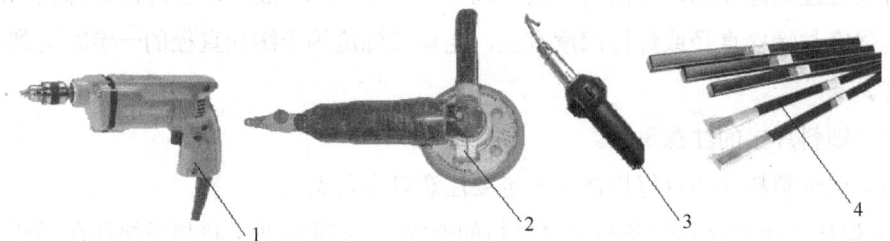

1—电钻；2—单作用打磨机；3—塑料焊枪；4—塑料焊条。

图 8-3-8　维修工具

③ 打磨前钻孔。

确定损伤的范围，在距离裂纹根部约 1cm 的位置用电钻钻孔，防止裂纹继续扩散。钻孔后的效果如图 8-3-9 所示。

④ 打磨。

维修时需要使用玻璃纤维对维修部位进行包边修复，因此裂纹部位的正背面均需要打磨，一般选用单作用打磨机、P80 的砂纸进行打磨。由于有裂纹，打磨时需针对裂纹位置进行坡角打磨（见图 8-3-10），常常打出 30° 左右的坡角。

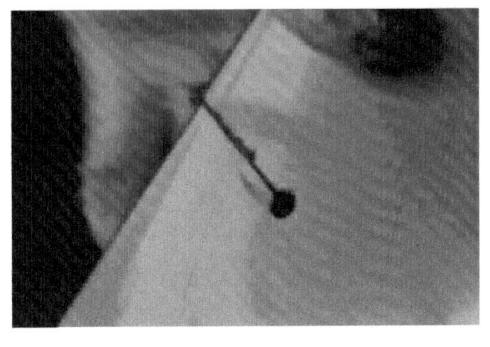

图 8-3-9　钻孔后的效果

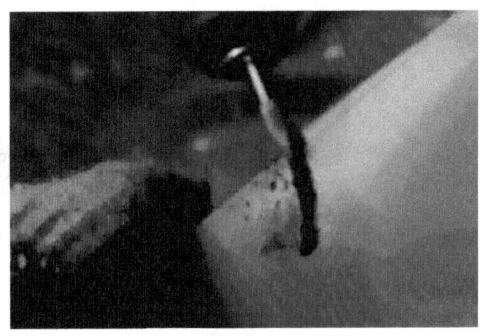

图 8-3-10　坡角打磨

⑤ 焊接。

打磨后的损伤部位在经过清洁除尘后，用玻璃纤维进行包边维修，维修时根据损伤的范围裁剪合适大小的玻璃纤维，在保险杠内侧包裹小块玻璃纤维，外侧包裹大面积玻璃纤维，利用塑料焊枪将玻璃纤维固定在打磨修复区域，如图 8-3-11 所示。用塑料焊条将待修补区域填平，塑料焊条应与保险杠自身材料相同，否则难以达到维修效果。

⑥ 维修后的效果。

塑料焊条经过融化后，将待修复部位完全填满，并略高出其他部位，以备磨平时不会有凹坑出现，维修后的效果如图 8-3-12 所示。通过这种办法维修后的塑料保险杠的强度和使用安全性不会降低，而且使用寿命和美观性也不会受到影响。

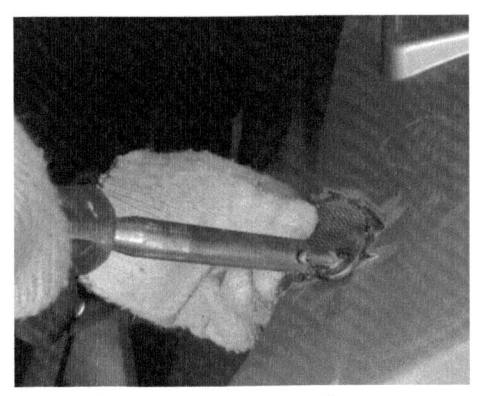

图 8-3-11　固定玻璃纤维

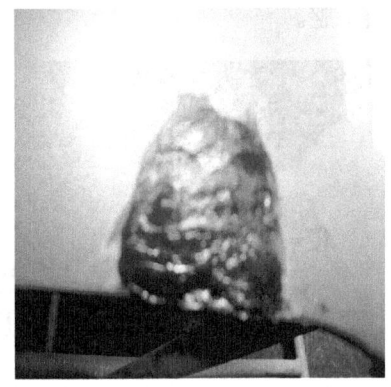

图 8-3-12　维修后的效果

（2）用塑料修复套装维修。

用塑料维修套装维修与焊接维修的差别在于用塑料维修套装维修不受材料限制，且能达到同样安全美观的效果。清洁、钻孔、打磨等前期工序相同，现将使用工具和维修不同点进行介绍。

① 维修工具。

使用塑料套装进行维修的主要工具有挤胶枪、修复黏胶、挤胶头和玻璃纤维，如图 8-3-13 所示。

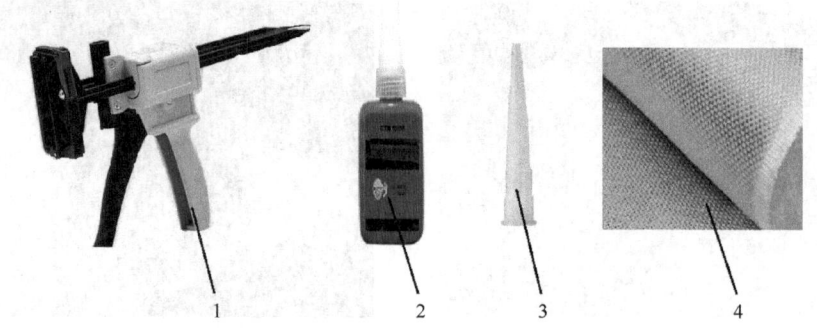

1—挤胶枪；2—修复黏胶；3—挤胶头；4—玻璃纤维。

图 8-3-13　塑料维修套装

② 黏结维修。

　　将经过清洁、钻孔、打磨后的保险杠放到工作台上，裁剪合适大小的玻璃纤维，该玻璃纤维垫在防透塑料膜上。如图 8-3-14 所示，将胶涂覆在裁好的玻璃纤维中间。将玻璃纤维带有胶的一侧贴到保险杠的背面，并进行固定（见图 8-3-15），尾端多余部分上翻，包住保险杠边缘并黏牢，并填满修复黏胶。之后的一种方法是将裁剪合适的防透塑料膜压到修复黏胶上，并用手反复挤压直至里面没有气泡，去除塑料膜（见图 8-3-16），待彻底干燥后磨平，为涂装工序做准备。另一种方法是在正面用修复黏胶填满，并用刮刀刮得均匀平整（见图 8-3-17），通过刮涂使修复黏胶起到腻子填充和黏结的双重作用，刮涂手法和刮涂腻子的手法几乎相同，涂满整个区域并略高出修补区，待修复黏胶完全干透后打磨平整。

图 8-3-14　在玻璃纤维中心涂胶

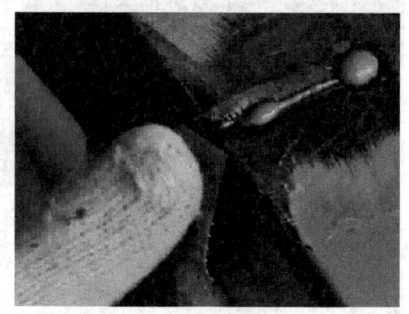

图 8-3-15　固定玻璃纤维

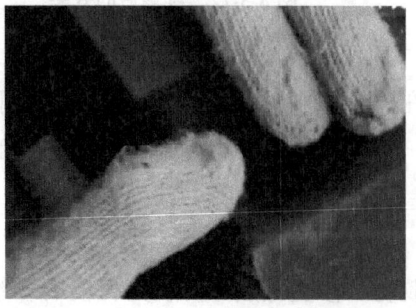

图 8-3-16　去除塑料膜

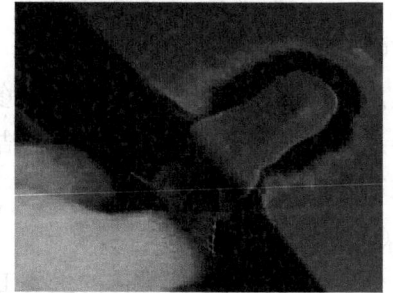

图 8-3-17　刮平黏胶

③ 维修后效果。

待修补区域的胶完全干透后可以选择 P180～P240 的砂纸进行磨平，打磨后可以进行下一步的涂装工序。打磨后的效果如图 8-3-18 所示。

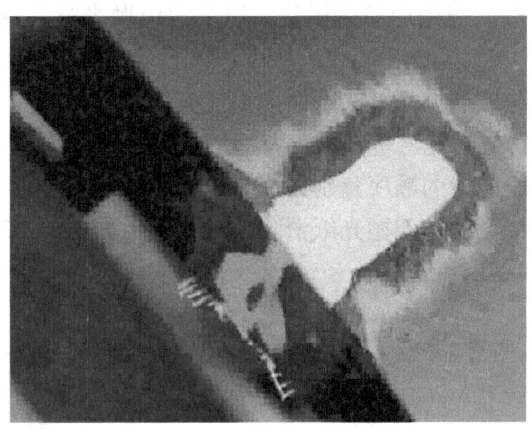

图 8-3-18　打磨后的效果

8.3.2　玻璃的损伤修复

目前汽车上的玻璃主要分为两种材质，夹层玻璃和钢化玻璃。玻璃修复主要针对夹层玻璃。

1）玻璃的修复条件

在通常情况下，造成玻璃损坏的无非是高速驾驶中旁边车辆卷起的小石子，虽然石子不大，但是速度快且形状不规则，经常能瞬间将玻璃击成碎块。符合下列情况的夹层玻璃是可以修复的。

（1）出现如图 8-3-19 所示的孔洞可以修复。

① 冲击点直径≤1cm。

② 损伤点到玻璃边缘的距离＞6cm。

③ 整个破损点的直径＜4cm。

（2）玻璃出现单一裂纹。

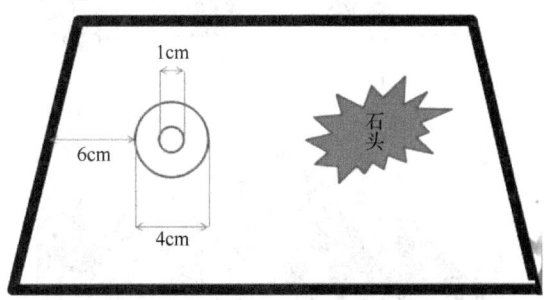

图 8-3-19　可以修复的玻璃破损

2）玻璃修理实例

（1）玻璃划痕的修复。

① 玻璃表面清洁及玻璃抛光前的准备工作。

a. 先将要修复的玻璃周围用胶带围住，以免玻璃抛光时弄脏汽车与周围环境，如图 8-3-20 所示。

b. 认真清洗玻璃与玻璃抛光纸的表面，不能有任何灰尘或沙子等附着。

c. 在玻璃抛光前，先用记号笔在玻璃背后圈出要修复的部位，避免挪位。

d. 玻璃抛光纸切削能力的顺序分别为：绿色→水红色→蓝色→褐色→白色。

② 使用绿、蓝、红色的玻璃抛光纸消除玻璃划痕，如图 8-3-21 所示。

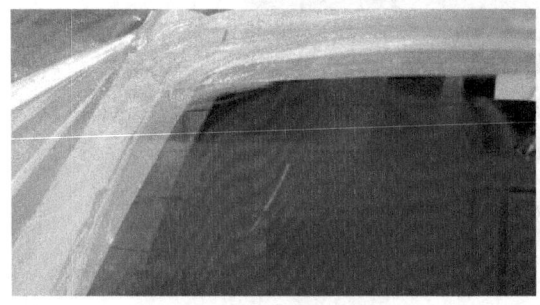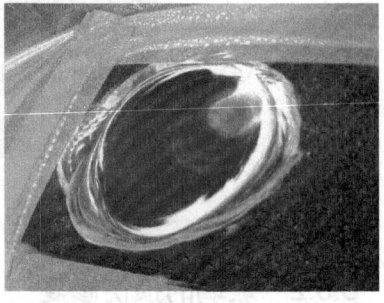

图 8-3-20　维修准备　　　　　　　　　图 8-3-21　研磨损坏玻璃

a. 35μm 玻璃抛光纸（绿色）可用于较深划痕，10μm 玻璃抛光纸（蓝色）通常用于轻微划痕。

b. 抛光时应控制好力度，不要出现过度抛光，并且抛光盘与玻璃表面应持平。

c. 在使用 35μm 玻璃抛光纸（绿色）后，需要使用 10μm 玻璃抛光纸（蓝色）去除抛光痕。

d. 使用 10μm 玻璃抛光纸（蓝色）进行细抛光足够达到抛光要求，但需要一定熟练的技巧。而使用 5μm 玻璃抛光纸（褐色）进行细抛光的效果更为显著。

③ 用褐、白色的玻璃抛光纸还原玻璃表面原有的清晰度与透明度，修复后的效果如图 8-3-22 所示。

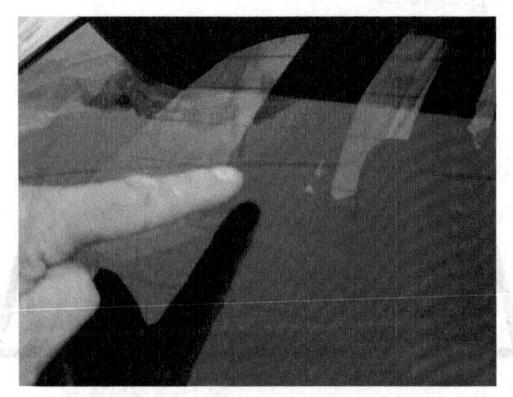

图 8-3-22　修复后的效果

a．使用褐色与白色玻璃的抛光纸。

b．在开始抛光时，应平放抛光盘。在开机后，应前后慢慢移动抛光盘，几秒后形成白色糊状的液体，继续抛，直至抛干，并将抛光剂完全抛净，恢复玻璃的光泽。

c．若玻璃的光泽欠佳，则重复上述步骤。

【注意事项】

- 整个过程应保持一定的水量，避免玻璃表面过热产生抛光剂烧结。
- 在使用白色玻璃抛光纸抛光时，抛光剂呈黏稠状后，应注意避免缺水而抛干浆料，从而产生新的划痕。

（2）玻璃孔洞的修复。

① 损伤分析。

确定损伤可以修复。损伤玻璃如图 8-3-23 所示。

② 准备工具。

根据玻璃损伤情况，准备修复工具和修复材料，如修复套装、UV 烤灯、热风枪、修补液、玻璃抛光剂、样冲、吸盘、注胶针筒、止裂铁钎等，如图 8-3-24 所示。

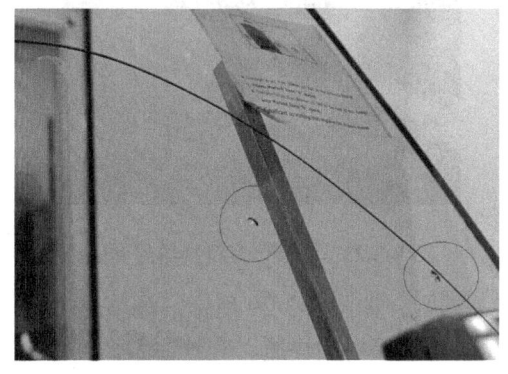

图 8-3-23　损伤玻璃　　　　　　　　　　图 8-3-24　修复工具

③ 固定反光镜。

将反光镜吸盘清洁干净，通过吸盘胶水把反光镜固定在风挡玻璃背面，损伤点处于反光镜中间位置，如图 8-3-25 所示。

④ 处理破损处玻璃碎片。

a．用止裂铁钎简单清理损伤点碎片（图 8-3-26），并小心、用力顶损伤点的中心，当玻璃受力时，观察玻璃上是否会有若隐若现的裂纹，若玻璃上有若隐若现的裂纹，则需要打止裂孔。打止裂孔时尽量选择小直径的钻头，止裂孔的打孔深度控制在 1mm 左右。

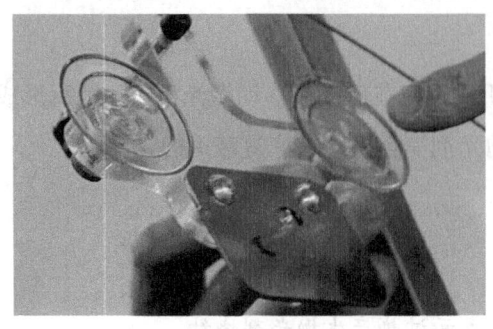
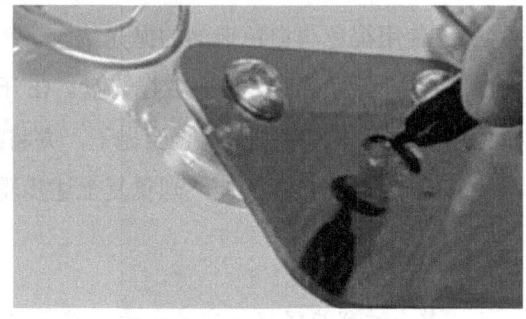

图 8-3-25　固定反光镜　　　　　　　　　　　图 8-3-26　处理碎片

　　b．如图 8-3-27 所示，用小毛刷仔细清理损伤点的细碎玻璃残渣及粉末，清理要彻底，避免玻璃残渣存在，影响修复后效果。

　　c．清理残渣后将玻璃擦拭干净，不能有任何印痕和污物。

　　⑤ 安装支架。

　　a．将修复桥接器上的塑料注射器旋开，并借助吸盘吸力将支座固定在玻璃上，如图 8-3-28 所示。

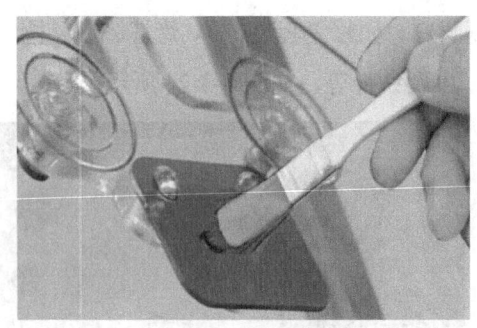
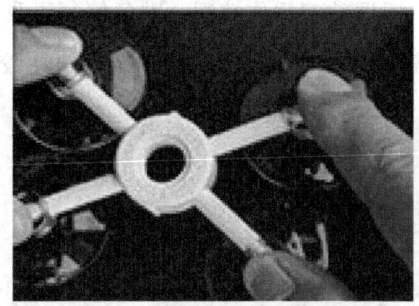

图 8-3-27　清扫残渣　　　　　　　　　　图 8-3-28　安装修复桥接器的支座

　　b．将塑料注射器与损伤点的中心对齐并向下拧紧。如图 8-3-29 所示，调整至 C 图的位置，使注射器上的白色橡胶垫贴紧玻璃表面，以确保树脂快速、有效注入。

　　c．用照明手电观察损伤点中心是否被白色橡胶垫罩住。

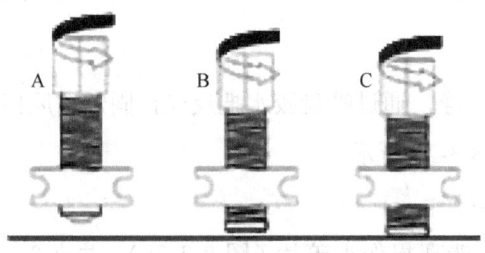

图 8-3-29　调整塑料注射器

　　⑥ 注射填充剂

　　a．用树脂注射器抽取树脂，如图 8-3-30 所示。抽取量根据损伤情况确定，注意抽取树脂前不可摇晃，树脂内不能有气泡。

224

b. 将抽取的树脂注入塑料注射器中，如图 8-3-31 所示。注射时应缓慢进行，使其完全渗透并不产生真空和气泡，注射量应以溢出玻璃表面为宜。

图 8-3-30　抽取树脂

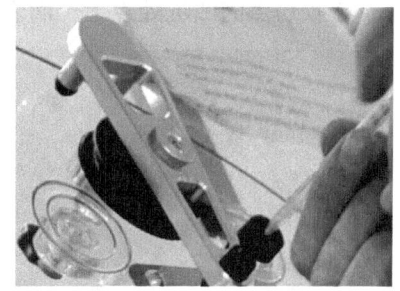

图 8-3-31　注入树脂

c. 将树脂注射器上端锁紧，并将树脂注射器拧入塑料注射器内推送树脂，直至观察到白色橡胶垫趋向扁平延展即可（见图 8-3-32）。塑料注射器不可全部拧入，避免损伤工具。

d. 若观察到有细微裂纹处仍未进入树脂，则可对损伤区域反复进行短时间加热，加热温度控制为 60℃，如图 8-3-33 所示。

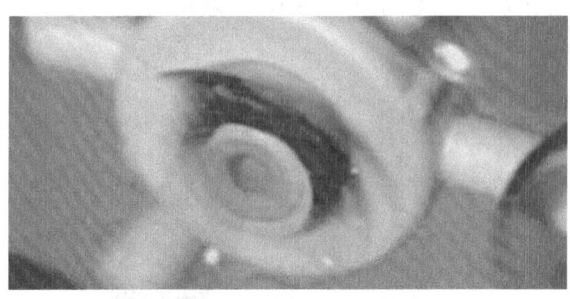

图 8-3-32　观察注胶情况

图 8-3-33　间歇加热

e. 若裂纹较多且树脂难于渗透，可以将树脂注射器向上旋出 3～4 个螺纹，给空气预留空间，如图 8-3-34 所示。单手扶稳桥接器，并旋转向上抽拔树脂注射器至顶端，而后旋紧固定，并保持 15s，观察树脂进入情况。也可观察树脂进入情况，并在长裂缝处轻轻按压，辅助树脂填充。

f. 对于极难进入树脂的破损区域，可以在抽真空的状态下进行加热（见图 8-3-35），延长抽真空的时间，便于树脂渗入。

图 8-3-34　辅助树脂填充

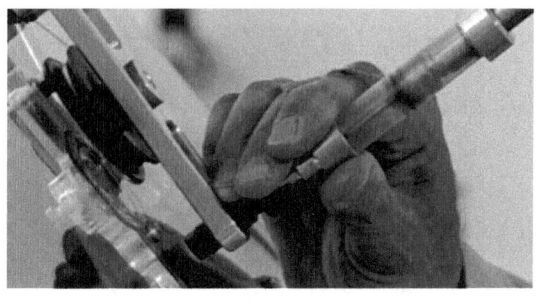

图 8-3-35　抽真空处理

g. 待树脂全部进入后，玻璃温度恢复正常温度，将树脂注射器推回初始状态；用无纺布轻轻擦拭并推动注射装置，如图 8-3-36 所示。

h. 在损伤点的凹坑处点上一滴表层树脂，如图 8-3-37 所示。

 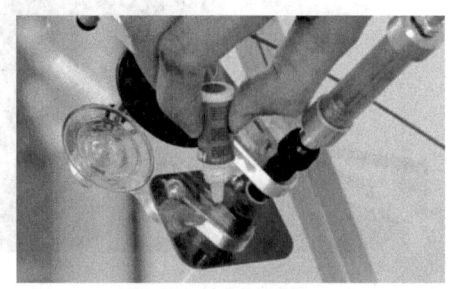

图 8-3-36　清洁处理　　　　　　　　　　图 8-3-37　辅助填充

i. 将 UV 膜平放在表层树脂上（见图 8-3-38），以挤压树脂使其完全填充表面凹坑，不得出现气泡或未填满现象，否则前面操作作废。

⑦ 干燥。

对于维修位置，使用 UV 烤灯进行固化烘烤（见图 8-3-39），一般烘烤时间为 5～10min，使树脂得到有效固化。

图 8-3-38　平放 UV 膜　　　　　　　　　图 8-3-39　使用 UV 烤灯烘烤

⑧ 表面处理。

a. 用刀片刮掉玻璃表面多余的固化树脂（见图 8-3-40），注意刮除时刀片应与玻璃垂直，且刮除要彻底。

b. 拆除注胶筒，用无纺布或软海绵沾上少许玻璃抛光剂，对修复区域进行抛光处理（见图 8-3-41），以达到最佳效果。

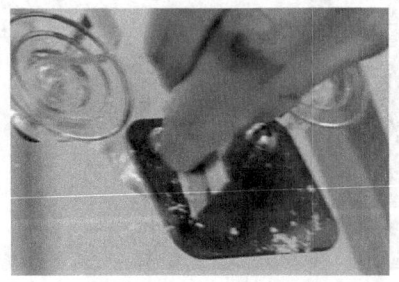 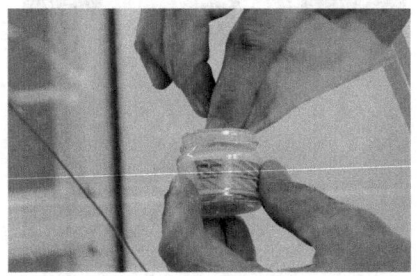

图 8-3-40　刮除残胶　　　　　　　　　　图 8-3-41　抛光处理

⑨ 检验维修效果。

⑩ 对现场进行"5S"管理。

8.3.3 车身其他附件的损伤修复

1. 前风窗附件的更换

（1）拆卸前雨刮摇臂护盖。

用一个在刀口包有保护胶带的起子拆卸前雨刮摇臂护盖，如图 8-3-42 所示。

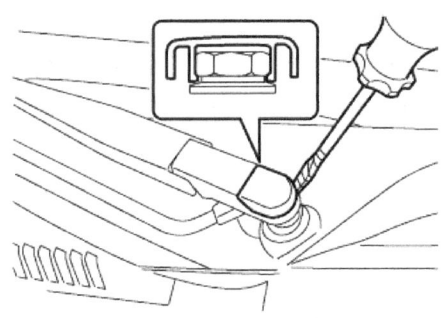

图 8-3-42　拆卸前雨刮摇臂护盖

（2）拆卸前雨刮摇臂。

运行前雨刮，使其停留在雨刮电机自动回位的位置。卸掉螺母和前雨刮主臂，拆开辅助摇臂和前雨刮电机及支架总成的连接，如图 8-3-43 所示。

【注意事项】

在拆卸的时候不要把辅助摇臂弄弯变形。

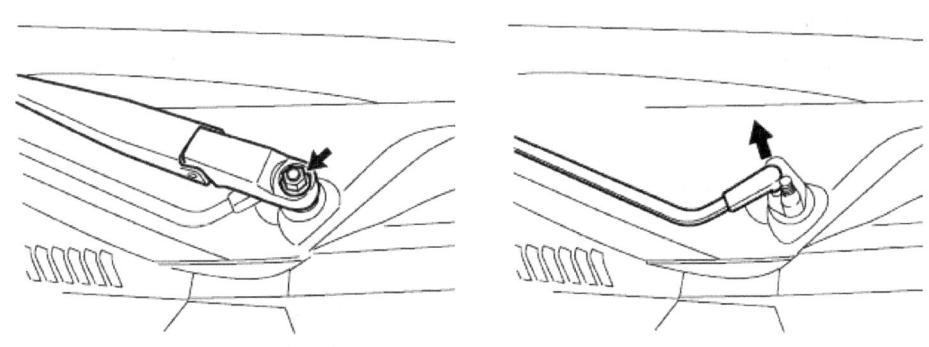

图 8-3-43　拆卸前雨刮摇臂

（3）拆卸发动机罩密封条。

先拆除 8 个发动机罩密封条卡扣，然后移去发动机罩密封条，如图 8-3-44 所示。

（4）拆卸前风窗左通风盖板。

拆除通风盖板固定子母扣，脱开 9 个卡爪，移除前风窗左通风盖板，将洗涤软管从上边分离出来，如图 8-3-45 所示。

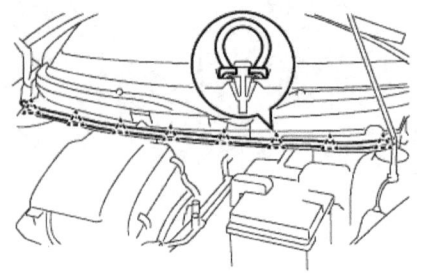
图 8-3-44　拆卸发动机罩密封条

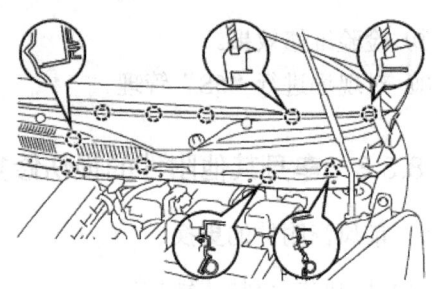
图 8-3-45　拆卸前风窗左通风盖板

（5）拆卸前风窗右通风盖板。

拆除通风盖板固定子母扣，脱开 8 个卡爪，移除前风窗右通风盖板，将洗涤软管从上边分离出来，如图 8-3-46 所示。

（6）拆卸前雨刮电机和支架总成。

拆除两个组合螺栓，拔开接插件，然后移除前雨刮电机和支架总成，如图 8-3-47 所示。

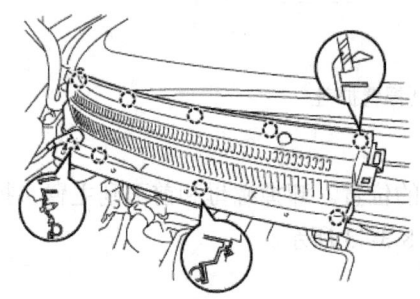
图 8-3-46　拆卸前风窗右通风盖板

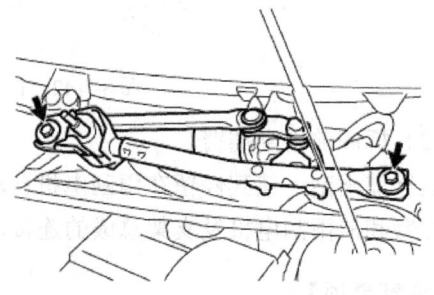
图 8-3-47　拆卸前雨刮电机和支架总成

（7）拆卸前雨刮刮片。

握住前雨刮臂和刮片总成稍微抬起，按下锁扣后移除刮片，如图 8-3-48 所示。

【注意事项】

从前雨刮臂和刮片总成上拆卸刮片的时候不要损伤风窗玻璃的表面。

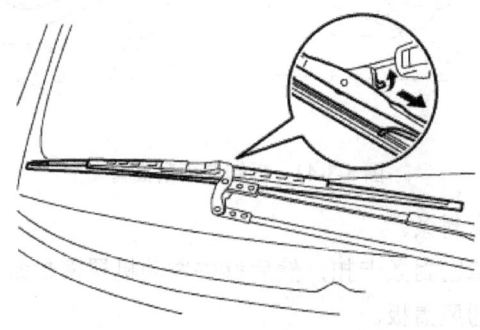
图 8-3-48　拆卸前雨刮刮片

（8）按拆卸的逆序进行安装。

（9）对现场进行"5S"管理。

2．前门玻璃升降器和前门玻璃总成的更换

（1）断开蓄电池上的负极电缆。

（2）拆卸门把手装饰盖。

用缠裹着保护带的起子脱开 2 个卡爪，除去门把手装饰盖。

（3）拆卸内扣手装饰盖。

拆除 2 个前门内扣手装饰盖安装螺钉，脱开 4 个卡爪，如图 8-3-49 所示。

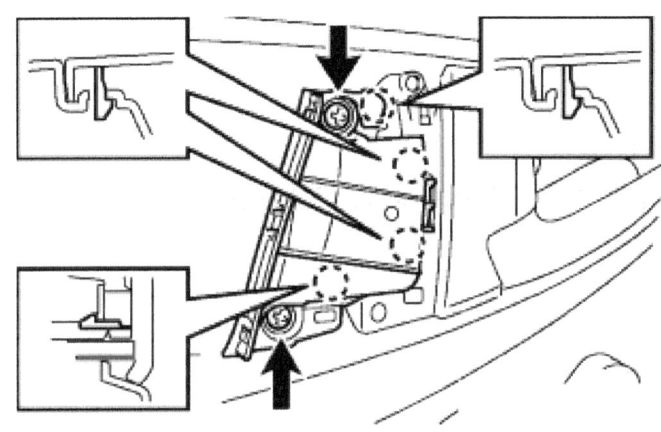

图 8-3-49　拆卸内扣手装饰盖

（4）拆卸前门内护板上体。

拆除门上体安装螺钉，脱开 15 个门护板安装卡扣，移去前门内护板上体。拆除电动窗开关总成，用一个尖端包有保护带的起子拆掉 2 个卡爪并拆除前门电动窗开关。

【注意事项】

在拆除前门电动窗开关时，起子尖端必须包有保护带，同时在开关周围盖上具有保护作用的布，以免起子使副仪表板破损。

（5）断开接插件。

（6）拆卸外后视镜调节器上的装饰盖。

按如图 8-3-50 所示的箭头方向卸掉外后视镜调节器上的装饰盖。

（7）拆卸外后视镜调节器下的装饰盖。

拆除 2 个外后视镜调节器下的装饰盖安装螺钉，脱开 2 个外后视镜调节器下的装饰盖安装卡扣。

（8）拆除 3 个螺栓，移除外后视镜，如图 8-3-51 所示。

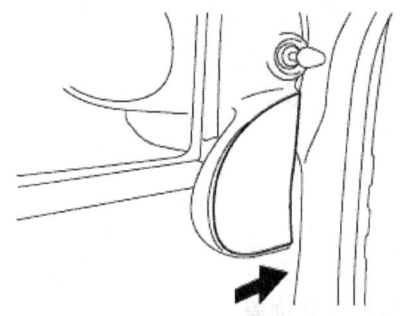

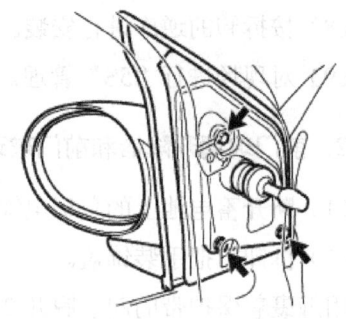

图 8-3-50　拆卸外后视镜调节器上装饰盖　　　　图 8-3-51　拆卸外后视镜

（9）拆掉前门钣金工艺孔覆盖膜，如图 8-3-52 所示。

【注意事项】

清除干净剩余在门内板上的不干胶。

（10）拆卸前门外压条。

如图 8-3-53 所示，在外压条外表面贴上保护胶条，使用拆卸外压条专用工具，脱开 5 个卡扣，移除外压条。

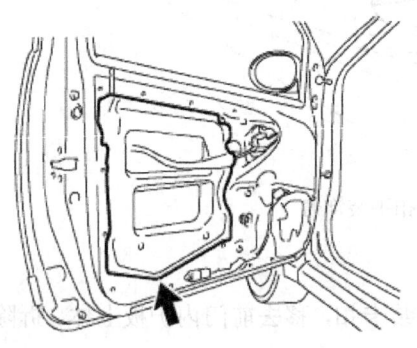

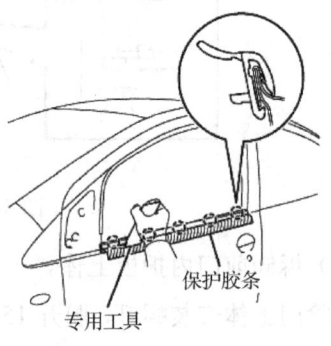

图 8-3-52　卸掉前门钣金工艺孔覆盖膜　　　　图 8-3-53　拆卸前门外压条

（11）拆卸前门玻璃总成。

接通玻璃电动升降器开关，把玻璃降到安装螺栓时对应的车门内板的两个安装孔处，拆除两个螺栓，移除玻璃。

【注意事项】

在拆除螺栓时，不要使玻璃掉下或破损，断开玻璃升降器开关。

（12）拆除前门玻璃电动升降器总成。

如图 8-3-54 所示，分离电器接插件，拆除 3 个安装螺母，卸下前门玻璃电动升降器总成。

【注意事项】

当拆除螺母时，请勿使前门玻璃电动升降器掉落。

（13）拆除前门锁。

如图 8-3-55 所示，拆除螺栓和玻璃前导轨，脱开卡爪 A，按图 8-3-55 中箭头方向移动前门内扣手总成，这样可以松开卡爪，顺利取下内扣手总成。

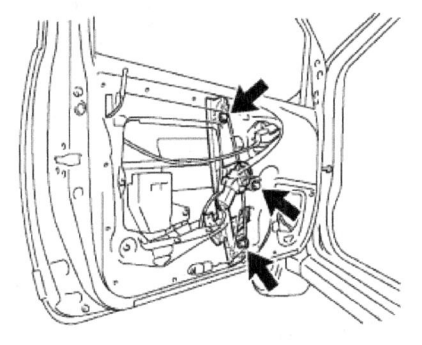

卡爪A

图 8-3-54　拆除前门玻璃电动升降器总成　　　　图 8-3-55　拆除前门锁

（14）按拆卸的逆序进行安装。

（15）对现场进行"5S"管理。

3．座椅的拆卸

1）拆卸前排座椅及前排安全带卡套

（1）如图 8-3-56 所示，断开座椅安全带扣开关接插件的连接，拆卸驾驶员座椅总成，松开线夹。

（2）用套筒拆除 4 个安装螺栓，卸下前座椅。卸下左前安全带卡套的安装螺栓即可拆掉滑道，如图 8-3-57 所示。

【注意事项】

与拆卸驾驶员座椅总成相同，右座椅上的右前安全带卡套不带线束。

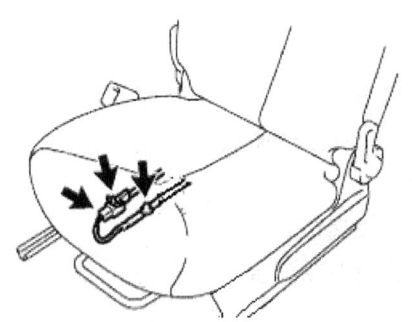
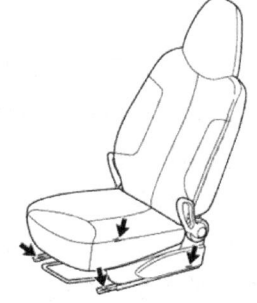

图 8-3-56　拆卸前排座椅及前排安全带卡套　　　　图 8-3-57　拆卸滑道

2）拆卸后座椅

（1）拆卸后坐垫总成，取下 4 个钩子就可以卸下后坐垫，如图 8-3-58 所示。

（2）拆卸后坐垫卡座如图 8-3-59 所示。

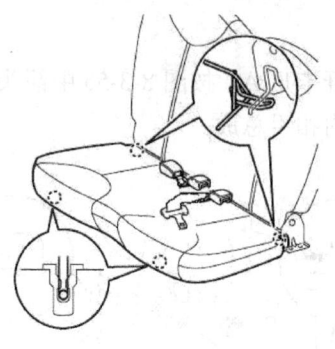

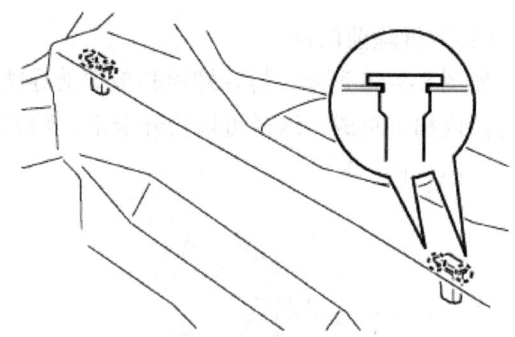

图 8-3-58　拆卸后坐垫总成　　　　　　　　图 8-3-59　拆卸后坐垫卡座

（3）如图 8-3-60 所示，拆除两个搭扣、两个螺栓及两个螺母即可拆卸后靠背总成。

（4）如图 8-3-61 所示，拆卸后座椅锁环，进而拆下座椅。

（5）对现场进行"5S"管理。

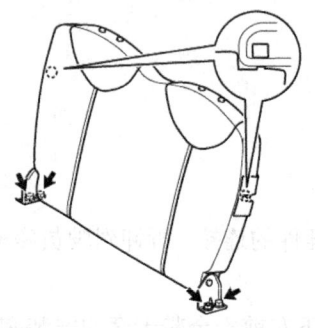

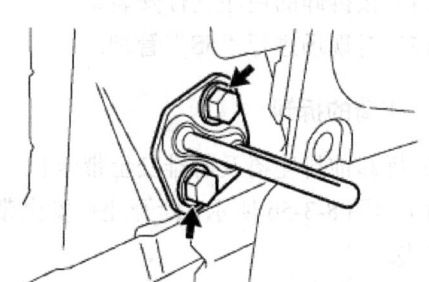

图 8-3-60　拆卸后靠背总成　　　　　　　　图 8-3-61　拆卸后座椅锁环

复习题

一、判断题

1．车身修理过程中造成的损坏与碰撞对汽车造成的损坏几乎同样多。（　　）

2．在对金属板进行收缩时，可以使用铁锤在垫铁上的敲击方法。（　　）

3．间接损坏是由直接损坏引起的。（　　）

4．在修理汽车时，大部分工作都是在修理直接损伤。（　　）

5．在使用垫铁时，垫铁的表面应和加工金属表面相配合。（　　）

6．外形修复机的焊接垫圈可以反复使用。（　　）

7．在对金属板进行收缩时，可以使用外形修复机的铜触头或碳棒。（　　）

8．精整修复时敲击的要领是快速重敲。（　　）

9．铝外形修复机使用大功率的变压器来焊接铝焊钉。（　　）

10．在所有的修复程序进行之前，先要对碰撞损坏的车辆进行全面、细致的损伤评估。（　　）

二、单选题

1. 有经验的车身维修人员会把大量精力和时间用在损伤评估上，总的修理时间会（　　）。

    A．缩短　　　　　　B．增加　　　　　　C．不变

2. 在承载式车身碰撞中会造成损坏的部件是（　　）。

    A．结构件　　　　　B．覆盖件　　　　　C．结构件和覆盖件

3. 外形修复机将垫圈焊接在钢板上的方法是（　　）。

    A．电弧加热　　　　B．电阻热　　　　　C．火焰加热

4. 在对金属板进行收缩时，铁锤在垫铁上敲击的方法和铁锤不在垫铁上敲击的方法对金属的影响是（　　）。

    A．前者拉伸金属，后者整平金属　　　　B．前者整平金属，后者拉伸金属

    C．两者都是拉伸金属

5. 在对板件进行热收缩时，要先从（　　）。

    A．最高点位置开始　　　　　　　　　　B．中间位置开始

    C．最低点位置开始

6. 在校正铝板时，一般建议采用的操作方法是（　　）。

    A．铁锤在垫铁上的敲击法　　　　　　　B．铁锤不在垫铁上的敲击法

    C．以上两种方法都行

7. 在使用黏接法修复板件微小凹痕时，操作错误的是（　　）。

    A．衬垫要准确地黏接在变形部位的中心

    B．涂胶的表面要超过碰撞变形部位的直径

    C．在去除胶后，要进行抛光打磨

三、多选题

1. 修理车身局部凹凸变形可用（　　）。

    A．锤击法　　　　　　　　　　B．虹吸法

    C．惯性锤法　　　　　　　　　D．以上说法都不对

2. 在使用外形修复机焊接垫圈时，焊接不牢固的原因可能是（　　）。

    A．板件太厚　　　　　　　　　B．电流太小

    C．板件不干净　　　　　　　　D．垫圈不干净

3. 铝板外形修复比钢板外形修复更难的原因有（　　）。

    A．铝板比钢板软　　　　　　　B．铝板在受损后加工硬化程度更高

    C．铝的熔点低，加热容易变形　D．铝板比钢板厚

4. 下面叙述正确的是（　　）。

    A．平坦锤面适用于平坦或低拱起的金属表面

    B．精整锤用于精整修复

    C．锤子的平面应该与金属板的平面一致

    D．精整修复时敲击的要领是快速轻敲

5．在对铝板进行外形修复时，可以使用的工具有（　　）。

A．木垫块　　B．橡胶锤　　C．收缩锤　　D．木榷

6．在对钢板和铝板进行钣金整修时，区别有（　　）。

A．加热时的温度不同　　B．敲击的方法不同

C．使用的外形修复机的原理不同　　D．使用的工具不同

7．下面叙述错误的是（　　）。

A．在用铁锤在垫铁上的敲击法时，如果敲击太重或次数太多都会拉伸铝板

B．铝比钢软得多，而且当铝受到加工硬化后容易加工成形

C．在修复完破损的铝板后，要在裸露的铝表面涂敷填充剂或油灰

D．在对铝板进行钣金操作时，可以使用常规钢板的整形工具

四、简答题

1．车身外板件更换的原则有哪些？

2．覆盖件修复方法的类型有哪些？

3．板件隆起的热收缩方法有哪些？

4．铝板维修操作中的注意事项有哪些？

5．简述介子焊法的维修工艺过程。

6．电阻点焊焊点的分离方式有哪些？

7．在更换结构件时，基本连接类型有哪些？

8．塑料件的识别方法有哪些？

9．玻璃的修复条件有哪些？

第 3 篇

汽车车身涂装修复

　　在汽车车身因事故损伤进行修复后，车身表面产生腐蚀、划痕、涂层脱落后或者由于个性需要或特殊需要，对车身表面颜色进行更换时，都需要进行车身涂装修复，使车身表面恢复到原车出厂的表面状态，从而达到美化车身外表，隔离外界腐蚀性介质对车身表面的腐蚀，延长车身使用寿命的目的。

第 9 章　涂装的基础知识

📓 **知识目标:**

1. 了解涂料的分类及性能
2. 掌握辅助材料的功能
3. 熟知汽车常用涂装材料的作用和性能

📓 **技能目标:**

1. 能正确选用涂料和安全使用涂料
2. 掌握喷枪的分类及组成

9.1　涂料的基本知识

涂料是涂在物体表面能形成具有保护、装饰或特殊性能的固态涂膜的一类液体或固体材料的总称。在汽车车身涂装修复中,所用的涂料品种较多,而且随着科学技术的发展,涂料的新品种也不断出现,涂料的选择和涂层的质量决定着汽车车身的涂装质量,因此有必要掌握涂料的分类、命名和编号。

9.1.1　涂料的概述

涂料按属性分为两大类:有机涂料和无机涂料。有机涂料广泛应用于金属、木材、塑料等材料表面的保护和装饰;无机涂料主要用在土建领域。汽车涂装用涂料为有机涂料。

1. 涂料的组成

涂料主要由五大类材料组成,如表 9-1-1 所示。

表 9-1-1　涂料的组成

涂料的组成	组成材料名称	类　别	品　种　名　称
主要成膜物质	油料	干油性	桐油、亚麻油、锌油等
		半干油性	豆油、葵花籽油、玉米油等
		不干油性	蓖麻油、椰子油等
	树脂	天然树脂	虫胶、松香、天然沥青等
		合成树脂	酚醛树脂、醇酸树脂、氨基树脂、环氧树脂、丙烯酸树脂等

涂料的组成	组成材料名称	类　别	品　种　名　称
次要成膜物质	颜料	着色颜料	钛白、氧化锌、氧化铁红、铬黄、炭黑等
		防锈颜料	红丹、锌铬黄、偏硼酸钡等
		体质颜料	钛白粉、钛白、重晶石粉、滑石粉等
辅助成膜物质	溶剂	助溶剂	二甲苯、松节油、乙醇、丁醇等
		稀释剂	石油溶剂、脂、酮、混合溶剂等
	辅助材料	添加剂	固化剂、催干剂、流平剂、防老化剂、减光剂、催化剂、增塑剂、防结皮剂、湿润剂、悬浮剂、紫外线吸收剂、防潮剂等

油料和树脂是涂料组成中的基础，是涂料的主要成膜物质，能把颜料等其他成膜物质黏结起来形成涂层，起到保护表面和装饰的作用。涂料的许多特性主要取决于这两个部分的性能。

颜料是涂料的次要成膜物质，是不挥发物质之一，使涂料具有一定的着色能力，显现一定的颜色，增加涂层的厚度和提高遮盖力，起到调色、装饰和标志作用。颜料分着色颜料、防锈颜料和体质颜料。

溶剂是辅助成膜物质，包括助溶剂和稀释剂两种。助溶剂能溶解并稀释涂料中的成膜物质，改善涂层的性能。稀释剂的主要作用是调整涂料的黏度，有利于形成均匀光滑的涂层。

辅助材料也是辅助成膜物质，又称助剂，辅助成膜物质改善涂料的性能、延长储存时间、扩大涂料的应用范围、改进和调节涂料的施工性能、保证涂装品质等。有些辅助材料是在涂料制造时就添加到涂料之中的，如悬浮剂、紫外线吸收剂等；有些辅助材料需要根据施工情况进行添加，如防潮剂、流平剂、减光剂等。在使用涂料的过程中，最主要的是施工中添加的辅助材料必须要根据使用情况合理添加，否则会影响涂层质量。

（1）催干剂。催干剂是一种能加速涂层干燥的物质，多用于醇酸树脂涂料中。催干剂能促进涂膜中的树脂进行氧化——聚合作用，大大缩短了涂膜的干燥时间。尤其在冬季低温的施工环境下，涂膜干燥很慢，加入催干剂后，在环境温度不变的情况下，干燥时间也会明显缩短。

（2）固化剂。固化剂多为酸、胺、过氧化物等物质。固化剂与涂料中的合成树脂发生反应而使涂膜干燥固化。该类型的涂料在未加入固化剂时，一般不会干燥结膜，而与固化剂混合后，在常温下即可发生化学反应而干燥固化，如果能适当升温则效果更好。不同的树脂涂料所用固化剂的成分也不同。例如，聚酯树脂用过氧化物作为固化剂，环氧树脂用胺类作为固化剂，丙烯酸聚氨酯用含异氰酸脂类作为固化剂等。在使用中应按要求选用。

（3）防潮剂。防潮剂又称化白剂、化白水，由高沸点的脂类、酮类溶剂组成。将防潮剂加入硝基漆等自然挥发型涂料中，可防止涂膜中的溶剂挥发产生泛白现象。在施工环境温度过低时，或者空气湿度过高以及喷涂用的压缩空气含有的水分过多时，也会引起泛白现象。在涂料中加入适量的防潮剂后，由于高沸点的溶剂增多，可减缓溶剂的挥发速度，减少水分凝结现象的发生。

（4）紫外线吸收剂。紫外线吸收剂对阳光的紫外线有较强的吸收能力，将其添加到涂料中可减少紫外线对涂膜的损害，防止涂膜粉化、老化和失光等。

（5）悬浮剂。悬浮剂主要用来防止涂料在储存过程中产生结块。在涂料中加入悬浮剂后，可使涂料稠度增加且松散容易调和。

（6）流平剂。流平剂的主要作用是降低涂料的表面张力，防止缩孔的产生，增加涂膜的流平性能。在喷涂时，如果被涂表面清洁不够彻底，有残存油脂、蜡渍等，或者压缩空气中含有未过滤的油分，会由于该部分涂膜表面张力增大而产生缩孔现象。在出现此种现象后，可在涂料中适量加入流平剂，其缩孔现象就会大大改善。

（7）减光剂。减光剂具有降低涂膜光泽的作用。在实际应用过程中，有些特殊的部位（如保险杠等）需要得到亚光效果，就需要加入适量的减光剂以达到所需的要求。

2. 涂料的分类

国外的涂料都是根据各国的具体情况进行分类的，没有统一的国际标准。使用不同国家或不同品种的涂料，应先了解其涂料的产品类别，防止影响涂装质量的事故发生。

（1）按涂料中的主要成膜物质分。我国化学工业部1988年制定了以涂料基料（涂料的基本构成物）中的主要成膜物质为基础的分类方法。当主要成膜物质为混合树脂时，以在漆膜中起主要作用的一种树脂为基础作为分类依据。这样就可以根据涂料的类别、名称了解其组成、特性及施工方法等。根据此分类方法，将涂料分为18大类，如表9-1-2所示。

在表9-1-2中，前4类使用植物油和天然树脂作为主要原料，性能和质量不高，通常称为油性涂料（油漆或涂料）；后13类采用合成材料作为原料的比重较大，有的甚至完全是以合成树脂作为主要成膜物质，通常称为合成树脂涂料。第18类涂料为辅助材料，包括稀释剂、助溶剂、催干剂、防潮剂、催化剂、固化剂、脱漆剂等。辅助材料分类表如表9-1-3所示。

表9-1-2　涂料分类表

序　号	类　别	代　号	主要成膜物质
1	油脂	Y	天然植物油、鱼油、合成油等
2	天然树脂	T	松香及其衍生物、虫胶、乳酪等。动物胶、天然漆及衍生物等
3	酚醛树脂	F	酚醛树脂、改性酚醛树脂、二甲苯树脂
4	沥青	L	天然沥青、煤焦沥青、石油沥青
5	醇酸树脂	C	甘油醇酸树脂、改性醇酸树脂及其他醇类的醇酸树脂等
6	氨基树脂	A	三聚氰胺甲酸树脂、聚酰亚胺树脂
7	硝基纤维	Q	硝基纤维素、改性硝基纤维素
8	纤维脂 纤维醚	M	醋酸纤维、乙烯纤维、苯基纤维、乙基纤维、羟甲基纤维、乙酸丁酯纤维等
9	过氯乙烯树脂	G	过氯乙烯树脂、改性过氯乙烯树脂
10	烯类树脂	X	聚二乙烯基乙炔树脂、氯乙烯树脂、聚酯酸乙烯共聚物、聚乙烯醇类树脂、含氟树脂、氯化聚丙烯

续表

序　号	类　别	代　号	主要成膜物质
11	丙烯酸树脂	B	丙烯酸树脂、丙烯酸共聚物及其改性丙烯酸树脂
12	聚酯树脂	Z	饱和聚酯树脂、不饱和聚酯树脂
13	环氧树脂	H	环氧树脂、改性环氧树脂
14	聚氨酯树脂	S	聚氨基甲酸酯
15	元素有机聚合物	W	有机硅、有机钛、有机铝
16	橡胶	J	天然橡胶及其衍生物、合成橡胶及其衍生物
17	其他	E	除以上成膜物质外的成膜物质
18	辅助材料	—	稀释剂、助溶剂、催干剂、防潮剂、催化剂、固化剂、脱漆剂等

表 9-1-3　辅助材料分类表

序　号	代　号	类　别
1	X	稀释剂
2	F	防潮剂
3	G	催干剂
4	H	固化剂
5	T	脱漆剂

（2）按涂料的组成中是否有颜料分。按涂料中是否含有颜料，可将涂料分为三种类型：

① 清漆。涂料的组成成分中没有颜料或体质颜料的透明体称为清漆。

② 色漆。涂料的组成成分中有颜料或体质颜料的有色漆称为色漆。

③ 腻子。涂料的组成成分中有大量体质颜料的稠厚浆状体称为腻子，学名为原子灰。

（3）按溶剂构成分。按溶剂的构成情况，可将涂料分为三种类型：

① 无溶剂涂料。涂料的组成成分中没有挥发性稀释剂的涂料称为无溶剂涂料。其中呈粉末状的涂料为粉末涂料。

② 溶剂涂料。以一般有机溶剂作为稀释剂的涂料称为溶剂涂料。

③ 水性涂料。以水作为稀释剂涂料称为水性涂料。

除了以上几种分类方法，还有许多分类方法。例如，按施工方法分，有刷漆、喷漆、烘漆、电泳漆、粉末涂装漆等；按涂料作用分，有底漆、面漆、罩光漆、腻子等；按涂料的使用效果分，有绝缘漆、防腐漆、防锈漆等。

3. 涂料的命名及型号

我国对涂料的命名规定如下。

（1）涂料的命名原则。涂料的名称由以下三个部分组成：颜色或颜料名称、成膜物质名称、基本名称。

涂料名称是将颜色或颜料放在成膜物质前面，再加上基本名称。若颜料对漆膜性能起显著的作用，则可以用颜料的名称代替颜色的名称，如铁红醇酸底漆、锌黄酚醛防锈漆、白色丙烯酸磁漆等。

对于名称中的基本名称，仍采用我国广泛使用的名称，如清漆、磁漆、调和漆等，涂料的基本名称及其代号如表 9-1-4 所示。

表 9-1-4　涂料的基本名称及其代号

代　号	基 本 名 称	代　号	基 本 名 称	代　号	基 本 名 称
00	清油	22	木器漆	53	防锈漆
01	清漆	23	罐头漆	54	耐油漆
02	厚漆	30	（浸渍）绝缘漆	55	耐水漆
03	调和漆	31	（覆盖）绝缘漆	60	防火漆
04	磁漆	32	（绝缘）磁漆	61	耐热漆
05	粉末涂料	33	（黏合）绝缘漆	62	示温漆
06	底漆	34	漆包线漆	63	涂布漆
07	腻子	35	硅钢片漆	64	可剥漆
09	大漆	36	电容器漆	66	感光涂料
11	电泳漆	37	电阻漆、电位器漆	67	隔热漆
12	乳胶漆	38	半导体漆	80	地板漆
13	其他水溶性漆	40	防污漆	81	渔网漆
14	透明漆	41	水线漆	82	锅炉漆
15	斑纹漆	42	甲板漆、甲板防滑漆	83	烟囱漆
16	锤纹漆	43	船壳漆	84	黑板漆
17	皱纹漆	44	船底漆	85	调色漆
18	裂纹漆	50	耐酸漆	86	标志漆、马路划线漆
19	晶纹漆	51	耐碱漆	98	胶液
20	铅笔漆	52	防腐漆	99	其他

涂料基本名称代号采用 00～99 两位数字，基本名称代号的划分如下：

00～13 代表涂料的基本品种；

14～19 代表美术漆；

20～29 代表轻工用漆；

30～39 代表绝缘漆；

40～49 代表船舶漆；

50～59 代表防腐漆；

60～79 代表特种漆；

80～89 代表其他用途漆。

在成膜物质名称和基本名称之间，必要时可在成膜物质名称后边加以标明专业用途及特性的词语，如过氯乙烯防腐漆、醇酸导电磁漆、白硝基外用磁漆等。

凡是需要烘烤干燥的漆，名称中应加上"烘"或"烘干"字样，如环氧树脂烘漆等。若没有标出则表明该漆常温干燥或烘烤干燥均可。

（2）涂料的编号原则。为了区分同一类型的各种涂料，在涂料名称前还加有型号。

涂料的型号由三个部分组成。第一部分是成膜物质的代号，用英文字母表示（见表 9-1-2）；第二部分是基本名称代号，用两位数字表示（见表 9-1-4）；第三部分是序号代号，用于区别同一类型的不同品种，如表 9-1-5 所示。在两组数字之间加一条短横线，将基本名称代号和序号代号分开。

表 9-1-5 涂料产品序号代号

涂料品种		序 号 代 号	
		自干温度/℃	烘干温度/℃
清漆、底漆、腻子		1～29	30 以上
磁漆	有光	1～49	50～59
	半光	60～69	70～79
	无光	80～89	90～99
专业用漆	清漆	1～9	10～29
	有光清漆	30～49	50～59
	半光清漆	60～64	65～69
	无光清漆	70～74	75～79
	底漆	80～89	90～99

辅助材料的型号由两部分组成。第一部分为辅助材料的种类；第二部分是序号，用以区别同一类型的不同品种。由于各国关于涂料的标准不一样，其名称及型号的含义也有所不同，使用时要仔细阅读涂料说明书。

9.1.2 涂层的技术指标及涂料的合理选用与安全防护

1．涂层的技术指标

涂层的质量是指涂料形成涂层后的各种机械物理性能和化学性能。

1）涂料的黏性

当液体在外力作用下流动时，液体分子间的内聚力会阻碍分子相对运动，即分子之间产生一种内摩擦力。液体的这种内摩擦力抵抗流动的特性称为液体的黏性。

在规定的条件下采用特定的黏度计测出的液体黏度称为相对黏度。我国采用的恩氏黏度没有单位，只是一个比值。

2）涂层的附着力

涂层的附着力是指涂膜与被涂物体表面的结合力，表示它们之间的牢固程度。涂层的附着力有 7 个等级，1 级最佳，7 级最差，一般涂层的附着力均要求在 3 级以内。

各种底漆、防锈漆的附着力为 1～2 级，硝基底漆、过氧乙烯底漆的附着力在 2 级左右，硝基二道底漆的附着力为 3 级，醇酸底漆、环氧底漆等的附着力都为 1 级，各种磁漆的附着力在 1～2 级，醇酸磁漆、酚醛磁漆、氨基磁漆、丙烯酸漆等的附着力都为 1 级。

3）涂层的颜色和外观

涂层的颜色和外观是反应涂料的物理性能，体现装饰性的重要技术指标。普通面漆的颜色应符合国家规定的技术允差范围，外观应平整、光滑。

4）涂层的柔韧性

涂层的柔韧性反应涂膜在受到冲击或受力发生弯曲延伸时不发生破坏的极限程度。在某种程度上也表示了涂层的附着力指标。一般以涂膜的弯曲直径来表示，最好为 1mm，最差为 15mm。

5）涂层的抗冲击强度

涂层在高负荷作用下抵抗变形的能力为抗冲击强度，即涂层受到机械冲击后不发生裂纹、皱纹及剥落等破坏现象的极限强度。

6）涂层的光泽

涂层的光泽用涂层正反射量之比的百分数来表示。一般情况下，涂层的光泽越高，涂层的装饰性越好。

普通油基磁漆的光泽可达90%，各类清漆的光泽为95%～100%，各类硝基磁漆的光泽为70%～90%，各类烘漆的光泽可达90%，各类半光磁漆的光泽为20%～40%，各类无光漆的光泽小于10%。

7）涂层的耐水性

涂层的耐水性是指涂层浸泡在水中时，能保持原状，不发生起泡、失光、生锈现象，或者从水中取出时有变色现象，但过一定时间后能恢复原状的性能。浸泡的极限时间就是涂层的耐水指标。

8）涂层的耐热性

涂层在高温条件下一定时间内不发生破坏现象的性能就是涂层的耐热性，用极限温度来表示。

9）涂层的耐腐蚀性

涂层的耐腐蚀性是指涂层抵抗酸、碱、盐等化学物质侵蚀的性能。一般将涂层浸泡在一定浓度的酸性溶液、碱性溶液或盐溶液中，把涂膜不发生破坏现象的极限时间作为涂层的耐腐蚀指标。

10）涂层的"三防"性和耐候性

在湿热地区使用的涂层，抵抗湿热、盐雾、霉菌侵蚀的能力称为涂层的"三防"性。在某种程度上也反映了涂层的防腐性。

涂层的耐候性反映了涂层在户外使用的寿命，对装饰性涂层十分重要。户外装饰的要求越高，对涂层耐候性的要求也就越高。

涂层的耐候性指标分为优、良、中、差、劣5个等级，户外中、高级装饰涂层的耐候性要求在优、良级。

2. 涂料的合理选用与安全防护

1）涂料的选择原则

（1）底漆的选择原则。

① 要满足基本材料（金属和塑料）对底漆的要求。

② 要满足车辆使用地域气候条件的特殊要求。

③ 要满足各种车辆不同档次对底漆的要求。

④ 要在车辆维修中满足面漆对底漆性能的要求。

（2）中涂层涂料的选择原则。

① 中涂层涂料要满足与底漆和面漆附着力的要求。

② 在保证涂装质量的前提下，要求施工方便，生产率高，涂装效益好。

（3）面漆的选择原则。

① 要满足与中涂层涂料和底漆附着力的要求。

② 要满足各个档次汽车外表的不同要求。

③ 要满足地区环境对面漆的"三防"性要求。

④ 在保证面漆性能质量的前提下，要求施工方便，涂装效益好。

2）金属对底漆的选择

不同的金属对底漆的要求不同，在选用底漆时应予以注意。不同的金属适用的底漆品种如表 9-1-6 所示。

表 9-1-6　不同的金属适用的底漆品种

金 属 种 类	适用底漆品种
黑色金属	铁红醇酸底漆、铁红纯酚醛底漆、铁红酚醛底漆、铁红脂胶底漆、铁红过氯乙烯底漆、沥青底漆、磷化底漆、红丹防锈漆、铁红环氧底漆、铁红硝基底漆、富锌底漆、氨基底漆、丙烯酸底漆
铝金属及铝镁合金	锌红纯酚醛底漆、环氧底漆、钙黄氯脂-氯化橡胶底漆、磷化底漆、锌黄醇酸底漆、锌黄酚醛底漆
锌金属	锌黄纯酚醛底漆、磷化底漆、钙黄氯脂-氯化橡胶底漆、环氧富锌底漆、环氧底漆、醇酸底漆、酚醛底漆
镉金属	锌黄纯酚醛底漆、环氧底漆
铜金属及铜合金	氨基底漆、磷化底漆、铁红环氧底漆、醇酸底漆、酚醛底漆
铬金属	铁红环氧底漆、醇酸底漆
锡金属	铁红醇酸底漆、环氧底漆、磷化底漆
铅金属	铁红环氧底漆、醇酸底漆
镉铜合金	铁红纯酚醛底漆、环氧底漆、磷化底漆、醇酸底漆、酚醛底漆、丙烯酸底漆
钛合金	钙黄氯脂-氯化橡胶底漆
镁金属及镁合金	锌黄纯酚醛底漆、锌黄环氧底漆、丙烯酸底漆、锌黄醇酸底漆、锌黄酚醛底漆

3）环境对面漆的选择

在不同的环境条件下，选择的面漆不同。各种环境条件下面漆的选用如表 9-1-7 所示。

表 9-1-7　各种环境条件下面漆的选用

环 境 条 件	涂料品种											
	油性漆	脂胶漆	沥青漆	酚醛漆	醇酸漆	氨基漆	环氧漆	有机硅漆	过氯乙烯漆	丙烯酸漆	聚氨酯漆	硝基漆	乙烯漆
在一般大气环境下使用，对防腐和装饰性要求不高	△	△		△									
在一般大气环境下使用，要求耐候性好，装饰性好	△				△							△	
在湿热条件下使用，要有"三防"性				△		△	△		△	△	△		

续表

环境条件	涂料品种											
	油性漆	脂胶漆	沥青漆	酚醛漆	醇酸漆	氨基漆	环氧漆	有机硅漆	过氯乙烯漆	丙烯酸漆	聚氨酯漆	硝基漆	乙烯漆
在一般大气环境下使用，要求防潮性、耐水性好			△	△			△				△		△
在化工大气环境下使用，要求耐腐蚀性较好			△	△			△		△		△		△
在高温条件下使用								△					

注：△号表示可选用。

4）涂料使用时的安全防护

在涂装过程中容易产生安全问题，一般表现为涂料及其溶剂所引起的火灾、爆炸和中毒现象。涂料中含有有毒的添加剂、颜料和易燃的溶剂、各种树脂等物质。在施工过程中，这些有毒物质容易导致施工人员中毒，并造成对大气、水源及施工环境的污染；易燃物质容易引起燃烧、爆炸的危险，因此必须引起足够的重视，做好安全防护工作。

（1）防火措施。

① 施工场地必须设置防火设备，如要有足够的灭火器、石棉毡、沙箱等灭火工具。每个工作人员应会使用防火设备，懂得各种灭火方法。

② 涂装场地严禁烟火，不准携带各种火种进入施工现场。

③ 擦拭涂料用的棉丝、棉布等物品应集中，并存放在蓄有清水的密封桶内，不要放在暖气或烘房附近。

④ 在施工操作时，应避免金属之间因敲打、撞击、摩擦等产生火花而引起火灾。

⑤ 涂料、稀释剂等易燃物品应存放在贮藏柜内，由专人管理，不得存放在施工现场。

⑥ 清洗工具后的稀释剂应集中存放，不得倒入下水道或随意倾倒。

⑦ 各种电器设备都应该使用防爆型，并设在专门的配电间，有专人管理和维修，防止漏电和产生电火花而引起火灾。

（2）防毒措施。

① 施工中涂料会散发很多有毒的气体，往往会引起慢性中毒，因此车间内必须有良好的通风、防毒、除尘设备，力求降低空气中有毒气体的含量，减少有害气体对人体的伤害。

② 工作人员在涂装作业时应戴好各种防护用具。

③ 在皮肤沾上涂料时，不要用苯擦洗，要用肥皂及少量松香水等及时擦洗，再用清水冲洗干净。

④ 聚氨酯漆中含有游离异氰酸根，胺固化环氧涂料中含有乙二胺、二乙烯三胺等，均能引起中毒，使用时一定要采用预防措施，严禁吸入或与皮肤接触。

⑤ 在涂装含铅的涂料时，不要采用喷涂工艺，防止铅中毒。

⑥ 工作人员要注意清洁卫生，工作后要及时洗手，每天工作后应洗澡，工作服要勤换洗，经常更换失效的口罩。

⑦ 工作人员即使在通风良好的环境中工作，也应戴好口罩。不论在何处工作，都应戴好防护眼镜。

9.2　车身涂装的常用工具和设备

9.2.1　压缩空气供给系统

压缩空气供给系统用于提供充足的达到预定压力值的压缩空气，以确保喷涂车间所有的气动设备都能有效地工作。压缩空气供给系统的规格从小型的便携式装置到大型的安装在车间内的设备应有尽有。

1. 压缩空气供给系统的组成

1）空气压缩机

空气压缩机是所有压缩空气供给系统的心脏，是提供压缩空气的设备，它将空气的压力从普通的大气压升高到某一更高的压力值。空气压缩系统如图 9-2-1 所示。除喷漆需要用压缩空气外，所有的气动工具和设备都要利用有一定压力和流量的压缩空气作为动力。

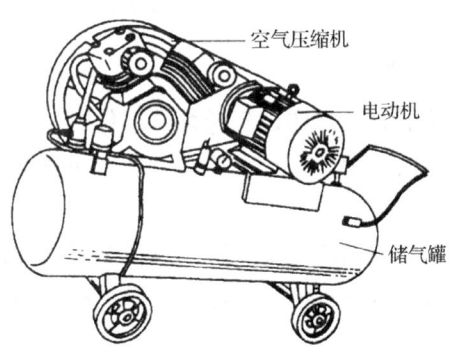

空气压缩机

电动机

储气罐

图 9-2-1　空气压缩系统

2）储气罐

储气罐在压缩空气供给系统中的作用是缓冲，使供气更加稳定，减少空气压缩机的频繁启动。同时让压缩空气在储气罐中沉淀，更有利于除水、除污。

3）气压调节器

气压调节器是用于降低从空气压缩机进入主输管道气流压力的装置，它能够自动地维持需要的气压，并且使压力波动最小。

4）油水分离器

油水分离器是一种多功能的仪器。它可以将脏东西、油、水从高压气体中分离出来；可以过滤和分离空气；可以显示调节后的空气压力；可以为喷枪、吹尘枪、打磨机等气动工具提供多头空气输出口。

5）空气冷冻干燥器

空气冷冻干燥器主要用于降低压缩空气的温度，它既可以吸收气流的热量又可以清除杂质和残余的油、水。空气冷冻干燥器如图9-2-2所示。

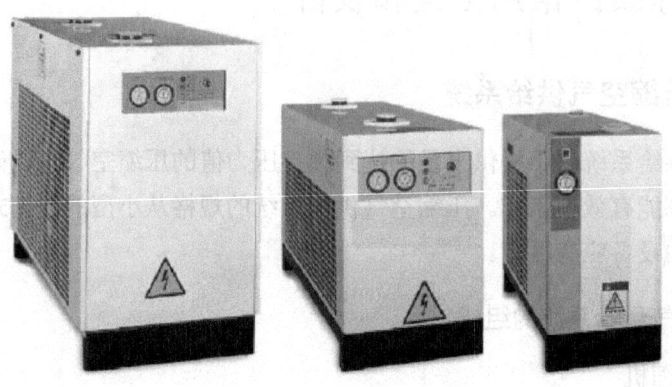

图9-2-2　空气冷冻干燥器

6）管路

空气压缩机和气动设备之间的管路可以用硬管，也可以用软管。有固定工位的设备一般先用硬管输送到固定位置，再用软管接到气动设备上。

2. 压缩空气供给系统的维护

为了压缩空气供给系统能有效工作，延长系统部件的使用寿命，要按规定的维护方案进行日常维护。供气系统的维护分为日维护、周维护和月维护。

（1）日维护。

放掉储气罐、油水分离器内的冷凝水，特别是在空气湿度比较大时，每天要多放几次；检查曲轴箱的润滑油面，应充足但不要过高，避免润滑油消耗过多。

（2）周维护。

① 先检查安全阀，再拉开安全阀上的拉环进行排气。排气的要求是：若安全阀装在储气罐或单向阀上，则在储气罐内存有高压气体时排气；若安全阀装在压缩机内置冷却器上，则在压缩机工作时排气。

② 用手指将拉出来的杆推回去。当安全阀不能正常工作时，应立即维修或更换。

③ 清洗空气滤清器的毛毡或海绵等过滤件，用防爆溶剂清洗干净之后，晒干重新装好。如果空气滤清器太脏，就会降低压缩机的效率和增加润滑油的消耗。

④ 清洗或吹掉气缸和其他容易集灰尘或脏东西的空气压缩机及其附属设备的部件上的小颗粒。干净的空气压缩机工作时的温度较低，而且使用寿命较长。

9.2.2 喷枪

1. 喷枪的分类

喷枪的种类很多，常用的喷枪分类方法是按涂料的供给方式分为重力式喷枪、虹吸式喷枪和压力式喷枪，如图 9-2-3 所示。

（1）重力式喷枪。重力式喷枪也称上壶式喷枪，如图 9-2-3（a）所示。重力式喷枪的涂料杯位于喷嘴的后上方，喷涂时利用涂料自重和涂料喷嘴尖端产生的空气压力差使涂料形成漆雾。杯内涂料黏度的变化对喷出量影响较小，而且杯的位置可由喷涂工人任意调节，但是它的容量小（约 0.5L），仅适用于小物件的涂装，且随着杯内涂料的减少，喷涂的稳定性降低，同时不宜仰面喷涂。

（2）虹吸式喷枪。虹吸式喷枪也称下壶式喷枪、吸力式喷枪，如图 9-2-3（b）所示。虹吸式喷枪的涂料杯位于喷嘴的后下方，喷涂时利用气流的作用将涂料吸上来，并在喷嘴处因空气压力差而产生漆雾，出漆量均匀稳定。当进行大面积喷涂时，可以换掉料杯，将抽料皮管直接连接到储有涂料的容器中，从容器抽取涂料进行连续工作。此种喷枪在涂料的黏度变化时，喷出量容易发生变化。

（3）压力式喷枪。压力式喷枪如图 9-2-3（c）所示。压力式喷枪的涂料喷嘴与空气帽正面平齐，不形成真空。涂料被压力压向喷枪，压力由一个独立的压力瓶提供。此种喷枪适合连续喷涂，喷涂方位容易调整，涂料喷出量调整范围较广。其缺点是需要增添设备、清洗也比较麻烦、稀释剂损耗较大，不适合汽车维修时修补漆方面的使用。

（a）重力式喷枪　　　　　　（b）虹吸式喷枪　　　　　　（c）压力式喷枪

图 9-2-3　喷枪的分类

2. 喷枪的雾化原理

喷枪是指利用空气压力将液体转化为小液滴的喷涂工具，该过程称为雾化过程。雾化是指喷枪在工作过程中，使涂料成为可喷涂的细小且均匀的液滴。当这些小液滴被以正确方式喷到汽车表面上后，就会形成一层厚度极薄的平整的漆膜。喷枪的雾化分为三个阶段进行。

（1）第一阶段。涂料从喷嘴喷出后，被从环形口喷出的气流包围，气流产生的气旋使涂料分散。

（2）第二阶段。在涂料的液流与辅助气孔中喷出的气流相遇时，气流控制液流的运动，并进一步使其分散。

（3）第三阶段。涂料受到从空气帽喇叭口喷出的气流作用，气流从相反方向冲击涂料，使其形成扇形的漆雾。

3．喷枪的组成及各部件的作用

1）喷枪的组成

典型的喷枪由枪体和喷嘴组成，如图9-2-4所示。枪体由空气阀、漆流控制阀、控漆阀、雾形控制阀、压缩空气进气阀、扳机、手柄等组成。喷嘴由空气帽、涂料喷嘴、顶针组成。

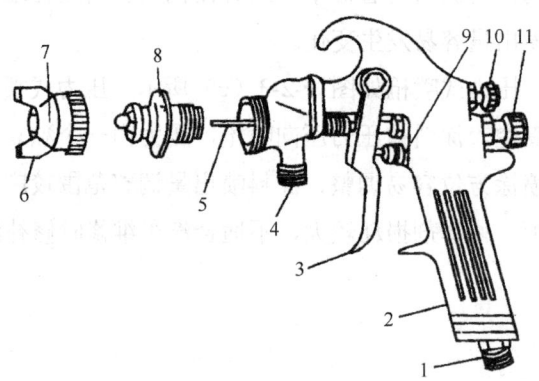

1—压缩空气进气阀；2—手柄；3—扳机；4—控漆阀；5—顶针；6—空气帽角；
7—空气帽；8—涂料喷嘴；9—空气阀；10—雾形控制阀；11—漆流控制阀。

图9-2-4　典型喷枪的结构组成

2）喷枪各部件的作用

（1）空气帽。空气帽把压缩空气导入漆流，使漆流雾化，形成漆雾。

（2）涂料喷嘴。涂料喷嘴上有很多小孔（见图9-2-5），每个小孔的作用都不同。中心孔也称主空气孔，其作用是形成真空，吸出漆雾；侧孔有2~4个，它借助空气压力控制雾束形状；辅助孔有4~10个，它主要促进漆液雾化。辅助孔对喷枪性能有明显的影响，若孔大或多，则雾化能力强，能以较快的速度喷涂大型工件；若孔小或少，则需要的空气少，雾形小，涂料雾化程度差，喷涂量小，但是方便小工件的喷涂或低速喷涂。

涂料喷嘴有各种型号，可以适应不同黏度的涂料。涂料喷嘴的口径越大，涂料的喷涂量越大，因此防锈底漆等底层涂料的喷涂一般选用大口径的涂料喷嘴。

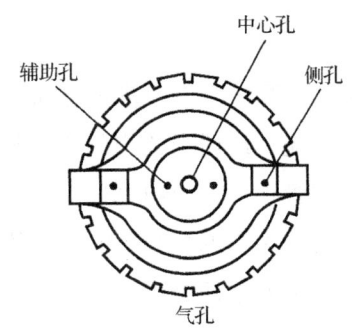

图 9-2-5　涂料喷嘴的气孔

（3）顶针。顶针与涂料喷嘴的作用都是控制漆流量，并把漆流从喷枪中导向气流。涂料喷嘴内有顶针内座，顶针在顶到内座时可以切断漆流。从喷枪喷出的实际漆量由顶针顶到内座时涂料喷嘴的开口大小决定。控制阀可以改变扳动扳机时顶针与内座的距离。

连接顶针的尾部有一个螺母，用来调整顶针的伸缩幅度，这也是调整喷枪的最基本的操作。

（4）雾形控制阀。雾形控制阀可以控制漆雾的雾形。控制阀关上，雾束呈圆形；控制阀打开，雾束呈椭圆形。

（5）漆流控制阀。漆流控制阀可以控制液体涂料的流量，开关由扳机控制。当其全关时，即使扣死扳机也没有液体涂料流出；当其全开时，液体涂料的流量最大。漆流控制阀是调整喷枪的最重要的元件之一。

（6）空气阀。空气阀的开关由扳机控制。打开空气阀所需要的扳机行程可由一个螺钉调节。扳机扣到一半时空气阀打开，再扣动扳机，涂料喷嘴才打开。

扳机一般为两段式转换操作，扣动扳机一半时，空气阀先打开，从空气孔高速喷出的压缩空气在涂料喷嘴前面形成低压区。再进一步扣动扳机时，涂料喷嘴才打开口，吸引涂料从喷嘴喷出。

喷枪的性能取决于涂料喷出量与空气消耗量的关系，即当涂料喷出量小而空气消耗量大时，涂粒较小；当涂料喷出量大而空气消耗量小时，涂粒大且粗，涂膜的成效较差。通常小型喷枪的涂料喷出量为 10～200mL/min，大型喷枪的涂料喷出量为 120～600mL/min；小型喷枪的空气消耗量为 40～290L/min，大型喷枪的空气消耗量为 280～520L/min。涂料喷出量越大，空气消耗量也越大。

4．喷枪的使用

1）喷枪的检查

（1）检查喷枪上的气孔，应无污垢和堵塞。

（2）检查喷枪上的密封圈，应无渗漏等。

2）喷枪的调整

（1）压力的调整。喷枪压力的调整应该严格按照油漆产品说明书所提供的施工参数进行调整。对任何油漆系统来说，最适当的空气压力只有一个，就是能使涂料获得最好雾化的最低空气压力。在软管接头与喷枪之间接一个调压阀，用来检查和调整喷枪压力。压力太高会因飞漆而浪费大量的涂料，抵达构件表面前溶剂挥发快而导致流动性差，容易产生橘皮等缺陷；压力太低会因溶剂滞留增多而造成干燥性差，漆膜容易起泡、产生流挂。

（2）雾束大小、方向的调整，如图9-2-6（a）所示。

雾束大小的调整。把雾形控制阀的旋钮全拧进去可得到最小的圆形雾束，把旋钮全拧出来可得到最大的椭圆形雾束。

雾束方向的调整。调整空气帽可调整雾束的方向。将空气帽的犄角调整成与地面平行，喷出的雾束呈平面且垂直地面，为垂直雾束，这种方式用得最多；将空气帽角调整成与地面垂直，喷出的雾束呈平面且平行地面，为水平雾束，这种方法在施工中少见，在大面积施工进行垂直扫枪时用。

（3）漆流量的调整，如图9-2-6（b）所示。用漆流控制阀按选定的雾形调整漆流量，方法是将控制阀拧出来，漆流量增大，反之，漆流量减少。

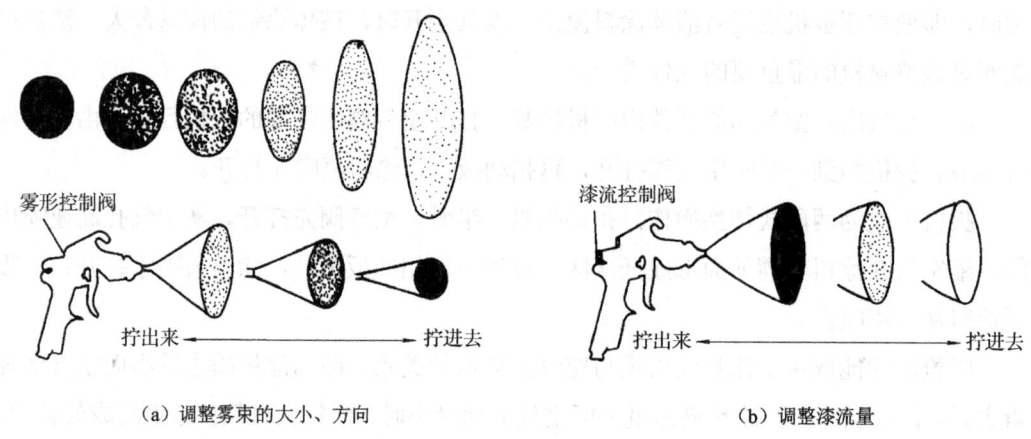

（a）调整雾束的大小、方向　　　　　　　　　　（b）调整漆流量

图9-2-6　喷枪的调整

5．喷枪的日常维护

1）喷枪的清洗

在清洗虹吸式喷枪时，应先卸下涂料杯，将吸料管留在杯内，接着松开空气帽2～3圈，用一块叠好的抹布挡住空气帽，扣动扳机，使喷枪内的涂料流回涂料杯中（注意，使用的气压要低，当涂料杯还装在喷枪上时，不要进行上述操作，否则会导致涂料从杯内飞溅出来），如图9-2-7所示；将空气帽重新拧紧，并把涂料杯中的涂料倒出；用溶剂和细毛刷清洗涂料杯和杯盖，用一块浸过溶剂的抹布擦掉残留物，然后向杯内倒入少许

的清洁剂，扣动扳机，将清洁剂喷出，清洗输料管，如图 9-2-8 所示。

将空气帽卸下，泡在稀释剂或溶剂中，用类似圆头牙刷的软刷子清洗堵塞的小孔，但不可用铁丝或铁钉类的东西清理小孔，防止将这些精加工的孔通大。

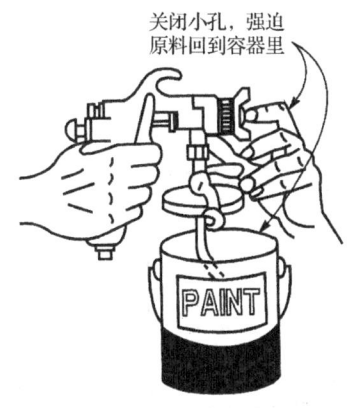

图 9-2-7 利用压缩空气使枪内的涂料回涂料杯   图 9-2-8 用清洁剂冲洗喷枪

2）喷枪的润滑

最好每天工作后都对喷枪及时进行润滑，用轻机油润滑各个部件，如图 9-2-9 所示。喷枪在正常使用过程中，由于磨损和老化，密封圈、弹簧、针阀和喷嘴必须定期更换。更换要按生产厂家的说明进行。

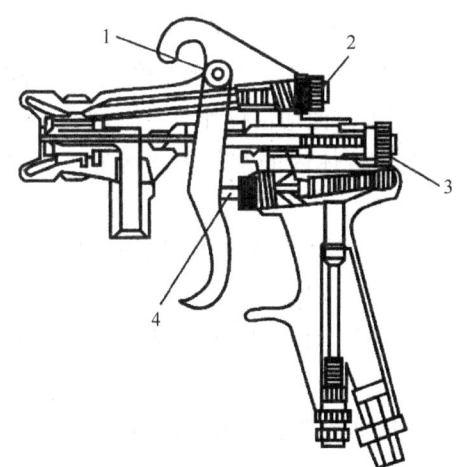

1—扳机转轴；2—雾形控制阀调整钮；3—涂量控制旋钮；4—空气阀。

图 9-2-9 喷枪需要润滑的部件

6. 新型专用喷枪

（1）带搅拌的虹吸式喷枪。为了防止金属闪光漆、珍珠漆在施工过程中产生沉降，从而保持喷涂表面上各个部位的色相一致，国外开发了一种以带搅拌为特征的新型喷枪，如图 9-2-10 所示。

1—搅拌轴；2—搅拌叶片；3—搅拌进度控制阀；4—压力表；5—空气软管接头；
6—压缩空气控制阀；7—喷杯；8—喷杯盖；9—输料管。

图 9-2-10　带搅拌的虹吸式喷枪

带搅拌的虹吸喷枪的主要特征是：

① 进入喷枪的压缩空气一部分在喷枪的手柄部位分成两股，一股像传统喷枪一样，进入空气帽内供雾化涂料用，另一股进入喷杯，驱动喷杯内的搅拌器叶片进行搅拌，从而克服涂料配方中有比重较大的颜料在施工时因黏度产生沉降的弊端。

② 喷杯中搅拌器的速度能很方便地由操作者手工调整，刻度显示，操作方便。

③ 喷枪上的压力表直接与枪体内的空气回路相通，容易控制喷涂时压缩空气压力状态。

（2）含珠光颜料的专用喷枪。该种喷枪的主要特征是：

① 高微粒化、薄膜型扇面，特别适合含珠光颜料的施工。

② 由空气帽喷出的空气压力、由喷嘴喷出的涂料的量及漆雾的扇面大小均可预先设定。

③ 在操作时，可以方便地通过喷枪上的调节阀进行调节，各调节阀上都设有刻度盘；

④ 喷嘴和控制阀均采用不锈钢制造，适用于几乎所有品种的涂料。

⑤ 喷枪虽然设计为大供气量，但是由于枪体较轻，操作非常方便。

这种类型的喷枪最大的缺点是：供漆量小，不适合大面积的涂装施工。

（3）HVLP（High Volume Low Pressure）空气喷枪。它是一种大流量、低压力的新型喷枪，主要特征是：

① 上漆率高，节省涂料，污染小。

② 扇面均匀，在对高级轿车之类的对装饰性要求较高的表面施工时，非常容易获得接近镜面的效果。

③ 特别适合喷涂金属闪光漆，闪光效果明显、均匀、侧视效果好。

④ 压缩空气压力低，一般在喷嘴处测得的气压不应超过 0.07MPa。

⑤ 采用旋转式空气帽，每一把枪都可以配置不同的空气帽、喷嘴、顶针，以适应不同场合的要求。

⑥ 由于上漆率高，可以选择较小孔径的喷嘴。

9.2.3 喷漆室及烘漆室

1. 喷漆室

在喷涂作业中，大部分漆雾在空气中漂浮，污染空气，对人体产生危害，并且当喷雾浓度达到一定程度后，还会造成火灾或爆炸。另外，空气中有尘埃会黏附到刚喷好的尚未达到表干的涂层上，影响涂膜效果。因此，操作要在具有一定条件的喷漆室内进行。特别是当工件量多或尺寸较大时，一定要在喷漆室内进行。

1）对喷漆室的基本要求

（1）进入喷漆室的空气必须经过过滤，保证无尘。在严冬季节还需要对空气进行适当加温。

（2）空气在喷漆室内的流动方向必须按重力的方向，即从天花板流向地面。

（3）能完全清除漆雾、溶剂等有碍人体健康的物质。

（4）保证喷漆室内是微正压状态，防止外界尘土进入喷漆室内，并迫使废气下行排出。

（5）喷漆室内的噪声不能超过 85dB。

（6）喷漆室内应使用"消色差"的灯光，以免影响配色。

（7）喷漆室内应有灭火装置，要符合油漆厂安全防火的要求。

2）喷漆室的类型

（1）按抽风形式分为侧抽风式喷漆室和下抽风式喷漆室。侧抽风式喷漆室现在已经趋于淘汰，下抽风式喷漆室原理如图 9-2-11 所示。

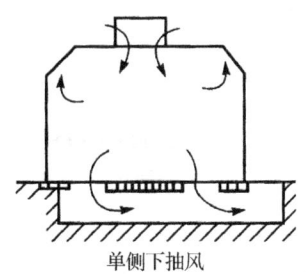
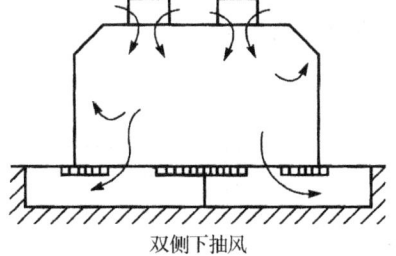

单侧下抽风　　　　　　　　　双侧下抽风

图 9-2-11　下抽风式喷漆室的原理

（2）按结构形式分为室内喷漆室、通过喷漆室和敞开式喷漆室。

（3）按过滤装置的结构分为干式过滤喷漆室和湿式过滤喷漆室。干式过滤喷漆室又分为折流喷漆室和滤网式喷漆室；湿式过滤喷漆室又分为喷淋式过滤喷漆室、多级水帘式过滤喷漆室和水旋式过滤喷漆室。图 9-2-12 所示为多级水帘式过滤装置示意图。

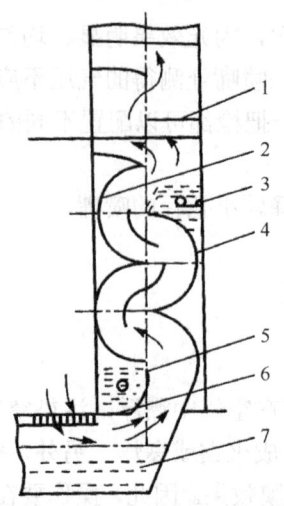

1—挡水板；2—活动半圆筒；3—上溢水槽；4—固定半圆圆管；5—下溢水槽；6—栅板；7—水池。

图 9-2-12　多级水帘式过滤装置示意图

2．烘漆室

烘漆室是用来固化、烘干涂膜或加快自干漆涂膜的固化设施。

根据干燥方式，烘漆室可分为热空气对流干燥烘漆室、红外线辐射干燥烘漆室和紫外线干燥烘漆室等。在我国的汽车维修业中，热空气对流干燥烘漆室和红外线辐射干燥烘漆室应用最为广泛。

红外线辐射干燥烘漆室主要由室体、辐射器和燃料热力转换器等组成。红外线辐射器或远红外线辐射器安装在烘漆室内部。远红外线辐射器比红外线辐射器优越得多，可节能 30%～50%，烘干时间可缩短 50%。另外温度容易控制、使用寿命长、操作简单、维修方便。因此，远红外线辐射器在新建烘漆室中被广泛采用。

组合式红外线干燥设备如图 9-2-13 所示。移动式干燥设备在汽车局部干燥中广泛使用，如灯式远红外线干燥设备、板状箱式远红外线干燥设备等红外线干燥单元。红外线干燥单元如图 9-2-14 所示。

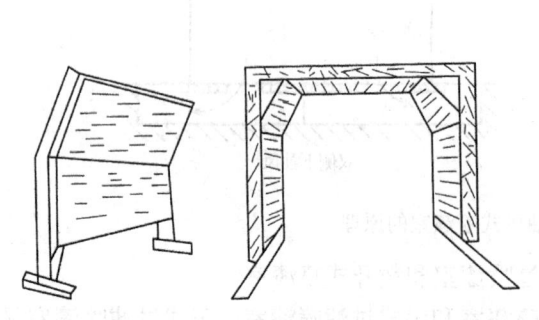

图 9-2-13　组合式红外线干燥设备

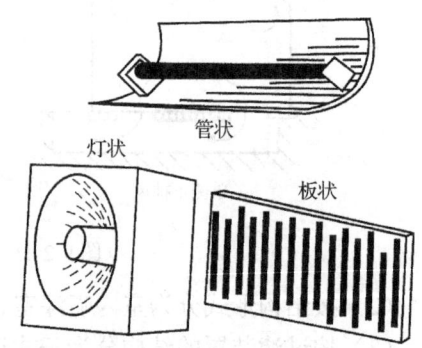

管状

灯状

板状

图 9-2-14　红外线干燥单元

复习题

一、判断题

1. 涂料是涂在物体表面能形成具有保护、装饰或特殊性能的固态涂膜的一类液体或固体材料的总称。（　　）

2. 颜料和树脂是涂料组成中的基础，是涂料的主要成膜物质。（　　）

3. 沿海地区的车身涂料没有特殊要求。（　　）

4. 选用底漆时应考虑遮盖性能。（　　）

5. 涂料、稀释剂等易燃物品应存放在贮藏柜内，由专人管理，不得存放在施工现场。（　　）

6. 为了压缩空气供给系统能有效工作，延长系统部件的使用寿命，要按规定的维护方案进行日常维护。（　　）

二、单选题

1. 下面表示稀释剂的是（　　）。

    A. C04-2　　　　　　B. X-5　　　　　　C. F-5

2. （　　）是一种大流量、低压力的新型喷枪。

    A. 普通喷枪　　　　B. RP 喷枪　　　　C. HVLP 空气喷枪

3. 喷漆室内的噪声不能超过（　　）。

    A. 60dB　　　　　　B. 70dB　　　　　C. 85dB

4. 远红外线辐射器比红外辐射器优越得多，可以节能（　　）。

    A. 20%～30%　　　B. 30%～50%　　C. 50%～70%

三、多选题

1. 下面属于辅助成膜物质的是（　　）。

    A. 颜料　　　　　B. 稀释剂　　　　C. 防潮剂　　　　D. 固化剂

2. 压缩空气供给系统为延长使用寿命，通常需要（　　）。

    A. 日维护　　　　B. 周维护　　　　C. 月维护　　　　D. 年维护

3. 喷枪的种类很多，常用的喷枪分类方法是按涂料的供给方式分为（　　）。

    A. 重力式喷枪　　B. 虹吸式喷枪　　C. 压力式喷枪　　D. 喷气式喷枪

四、简答题

1. 底漆的选择原则有哪些？

2. 中涂层涂料的选择原则有哪些？

3. 面漆的选择原则有哪些？

4. 喷枪的检查包括哪些？

第10章 涂装的工艺方法

知识目标：

1. 了解车身涂料的一般知识
2. 掌握车身涂装常用的工具和设备
3. 掌握车身涂装修复的工艺

技能目标：

1. 能正确使用涂装工具
2. 能鉴别漆面的类型
3. 能进行腻子的刮涂
4. 能正确进行打磨
5. 能进行底漆和中涂漆的喷涂

20 世纪 80 年代中期，我国汽车保有量不足 100 万辆，截至 2020 年机动车保有量达 3.72 亿辆，其中汽车保有量为 2.81 亿辆。随着汽车保有量的快速提高，各种交通事故频发，在各种交通事故中，漆面都会有不同程度的损伤。因而，漆面的损伤修复得到了人们的关注，并成为今天的热门行业。

10.1 涂装前处理

10.1.1 涂装前处理概述

车辆喷涂前的车身板件表面前处理是车身涂装修复的第一道工序，也是车身涂装修复的一项基本内容，主要目的是为了提高涂层的防腐性，增强涂层的附着力。这直接影响涂层的使用寿命和装饰效果，若板件表面前处理不彻底，则将影响涂层的附着力、防护能力、硬度和车身的光洁度等。

车身板件表面前处理就是将车身在制造、运输、储存和维修过程中残存在表面上的各类杂质进行处理，如氧化皮、锈蚀、各种油类物质、酸碱化学物质、焊渣和尘土等机械污物和原有的旧漆层或塑料等硬质有机物涂层等。

1．汽车修补漆与原厂漆的区别

1）汽车原厂漆

汽车原厂漆的涂装一般是在生产线上对纯金属裸车身进行的涂装作业，此时的汽车并不包含各种塑料附件。汽车原厂漆的涂装方法多数采用阴极电泳涂装（CED），这种操作工艺下的车身涂装对金属有钝化作用，同时有较好的防腐蚀性能。原厂漆的涂装干燥采用 150℃以上高温烘烤的方式，整个过程由阴极电泳涂装、电泳后清洗、吹干（或脱水）和涂膜固化（高温烘漆）等一系列工序组成，各工序的功能、工艺参数及管理要点等是在自动化生产线上实现的。

原厂漆的涂装工艺如下：前处理→电泳漆涂装→烘烤→中涂层静电喷涂（ESTA）→烘烤→湿砂磨→底色漆层 ESTA+空气→晾干、红外/普通→清漆喷涂线 ESTA→烘烤。

2）汽车维修厂的修补漆

汽车维修厂的修补漆的主要作用是修补因事故损伤或者因使用多年涂层老化（如涂层开裂、变色、失光、粉化等）造成的外表损伤。修补涂装是针对各种复杂情况进行修补或重新涂装，故而又称修补漆。修补漆的烘烤温度最高不能超过 60℃，否则会破坏车身的一些塑料附件。因此，汽车维修厂的修补涂装作业需要使用不同的涂料类别，且在维修厂内进行，利用不同的设备和工具来完成。各生产厂家的修补漆的涂装工艺都有各自的流程，而要想使修补后的车漆与原车漆面效果接近或相似，主要依靠漆的调色来满足。

修补漆的涂装工艺如下：清洗→鉴定损坏程度→表面处理→喷底漆→涂中间涂料→干燥打磨→喷底色漆→干燥→喷清漆→干燥（烤漆）→抛光、清洗→交车。

2. 表面前处理

表面前处理是指翻修被损坏的或被更换的车身钣金件，以便为表面涂装提供适应底漆的所有作业的总和。

1）目的

（1）保护底板金属，防止其生锈、喷涂后起泡。

（2）提高涂层间的附着力。

（3）填补凹穴和划痕。

（4）封闭表面，防止吸收面漆中的涂料。

2）步骤

（1）清洗。

（2）旧漆的清除。

（3）除锈。

（4）表面磷化和钝化的处理。

（5）非金属表面的处理。

3. 车身清洁

1）底材清洁的注意事项

（1）在清洁底材时，由于底材属性不同，应根据实际情况使用不同的清洁剂。

（2）非水溶性污染物可以用有机溶剂清洁剂去除。

（3）水溶性污染物可以用肥皂水和水溶性清洁剂去除。

（4）硅脂、蜡、油脂和油渍可以用专业化学清洁剂去除。

2）洗车

如图 10-1-1 所示，可以用电脑洗车机洗车，也可以人工用高压水洗车。车辆仅在清洗后才能进入预处理区，防止污染物进入车间。

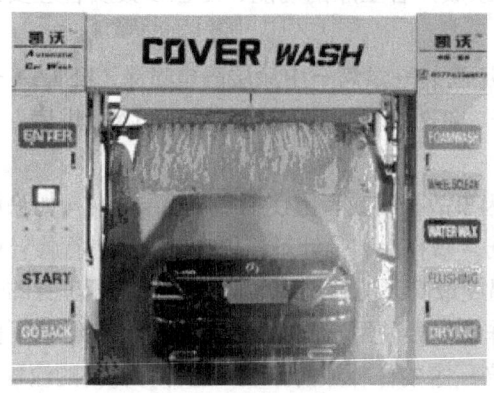

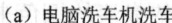

（a）电脑洗车机洗车　　　　　　　　　　　（b）高压水洗车

图 10-1-1　洗车

虽然需要进行涂装操作可能只是车身的某一块板件或板件的某一部分，但是仍需要彻底清洗整个车辆上的泥土、污垢和其他异物。车身清洗部位如图 10-1-2 所示，尤其需要注意门边框、行李箱盖的缝隙、发动机罩周缘缝隙和轮胎挡泥板处的污垢，如果不清除干净，新油漆的漆膜上就可能会沾上很多污点。一般先用纯净水冲洗，再用车辆清洗剂清洗，然后用水彻底冲干净。

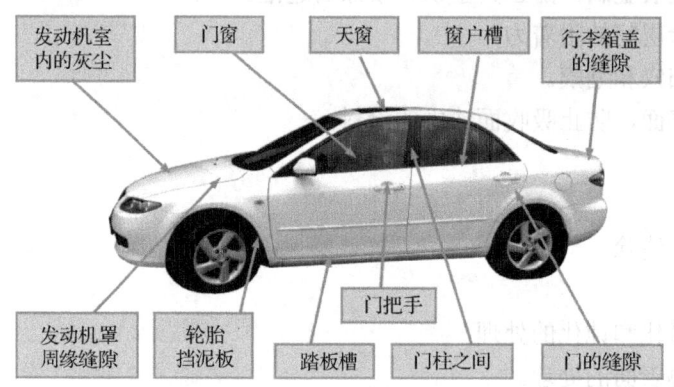

图 10-1-2　车身清洗部位

4. 车身涂装前检查

1）检查整个车辆

清洗车辆后目测，找出如图 10-1-3 所示的需要修补的损坏区域，以及工作单中没有记录到的其他损坏，并将未记录的损坏记录、汇报。

图 10-1-3　损坏区域检查

2）检查损坏区域

（1）在检查损坏区域时，确定损坏区域的底材及相应工作步骤、流程和产品，以及需要使用的正确的清洁剂。

（2）在修理损坏区域时，应尽量保持较小的处理表面积（见图 10-1-4），以便能在损坏的面板内进行过渡混色修补（见图 10-1-5），可利用压条或面板造型线边缘。

图 10-1-4　保持小面积的修理区域　　　　　图 10-1-5　在损坏的面板上完成工作

3）检查损坏区域的注意事项

（1）侵蚀部位需要彻底处理，不能有遗漏。

（2）凹痕部位需要彻底清洁，利于后续工序的操作。

（3）石屑需要彻底清洁。

（4）检查刮痕时不能遗漏。

（5）检查损坏区域是否进行过修补涂装。

（6）检查底材的材料类型。

（7）评估该损坏区域是否可采用过渡混色喷涂方法。

5. 涂料的鉴别

鉴别车身钣金件上的涂料类别在重涂工艺中是非常重要的。如果没有正确鉴别涂膜，在喷涂面漆时会出现严重的问题。

判断汽车是否经过重新喷涂的方法如下：

（1）打磨法。打磨需要修补部位的某一边缘，直到露出金属，如图 10-1-6 所示。

（2）测量涂层厚度法。将旧涂层剥开，直到露出底材，测量涂层断面的厚度。

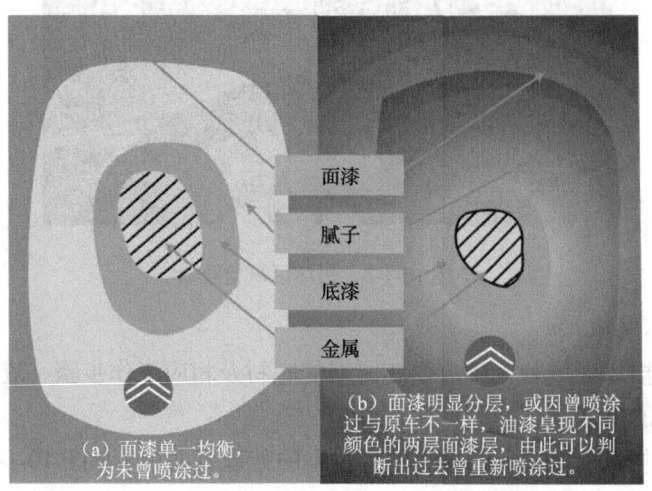

面漆

腻子

底漆

金属

（a）面漆单一均衡，为未曾喷涂过。

（b）面漆明显分层，或因曾喷涂过与原车不一样，油漆呈现不同颜色的两层面漆层，由此可以判断出过去曾重新喷涂过。

图 10-1-6 采用打磨法确定原有漆层类型

10.1.2 底材处理

1. 涂装要具备的条件

任何修补工作的成功与否，取决于是否满足了一系列的前提条件。

（1）修理厂车间温度不能低于 +18℃。

（2）在使用涂料前，车辆温度必须达到室温，涂料产品也需要达到室温才可使用。

（3）必须仔细进行预处理，板材必须干燥、无锈、无油垢。

（4）在喷涂面漆前，磨穿部位或将要磨穿部位必须再次做底漆处理（封闭）。

（5）打磨用水的"硬度"不能高于 5°DH；必要时，可采用离子交换器脱除水中矿物。

（6）不要把打磨后的脏水留在车身上让其自然干燥，应立即用布擦干。

（7）干净彻底地除去所有干打磨留下的灰尘，要等到处理部位完全干燥才可进行一下步操作。

（8）修补表面一旦已经除去油脂且已经进行过打磨，就不可再用手接触表面。

（9）底层材料中的溶剂充分蒸发后才可对其进行再喷涂（湿碰湿修补系统除外）。

（10）压缩空气必须清洁、干燥，定期排空油水分离器。

（11）喷漆室和烘漆室应配备能高效供应新鲜空气及排出空气的设施。任何没有排出的溶剂蒸气都有可能降低最终漆膜的光泽度，并延缓干燥过程。

2. 旧漆膜的清除

清除旧漆膜的方法有铲刀法、手工砂纸打磨法、加热法、打磨机法、喷砂机法、化学法等。应考虑旧漆膜的具体情况及车间现有设备等条件，合理选择一种或几种方法。如果旧漆膜清除到钢板，钢板表面有锈蚀，就必须清除干净才能进行涂装。

1）不同损伤的处理要求

处理原则：损伤到哪一层，就处理到哪一层。

（1）如果损伤仅限于面漆层，打磨时只要将损坏部分磨掉即可。

（2）若损伤到了中涂层，则需要打磨到原厂底漆层。因为原厂底漆性能非常好，所以打磨时一定注意，尽量保留完好的原厂底漆。

（3）若损伤到了原厂底漆层，则需要打磨到露出底材表面，并对底材表面可能存在的锈蚀、穿孔等进行修复。

（4）对于严重的漆膜损伤，通常需要将较大面积区域内旧漆膜清除至裸金属（板材表面）。

2）手工去除旧漆层

（1）准备工作。

① 将砂纸裁成适合磨块的尺寸。

② 将砂纸平贴于磨块下面，两边多出的部分向上折，贴靠到磨块边缘以便用手握住，如图 10-1-7 所示。

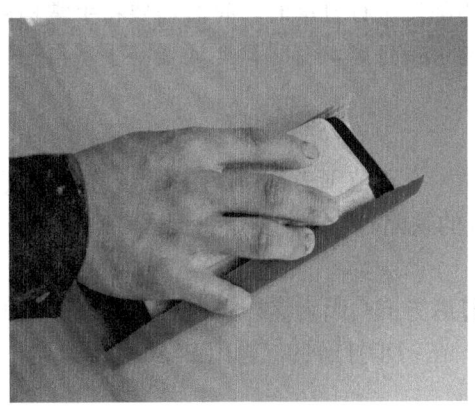

图 10-1-7　砂纸打磨块握法

【注意砂纸的握法】

● 将砂纸夹在拇指和手掌之间，手平放于磨块表面。

● 将砂纸夹在小指和无名指之间，手平放于磨块表面。

● 将砂纸用拇指和小指握住进行打磨。

（2）打磨操作。

① 将磨块平放于打磨表面，前后及左右移动。在打磨时，磨块要保持平移，用力要适当。

② 打磨姿势以舒服、顺手为原则。对于较大的表面，最好是采用拇指和小指夹住砂纸，中间三指配合手掌用力的握法，如图 10-1-8 所示。

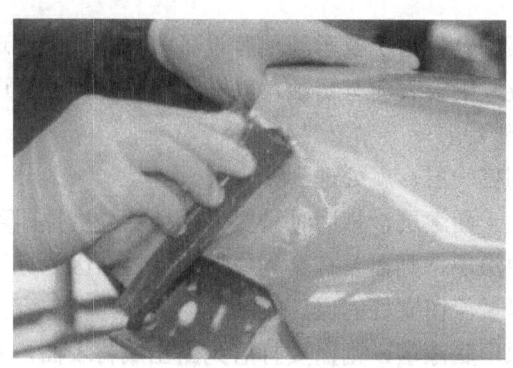

图 10-1-8　打磨

【注意打磨时力度的控制】

- 尽量轻地握住砂纸。
- 打磨时施加于表面的压力仅限于手掌的重量。
- 有时还必须经常改变打磨姿势，以适应不同部位的表面结构。

（3）打磨方法。

① 手指打磨法。

在对汽车某个特殊的部位进行打磨时，有时需要将手掌稍微抬起来一点，将重量施加到手指上，进行所谓的手指打磨，有时甚至还要将手掌再抬高一点，将重量加到指尖上，用指尖进行打磨。

② 画圈打磨法。

用手指按住砂纸，在一个小范围内快速做圆周运动进行打磨。这种画圈打磨的方法不得用于直径大于 25cm 的缺陷。

③ 交叉打磨法。

打磨时经常地改变打磨方向，因为这样操作获得的基材表面较平整，角度为 30°或 45°，如图 10-1-9 所示。在初步打磨后，再用 P150 砂纸打磨一遍。

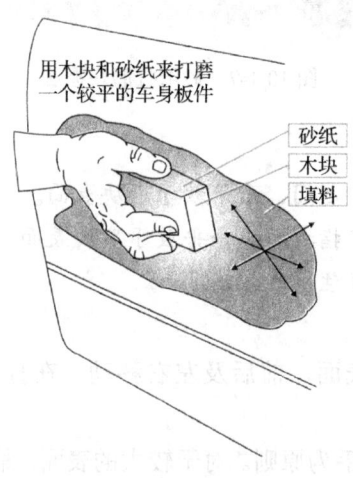

图 10-1-9　交叉打磨法

（4）打磨羽状边。

用 P240 砂纸，采用由内向外或由外向内均可以进行羽状边打磨，如图 10-1-10 所示。小面积用画圆圈的方法打磨，而大面积则用走直线的方法打磨。打磨羽状边时注意每层之间的距离不少于 5mm，如图 10-1-11 所示。

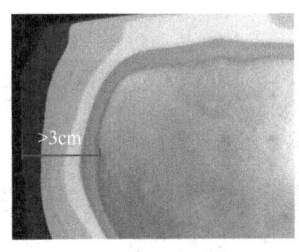

图 10-1-10 打磨羽状边

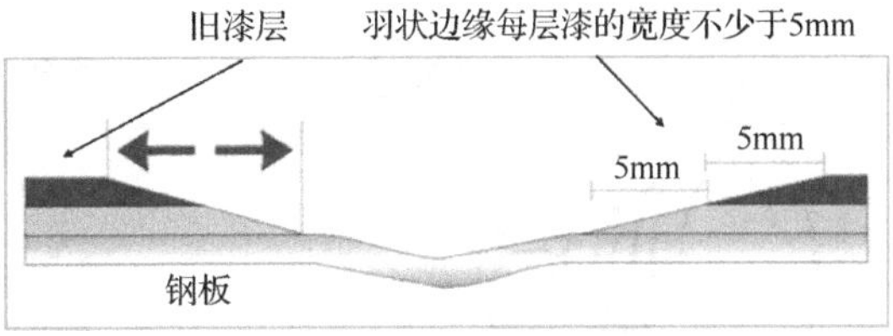

图 10-1-11 羽状边的宽度

（5）表面磨光。

磨光（见图 10-1-12）是对损伤部位周围区域（过渡区）的表面进行处理，使表面无光、粗糙，这样新喷的漆才能牢固地黏附在表面上。

① 砂纸一般用 P320 或 P400。

② 将砂纸按需要裁开。

③ 采用走直线的方式进行打磨。

④ 经常检查砂纸的表面状态，如果砂纸上黏的漆灰较多，应用手刷、钢丝刷或压缩空气将它清理干净。

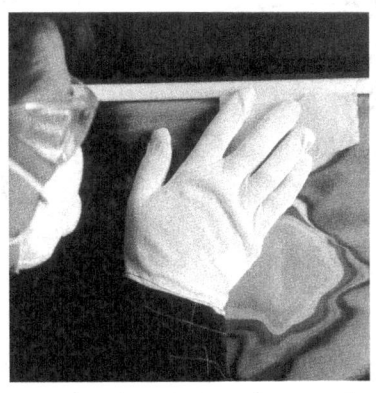

图 10-1-12 磨光

【注意砂纸的选用】

● 清除旧漆区域最后一道打磨所用的砂纸型号视下道工序而定。

● 若下道工序为刮腻子，则用 P60 或 P80 砂纸打磨完成即可（包括羽状边）。

● 若下道工序为补喷底漆，则用 P180 砂纸打磨原底漆（包括羽状边）。

● 若下道工序为喷中涂漆，则最后用 P320 砂纸打磨（包括羽状边及过渡区域）。

● 若下道工序为喷面漆，则用 P400 或 P600 砂纸打磨（包括羽状边及过渡区域）。

● 砂纸型号的递进不应超过 100 号。

3）使用打磨机去除旧漆层

（1）打磨机种类。

① 单作用打磨机。

单作用打磨机打磨盘垫绕一固定的点转动，如图10-1-13所示。打磨痕为大圆弧形，且痕迹较深，如图10-1-14所示。

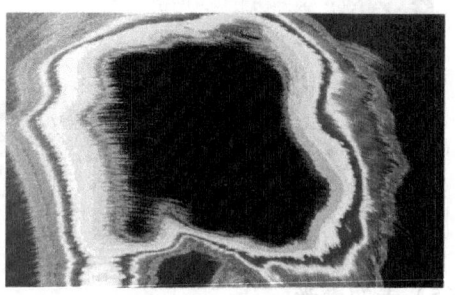

图 10-1-13　单作用打磨机　　　　　　　图 10-1-14　打磨痕

② 轨道式打磨机。

轨道式打磨机如图 10-1-15 所示。砂垫外形为矩形，便于在工件表面上沿直线轨迹移动，整个砂垫以小圆圈振动，此类打磨机主要用于腻子的打磨。打磨痕为小圆弧形，痕迹较浅，如图 10-1-16 所示。

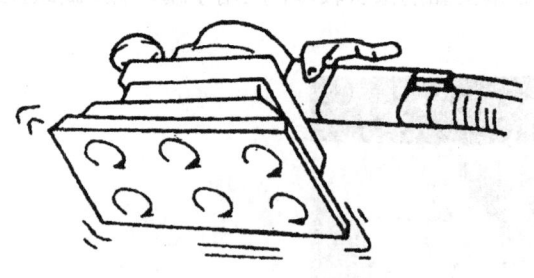

图 10-1-15　轨道式打磨机　　　　　　　图 10-1-16　打磨痕

③ 双作用打磨机。

双作用打磨机如图 10-1-17 所示。打磨盘垫本身以小圆圈振动，同时又绕着自己的中心转动。打磨痕为大小交错的圆弧形，痕迹较浅，如图 10-1-18 所示。

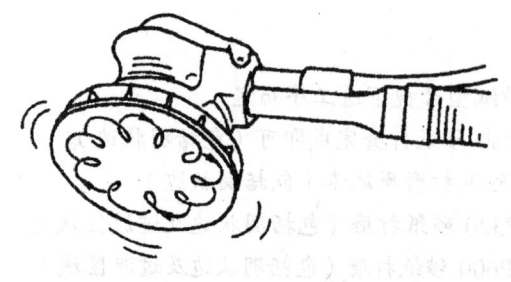
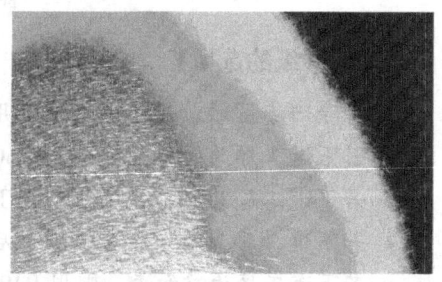

图 10-1-17　双作用打磨机　　　　　　　图 10-1-18　打磨痕

（2）与打磨机配套的砂纸如图 10-1-19 所示。

图 10-1-19 与打磨机配套的砂纸

（3）打磨操作前的注意事项。

① 打磨工人应该佩戴防护眼镜和防护面罩。

② 检查打磨机叶轮的品种及规格是否与当前操作所要求的性能相一致。对于破损的叶轮，哪怕只有很小一点缺陷，也绝不能继续使用。

③ 检查电源是否在该产品所规定的范围内。

④ 在将电源插头插入电源插座之前应仔细检查打磨机的电源开关是否关闭。

⑤ 在更换叶轮时务必认真按照说明书的要求。

⑥ 绝不可采用电动打磨机打磨铝材、塑料等；可采用磁铁检查基材。

⑦ 绝不可采用电动打磨机交叉打磨曲面弧度较大、凸出很高的表面或非常凹的表面。

⑧ 绝不可采用电动打磨机打磨边角、皱褶缝、焊缝、黏结处或刮涂过塑料密封胶的区域。

（4）打磨操作。

① 穿戴好安全劳保用品。

② 戴好手套，然后轻轻地摸一遍待打磨表面，这有助于打磨工人决定如何进行打磨。

③ 握紧打磨机，打开开关并将其倾斜大约 5°～10° 移向待加工表面。可以采用下面的方式进行打磨作业。

a. 打磨机向右移动

将打磨机叶轮左上方的 1/4 对准加工表面，向右移动打磨机如图 10-1-20 所示。

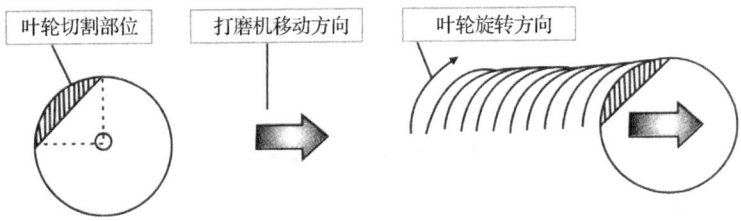

图 10-1-20 向右移动

b. 打磨机向左移动。

将打磨机叶轮右上方的 1/4 对准加工表面，向左移动打磨机，如图 10-1-21 所示。

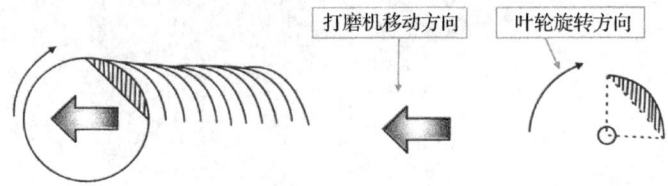

图 10-1-21 向左移动

c. 打磨较为平整的表面时的移动方式如图 10-1-22 所示。

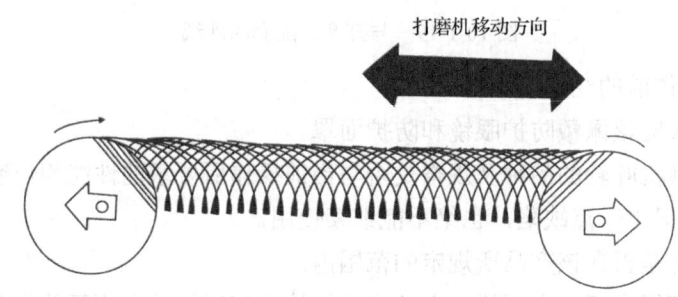

图 10-1-22 打磨较为平整的表面的移动方式

（5）打磨边缘的操作。

将整个打磨机压在车身板上，提起一边，仅向斜坡区域施压，然后沿边界线移动打磨机（见图 10-1-23），边界线和打磨机之间的关系必须保持恒定。

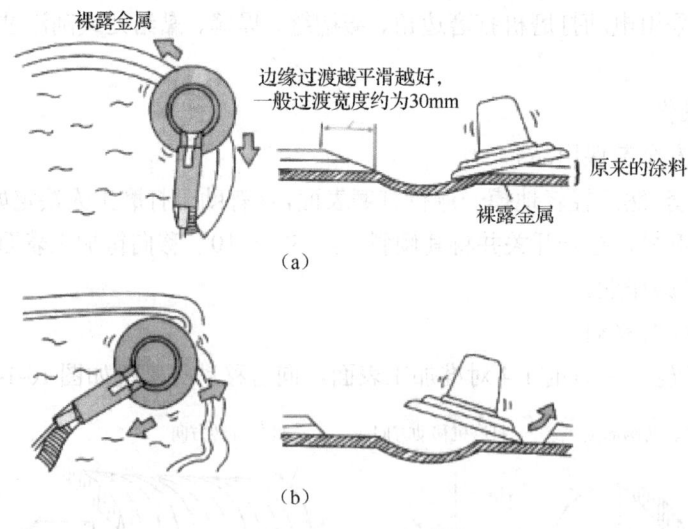

图 10-1-23 打磨边缘

（6）磨光表面。

每一道磨痕覆盖其他磨痕的面积大约为 50%～60%（见图 10-1-24），这将有利于砂平作用。

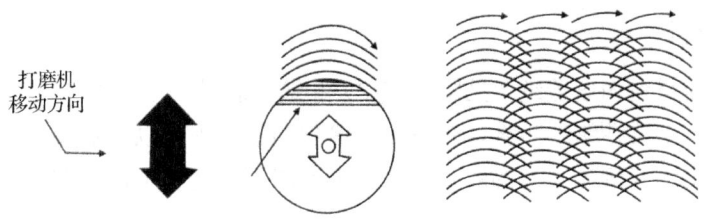

图 10-1-24　磨光表面

【打磨操作时的注意事项】

- 在操作打磨机时，一定要在接触到钣金件表面前启动打磨机，以防止打磨出过深的沟槽。
- 为了防止钣金件过热变形，不要将打磨机停在一个位置过长时间。
- 不允许使用粗砂磨料以 90° 交叉打磨凸出很高的表面，这样做将会造成很深的打磨伤痕，以后将很难将其除去。
- 千万不要让粗砂磨料接触打磨区域附近完好的油漆表面，最好用胶带把完好的涂层部位保护起来。

10.2　底漆的喷涂

在被涂表面经过清洗、除油、清除旧漆层、除锈等表面处理后，就可以对其进行涂装施工了。在涂装工艺中，最先要进行的是底漆的喷涂作业，所形成的底漆涂层是整个涂层的基础，与底材的附着力和涂层的耐腐蚀性主要靠底漆来实现，底漆的喷涂质量直接影响涂层的质量。

10.2.1　遮盖

在喷涂底漆之前，除了需要进行除油、除锈、清除旧漆层等表面处理，还需要在喷涂前进行遮盖，如图 10-2-1 所示。

图 10-2-1　遮盖

1．遮盖材料

常用的遮盖材料为遮盖纸（见图 10-2-2）和遮盖胶带（见图 10-2-3）。遮盖纸要平滑地盖在车辆上，不要褶皱或折叠，带有平滑涂层的面朝外，以免油漆穿透遮盖纸。遮盖胶带有专门的用途，例如，有的胶带用在风干油漆面的情况下，而有的胶带必须用在烘干的情况下。

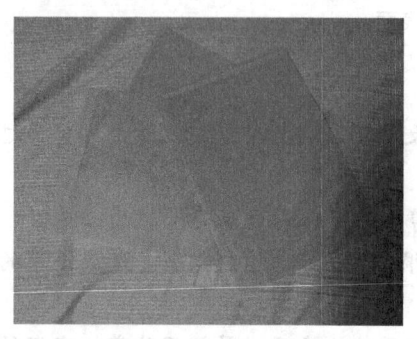

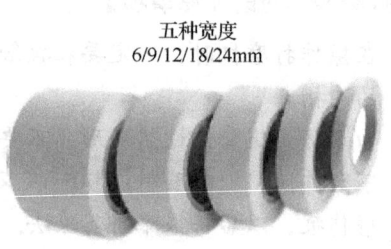

五种宽度
6/9/12/18/24mm

图 10-2-2　遮盖纸

图 10-2-3　遮盖胶带

2．遮盖胶带的粘贴方法

在喷涂清漆时，应采用双层遮盖纸进行遮盖，这样可以防止因油漆中的稀释剂渗入而损坏原来的漆面。当油漆足够干燥后，应立即拆除遮盖纸和遮盖胶带。由于拆除胶带时会粘掉新喷的油漆层，因此通常不允许遮盖胶带接触或粘贴到未完全干燥的新漆面。

（1）遮盖胶带的基本粘贴方法。聚氨酯涂料需要加热干燥，因此应使用耐热胶带。遮盖胶带的基本粘贴方法如图 10-2-4 所示。在粘贴遮盖纸的遮盖胶带上再贴上一层遮盖胶带，将其周围完全盖住，则在揭下遮盖纸时，遮盖胶带也能一起被揭下。

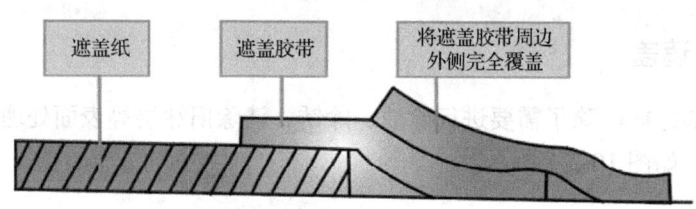

图 10-2-4　遮盖胶带的基本粘贴方法

（2）装饰条和嵌条的遮盖。在对装饰条和嵌条进行遮盖时，应用一只手的手指塞入遮盖胶带卷中间的孔内，把大拇指放在遮盖胶带的外面，控制遮盖胶带的方向。在拉伸遮盖胶带时，遮盖胶带的粘贴面背向操作人员。在粘贴时，拉伸遮盖胶带面与油漆面的间距至少应为 0.7mm，这样可以方便粘贴并能很好地控制遮盖胶带的方向。在粘贴曲面时，要适当拉伸遮盖胶带，以适应曲面的要求，图 10-2-5 所示为轮罩嵌条的遮盖。

（3）风窗玻璃的遮盖。

如图 10-2-6 所示，在遮盖风窗玻璃时，主要使用 50cm 宽的遮盖纸，不够的部分再用 10～20cm 宽的遮盖纸粘贴上，四周用 12～15cm 宽的遮盖胶带粘住。

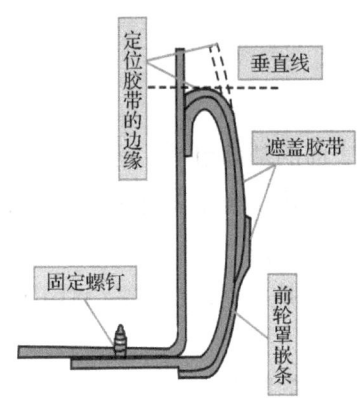

图 10-2-5　轮罩嵌条的遮盖

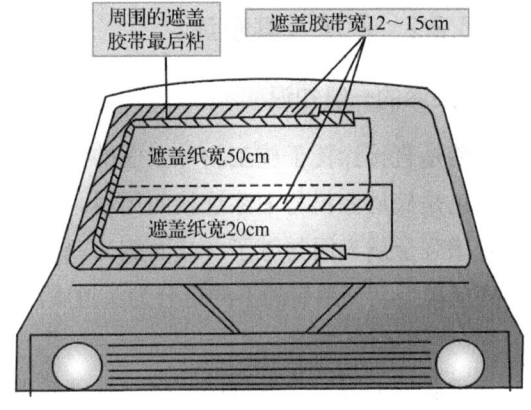

图 10-2-6　风窗玻璃的遮盖

（4）喷涂两种颜色时的遮盖。

当汽车需要喷涂两种不同的颜色时，应首先喷涂一种颜色，当油漆层干燥后，用遮盖胶带把这种颜色的周边进行遮盖，遮盖胶带的宽窄根据情况而定。然后把该颜色的漆层用合适尺寸、形状的遮盖纸遮盖好。遮盖纸上的遮盖胶带粘到已粘好的周边胶带上，多余的边折叠，粘贴牢固。最后根据需要用遮盖胶带沿遮盖纸的底部和边缘粘贴，清晰地标出另一种颜色油漆的喷漆面。

（5）反向遮盖法。

图 10-2-7 所示为用遮盖胶带进行反向的遮盖。反向遮盖法和流线边缘遮盖法常用在局部板件需要喷漆的情况下，如果必须沿一个曲面流线型边缘进行遮盖时，必须使用遮盖胶带。

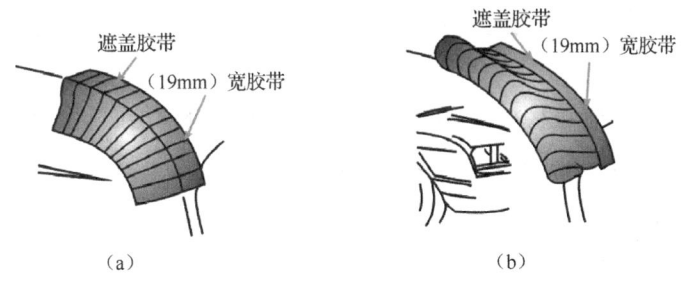

（a）　　　　　　　　　　　　　　　（b）

图 10-2-7　用遮盖胶带进行反向的遮盖

3．遮盖的注意事项

（1）清洁和除油。

（2）遮盖的面积。

（3）不可拆卸部件的遮盖。

（4）圆面积的遮盖。

（5）双重遮盖。

（6）剥除遮盖材料。

10.2.2 底漆及其喷涂

1. 底漆的一般知识

底漆是直接涂覆于施工物体表面的涂料，是工件表面的基础用料，是腻子层中间的用料，也是底层涂料与面漆连接的用料。它的一个作用是防止金属表面的氧化腐蚀，另一个是增强金属表面与腻子（或面漆）、腻子与面漆之间的附着力。

底漆根据其使用目的不同可分为头道底漆、头二道合用底漆、二道底漆、封闭底漆等。

1) 头道底漆

头道底漆的颜料含量最小，填充性能较弱，具有较强的附着力，较难被砂纸打磨。由于其含胶黏剂较多，上层涂料容易与之牢固地结合。在喷涂头道底漆后，只要轻轻磨去一些浮粉即可，不必仔细打磨。

2) 头二道合用底漆

头二道合用底漆的颜料含量比头道底漆多，相对地说，胶黏剂的含量较少，附着力不如头道底漆强，不过具有较强的填充性能，往往被用作单独的底漆，也可充作头道底漆。该种底漆应用于具有很好平整度，而不必用腻子填嵌的工作表面上。

3) 二道底漆

二道底漆具有最多的颜料含量，功能是填塞针孔、细眼等，具有良好的打磨性。在涂装过程中，腻子经打磨后往往在表面留下很多针孔、磨痕，在腻子表面施工二道底漆，可使这些缺陷得到补救，这与封闭底漆有着相似的功能。但是，二道底漆的附着力较差，因而在涂二道底漆后，必须把表面的二道底漆大部分磨去，否则会影响面层涂料的附着力，造成面层涂料的浮脆、气泡等现象。

4) 封闭底漆

封闭底漆的颜料含量较少，主要用于填平打磨的痕迹，给面层涂料提供最大的光滑度，使面层涂料丰满，并可防止产生失光、斑点等现象。

2. 底漆空气喷涂

1) 空气喷涂

空气喷涂是以压缩空气的气流为动力，以喷枪为用具，从喷枪的喷嘴中喷出漆雾，将涂料涂布到工件表面的一种施工方法。空气喷涂是当前车身修补中应用最广的一种方法。

2) 空气喷涂的特点

(1) 空气喷涂的优点。空气喷涂所用的设备简单，容易操作，能够获得厚度均匀、光滑平整的涂层膜。对于有缝隙、小孔的部件，以及倾斜、弯曲的地方均能喷到。适用于大面积施工的场合，适应性强，工作效率比刷涂高 5～10 倍。

(2) 空气喷涂的缺点。空气喷涂的涂料的渗透性和附着力一般比刷涂要差些，空气喷涂的涂料的有效利用率较低，有相当一部分的涂料随溶剂在空气中飞散，形成漆雾。漆雾会污染环境，对人体也有害，且容易造成火灾，甚至爆炸。

3）空气喷涂的基本原理

空气喷涂的基本原理如图 10-2-8 所示。当扣动喷枪扳机时，压缩空气经接头进入喷枪，从空气喷嘴喷出，在喷漆嘴的出口处形成低压区，漆壶盖上有小孔使漆壶内与大气相通，漆壶气压始终等于大气压力。这样，在压力差的作用下使涂料从喷漆嘴喷出，并被压缩空气吹散而形成雾化状态，喷到工件表面上实现空气喷涂。

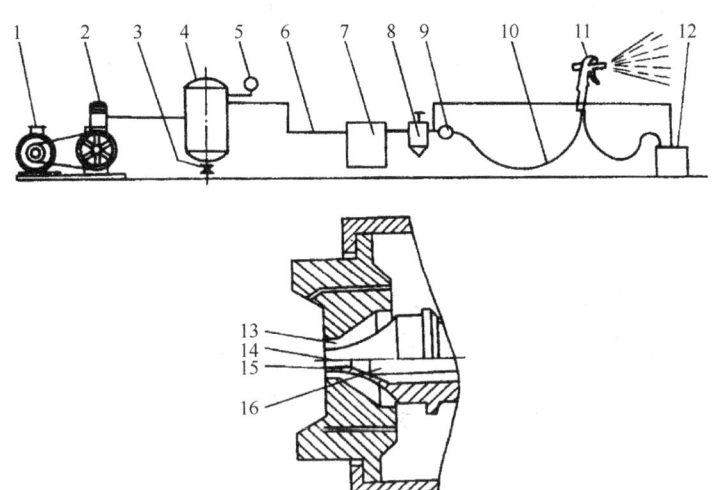

1—电机；2—空气压缩机；3—排污阀；4—储气罐；5、9—气压表；6—输漆管路；7—空气滤清器；8—减压阀；
10—软管；11—喷枪；12—供漆装置；13—空气喷嘴；14—喷漆口；15—漆喷嘴；16—供漆针阀。

图 10-2-8　空气喷涂的基本原理

4）喷涂操作要领

在喷涂时，必须按操作要领进行操作，以保证喷涂后的涂层具有良好的效果。

（1）喷枪与工件表面的角度。

在使用喷枪喷涂时，喷枪与工件表面必须保持垂直，应随工件表面的曲折而改变喷枪的角度，不可以使手腕或手肘做弧形摆动，如图 10-2-9 所示。

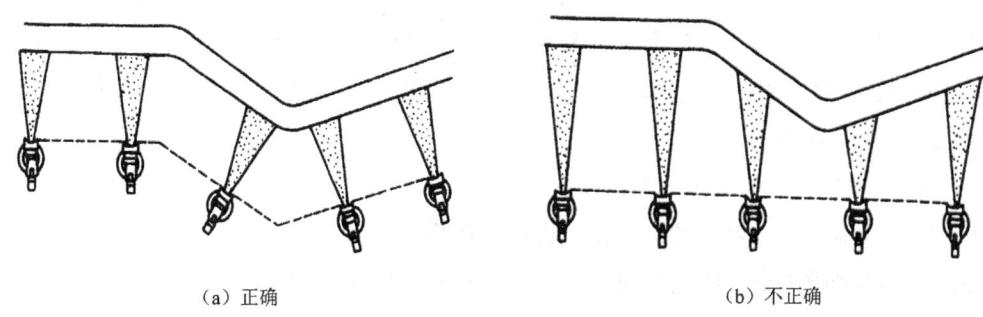

（a）正确　　　　　　　　　　　（b）不正确

图 10-2-9　喷枪与工件表面的角度

（2）喷枪的移动速度。

喷枪的移动速度与涂料的干燥速度、环境温度、涂料的黏度有关，一般以 0.9～1.2m/s 的速度匀速移动。若喷枪的移动速度过快，则会导致涂层过薄；若喷枪的移动速度过慢，则会出现流挂，不允许喷枪停留不走。

（3）喷涂的气压。

喷涂的气压与涂料的种类、稀释剂的种类及稀释后的涂料黏度有关，普通喷枪一般调整气压为 0.35～0.5MPa，具体数值要根据试喷结果确定。若喷涂的气压过低，则雾化不好，使稀释剂挥发过慢，容易产生"流泪"和"针孔"等现象；若喷涂的气压过高，则会造成溶剂挥发过快，严重时会形成干喷现象。

（4）喷嘴与工件表面的距离。

喷嘴与工件表面的距离是喷涂操作中很重要的一个参数，一般情况下喷涂距离为 20cm 左右，实际操作时也可根据涂料供应商提供的参数进行，并通过试喷来最后确定。如图 10-2-10 所示，若喷涂距离较短且以高速喷涂，则会使涂膜起皱、起堆；若喷涂距离太长，则可能产生橘皮或干膜现象，且由于飞雾增加，涂料的损失会增加。

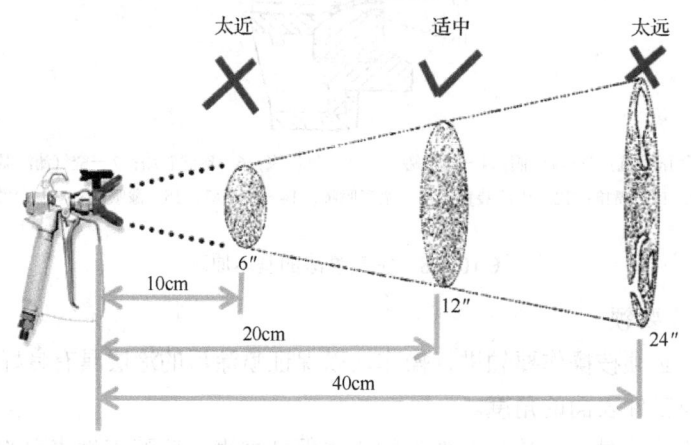

图 10-2-10　喷嘴与工件表面的距离

（5）喷枪扳机的控制。

喷枪扳机扣得越深，涂料喷出越多。为了避免每次走枪即将结束时还喷出大量的涂料，造成涂料的堆积，同时为了节省涂料，在走枪即将结束时适当放松扳机，以减少供漆量，如图 10-2-11 所示。

扳机的正确操作一般分为四个阶段：

① 先从遮盖纸上开始移动，半扣扳机，仅放出空气。

② 当移动到喷涂表面的边缘时，完全扣下扳机，喷出涂料。

③ 当移动到另一头时，半松扳机，涂料停止流出。

④ 在反向喷涂前再往前移动少许，然后重复上述操作。

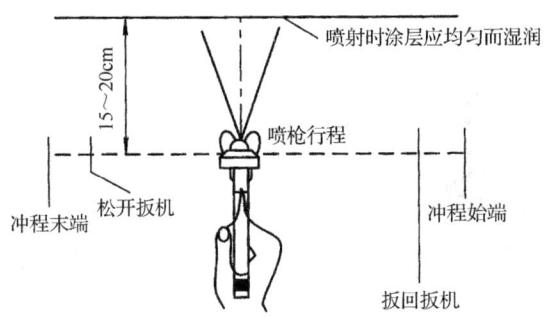

图 10-2-11　喷涂时扳机的控制

（6）喷涂方法与路线。

喷涂方法有纵行重叠法、横行重叠法和纵横交替喷涂法。喷涂的路线可以按从高到低、从左到右、从上到下、先里后外等顺序进行。对于一些难以喷涂的部位，如拐角或边缘等处，要先喷涂，操作时要正对着喷涂的部位，喷嘴与工件表面的距离要比正常的距离近 2.5～5.0cm，将所有边缘拐角处都喷好后，再喷涂水平表面。

对于竖直表面的喷涂，通常从上表面的上端开始，喷嘴与上边缘齐平。喷枪第二次单方向移动的行程与第一次相反，喷嘴与第一次行程的下边缘平齐，雾形的上半部与第一次的下半部重叠，应与第二层及上一层重叠 1/2 或 2/3，各个涂层之间要留出几分钟的闪干时间。喷程的重叠方式如图 10-2-12 所示。

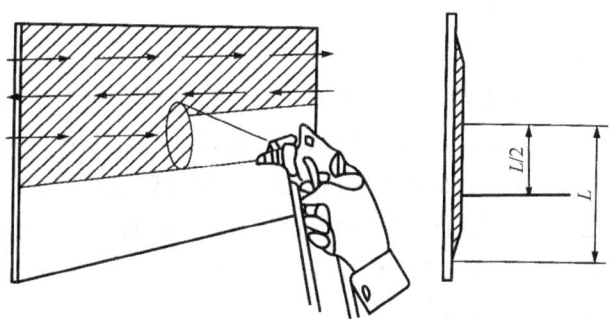

图 10-2-12　喷程的重叠方式

3．涂料的调制

双组分涂料应加入固化剂，然后根据涂料使用说明书的要求及环境温度的不同加入稀释剂进行稀释，以达到要求的施工黏度；而其他涂料则直接加入稀释剂进行稀释。

涂料黏度的高低直接影响施工质量，黏度过高将会使表面粗糙，产生针孔和气孔等缺陷；黏度过低将会造成流挂、失光等，使漆膜形成得不丰满。

1）调黏度用工具

（1）黏度计。

涂装工人为了更好地达到涂装效果，在调配漆料时应该考虑涂料的黏度。常用的调黏度工具有如图 10-2-13 所示的国产涂-4 黏度计和如图 10-2-14 所示的美国福特 4 号杯（Ford Cup4）。

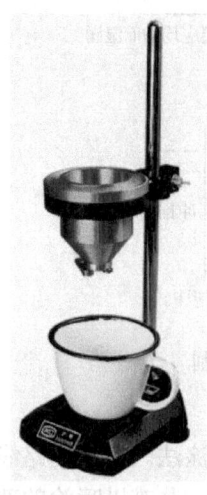

图 10-2-13　国产涂-4 黏度计

图 10-2-14　美国福特 4 号杯

（2）油漆调配比例尺。

为了避免油漆、稀释剂等的称重调配，世界各油漆生产厂商提供了一批油漆调配比例尺，使油漆工人操作简化。如 ICI 公司提供的调配比例尺选用铝质底材，每边用不同颜色蚀上不同比例的刻度，其中黑/绿一面是为调配比例为 2∶1、稀释剂用量的质量分数为 5%～40% 的产品设计的，而黑/红一面则是为调配比例为 4∶1、稀释剂用量的质量分数为 5%～40% 的产品设计的。

2）调黏度的工艺

（1）按工艺规定涂料的黏度是分几次加入适量稀释剂，用油漆调配比例尺调配的。

（2）过滤（见图 10-2-15）。无论哪种涂料都必须过滤后使用，液态涂料通常用铜丝网或不锈钢丝网制成的 120～180 目的网筛过滤；装饰性要求高的涂料品种，应用 180 目以上的筛网过滤，也可采用先粗后细的两次过滤方法，以提高过滤速度。在过滤时，不要使用硬质工具在筛网内搅拌，以免损坏筛网。在采用集中输漆的场合，涂料的过滤是通过安装在供漆管路上的过滤器进行的。

（3）用手指堵住黏度测量杯底的小孔，将过滤后的涂料倒入杯内至规定刻度线。

（4）松开手指，同时用秒表记录时间，直到全部滴落完毕，所记录的时间即为所调涂料的黏度。

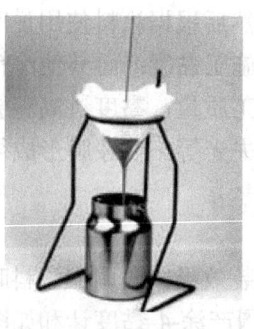

图 10-2-15　过滤

4．外板件的喷涂顺序

1）车门的喷涂顺序

车门的喷涂顺序如图 10-2-16 所示，首先喷涂车门框的顶部，然后下移直到车门的底部。如果只喷涂一个车门，首先应喷涂车门边缘；喷涂门把手时应该特别小心，因为某点的涂料太多会产生流挂。

2）前翼子板的喷涂顺序

前翼子板的喷涂顺序如图 10-2-17 所示，首先喷涂发动机罩的边缘和前翼子板的翻边，然后喷涂前照灯周围的部分、面板的凸起部分，最后喷涂面板的底部。

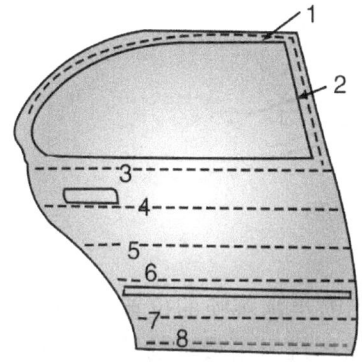

图 10-2-16　车门的喷涂顺序

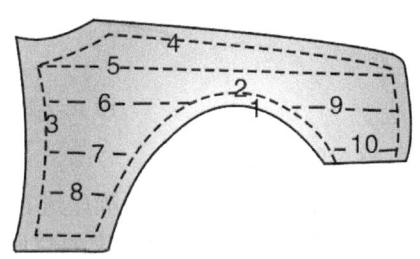

图 10-2-17　前翼子板的喷涂顺序

3）后翼子板的喷涂顺序

后翼子板的喷涂顺序如图 10-2-18 所示，首先喷涂后翼子板的边缘，然后喷涂后翼子板和车顶板的连接面板。如果无法一次完成，就把这个区域分成两个部分，要注意中间的重叠部分，若重叠太厚则易产生流挂。

4）发动机罩的喷涂顺序

发动机罩的喷涂顺序如图 10-2-19 所示，首先喷涂发动机罩的边缘，然后喷涂发动机罩的前部，最后喷涂翼子板的侧面，从中心开始向边缘进行喷涂，另一侧也使用相同的方法喷涂。

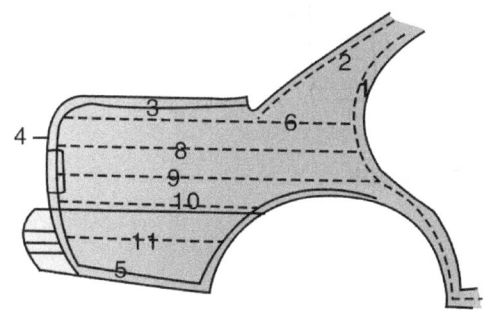

图 10-2-18　后翼子板的喷涂顺序

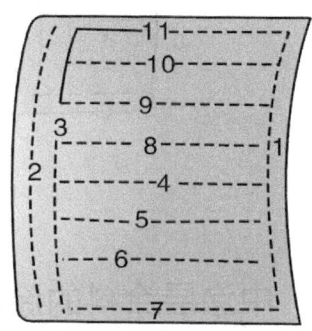

图 10-2-19　发动机罩的喷涂顺序

5）车顶盖的喷涂顺序

车顶盖的喷涂顺序如图 10-2-20 所示，为了方便对车顶盖进行喷涂，喷漆时应站在一定的高度，以便能够均匀喷涂到车顶中间。首先喷涂一侧的风挡玻璃边缘，然后从中心向外边喷涂；一侧完成后，再用相同的方法完成后部和侧面。

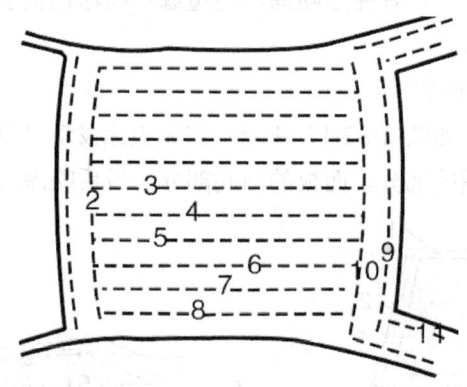

图 10-2-20　车顶盖的喷涂顺序

6）整车的喷涂顺序

按照如图 10-2-21 所示的顺序进行整车喷涂。先喷车顶难喷的位置，再按从后向前的顺序进行喷涂。在横向排风的空间中，首先喷涂离排风扇最远的地方，从而保证附在喷漆表面的灰尘最少，使漆面更光滑。首先对车顶盖喷涂，然后是左侧或右侧车门，同侧的后翼子板，接着是行李舱盖和后围板。对汽车另一侧的喷涂是从后翼子板开始的，然后是车门和前翼子板、发动机罩、前裙板、门窗框，最后对另一侧的前翼子板喷涂。

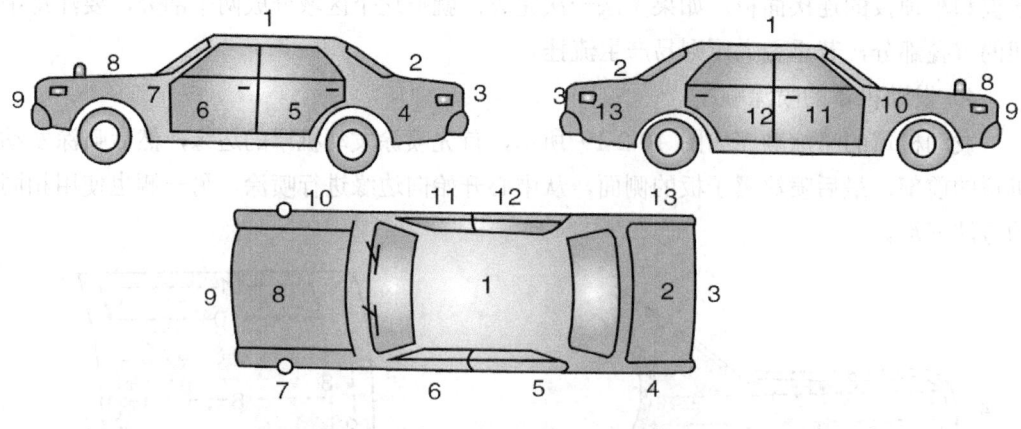

图 10-2-21　整车的喷涂顺序

10.3　中涂层涂料的涂装

对于裸露的板材，经过对其进行表面处理和喷涂底漆后，一般需要进行中涂层涂料的涂装。因为大多修补漆层经过处理后，板材表面都不够平整，特别是经过钣金处理后的板材表面，由于凸凹较大，底漆很难将其填平，因此要在喷涂面漆前进行中涂层涂料的涂装；中涂层涂料的涂装目的是填平、过渡、提高附着力。底漆对基底的填平能力如图 10-3-1 所示。

图 10-3-1　底漆对基底的填平能力

10.3.1　腻子的刮涂与打磨

1．刮腻子前的准备

1）刮腻子所用的工具

刮腻子又称打腻子，是一项手工作业，其常用工具有调拌腻子盒、腻子托板、腻子铲刀、腻子刮刀等。刮腻子的常用工具如图 10-3-2 所示。

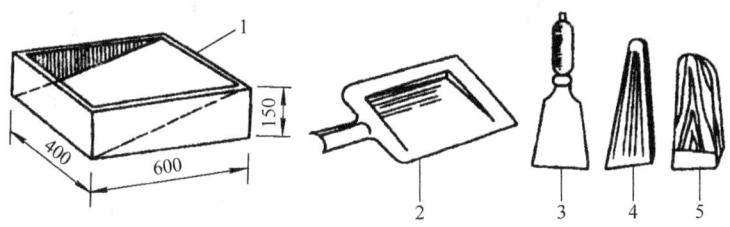

1—调拌腻子盒；2—钢制腻子托板；3—腻子铲刀；4—牛角刮刀；5—橡胶刮刀。

图 10-3-2　刮腻子的常用工具

腻子刮刀是刮腻子的主要工具，腻子刮刀可分为牛角刮刀、橡胶刮刀、钢片刮刀等。

钢片刮刀由木柄和刀板组成。刀片采用弹性较好的钢板制作，要求刃口平直。

橡胶刮刀采用耐油、耐溶剂的橡胶板制成，外形尺寸和形状根据需要确定。橡胶刮刀有很好的弹性，非常适用于刮涂形状比较复杂的表面，尤其是圆角、沟槽等处。

腻子托板采用钢板或木板等制成，在刮腻子时腻子托板上应放少量腻子以方便施工。腻子托板可以用较厚的大刮刀代替。

2）准备腻子

（1）确定腻子用量。为了确定需要准备腻子的多少，应评估表面被损坏区域的大小和损坏程度，根据实际需求分析腻子用量。

（2）取腻子。腻子在装在罐中时，组成成分会分离，所以在取出前要彻底混合。混合后按比例从相应的罐内取出腻子和固化剂，然后及时将罐子盖好。

（3）腻子配比调和。多数腻子按照腻子和固化剂配比（冬季100：3，夏季100：2）进行调配，若固化剂过多，则干燥后就会开裂；若固化剂过少，则腻子难以固化干燥。不能一次取出太多的腻子进行调和，因为调和后的腻子会很快固化，如果还没有刮到规定部位就已经固化，就不能再用了，会造成浪费。一般在20℃下，腻子不超过5min就会固化。

3）腻子的调和

（1）取腻子。如图10-3-3所示，在将腻子倒出罐以前，必须彻底混合，装在罐中的固化剂也是如此。腻子罐每次用后必须盖好，以防溶剂蒸发。如果溶剂蒸发了，要向罐中倒入专用的溶剂。将适量的腻子基料放在混合板上，然后按规定的混合比添加一定量的固化剂。

（2）拌合腻子。如图10-3-4所示，按照一定比例取出腻子和固化剂，并按照如图10-3-5所示的顺序将腻子和固化剂进行均匀搅拌，搅拌时固化剂要均匀。

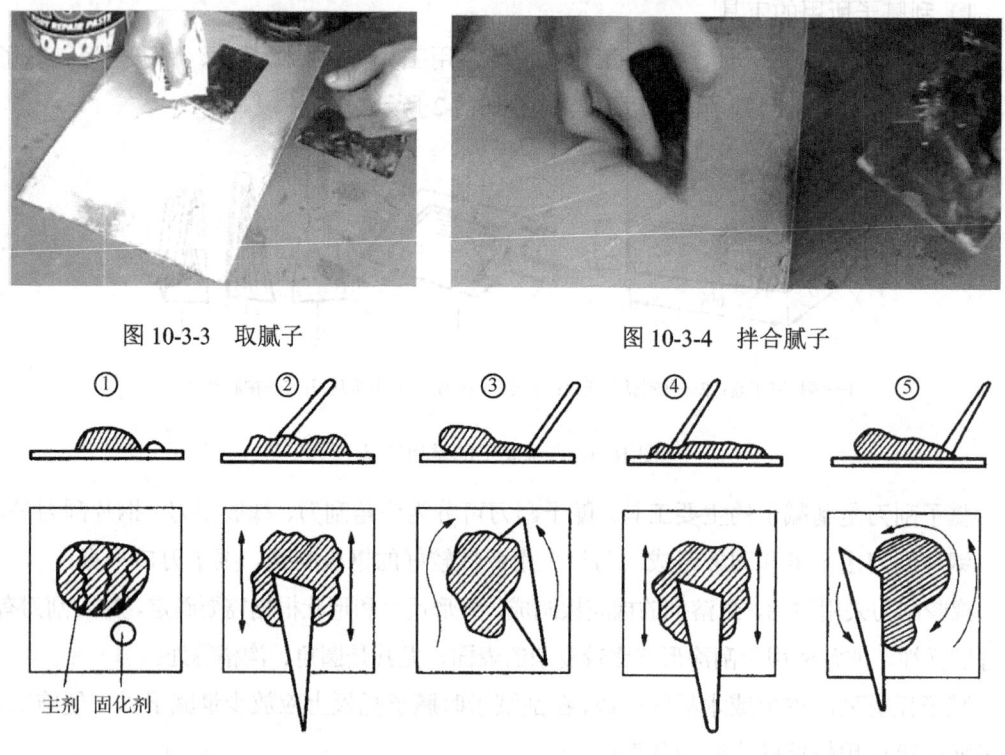

图 10-3-3　取腻子　　　　　　　　　　图 10-3-4　拌合腻子

图 10-3-5　拌合腻子顺序

2．刮腻子的方法

1）刮刀的握法

（1）直握法如图10-3-6所示。

（2）横握法如图10-3-7所示。

（3）其他握法如图 10-3-8 所示。

  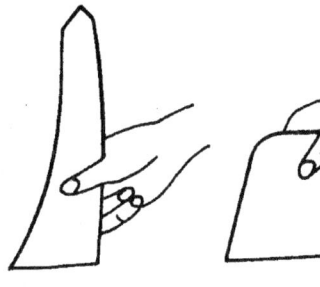

图 10-3-6　直握法　　　图 10-3-7　横握法　　　　图 10-3-8　其他握法

2）刮腻子的手法

（1）往返刮涂法。

往返刮涂法是先将腻子敷在平面的边缘上成一条线，刮刀刃口成 30°～40°向外推向前方，将腻子刮涂在低洼处，多余腻子挤压在刮刀刃口成一条线。这种方法适合刮涂平面物体。

（2）一边倒刮涂法。

一边倒刮涂法是指刮刀只向一面刮涂，如图 10-3-9 所示。其顺序是从上往下刮，或者从前往后刮。这种方法适合刮涂汽车翼子板、发动机舱盖等部位。

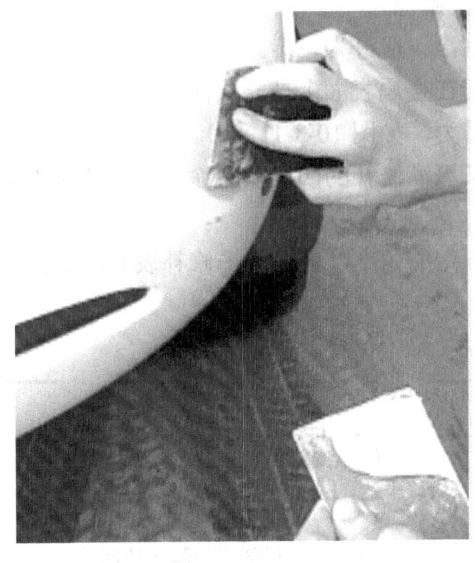

图 10-3-9　一边倒刮涂法

（3）刮涂方式。

刮涂腻子时应将刮具向下轻度按压，并沿长轴方向刮，每次刮涂腻子的量要适度，避免造成蜂窝和针孔。对于区域性填补应注意运刮方向，如图 10-3-10 所示。

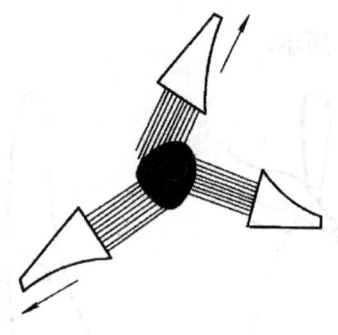

图 10-3-10　刮刀的运刮方向

刮涂腻子的运刮方式主要有满刮和软硬交替刮两种。满刮又分为填刮和靠刮；软硬交替刮又分为"先上后刮"和"带上带刮"等。

① 填刮。填刮是用较稠的腻子分若干次将构件表面的凹陷填平。填刮时主要用硬刮具，靠刃口上部有弹力的部位与手劲配合进行操作。

② 靠刮。靠刮所用的腻子稠度稍低，用于最后一两次的刮涂，适合刮涂平滑的构件表面。刮涂时用硬刮具，靠刃口的作用进行刮涂，使腻子刮得薄、刮得亮。

③ 先上后刮。先上后刮是先将腻子逐一填满或刮平，再用硬刮具将其收刮平整的一种方式，适合较大面积的刮涂。

④ 带上带刮。带上带刮是边上腻子边将腻子收刮平整的一种方式，适合较小面积或形状比较复杂的部位的刮涂。

3）局部修补时腻子的刮涂

局部修补时腻子的刮涂一般分为三步。

第一步，先使用刮刀在金属表面上抹一层薄薄的腻子，刮刀要加上一定的力，以提高腻子与金属表面的附着力，如图 10-3-11（a）。

第二步，逐渐用腻子填满修补的凹坑，刮涂时刮刀的倾斜角度通常为 35°～45°，如图 10-3-11（b）。

第三步，刮刀保持一定的角度，轻轻刮平修补表面，如图 10-3-11（c）。

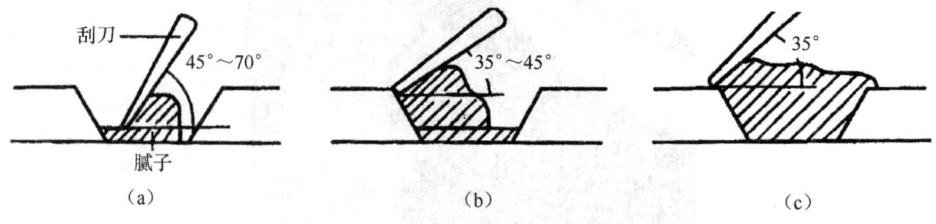

图 10-3-11　局部修补腻子的刮涂

4）大面积的腻子刮涂

如图 10-3-12 所示，在进行大面积刮涂腻子时，使用宽刮刀比较方便。例如，车顶、发动机罩、行李箱罩、车门等的刮涂，使用宽的橡皮刮刀，可以提高刮涂速度。曲面的刮涂应使用橡胶刮刀。根据被涂装面的形状，使用弹性不同的刮刀，促使作业合理化。在使用弹性刮刀刮涂曲面时，也要注意掌握刮刀的角度。

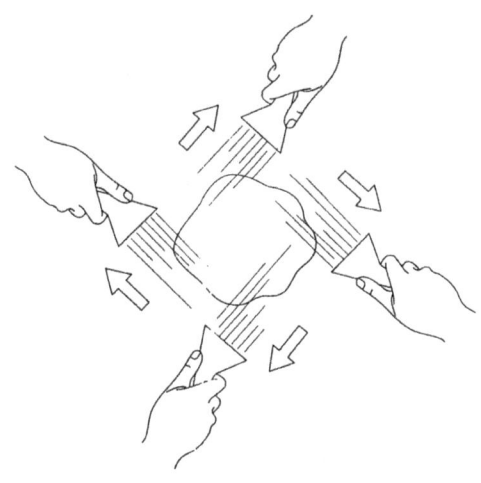

图 10-3-12　大面积刮涂腻子

5）刮涂腻子的注意事项

（1）刮涂前被涂装表面必须干透。

（2）应在一两个来回中刮平。

（3）在刮涂时，四周的残余腻子要及时收刮干净。

（4）如果需要刮涂的腻子层较厚，要多层刮涂，每刮一层都要充分干燥。

（5）刮涂腻子的工具在用完后要清洗干净再保存。刮刀口及平面应平整无缺口，以保障刮涂腻子的质量。

（6）夏季天气炎热，温度较高，腻子容易干燥，成品腻子可用稀料盖在上面；冬季温度较低，腻子应放在温暖的环境中，以防结冻，用时可加些清漆和溶剂。

（7）如果刮刀在各道刮涂中，仅向一个方向移动，腻子高点的中心就有所移动。这种情况很难打磨，所以刮刀在最后一道时必须反向移动，以便将腻子高点移回中央。

（8）腻子必须比原来的表面高。

（9）腻子刮涂在工件表面上的范围，必须以打磨过程中留下的打磨划痕为限。

（10）刮涂腻子要快。

（11）腻子在固化中会产生热，一定要确认腻子凉透后才能将之弃置。

3. 腻子的干燥与打磨

1）腻子的干燥

新刮涂的腻子会由于自身反应热而加速固化。一般在施涂 20～30min 后就可以进行打磨。若气温低或湿度较高，腻子的内部反应速度降低，则需要较长的时间进行固化。一般为了加速固化，可以给腻子进行加热，一般采用红外线灯或干燥机进行加热，如图 10-3-13 所示。

在给腻子加热时一定要控制加热温度，腻子表面温度应保持在 50℃以下，以防止腻子分离或龟裂。对于涂层比较薄的地方，由于反应热少，表面温度较低，固化速度较慢，因此要注意检查涂层薄的部分，以确保腻子的固化充分。

图 10-3-13　腻子的干燥

2）腻子的打磨

在刮涂的腻子干燥后，为了使腻子表面平整光滑，应进行必要的打磨。打磨方法有锉刀粗锉削、打磨机打磨和手工打磨等。

（1）锉刀粗锉削。

如图 10-3-14 所示，腻子锉刀有圆锉、半圆锉和平锉三种，可根据腻子层和车身曲面的状态选择使用。

新刮涂的腻子厚度一般都会较厚，超过实际需要，所以最先可以用锉刀粗锉削腻子表面，再使用打磨机进一步打磨，以提高工作效率。

在用锉刀锉削时，一般先用半圆锉进行锉削，锉削时不宜用力过大，防止留下很深的锉痕。然后用平锉进行锉削，目的是消除前一次的锉痕，保证锉削后的平整度。如果最初的腻子表面比较平整，可以开始就用平锉。

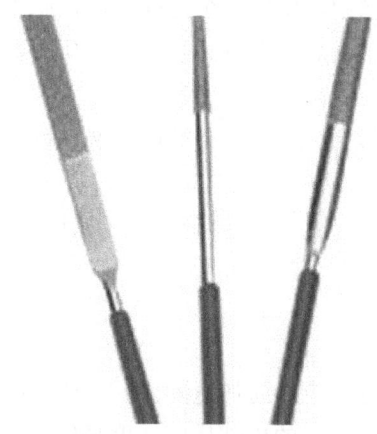

图 10-3-14　腻子锉刀

（2）打磨机打磨。

锉削后的表面用打磨机进一步打磨。在用打磨机打磨时要注意控制打磨力度，不要施力过大，应将打磨机轻轻压住，靠旋转力进行打磨。打磨时要根据填补面积和腻子类型选择打磨用砂纸的粒度。

打磨时将打磨机轻压在腻子表面，左右轻轻移动打磨机，切忌使劲重压。打磨头的工作面应保持与腻子表面平行，如图 10-3-15 所示。

对于修补腻子的边缘交接处及其周围的旧涂膜，可使用双动式打磨机或小型往复式打磨机消除原来打磨留下的砂纸磨痕，砂纸粒度采用 240 号。

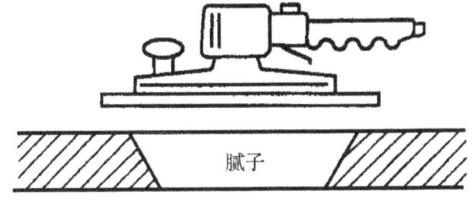

图 10-3-15　打磨机打磨

（3）手工打磨。

使用打磨机打磨的表面，不能保证其平整度，还要进行手工打磨。手工打磨时用打磨板比较方便，打磨板的大小应与打磨作业面积相适应。如果能充分利用打磨板进行打磨，可以加快打磨速度，提高打磨质量。为了避免出现磨痕，可按照如图 10-3-16 所示砂纸顺序进行打磨。

最后应使用手工打磨板和橡胶磨块，手工打磨修整腻子表面，彻底清除细小的凹凸不平。此时所用的砂纸粒度为 150#～180#，并按照如图 10-3-17 所示的打磨顺序进行打磨。

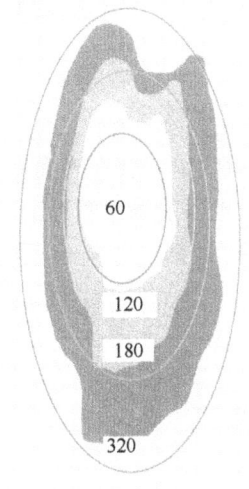

图 10-3-16　砂纸选用顺序（由粗到细）

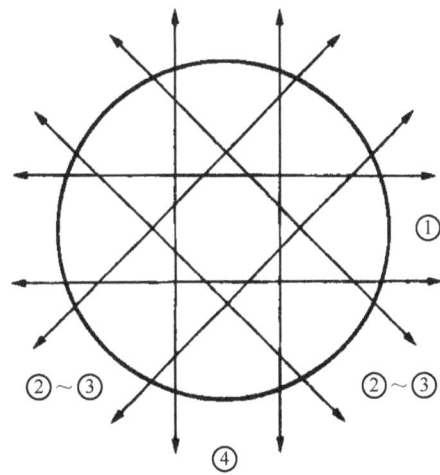

图 10-3-17　打磨顺序

对于修补腻子或复合油灰表面的打磨，最后一道工序必须消除砂纸磨痕，如图 10-3-18 所示。

对于修补腻子与旧涂膜的边缘交接处的打磨，消除砂纸磨痕非常重要，否则这些痕迹会影响涂膜表面，导致整个涂装工作前功尽弃。

在手工打磨后，如果发现气孔或小的伤痕，应马上进行修补，用刮刀将速干腻子或聚酯腻子用力挤满空隙，如图 10-3-19 所示。

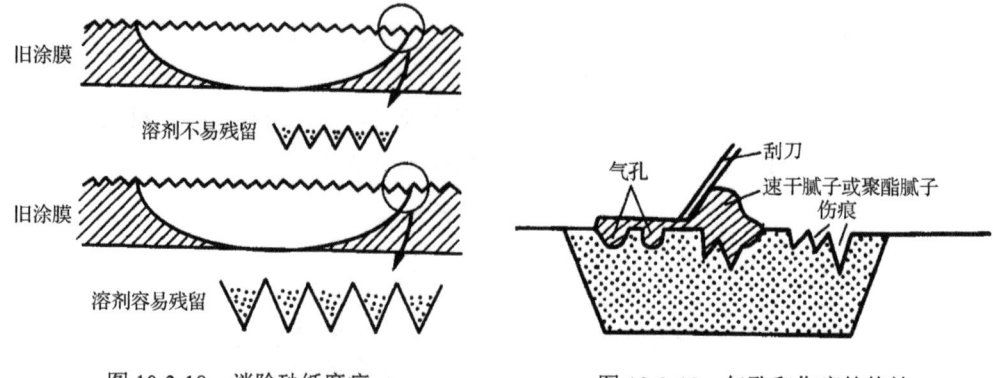

图 10-3-18　消除砂纸磨痕　　　　　图 10-3-19　气孔和伤痕的修补

（4）打磨腻子的注意事项

① 应根据不同打磨机的特点，按用途使用。

② 根据不同的要求，正确选用砂纸粒度。

③ 应在腻子固化过程最适宜的时期进行打磨作业。这一适宜的时期一般为刮涂腻子后 25～70min。

10.3.2　中涂漆的作用、喷涂、干燥与打磨

腻子在刮涂并打磨后，由于干燥收缩，会在表面留下凹凸不平的点。即使经过手工打磨操作，依然不能满足喷涂面漆的要求，腻子表面存在打磨留下细小的划痕，也不适宜直接喷涂面漆，一般需要喷涂中涂漆。

1．中涂漆的作用

在使用油灰对腻子表面的气孔填平后，由于油灰干燥后收缩，会在表面留下凸凹不平的点，如图 10-3-20 所示。尽管经过手工精打磨操作，但也不能满足喷涂面漆的要求。腻子表面在打磨后仍会留下细小的划痕，也不适合直接喷涂面漆，此时一般需要喷涂中涂漆。

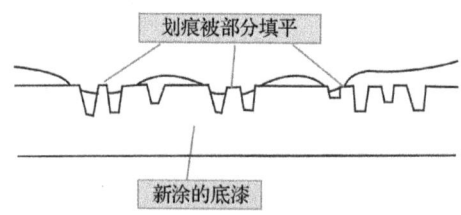

图 10-3-20　油灰收缩时的情形

中涂漆的主要作用如下：

（1）将表面填补平整。

（2）具有防锈保护功能。

（3）具有防止面涂涂料溶剂浸透的隔离功能。

（4）提高旧漆膜与腻子或钢板面与面涂涂料的附着力。

2. 中涂漆的喷涂

中涂漆的喷涂可参照底漆的喷涂方法。喷枪的各项调整应参阅所用中涂漆的使用说明。

中涂漆也称二道底漆。在一般情况下，中涂漆的喷涂施工程序如图 10-3-21 所示。喷涂中涂漆前还应按程序进行清洁/除油、遮盖等。遮盖方法可参照底漆喷涂前的遮盖方法。

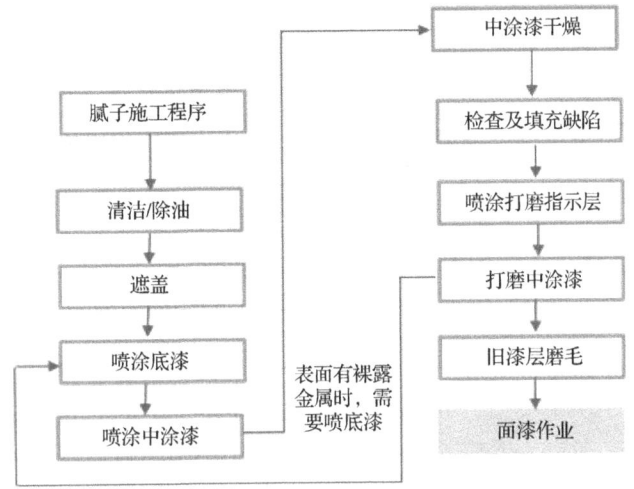

图 10-3-21　中涂漆的喷涂施工程序

在中涂漆喷涂结束后，应仔细检查涂装表面有无砂纸打磨痕迹、气孔和其他缺陷。如果有缺陷，可以采用硝基类速干油灰修补。

1）喷涂前的准备

为了保证喷涂质量，对待喷涂的板件应进行如下处理。

（1）用压缩空气清除表面的粉尘。

（2）若进行过湿打磨，应做去湿处理，如图 10-3-22 所示。

（3）为了避免涂膜缺陷还应做除尘和除油处理，在除尘和除油时，应采用一手干，一手湿的方法进行操作，如图 10-3-23 所示。

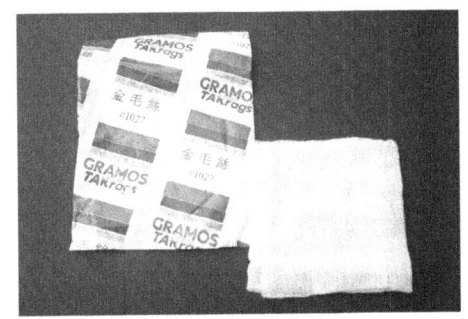

图 10-3-22　去湿处理

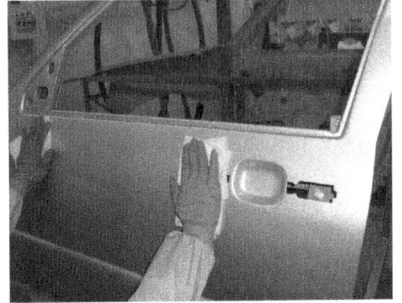

图 10-3-23　除尘与除油

2）涂料的调制

根据涂料说明书建议的各成分（主剂、固化剂和稀释剂）比例，按程序调整好中涂漆的黏度，如图 10-3-24 所示。

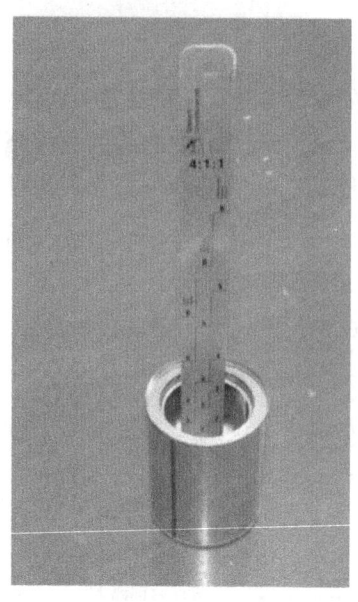

图 10-3-24　涂料的调制

3）涂料装枪

喷枪口径一般为 1.7～1.9mm。在喷涂中涂漆时可采用上吸式喷枪和重力式喷枪，通过调整气压调节阀、漆量调节旋钮和扇形调节旋钮对喷枪进行调整，如图 10-3-25 所示。

（1）选择合适的喷枪，将调好黏度的中涂漆通过漏斗过滤后装入喷枪漆罐内。

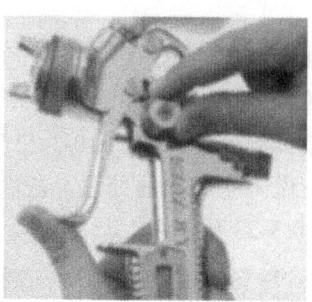
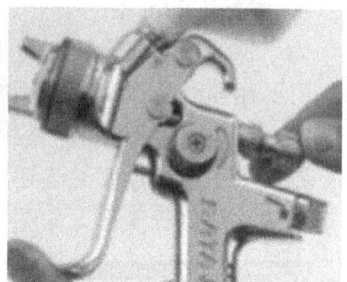

（a）调整气压　　　　　　　　（b）调整漆量　　　　　　　　（c）调整扇形

图 10-3-25　喷枪调整

【注意事项】

存放主剂和固化剂的容器，使用之后一定要盖严实。

（2）将喷枪通过快速接头接入压缩空气系统。

（3）检查喷杯上的气孔，确保无污垢堵塞；检查喷杯上的密封圈，确保无渗漏等。

4）试喷涂

萨塔喷枪的喷涂气压以 200kPa 为宜，喷涂距离为 15cm 左右，喷枪在运动时应保持与涂装面相垂直。先进行试喷涂，观察雾形（见图 10-3-26），调整喷枪至喷出合适的雾形之后再进行正式喷涂。

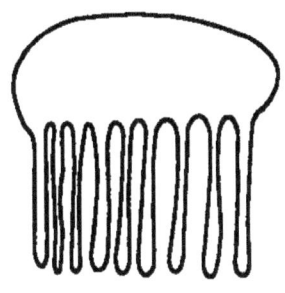  

　　（a）合适的喷涂图形　　　　　　　（b）分离的喷涂图形　　　　　　　（c）中间过重的喷涂图形

图 10-3-26　试喷涂雾形

5）喷涂操作

按照如图 10-3-27 所示的喷涂顺序喷涂中涂漆，第一遍重点喷涂腻子刮涂区域，主要填充腻子的打磨痕；第二遍不仅起到了遮盖腻子的作用，而且起到了部分填充的作用，同时利于后续涂层在车身上的附着力；第三遍便于中涂漆的打磨。喷涂面积如图 10-3-28 所示，不能有遗漏。

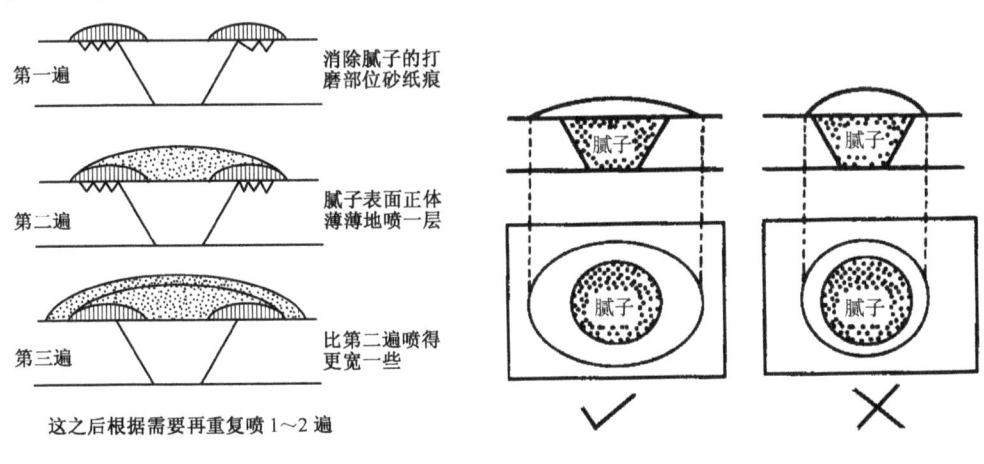

图 10-3-27　喷涂顺序　　　　　　　　　　图 10-3-28　喷涂面积

【注意事项】

- 检查待喷涂表面，再次确认可以喷涂中涂漆。
- 检查遮盖是否有遗漏和不严密的位置。
- 再次进行除油操作。
- 控制好喷涂的各项参数，按适当的喷涂方法及喷涂路线实施喷涂操作。

3. 中涂漆的干燥

喷涂中涂漆之后需要进行 10～20min 的闪干，或者使用烤灯进行烘烤。如果干燥不充分，不仅打磨时涂料会填满砂纸，使作业难以进行，而且在喷涂面漆之后，往往出现涂膜缺陷。

4．中涂漆的打磨

1）干打磨

用双动式打磨机打磨，所用砂纸粒度以 240#～280#为宜；用往复式打磨机打磨，所用砂纸粒度以 280#～320#为宜。

在打磨时应注意不能只打磨喷涂了中涂漆的部位，旧涂膜与中涂漆的交界区域也应进行打磨。

在用手工打磨板干打磨时，应使用软磨头或橡胶磨块，砂纸粒度为 280#～400#，均匀地横向打磨。为了防止打磨到修补区之外的漆面，最好在修补区的边界处粘上遮盖胶带。必要时应涂打磨指示碳粉。

在干打磨结束后，拆去遮盖，可用吹风机进行清洁，也可用黏性抹布擦拭打磨表面。

2）湿打磨

湿打磨一般采用 320#～600#耐水砂纸。当面漆为金属闪光涂料时，可以采用 400#耐火砂纸；当面漆为硝基涂料时，可以采用 600#耐水砂纸。

在湿打磨结束后，对玻璃滑槽缝、门把手、玻璃四周等边缘部位，要用刷子蘸上研磨膏进行打磨，清除残余的污物。也可以使用脱脂剂代替研磨膏，但不能省去此项作业。

打磨方向与干打磨的打磨方向相同。

手工打磨时应使用柔软的垫块。

10.4　面漆的喷涂

10.4.1　色漆的调配

汽车涂装的配色就是涂料（油漆）的配色，即调配各种色漆的色彩。配色是用几种色漆，按标准样板、色卡或标准色漆来配制一种新色漆的方法。配色是涂装前准备工作的一项专门技术，是一种精心、细致的工作。

1．色彩的基本知识

色彩的基本知识主要是色彩的理论知识，色彩理论是建立在物理光学、视觉生理学、视觉心理学及美学等学科基础上的综合性科学。色彩理论揭示了色彩的本质，是颜色匹配的理论基础。

人能辨色需要同时具备光线、物体、观察者三个条件。这三个条件称为视觉的三要素。视觉过程如图 10-4-1 所示。

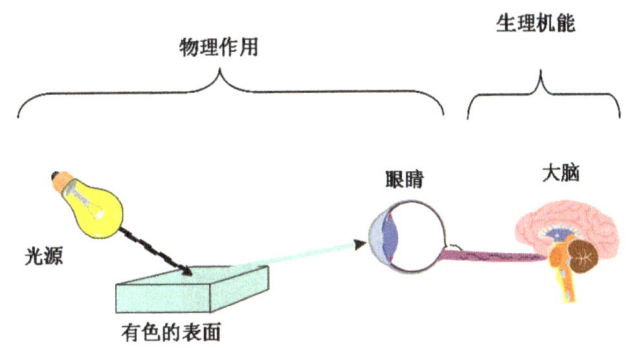

图 10-4-1 视觉过程

1）光与颜色

颜色是光作用于物体的结果，是物体对光的反射、透射和吸收综合作用的结果。不同物体在同一种光源下有着不同的颜色，而同一个物体在不同光源下的颜色也不同。某物体的颜色通常是指太阳光线作用下呈现的颜色。人的肉眼之所以对自然界的物体有颜色的感觉，是因为各种物体对落在它上面的光线有选择地吸收、反射和折射的结果。例如，某物体吸收了红光，而反射出绿光，我们看到的这个物体就是绿色的；某物体吸收了蓝光，而反射出黄光，我们看到的这个物体就是黄色的。

太阳光透过三棱镜映在白色的屏幕上，形成一条按一定次序排列的彩色带，光的这种现象称为光的色散，如图 10-4-2 所示。彩色带由红、橙、黄、绿、青、蓝、紫七种颜色的可见光组成，称为光谱。

红、黄、蓝三种颜色的光能混合成白光，即人眼能感觉到的白光就是由这三种色光组成的。因此，红、黄、蓝三种色光称为光的三原色。

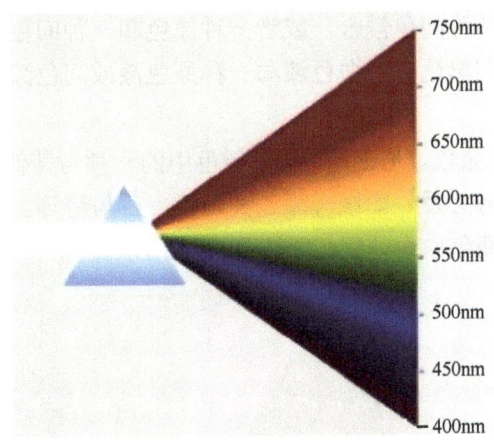

图 10-4-2 太阳光三色光谱

2）颜色的种类和变化

颜色的种类非常多，大约有 800 多万种。通过分析颜色的变化规律，得出符合光谱色中存在的三个最基本的原色，即红、黄、蓝色。这与光的三原色是有区别的。

（1）原色。原色（见图 10-4-3）也称基色，是指可以混合成其他色彩，而其他色彩不能混合出来的色。例如，调配色漆时可以用红、黄、蓝三种色漆作为原色，调配出各种各样的颜色。

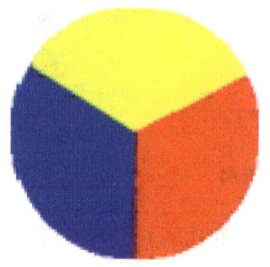

图 10-4-3　三原色

（2）间色。间色（见图 10-4-4）也称二次色，是两种原色混合的结果。间色也只有三个颜色，即红+蓝=紫、黄+蓝=绿、红+黄=橙。

图 10-4-4　间色

（3）复色。复色是两种间色混合，或者一种原色和一种间色混合的结果。通常所说的混合漆就是复色漆。用黑色漆或白色漆与一种原色漆或间色漆相互混合的色漆也称复色漆。

（4）补色。补色也称余色，是在调色时，原色中的一种与其他两种原色的混合色（间色）相对照而形成的色彩关系，如红与绿、黄与紫、蓝与橙等。当两个间色混合调为复色，与其对应的另一个间色也为补色，如图 10-4-5 所示。

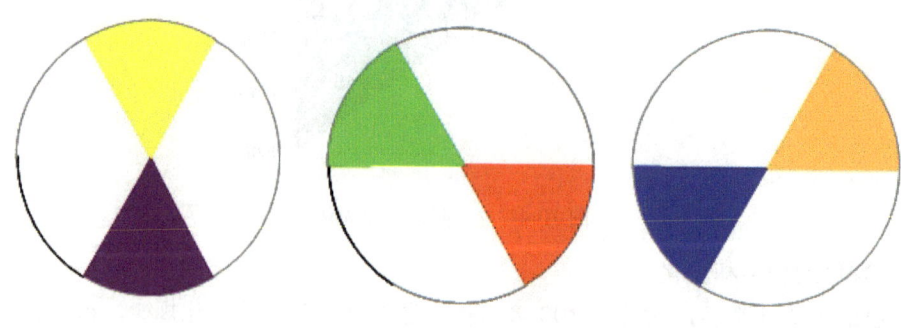

图 10-4-5　补色

（5）消色。在原色、复色中加入一定量的白色，可调出粉红、浅红、浅蓝、浅天蓝、淡蓝、浅黄、牙黄、奶黄等多种颜色；在原色、复色中加入一定量的黑色可调出棕色、灰色、褐色、墨绿色等多种颜色。由于白色和黑色起到了消色的作用，因此将白色和黑色称为消色。

2．色漆的人工配色

（1）确定颜色配方。根据颜色分析结果，明确要调配的复色漆由哪几种原色组成，并初步确定主色、次色和补色，可通过试配小样来辨别颜色，确定各种颜色的大概比例。

（2）配制颜色。先加入主色，然后加入其他次要的色料，并不断搅拌，使其互溶。遵照先主后次、由浅入深的原则，先取得近似所要调配的颜色，并以此为基础，进一步判断需要加入的色料，这时候一定要少加多搅拌，并随时与样板颜色对照比较，不可急于求成。如果觉得十分接近所要调配的颜色，可进行试喷。

（3）对比分析。将配好的色漆试喷，待干透后与原车漆进行对比。如果对比发现与原车漆颜色不同，应分析是否由以下原因造成。

① 色漆配制方面的原因。配方、搅拌、稀释剂用量等。

② 原车漆方面的原因。原车漆未褪色。检查不外露表面，如果原车漆已经褪色，可扩大修复部位。

③ 喷涂方面的原因。色漆未干透，一般干燥后颜色要深些；喷涂的厚度，厚度大的地方颜色要深些。

（4）调整颜色。试喷后经过颜色对比，确定需要加入哪一种颜色，少量加入调整颜色，使之逐渐接近标准色或原车漆膜颜色。除此之外，还要对明度、色相、纯度进行适当的调整。

3．色漆的计算机配色

计算机配色也称计算机调漆，利用先进技术，将复杂的配色过程变得精确、简单、规范，目前计算机配色在涂装技术中已经得到广泛的应用。

1）计算机配色的基本原理

在计算机配色过程中，计算机就像一个大型的色漆配方资料库，储存着所有色卡配方及各个汽车制造商不同品牌、年款的各种颜色编码的标准配方。若计算机调漆中心或汽车维修厂有相同颜色编码的色漆，则可以直接选用；若没有相同颜色编码的色漆，则可以将颜色编码输入计算机，查出各个单色的组分和重量，在调配时，技术人员就可以按其组分和重量进行配色。

2）计算机配色的设备

计算机配色的设备由可见光分光光度仪（如主机）、电子计算机（如 CD 读取机器）、配色软件（如 CD 光盘软件）、电子秤部分组成，如图 10-4-6 所示。

（1）可见光分光光度仪。可见光分光光度仪由光源、单色器、积分球、光电桥检测器、数据处理系统等部件组成。

（2）配色软件。配色软件由色质检测软件、调色软件等部分组成，主要作用是建立储存基础颜色（颜料种类和用量）的数据库。

（3）电子秤。电子秤又称配色天平，是一种称量涂料的专用天平，帮助计算适当的混合比。常用的电子秤量程可达7500g，精确度为0.1g。电子秤由托盘秤、电子显示器和集成电路板等组成。

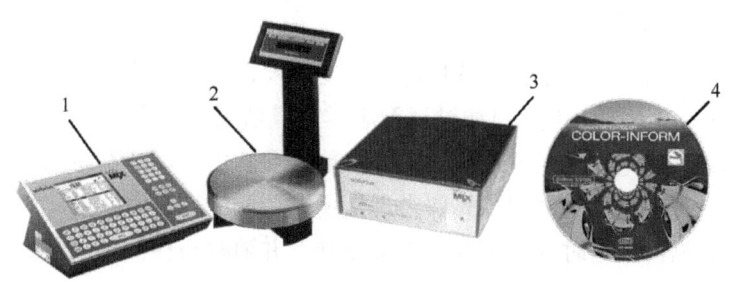

1—CD读取机器；2—电子秤；3—主机；4—CD光盘软件。

图10-4-6　计算机调色的设备

3）计算机配色的操作过程

（1）确定漆种。首先要确认所需要修理车面漆的漆色品种，一般直接查取车身颜色编码。若无法查取，则需要用色标卡进行比色测定。

（2）配漆。若测定车的面漆数码为301A5，而库存中没有现成的这种色漆，则将此编码输入计算机中，计算机屏幕上就显示301A5的配方，如956为179.9g，744为1.5g，957为71.8g，666为81.5g，333为153.4g。根据以上配方，用电子秤称量出各组分的质量，按比例量出所需各组分的用量后，将其放入一定的调配容器中。手工或机械搅拌均匀，按施工要求调到所需浓度，色漆调配完成。

4）计算机配色的特点

（1）配色标准、速度快、效率高，为汽车修补涂装配色节约了时间。

（2）用计算机配色时，必须储备一定量的各种品种的色漆配方和色号，如果储备的数量和品种规格不足，就很难按要求准确地配出所需要的颜色。

（3）所采购的各种色号色漆必须保证质量，如果质量不好，用计算机肯定配不出理想的颜色。

（4）无标准色号的色漆不适合用计算机配色。

（5）单色漆的贮存放置应按色号数码的规律，使其标准化，防止出错。

（6）计算机配色所需设备和软件的功能差别不大，使用时可按要求进行购买或配套。

4．汽车修补漆的调色

1）调色前准备

（1）颜色的识别。

在操作之前必须对汽车修补漆进行颜色的识别，识别颜色有利于清楚油漆配方，包含哪些配色基料以及每一种基料的含量及其在配方中所占的比例。

① 影响颜色和光泽的因素。

修补漆的颜色和光泽是人眼感官的第一反应，对颜色和光泽进行描述主要有明度、色相和纯度。明度是指颜色的明暗程度，也称明亮度、亮度或光度；色相即人的眼睛看到的颜色，也称色调或色别；纯度指颜色含某色量的饱和程度，是对颜色色觉强弱而言的，也称彩度或饱和度。蒙赛尔色立体结构示意图如图 10-4-7 所示。

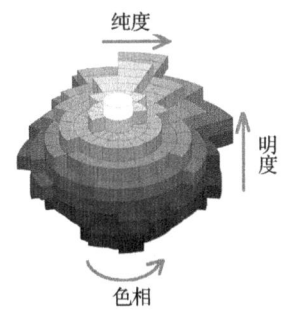

图 10-4-7　蒙赛尔色立体结构示意图

② 条件配色。

汽车修补漆在不同光源下会呈现不同的颜色效果，而色相、纯度和明度都会有一些区别，这是因为不同光源中各种彩色光线的含量不同。如图 10-4-8 所示，一台绿色修补漆的轿车车门在维修厂光线下，维修后无色差，而在日光光线下颜色偏深。因此在识别汽车修补漆颜色时应以日光为调色基准，观察对比色应在日光下进行，以减少由调漆人员造成的颜色差异。

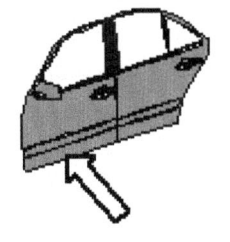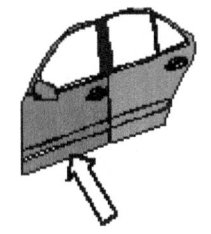

（a）维修厂光线下（无色差）　　　　　　　（b）日光光线下（颜色偏深）

图 10-4-8　条件配色

（2）原厂漆面类型的确定。

① 目测判断漆膜类型。先正面观察漆的颜色效果，若颜色单一、没有闪光，则认定为纯素色漆；若正面观察到金属状的颗粒，侧面观察同样发现金属状颗粒，且颗粒大小均匀、排列规则，则认定为金属漆；若侧面观察时有强烈反光，与正面观察效果差异较大，并伴随有不均匀的闪光颗粒，则认定为珍珠色漆。

② 通过溶剂判断漆膜类型。用蘸有硝基漆溶剂（俗称香蕉水）的白布在隐蔽处或漆膜损伤处摩擦漆膜，观察漆膜溶解的程度。若漆膜溶解较快，并在白布上留下印迹，则

是自干漆；若漆膜没有溶解或溶解较慢，则可能是烘漆或双组分漆；若漆膜溶解较慢同时有溶剂内渗现象，漆膜颜色变浅，光泽变弱，则是丙烯酸聚氨酯漆。

③ 通过漆膜硬度判断漆膜类型。如用硬度计测试漆膜硬度，但是在使用硬度计进行测试时需要破坏原漆膜。一般双组分漆和烘漆的漆膜硬度比自干漆的漆膜硬度要高，因为双组分漆和烘漆的干燥条件决定了漆膜组织的形成，一般硬度超过 2H。

（3）识别原厂汽车的初始颜色。

① 通过汽车上的漆码获得原厂色。对原厂汽车颜色的识别是配色的基础，根据汽车生产厂家的漆码获得原厂色，图 10-4-9 所示为部分车型原厂漆码位置。同时确定原厂色漆中各种色母及成分的比例含量，通过准确识别以减少修补漆配方与原厂漆配方的差异。

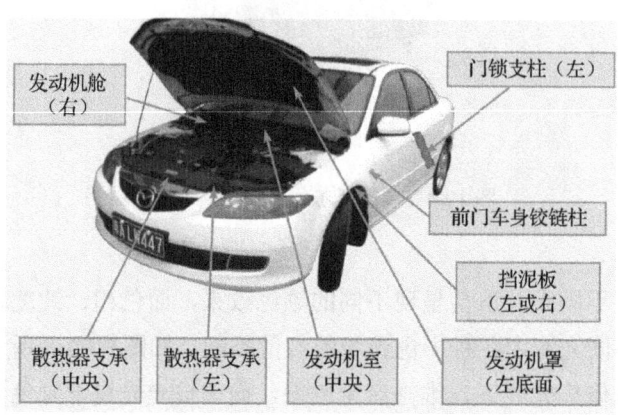

图 10-4-9　部分车型原厂漆码位置

② 根据对比色卡的方式确定原厂漆的颜色。所有车漆生产厂家都会针对各种颜色喷涂每一个色系的色卡，将修补车主色系的颜色色卡取出，与汽车的颜色进行对比，通过比较找出最接近的颜色配方，再经过微调后获得可使用的修补漆。因为车辆在使用过程中由于保养不当会造成漆膜褪色或失光等现象，利用这种方法得到的颜色比通过色码调得的颜色会更接近于修补车的车身颜色。

2）调色步骤及微调颜色

（1）调色。

① 颜色分析。

考虑待修补位置是否属于原厂漆。

② 选择色母并调色。

按照前面判断出的配方选择色母，并用电子秤称重，依据配方依次加入各色母。之后用搅拌尺均匀搅拌并喷涂样板，将样板与车身进行对比，在进行对比色时应在阳光下并避开中午的日光。

（2）微调。

① 素色漆的微调。

若配方颜色较深，应优先加入白色色母进行微调；若配方颜色较浅，应加入适量的黑色色母进行微调。

② 金属漆的微调。

若配方中正面颜色较暗,应适当增加配方中已有的银粉色母,同时侧面也变亮;若配方中正面颜色较亮,应适当加入配方中的黑色色母,同时侧面也变暗;若配方中侧面颜色较暗,适当加入配方中的白色色母,同时正面变暗并略带蓝相;若配方中金属效果不明显,应尽量将粗细银粉结合使用以调整金属效果。

③ 珍珠漆的微调。

若某个珍珠漆的正侧面颜色偏相是一对补色,则一定要加入某个干涉珍珠。在珍珠色漆中加入银粉控制剂,会使正、侧面银粉颗粒都变粗,侧面变亮,正面变暗。

10.4.2　色漆的喷涂

色漆的喷涂要保证颜色匹配,所谓的颜色匹配是指在车身涂层修复时,新涂层与原车涂层颜色一致的匹配方法,是车身涂层修复的一项基本工艺。面漆的喷涂操作一般按照如图 10-4-10 所示的工艺进行。

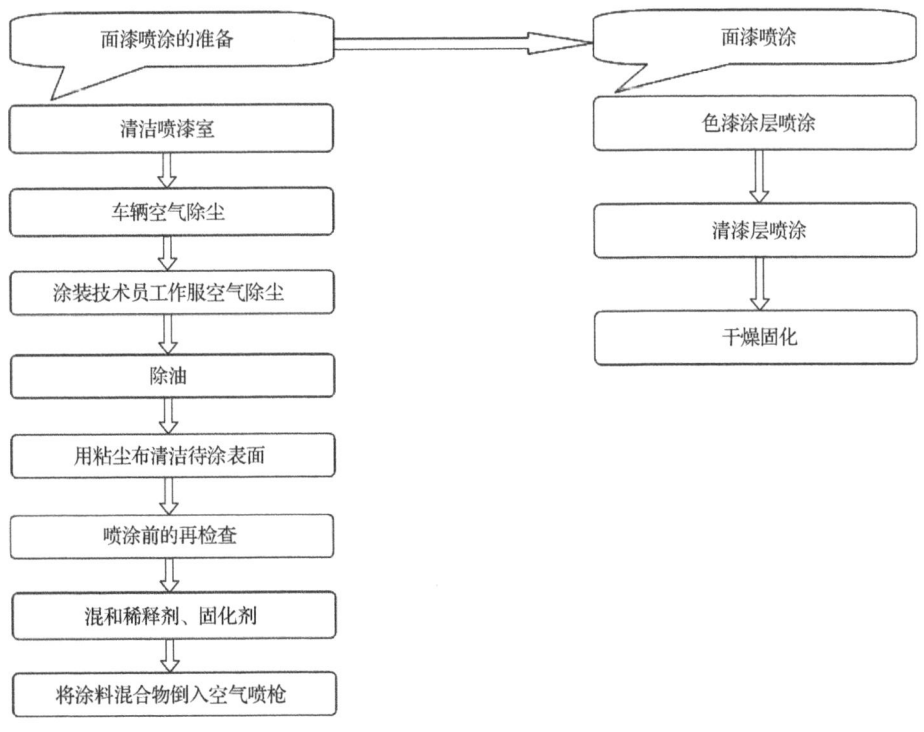

图 10-4-10　面漆涂装工艺

1. 面漆喷涂的准备

1)清洁喷漆室

首先打开开关,使烤漆室工作。为了防止浮尘在喷涂过程中黏在漆面上,影响喷涂效果，所以在汽车开入以前将烤漆室清洁干净。用水冲刷地板，以防浮尘在空气中漂浮，用空气除尘枪吹落喷漆室壁和天花板上的灰尘，如图 10-4-11 所示。

2）车辆空气除尘

清洁完烤漆室后，将车开入。用空气除尘枪彻底吹净车施涂表面和相邻区域的灰尘，尤其板件间隙。同时，要小心除尘枪的喷嘴尖端不要划伤车体表面，并确保除尘时遮盖胶带不会脱落，如图 10-4-12 所示。

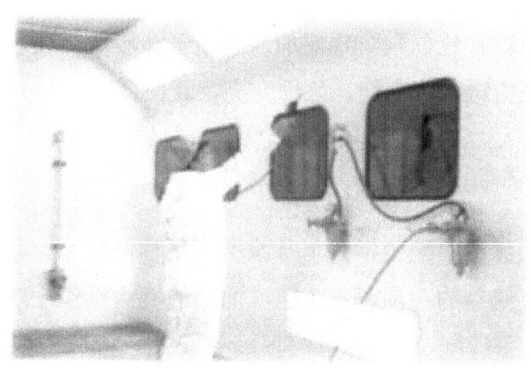

图 10-4-11　清洁烤漆室　　　　　　　　　图 10-4-12　车辆空气除尘

3）涂装技术员工作服空气除尘

进入烤漆室前更换工作服，并用空气除尘枪吹净衣服上的灰尘，戴上防毒面罩，如图 10-4-13 所示。

4）除油

在清扫和遮盖结束后，用干净布蘸上脱脂剂，擦拭被涂装表面，除去油分、污物和石蜡等，如图 10-4-14 所示。

图 10-4-13　涂装技术员工作服空气除尘　　　　　图 10-4-14　除油

5）用黏尘布清洁待涂表面

用黏尘布擦净待涂表面的灰尘，一定要用黏尘布干净的一面轻轻擦拭，如果用力过重会导致黏尘布内的树脂粘到作业表面上，这样会导致漆面缺陷，然后再用黏尘布清洁作业面周围区域，如图 10-4-15 所示。

图 10-4-15　用黏尘布清洁待涂表面

2．喷涂前的再检查

1）喷涂前的检查作业

在开始喷涂作业之前，下列工作一定要做：

（1）检查全车车身外表有无覆盖遗漏之处。

（2）检查有无打磨作业和清扫作业没有进行完备之处。

（3）检查喷枪和干燥设备有无异常。

2）涂料的准备

（1）涂料的调配。

将调好色的涂料按所需的量取出，加入固化剂，调整好涂料黏度（先将主剂和固化剂调配好，再加稀释剂调整黏度）。

（2）涂料的过滤。

调配好的涂料难免有灰尘和杂质，必须过滤后才能使用。涂料的过滤如图 10-4-16 所示。

图 10-4-16　涂料的过滤

3．面漆喷涂

面漆的喷涂要根据面漆的黏度选择适当口径的喷枪，一般 55 系列选用 1.3mm 口径的喷枪。

（1）喷枪要清洗干净。

（2）在喷涂面漆前要对喷枪的气压、出漆量和喷幅等进行仔细的调整。为保证喷涂质量，还应先试喷涂，以确定合适的喷涂距离、运枪的速度和喷幅重叠程度（1/2 或 3/4）等。

（3）面漆涂膜的厚度一般要求在 50μm 左右。过薄会使涂膜显得干涩，不够丰满，装饰效果比较差；过厚容易出现开裂等涂膜故障。

使用萨塔 HVLP 喷枪喷涂色漆时的技术要求如表 10-4-1 所示。后层应在前层闪干后再喷涂。

表 10-4-1　使用萨塔 HVLP 喷枪喷涂色漆时的技术要求

层　　数	喷枪口径 /mm	喷涂距离 /cm	喷枪气压 /MPa	遮盖面积	重叠程度	扇　形	雾　形	角度/°
第一层	1.3	10～15	0.2	50%～70%	3/4	全开	全开	90
第二层	1.3	10～15	0.2	100%	3/4	全开	全开	90
第三层	1.3	25～30	0.2	效果层	3/4	全开	全开	90

4．面漆的喷涂手法

面漆的喷涂操作与底漆和中涂漆的喷涂操作基本相同，只是喷涂的手法要求更加细腻一些，以获得良好的色彩光泽效果。面漆的喷涂如图 10-4-17 所示。

图 10-4-17　面漆的喷涂

（1）干喷。干喷指喷涂时选择的溶剂要快干，气压较大，漆量较小，温度较高等，喷涂后漆面较干。

（2）湿喷。湿喷指喷涂时选择的溶剂要慢干，气压较小，漆量较大，温度较低等，喷涂后漆面较湿。

（3）湿碰湿。湿碰湿同上面讲的湿喷有相似的一面，都是不等上一道漆中的溶剂挥发就继续喷涂下一道漆。

（4）虚枪喷涂。在喷涂色漆后，将大量溶剂或固体成分调整得极低的涂料喷涂在面漆上的操作称为虚枪喷涂。

（5）雾化喷涂。雾化喷涂俗称飞雾法喷涂，又称飞漆，一般用于金属漆的施工。

（6）带状涂装。当喷涂某个基材表面的边缘时采用此法。此时应将喷枪扇幅调整得相对窄一些，一般调整为大约 10cm 宽。

5. 影响喷涂质量的主要因素

（1）黏度。黏度是液体分子间相互作用，并由此产生分子间相对运动能力的量度，也称液体流动阻力（内摩擦力）。溶剂、稀释剂及温度的变化对液体流动性都有影响。

黏度过高会使涂膜表面粗糙，产生针孔和气孔等缺陷；黏度过低会造成流挂、失光，使漆膜不丰满。稀释剂的用量与温度有关。

（2）温度。此处的温度指喷涂室的温度和构件的表面温度。喷漆室的温度调整应根据不同漆及稀释剂进行

（3）喷枪。喷枪的选择和调整应适当，并且通过试喷进行确定

6. 色漆的喷涂注意事项

（1）保证所有的色母被均匀搅拌（每天用搅拌机搅拌 2 次，每次 15min）

（2）调好的油漆在加入稀释剂前后都要彻底地搅拌。

（3）做喷漆样板，检查遮盖力。

（4）适当地烘烤喷出的样板（正确做样板）。

（5）在日光条件下，把干燥的样板颜色和汽车原车色相对比。

（6）微调时，使用配方中包含色母。

（7）不要用多个色母来调色（除非需要将颜色调得较暗）。

（8）每次调整后都要制作样板。

（9）底色漆颜色的样板必须要有清漆层。

（10）在喷涂清漆前，底色漆层需要足够的闪干时间。

7. 汽车面漆修补中金属漆的喷涂实例

图 10-4-18 所示为修补前的漆面，按照下面的工序进行修补。

图 10-4-18　修补前的漆面

（1）首先用除油剂对需要修补的漆面进行整体除油（见图 10-4-19），待干燥后用黏尘布整体除尘，如图 10-4-20 所示。

图 10-4-19　整体除油

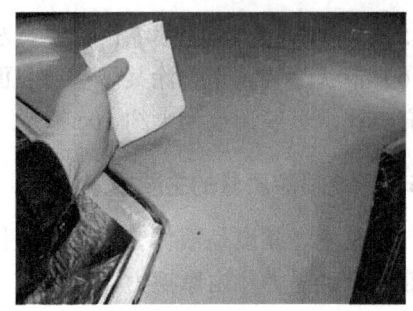

图 10-4-20　用黏尘布除尘

（2）第一遍喷涂。根据喷涂面积的大小，用稀释剂稀释一定量的金属漆，然后在喷涂表面整体虚喷一遍，喷涂的漆层厚度应以能透过金属漆层看到中涂底漆层为准。喷涂气压为 290～390kPa，喷涂过程中无需间隔时间。

（3）第二遍喷涂。在第一遍虚喷完毕后间隔 3min 左右，用黏尘布整体除尘，然后喷涂第二遍。第二遍喷涂的漆层决定了漆面的颜色，此时不必介意金属色斑，漆层应稍厚一些，喷涂面积应稍有扩大。如果喷涂了两遍仍然不能确定漆面的颜色，应间隔 3min 左右再重复喷涂一遍。

（4）第三遍喷涂。在第二遍喷涂后间隔 3min 左右，用黏尘布整体除尘，将喷枪的出漆量调小，喷涂扇面调大，进行第 3 遍喷涂。第三遍喷涂的作用是消除金属色斑，可以再稍添加一些稀释剂来降低油漆的黏度，喷涂面积应稍扩大，以减轻新旧漆面的对比。

（5）在第三遍金属漆喷涂完后，不能立即喷涂罩光清漆，否则金属漆层中的稀释剂难以挥发出来，应有 5～10min 的时间间隔。这段时间间隔一定不能省略，否则最后的漆面会出现气孔或色斑等缺陷。

（6）喷涂第一遍罩光清漆，不要喷涂得过厚，以能显示光泽为好，喷涂气压应比喷涂金属漆时稍有减小。在喷涂第一层清漆时，应将金属漆层完全覆盖。

（7）在第一层清漆喷涂完毕后间隔 8min 左右，喷涂第二层清漆，喷涂面积应稍有扩大，喷枪速度应稍慢。在喷涂一遍后，将接口剂倒入喷枪内，在新旧漆面结合处由外向内直接喷涂，再由内向外喷涂即可。

遵照上面所讲的步骤进行练习。在进行几次实际操作后，就能掌握喷涂要领，并能很好地完成喷涂工作。修补后的漆面如图 10-4-21 所示。

图 10-4-21　修补后的漆面

10.4.3　清漆的喷涂

清漆层是一种具有许多功能的防护罩。漆层表面应该光滑且有光泽，可以多年表现出视觉上的吸引力，并抵御粗糙清洗时的伤害。另外，漆层必须有极好的耐候性，以及能经受来自任何环境的伤害。

在底色漆层喷涂完毕后，只要等到涂膜表面完全失光即可喷涂清漆，不必等底色涂膜完全干燥。

涂膜厚度一般控制在 40～50μm。清漆的调配如图 10-4-22 所示，其中 2：1+10%表示清漆和固化剂的体积比例一般为 2：1，再加体积分数为 10%的稀释剂。

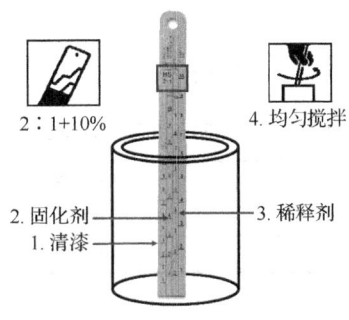

图 10-4-22　清漆的调配

使用萨塔 HVLP 喷枪喷涂清漆时的技术要求如表 10-4-2 所示。后层应在前层闪干后再喷涂。

表 10-4-2　使用萨塔 HVLP 喷枪喷涂清漆时的技术要求

层　数	喷枪口径/mm	喷涂距离/cm	喷枪气压/MPa	遮盖面积	重叠程度	扇　形	雾　形	角度/°
第一层	1.3	10～15	0.2	纹理连续	3/4	全开	全开	90
第二层	1.3	10～15	0.2	扳机全开	3/4	全开	全开	90

10.5　水性漆的施工

10.5.1　水性漆概述

1）水性漆的含义

水性漆就是以水为稀释剂、不含有机溶剂的涂料，又称水性涂料。

2）水性漆的发展趋势

德国在严格的规范下使用水性漆；美国推广使用水性漆/粉末涂料；日本主要使用溶剂型高固化剂中涂漆/中固化剂面漆。

3）水性漆和溶剂型漆的特性比较

（1）稀释剂的差别。

水性漆所含的溶剂主要是水，树脂分散在水中形成聚合物分散体系；传统溶剂型漆的溶剂主要是有机溶剂，树脂在有机溶剂中形成聚合物溶液。稀释剂的对比如表 10-5-1 所示。

表 10-5-1　稀释剂的对比

涂　料	稀释剂	沸点/℃	蒸发潜热 / (cal/g)	表面张力 / (dvne/cm²)	介电常数 (25℃)	挥发速率	熔点/℃
水性漆	水	100	540	73	78	36	0
溶剂型漆	甲苯	110	86	29	2.4	195	−95
	二甲苯	144	83	30	2.6	68	−25

（2）涂料对比。

水性漆和溶剂型漆的对比如表 10-5-2 所示。

表 10-5-2　水性漆和溶剂型漆的对比

涂　料	黏　度	稀释剂	PH 管理	起泡性	电阻值
水性漆	高	水	要	高	低
溶剂型漆	低	溶剂	不要	低	高

4）水的特性对水性漆产生的影响

（1）挥发性低，易产生针孔、流挂。

（2）湿度大影响发挥速率，易产生流挂。

（3）对底材、颜料的润湿性差。

（4）易起泡，并且消泡困难。

（5）静电涂装时需要使用不同的方法。

5）水性漆的特性

（1）遮盖力强。

（2）表面张力大，不易开裂。

（3）漆面亮丽，喷涂效果较好。

（4）对于技术设备、环境和喷涂技术有较高的要求。

6）水性漆的储存使用特点

（1）储存：专用保温柜，无需搅拌。

（2）温度：5～35℃。

（3）容器：塑料容器，切勿使用金属容器。

（4）过滤：125μm 网眼尼龙滤网。

（5）保质期（合适储存条件下）：

① 开罐已稀释，3 月。

② 开罐未稀释，12 月。

③ 未开罐，4 年。

10.5.2　水性漆的施工环境

为了减少 VOC 排放，保护员工安全，减少对空气的污染，可以使用水性漆进行喷涂。

喷漆室的室体、槽子等受潮部位需要全部采用不锈钢。喷漆室内的温度和湿度必须严格控制，施工区域内的温度为 23±1℃，相对湿度为 65%±5%，基材或车身温度应保持在喷漆室条件下的露点以上。最佳喷漆室条件如下：

（1）喷涂中涂漆时喷漆室的下降风速：

① 手工区的下降风速为 0.45m/s。

② 静电喷涂区的下降风速为 0.30m/s。

③ 挥发区的下降风速为 0.20m/s。

（2）喷涂底色漆时喷漆室的下降风速：

① 手工区的下降风速为 0.45m/s。

② 静电喷涂区的下降风速为 0.30m/s。

③ 空气自动喷涂区的下降风速为 0.50m/s。

④ 挥发区的下降风速为 0.30m/s。

在使用水性漆时，喷漆室内的温度和湿度必须控制在很小的范围内，因此使用水性漆时应保证喷漆室的温度、湿度条件。

10.5.3　水性漆喷涂前处理

1）清洁剂的选用

清洁剂具有静电控制效果，可以减少漆膜上吸附的灰尘量，在喷涂塑料件时的作用更加明显。清洁剂用于清洁硅、油脂、脱膜剂，防止它们降低涂料的黏附力。在喷涂水性底色漆或水性中涂漆前，利用喷雾器或直接手工将清洁剂涂在待修补表面，对待修补表面进行最后的清洁工作。

2）喷涂前的调整

（1）用搅拌尺或认可的调漆罐，以一定的比例添加水性漆调整剂。

（2）必须严格按照调漆尺的刻度添加漆料，以获得最适宜的喷涂黏度，保证完美的应用性能和颜色匹配性。

（3）调漆尺必须保持清洁，刻度清晰。

（4）在将调漆尺用于水性漆时，应该先清洁和擦干表面，不要把沾有溶剂的调漆尺插入水性漆中。

（5）不要用锥形的调漆罐配合调漆尺使用，罐子的形状会无意中造成黏度的改变。

3）水性漆的过滤

（1）喷枪上安装的内置过滤网不可用于水性漆产品。

（2）使用乙烯筛网的标准涂料过滤网，采用 200～230μm 尺寸的筛网。

（3）将 3MPPS 系统用于喷涂水性漆产品，使用 200μm 尺寸的筛网。

（4）特别细密的筛网将阻止水性底色漆按照所要求的流动速度流动。

10.5.4 水性漆的喷涂

水性漆可用空气喷枪、静电空气喷枪或高速旋杯进行喷涂。

雾化方面的基本情况（如漆料液滴的分散、沉积、喷涂效率等）和溶剂型金属底漆大致相同。但水性漆对流量和漆雾变化更加敏感，如有不当，容易导致漆膜发花和针孔。因此需要增加工艺控制内容，如流体环路控制、雾化空气控制、瞬时触发控制和喷枪目标距离环路控制。

1）水性漆的施工工艺

水性漆涂装工艺体系是阴极电泳漆＋水性中涂漆＋水性底色漆＋高固体分溶剂型罩光清漆。水性漆的施工工艺与溶剂型漆不同，水性中涂漆烘干时需要增加红外线升温和保温过程，水性色漆喷涂后增加了加热挥发过程。溶剂型漆的施工工艺和水性漆的施工工艺如图 10-5-1 和图 10-5-2 所示。

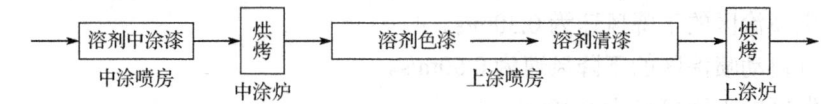

图 10-5-1　溶剂型漆的施工工艺

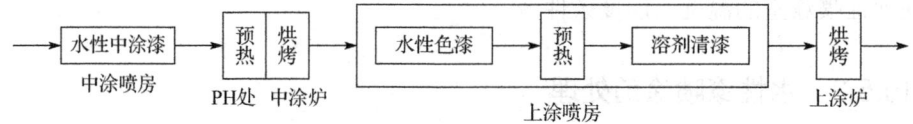

图 10-5-2　水性漆的施工工艺

2）水性漆的喷涂

使用重力式喷枪（口径为 SARTHVLP1.3 或 RP1.3mm）使用两种喷涂方法（干喷和湿喷）。相关参数见表 10-5-3 所示。

表 10-5-3　水性漆喷涂参数

层　　数	喷枪口径/mm	喷涂距离/cm	喷涂气压/MPa	遮盖面积	重　　叠	扇　　形	雾　　形	角度/°
第一层	1.3	15～20	0.2	50%～70%	1/2	全开	全开	90
第二层	1.3	20～25	0.2	100%遮盖	1/2	全开	全开	90
第三层	1.3	25～30	0.2	效果层	1/2	全开	全开	90

（1）喷涂第一层涂层。

一般按 50%～70%的颜色遮盖进行喷涂，不能喷涂得太湿。使用文丘里吹风系统闪干表面，经过闪干处理后的表面均匀，没有光泽，再喷上第二层底色漆。

（2）喷涂第二层涂层。

一般按 100%的颜色遮盖喷涂成均匀的湿涂层，使用文丘里吹风系统闪干表面至亚光，获得预期颜色和效果的涂层。

（3）第三层喷涂。

在第二涂层干燥之后，喷涂最后的效果涂层，喷涂时加大喷枪和面板之间的距离。通过用 P1000 以上或超精细砂纸干打磨，去除表面的缺陷、尘粒；使用底色漆修补打磨区域。

10.5.5 水性漆的干燥方式

由于水性色漆和罩光清漆是"湿碰湿"施工的，因此水性漆存在预烘干的问题，即将色漆涂层中的绝大部分水、助溶剂挥发掉。水性色漆涂层的溶剂含量（主要为水）应降低到 10% 以下，喷涂的罩光清漆才不至于将色漆涂层再溶解而产生水泡，影响外观质量。如果在通常的温度条件下闪干，水性色漆的溶剂含量不可能达到 10% 以下。

1）自然干燥

在自然条件下，温度和湿度及风速是变化的，干燥速度及成膜质量不稳定。在高温且高湿或湿度比较大的状况下，涂层容易发白，干燥速度较慢；在低温的状况下，干燥速度很慢，特别是在 5℃ 以下的环境中，水性涂料难以成膜。自然干燥具有办法简单、应用普遍的优点，但同时具有干燥速度慢的缺陷。

2）空气对流干燥

常见的强制干燥设备是文丘里吹风系统，如图 10-5-3 所示。系统周围的空气从吹风枪喷嘴后部被吸入，在管内旋转前进，喷嘴出口处空气的流出速率是压缩空气消耗量的 10 倍。在使用文丘里吹风系统时，吹出的气流方向应与喷漆室内的气流方向相同。

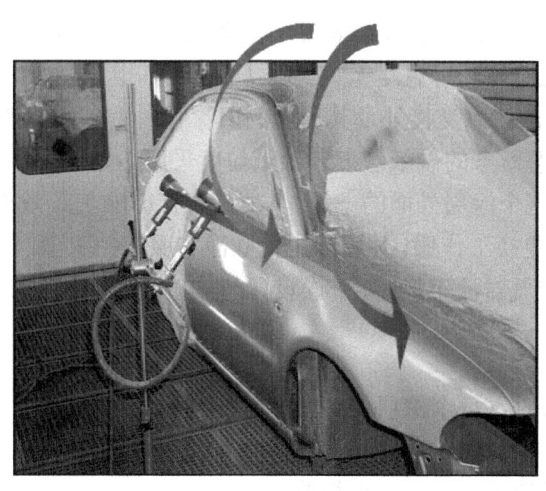

图 10-5-3 文丘里吹风系统

吹风枪不能与漆面垂直，否则将会造成油漆缺陷，待色漆层充分干燥后就可以进行清漆喷涂。应该使吐出的空气顺着喷漆室内的空气流动方向流动。吹风枪与被喷涂面的入射角必须是 45°，以覆盖整个喷涂表面。在进行全车重新喷漆工作时，对喷涂间内的空气加热 10min，使室内温度达到 45℃ 左右，同时使用文丘里吹风系统。

文丘里吹风枪使用方法如图 10-5-4 所示，若离待干燥表面太近，则文丘里吹风枪效率降低，产生的气流不规则，会使尘粒（如来自遮泥板）投射到待干燥的表面。

（a）正确用法

（b）错误用法

图 10-5-4 文丘里吹风枪使用方法

复习题

一、判断题

1. 修理厂车间温度不能低于 +15℃。（　　）

2. 涂装前必须仔细进行预处理，板材必须干燥、无锈、无油垢。（　　）

3. 表面磨光砂纸一般为 P320 或 P400。（　　）

4. 空气喷涂工作效率比刷涂高 5～10 倍。（　　）

5. 涂装工人为了更好地达到涂装效果，在调配涂料时应该考虑涂料的黏度。（　　）

6. 腻子的调配比例与环境温度无关。（　　）

7. 对于修补腻子的边缘交接处及其周围的旧涂膜，可使用双动式打磨机或小型往复式打磨机消除原来打磨留下的砂纸磨痕，砂纸粒度采用 240#。（　　）

8. 面漆的喷涂是整个涂层外面的一层，其质量直接影响美观效果和涂膜质量。（　　）

9. 进入烤漆室后更换工作服，并用除尘枪吹净衣服上的灰尘，戴上防毒面罩。（　　）

10. 在水性漆的空气对流干燥时，干燥设备与被喷涂面的入射角必须是 45°。（　　）

二、单选题

1. 在打磨羽状边时，每个涂层的边缘间距应约为（　　）。

    A. 2mm   B. 5mm   C. 10mm

2. 喷漆遮盖一般选用（　　）进行遮盖。

    A. 反向遮盖法   B. 正向遮盖法   C. 顺次遮盖法

3. 喷枪喷涂时与工件表面必须保持（　　），喷枪应随工件表面的曲折而改变喷枪的角度，不可以使手腕或手肘做弧形摆动。

    A. 成 45° 角   B. 水平   C. 垂直

4. 喷枪的移动速度与涂料的干燥速度、环境温度、黏度有关，一般约以（　　）m/s 的速度匀速移动。

    A. 0.9～1.2   B. 1.2～1.5   C. 1.5～2.0

5. 普通喷枪的喷涂气压一般为（　　）MPa。

　　A．0.2　　　　　　　B．0.25　　　　　　　C．0.35～0.5

6. 普通喷枪喷涂距离一般为（　　）cm。

　　A．12　　　　　　　B．15　　　　　　　C．20

三、多选题

1. 打磨的方法包括（　　）。

　　A．手指打磨法　　B．画圈打磨法　　C．交叉打磨法　　D．横向打磨法

2. 底漆根据使用目的不同可分为（　　）。

　　A．头道底漆　　　　　　　　B．头二道合用底漆

　　C．二道底漆　　　　　　　　D．表面封闭底漆等

3. 三原色包括（　　）。

　　A．红色　　　　　　B．黄色　　　　　　C．绿色　　　　　　D．蓝色

4. 对于喷涂水性底色漆时喷漆室的下降风速，说法正确的是（　　）。

　　A．手工区的下降风速为 0.45m/s

　　B．静电喷涂区的下降风速为 0.30m/s

　　C．空气自动喷涂区的下降风速为 0.50m/s

　　D．挥发区的下降风速为 0.30m/s

四、简答题

1. 原厂漆的涂装工艺包括哪些？

2. 修补漆的涂装工艺包括哪些？

3. 表面前处理的目的是什么？

4. 检查涂装修复区域的注意事项包括哪些？

5. 打磨操作前的注意事项包括哪些？

6. 中涂底漆的主要作用有哪些？

7. 水性漆的特性有哪些？

8. 水性漆的干燥方式有哪些？

第 11 章　涂膜的缺陷及涂装后处理

知识目标：

1. 懂得涂膜缺陷对涂装质量的影响
2. 掌握涂膜缺陷的现象
3. 了解涂装过程和存放过程中出现涂膜缺陷的类型

技能目标：

1. 熟悉引起涂膜缺陷的原因
2. 能对典型涂膜缺陷进行分析，提出解决方法

在汽车喷涂作业中，经常会出现质量问题，表现为涂膜出现缺陷。所谓涂膜缺陷也称涂膜病害或涂膜故障，是指涂膜的质量与规定的技术指标相比所存在的缺陷。涂膜缺陷是可以通过再修理的方法进行补救，但是这样会影响企业的生产成本，带来不必要的损失。因此，如果能掌握常见的产生原因和防治措施，就能在生产中杜绝各种病害的产生，从而保证喷涂质量，减少喷涂成本。

11.1　涂膜的缺陷

11.1.1　涂膜产生缺陷的原因

涂膜产生缺陷的原因有很多，包括涂料的原因和施工的原因等。

1. 涂料的原因

底漆、面漆、中涂漆、腻子等选择配套不当、质量不佳、配色不准、过期使用等。

2. 施工的原因

施工的原因是多方面的，主要包括以下几个方面：

（1）表面准备不充分，旧漆打磨不彻底，除锈、脱脂、除尘不充分等。

（2）添加剂使用不合理，未按要求进行添加，导致添加过多或过少。

（3）各个涂层的过渡打磨不合乎要求，多为未干透打磨或打磨不够平整。

（4）涂料的搅拌不均匀，过滤不充分。

（5）喷涂气压过高或过低。

（6）喷涂时距离喷涂表面过近或过远。

（7）喷涂流量过大或过小。

（8）环境温度过低、过于潮湿或干燥速度过快。

（9）喷枪质量不好或清洗不彻底。

除此之外，工作场所通风不良、灰尘较多、光线不好等原因也影响涂膜质量。

11.1.2　典型涂膜缺陷分析

1. 气孔

1）现象

在面漆层上出现许多气孔，如图 11-1-1 所示。这种现象往往在喷涂后经高温烘烤或数日后出现。

图 11-1-1　气孔

2）原因

（1）表面不清洁或处理不当。灰尘微粒在表面像海绵一样吸收水分，当漆层暴露在阳光下时，水分膨胀并使压力加大，当压力大到一定程度，就会形成气孔。

（2）使用了不合适或错误的稀释剂。例如，在夏季使用了快干稀释剂，尤其是当漆层太干或者受到过大压力时，空气和水分会留在漆层内，在一定时候水分和空气逸出而形成气孔。

（3）漆层之间的干燥时间短或漆层过厚。这样会将过多的溶剂留在涂层中，在一定条件下内层的溶剂会挥发出来在面漆层形成气孔。

（4）压缩空气不洁净。压缩空气中如果含油分、水分、灰尘，会造成喷涂污染。

3）预防措施

（1）对需要喷涂的表面进行彻底的清洁。仔细打磨，确认干燥后才能进行喷涂。不可用手触摸清洁后的表面，以免手上的油污污染表面。

（2）根据喷涂时的温度选择合适的稀释剂。

（3）各个内涂层和面漆层都应该经过干燥，严格按涂料的厂家要求进行喷涂。

（4）定期对高压气体进行人工排水、排油，保证气源清洁。

4）解决办法

如果气孔很深、损坏范围大而严重，必须清除到底漆或金属表面，然后重新喷涂。如果气孔较浅、损坏程度较轻，可以将气孔磨掉然后重新喷涂。

2. 水泡

1）现象

在涂装过程中，涂膜表面有泡状鼓起，产生水泡，如图 11-1-2 所示。烘干过程中易产生这种缺陷。

图 11-1-2　水泡

2）原因

（1）稀释剂挥发快，涂料黏度偏高（一般硝基漆溶剂挥发都很快）。

（2）晾干时间短、涂膜烘干时升温过急。

（3）底材、底涂层或被涂表面含有（或残留）溶剂、水分或气体。

（4）搅拌时混入涂料中的气体未完全释放就开始涂装。

3）预防措施

（1）使用配套的稀释剂，涂料黏度不宜过高。

（2）按施工说明时间进行干燥，涂层烘烤时升温不宜过快。

（3）被涂面应彻底清洁，干燥处理。

（4）涂料混合搅拌后应静置一定时间再喷涂。

4）解决方法

水泡是涂膜破坏性的弊病，只能铲除，重新进行表面处理，然后刮腻子及重新喷涂。

3. 橘皮

1）现象

在涂膜表面呈疙瘩状、不平整，有类似橘子皮的外观，如图 11-1-3 所示。

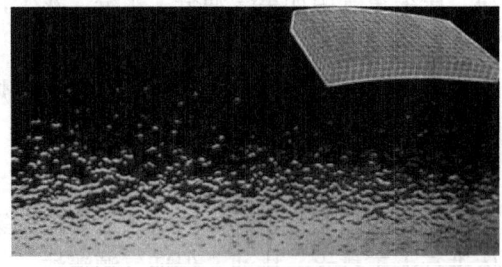

图 11-1-3　橘皮

2）原因

（1）被涂物和空气的温度偏高，喷漆室内风速过大，稀释剂挥发太快。

（2）干燥时间偏短。

（3）涂料的黏度太高，流平性差，稀释剂选用不当。

（4）喷涂技术不良，喷涂距离太远或太近，涂层过厚或过薄。

（5）喷涂气压太低，出漆量过大或喷枪不佳，导致漆料雾化不良。

3）预防措施

（1）选用合适的溶剂，添加流平剂或挥发较慢的高沸点有机溶剂，调整涂料的黏度，以改善涂料的流平性。

（2）调整喷涂气压与出漆量、喷涂距离与走枪速度，选用雾化性能良好的喷枪。使涂料达到良好的雾化。

（3）延长晾干时间，不宜过早高温烘干。

（4）被涂物应冷却至 50℃以下，室温维持在 20℃左右。

4）解决办法

（1）待漆膜完全固化后，根据橘皮皱纹之严重性，选择极细砂纸或粗砂蜡磨去橘皮皱纹。

（2）严重部分以细砂纸磨平，并重新喷涂。

4. 白化

1）现象

喷涂完的涂层表面呈乳白色，涂膜不仅发白，而且像云一样的发白、无光泽的现象称为白化，如图 11-1-4 所示。

图 11-1-4　白化

2）原因

白化现象多发生在高湿环境下喷涂挥发性涂料的场合，严重时完全失光，涂层出现微孔。

（1）喷涂场所的空气湿度过高。

（2）所使用的稀释剂品质不良，挥发太快。

（3）喷涂场所的气温寒冷，尤其是在被涂物的温度低于室温的场合。

（4）喷漆室内空气流通不良，且缺乏加热设备。

（5）喷涂气压过大。

3）预防措施

（1）对喷涂场地进行适当加热，增加干燥度，提高环境温度。

（2）使用品质好的、挥发较慢的稀释剂。

（3）在稀释剂内添加防潮剂，使用量要小，否则会减慢干燥速度。

（4）涂装前使被涂物的温度高于环境温度10℃左右。

4）解决办法

（1）若是轻微白化，则待其固化后以抛光蜡打磨去除其不良处。

（2）若是严重白化，则在严重白化的区域喷涂慢干稀释剂或防潮剂。

（3）在白化极严重的部位，可能有水分残留在漆膜内，湿打磨再重新喷涂。

5. 开裂

1）现象

涂层上出现许多较深的裂缝，与干枯的泥塘中泥土的开裂情况相似，其形状往往是三角形或不规则的形状，如图11-1-5所示。开裂一般发生在面漆层，有时候也深入到内涂层。

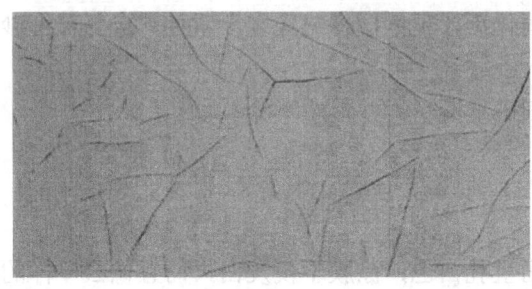

图11-1-5　开裂

2）原因

（1）涂层太厚。过厚的涂层会使正常的应力和应变力放大，造成面漆层开裂。

（2）没有将面漆原料混合均匀。

（3）快速干燥的时间太短。

（4）使用错误的添加剂。

3）预防措施

（1）面漆层不能太厚。每两个面漆层之间应保留足够的闪干时间，不可急于用高压空气吹风干燥。

（2）所有的面漆原料必须充分搅拌，压缩面漆层，如果有必要可在面漆中加入缩孔排除剂。

（3）严格按所用涂料生产厂家提供的添加剂。

4）解决办法

将开裂的部分进行打磨，然后重新喷涂。

6. 打磨痕迹

1）现象

基底上漩涡状的打磨痕迹显现在面漆上，如图11-1-16所示。

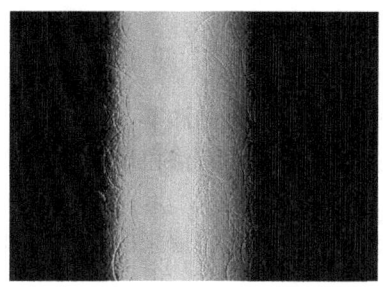

图 11-1-6　打磨痕迹

2）原因

（1）基底被太粗的研磨物打磨过，打磨划痕的深度太深，导致无法被完全填补掩盖。

（2）底漆或中涂的干燥时间未被遵守，造成喷涂和干燥时底漆层膨胀，从而能清楚地看到之前打磨操作时留下的漩涡状痕迹。

（3）填充中涂底漆涂层太薄，无法完全遮盖基底上的打磨痕迹。

（4）不良的打磨技术或打磨设备。

3）预防措施

（1）使用规范的打磨材料（如腻子用 P80/P150，填充底漆/中涂底漆通常只能覆盖 P240 以上的砂纸痕迹）。

（2）按照推荐的方法进行干燥。

（3）遵守推荐的膜厚范围。

（4）在开始打磨前，要先把打磨机置于要打磨的表面。在使用机器打磨填充底漆/中涂底漆时选用不超过 5mm 的振动模式。

4）解决方法

彻底磨掉有缺陷的漆层，根据需要选择正确材料进行重涂。

7．渗色

1）现象

涂膜表面变色，变色一般呈晕圈形式，严重时漆膜颜色完全改变，通常在红色、褐色漆表面喷涂时会发生此现象。渗色如图 11-1-7 所示。

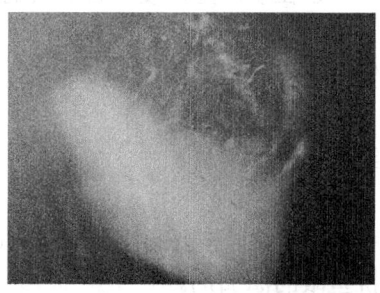

图 11-1-7　渗色

2）原因

渗色的主要原因是底层涂料中的颜料被新涂层的溶剂溶解并吸收。

3）预防措施

（1）使用防渗色底漆。

（2）喷涂之前清除原来的漆膜上黏附的漆雾。

（3）进行试喷，观察原来的漆膜是否有渗色现象。

4）解决办法

打磨到原来的漆膜，喷涂封闭底漆，将原来的漆膜封闭，然后重新喷涂面漆。

8. 缩水（鱼眼）

1）现象

漆膜表面出现大量的大小从针孔到直径 1cm 左右的火山口样的空洞或凹痕。一般大凹痕单独出现，小凹痕成片出现。在凹痕的中心一般可发现有小的杂质颗粒存在。鱼眼如图 11-1-8 所示。

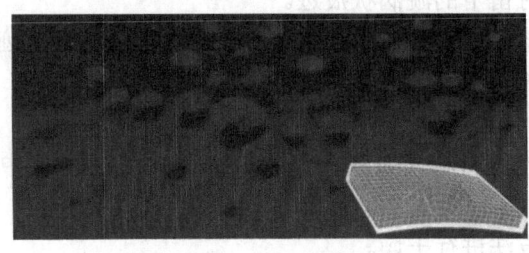

图 11-1-8　鱼眼

2）原因

产生鱼眼的根本原因是油漆表面的张力发生变化。具体原因有：

（1）底漆中含有不匹配的成分。

（2）喷漆环境中或基材表面有含硅的有机化合物。

（3）存在其他污染，如油脂、洗涤剂、尘土、石蜡等。

（4）压缩空气中有水、油等。

（5）喷漆室内蒸气饱和。

3）预防措施

（1）彻底清除基材表面，禁止在喷漆室内使用含硅类的抛光材料。

（2）注意底漆的匹配。

（3）注意喷漆室内的蒸气饱和程度。

（4）添加鱼眼防止剂。

（5）每天对压缩空气供给系统进行清洁。

4）解决办法

将产生鱼眼的区域的漆膜彻底清除，按要求重新对基材的表面进行处理，重新喷涂。必要时，可以在油漆中使用抗鱼眼的添加剂。

9. 流淌（流挂）

1）现象

喷涂后的漆膜局部变厚，形状如同波浪线、浅滩或圆形的山脊，通常出现在倾斜角度大或者竖直的表面上，也称垂流、滴下、流泪等。流挂如图 11-1-9 所示。

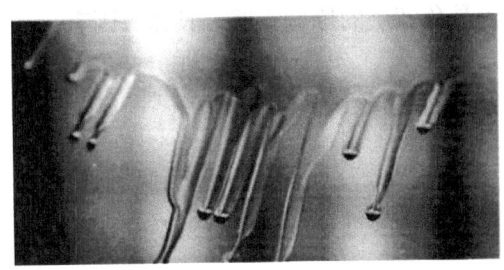

图 11-1-9　流挂

2）原因

（1）喷涂的漆膜过厚，压缩空气的压力太低，喷枪调整扇面过窄，喷枪移动速度太慢，喷涂距离太近。

（2）油漆的黏度不合适，稀料过多。

（3）稀释剂的型号不对或质量不良。

（4）环境温度或基材温度过低。

（5）底漆表面有油污。

3）预防措施

（1）采用正确的喷涂方法，将喷枪调整适当。

（2）使用厂家推荐的稀释剂。

（3）按要求调整漆的黏度。

（4）注意控制温度并在推荐的温度下进行喷涂。

（5）每道喷涂的漆膜不能过厚。

（6）保证喷涂表面清洁。

4）解决方法

待原漆膜完全干燥后，将多余的漆膜除掉，并将表面磨平，然后抛光。必要时应重新打磨后重新喷涂。

10．遮盖力差

1）现象

喷涂后可透过漆膜看见下层表面的颜色，如图 11-1-10 所示。

图 11-1-10　遮盖力差

2）原因

遮盖力差的主要原因是色漆层的厚度不够。具体原因有：

（1）喷涂方法不当。

（2）涂料混合不均匀，部分涂料稀释剂过多。

（3）基底的颜色不匹配。

（4）涂料用量过少。

（5）在研磨抛光过程中，打磨过量，导致漆膜厚度太薄。

3）预防措施

（1）采用正确的喷涂方法，保证漆膜的厚度。

（2）对涂料进行充分搅拌，使之均匀。

（3）注意调整涂料的黏度，稀释剂不要过多。

（4）抛光不宜过度。

4）解决方法

将有缺陷的区域进行打磨使之平整，然后重新喷涂。

11. 溶剂泡

1）现象

滞留在漆膜里面的溶剂气化形成表面水泡状缺陷，如图 11-1-11 所示。

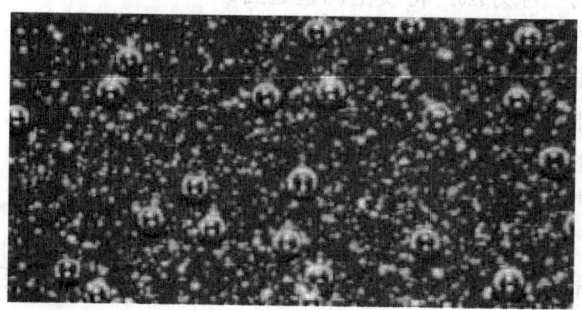

图 11-1-11　溶剂泡

2）原因

（1）漆膜喷涂太厚。

（2）固化剂或稀释剂干燥速度太快。

（3）每个涂层间的闪干时间太短。

（4）在烘烤前或红外线加热前，闪干时间太长。

（5）红外线烤灯和车体的间距不够，造成表面温度过高。

（6）在湿对湿工艺中，两个涂层间闪干得不够彻底。

3）预防措施

（1）喷涂前必须确定已使用清洁剂及黏尘产品清洁车身，车身表面清洁彻底。

（2）定期检查过滤网。

（3）穿着不带绒毛的工作服。

（4）确保喷漆室的环境清洁。

4）解决方法

出现溶剂泡的表面必须打磨至完好的漆层，选择正确的底漆和面漆重新喷涂。

11.2　涂装的后处理

通过打磨使涂膜面显出光泽，除去附着在涂膜表面的灰尘和小麻点，对表面粗糙处和起皱处等平整度不良的区域进行修整。对于部分涂装而言，还包括对晕色部位的打磨等。该项作业既是全涂装和局部涂装的最后一道工序，也是对涂膜的精加工，必须仔细进行。

只要进行喷涂作业，就很难避免灰尘和小颗粒的黏附。如果是丙烯酸硝基漆，还可以中途打磨去掉附着物，表面再重新喷一层；而聚氨酯涂料处理起来则较困难。聚氨酯涂膜本来不需要抛光处理，因此对灰尘和小颗粒的黏附特别敏感。一旦有灰尘和小颗粒的黏附，就要进行修整。

11.2.1　打蜡

1．打蜡的定义

涂装后处理中的打蜡是指用中粗蜡或粗蜡针对涂装的轻微缺陷进行处理的美容工序。

2．打蜡的方法

1）手工打蜡

手工打蜡可分为擦砂蜡和擦光蜡两道工序。

（1）擦砂蜡。

① 用新毛巾或绒布折叠成肥皂盒大小，将底部压平。

② 用毛巾或绒布蘸适量砂蜡或将适量砂蜡直接涂于漆膜上。

③ 在漆膜上稍用力往返擦，直到漆膜表面上的细小缺陷消失，漆膜达到镜面般平滑并有均匀柔和的光泽为止。

（2）擦光蜡。

① 将漆膜表面残余的砂蜡清理干净。

② 用脱脂棉团蘸适量光蜡，顺着光线反复擦拭，直至漆膜光泽均匀一致，并能照出人影为止。

③ 用除尘布擦净残蜡。

2）机械抛蜡

（1）为消除手工磨光砂纸痕的抛蜡。

① 选择适合于漆层类型的抛光剂和抛光衬套。

② 将少量的抛光剂均匀地涂在需要抛光的漆面上，静置 5～10min。

③ 用抛光机抛至出现合适的光泽。

【注意事项】

抛光机设置为低速，使用时用力均匀，方向一致。

- 用 1200～1500 号水砂纸将漆膜表面水磨到非常平整，洗净，吹干。
- 安装羊毛绒抛光套。
- 在漆膜上涂适量砂蜡。
- 启动抛光机抛蜡，直到漆膜发热并有均匀、柔和的亮光。
- 清理残蜡。
- 换一个羊毛绒抛光套，涂上适量的光蜡，顺着光线抛到能清晰地照出人影。

（2）晕色部位的抛蜡。

如图 11-2-1 所示，将超细微研磨膏薄薄地涂在晕色区，用装了海绵抛光轮的抛光机进行打磨。打磨时应注意，抛光机的抛光轮只能轻轻接触涂膜，边观察光泽和涂膜状态，边仔细操作。

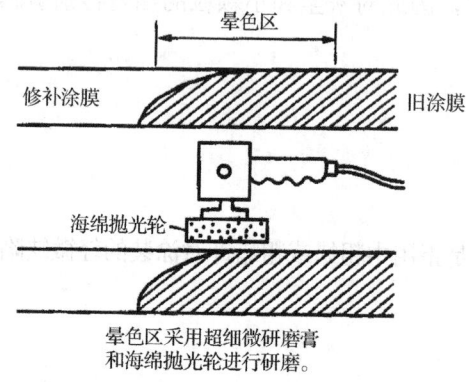

图 11-2-1　晕色部位的抛蜡

（3）机械抛蜡的注意事项。

① 对于双组分的丙烯酸聚氨酯硝基涂膜和丙烯酸聚氨酯涂膜的晕色部位，在打磨前一定要用红外线加热器加热，使其完全干燥、固化。如果在半干状态下湿打磨，就会出现涂膜脱落、发白等现象。加热干燥要在 60℃下，保持大约 30min。

② 抛光时移动速度要均匀，不要在一个地方抛光时间过长。

③ 要掌握好上蜡的频率。

④ 周围环境要清洁。

⑤ 穿工装作业，不戴手表及饰物。

⑥ 遵循先上后下的原则，一次作业应连续完成。

⑦ 运行路线应按一定的顺序进行，以形成一致的光反射。

⑧ 注意清理边角部位的残蜡。

⑨ 对于丙烯酸硝基涂膜，先用粗粒度或中等粒度的机械用研磨膏进行粗研磨。当出现一定光泽后，换细粒度的研磨膏，使整体光泽达到要求。研磨痕的消除可以用毡垫和液体状超细微粒度研磨膏。抛光机无法涉及的角落要用柔软布手工打蜡。手工抛光时要注意，施力方向应一致。手工抛光要保证不留下磨痕并具有足够的光泽度，最后应使用超细微研磨膏研磨以提高光泽度。

2．打蜡抛光的工具和设备

1）抛光盘

（1）羊毛盘。

常用于抛光的羊毛盘一般有两种，一种是以羊毛为材料的羊毛盘（见图 11-2-2），磨削力较大，抛光时产生的抛光热较大，容易损伤漆膜；另一种是人造毛为材料的人造纤维盘（见图 11-2-3），磨削力次于羊毛盘，使用比羊毛盘多。

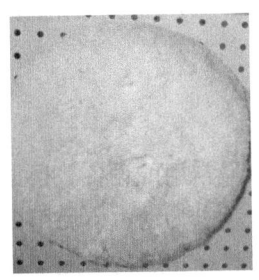 

图 11-2-2　羊毛盘　　　　　　　　　　图 11-2-3　人造纤维盘

（2）海绵盘。

海绵盘在抛光和打蜡中的使用较多，去除车身划痕效果好，操作方便，去氧化物速度快，对车漆比较安全。在使用中常因蜡质粗细不同选用不同颜色的海绵盘。海绵盘如图 11-2-4 所示，海绵盘的使用范围如表 11-2-1 所示。

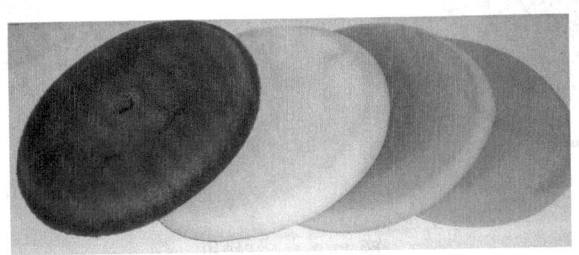

图 11-2-4　海绵盘

表 11-2-1　海绵盘的使用范围

颜　　色	对车漆的伤害程度	使 用 范 围
黄色	中度	中抛，适用于打中粒度蜡
绿色	轻度	精抛，适用于打细蜡
蓝色	小于或等于零	精抛，适用于打镜面蜡
白色	小于或等于零	镜面抛，适用于镜面研磨

2）打磨机和打蜡机

（1）打磨机。

图 11-2-5 所示为打磨机，分为气动和电动两种，主要配套材料是研磨盘和抛光盘。根据装盘方式可将打磨机分为吸盘式和紧固式。研磨垫有软磨垫和硬磨垫两种，软磨垫用于抛光、打蜡，硬磨垫用于打磨。

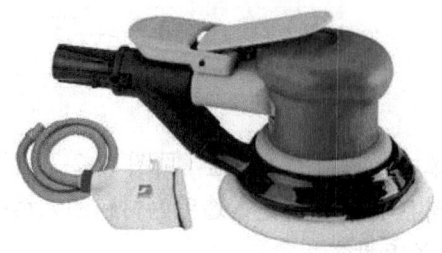
（a）软磨垫气动打磨机

（b）硬磨垫电动打磨机

图 11-2-5　打磨机

（2）打蜡机。

图 11-2-6 所示为打蜡机，是汽车美容护理中最基本、最常用的设备。根据使用的动力源不同可将打蜡机分为电动和气动两种，常用的打蜡机以电为动力，使用简单。当车漆表面出现微划痕、中划痕或水渍时，可根据损伤程度来选择相应的蜡配合打蜡机进行修复。在使用打蜡机时，要求先低速往复移动，每过 2～3min 用手面轻触打磨部位，检查打蜡机是否发烫，如果发烫应辅助水冷却，再继续打磨。

（a）电动打蜡机

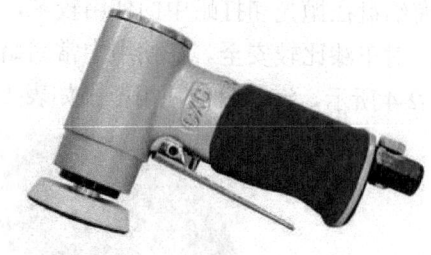
（b）气动打蜡机

图 11-2-6　打蜡机

（3）抛光机。

图 11-2-7 所示为抛光机，是汽车维修和美容护理的必备设备，其规格和型号较多。基本操作较为简单，但需要考虑被抛光物的实际情况和环境条件，否则会影响抛光效果。

图 11-2-7　抛光机

3．汽车打蜡操作实例

1）清洗并风干

对车身进行彻底清洗，清洗时尽量用中性清洗液，清洗后要将车身彻底擦干，尤其是车身的缝隙位置不能有残留的污垢和水分。

2）上蜡

上蜡可分为手工上蜡和机械上蜡两种，手工上蜡简单易操作，机械上蜡效率高。无论是手工上蜡还是机械上蜡，都要按一定的顺序进行，要保证车身漆面涂抹得均匀一致。上蜡时每次不要涂太厚，上太多的蜡不但会造成成本的增加，而且会增加抛光的工作量，还容易粘上灰尘，导致抛光摩擦时产生划痕。

（1）手工上蜡。

手工上蜡用打蜡海绵蘸适量车蜡，以划小圆圈的方式均匀涂蜡；圆圈的大小以不遗漏漆面为准，每圈盖住前一圈的 1/2～3/4，圆圈轨迹沿车身前后直线方向。涂抹车蜡如图 11-2-8 所示。

图 11-2-8　涂抹车蜡

全车上蜡顺序：把漆面分成几部分，按右前机盖→左前机盖→右前翼子板→右前车门→右后车门→右后翼子板→行李箱盖的顺序研磨右半车身，按相反顺序研磨左半车身，直到所有漆面无遗漏。在全部漆面上均匀涂一薄层车蜡，以漆面明显覆盖一层车蜡为准，喷漆的前后塑料保险杠也要涂蜡。

（2）机械上蜡。

机械打蜡是将液体蜡倒在蜡盘套上，每次按 0.5m² 的面积涂匀，待液体蜡凝固后开启打蜡机在车体上横向或纵向进行覆盖式抛蜡。

用打蜡机上蜡时，先将车蜡洒在车身表面上，用手控制好打蜡机，启动开关，注意控制力度、方向及均匀度。车身表面的边、角、棱处使用打蜡机上蜡不易把握，而在这方面手工上蜡更有优势。

上蜡层数要视车漆状况决定，并不是越多越好，上得太厚会使抛光困难；上得太薄又无法填补车身的缝隙。通常新车需要上 1～2 层蜡，旧车可上 3～4 层蜡。

如果发现蜡上得不均匀，产生无序的反光现象，可用抛光机重新进行抛光，直到光线反射面一致。

【特别提示】

● 上蜡应选在室内或阴凉干燥处，上蜡时车体应完全冷却。

● 用涂蜡海绵在车身上打圈，把蜡均匀地涂抹在车身表面上，要求用蜡适量，涂抹均匀，没有遗漏，力度均匀，动作要柔。

● 上蜡时尽量不要涂抹到橡胶件、塑料件、玻璃上。

3）抛蜡和提光

（1）在上蜡 5～10min 后，蜡表面开始发白，用手背在不明显的位置抹一下，若手背上有粉末，抹过的漆面有光亮，则说明蜡已经干燥。用柔软、干燥的毛巾或软海绵抛蜡，直到整个车表没有残蜡。抛蜡可以分为手工抛蜡（见图 11-2-9）和机械抛蜡（见图 11-2-10）。

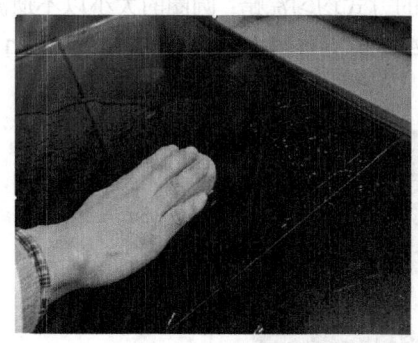

图 11-2-9　手工抛蜡

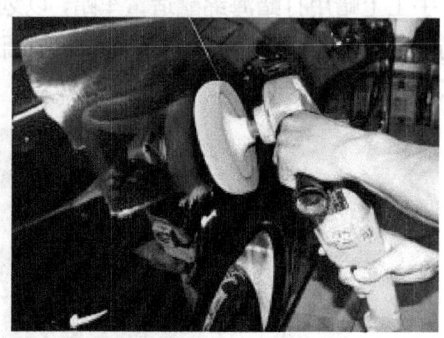

图 11-2-10　机械抛蜡

（2）抛蜡后彻底清洁玻璃、保险杠、饰条、轮胎、钢圈。用纯棉毛巾把蜡擦掉并用合成鹿皮摩擦漆面，直到漆面的倒影清晰可见。

4）清理缝隙

将残留在汽车表面缝隙中的车蜡清理干净，让车保持彻底的干净。

5）检验

全车漆面干净整洁、手感光滑；车蜡均匀，车身表面没有残蜡或打花；亮度和颜色均匀，漆面有镜面效果，在漆面上可清晰地反映倒影。

6）现场清理

工具、材料要注意归位，垃圾要迅速处理，清洗脏的海绵、刷子、毛巾和合成鹿皮。

11.2.2　抛光

1. 抛光的定义

抛光是指利用手工或机械的方法去除修补漆造成的轻微色差、车身漆面划痕、老化斑痕等，以获得光亮如新的漆膜表面的美容方法。

抛光剂也称光亮剂，是一种透明制剂，可以使漆面变得光亮，还可以去除一些细小的划痕和由修补漆造成的轻微色差。

2．抛光的作用

（1）消除漆面细微划痕（发丝划痕）。

（2）治理汽车漆面轻微损伤及各种斑迹，进而达到光亮无瑕的漆面效果。

（3）提高漆面翻新程度和光泽度。

（4）降低由修补漆造成的色差。

3．汽车抛光操作实例

现在以晶面抛光剂抛光为例介绍一下抛光的实际操作过程。

（1）对车身表面进行彻底清洁，尤其去除车身表面的顽固污渍，并注意车身缝隙位置，同时观察车身表面有无划痕，并判断车身表面损伤能否进行抛光处理。

（2）对车身不需要抛光的位置进行遮盖，如玻璃、车轮、前格栅、车标、车牌等部位。

（3）将晶面抛光剂均匀地涂抹到车身漆面上，并且用软布进行擦拭，如图 11-2-11 所示。

（4）使用抛光机配黑色波浪海绵轮，将抛光剂均匀涂覆在车身漆面上，并抛光至返亮效果，使旧漆迅速还原、显色。最后使用干净抹布，擦去抛光后留下的蜡和手指印等残痕。使用抛光机施加中等压力，保持抛光速度在 1800 转左右，去除漆面的各种缺陷。粗磨抛光选白色粗抛海绵轮，精细抛光使用黑色波浪海绵轮。抛光处理如图 11-2-12 所示。

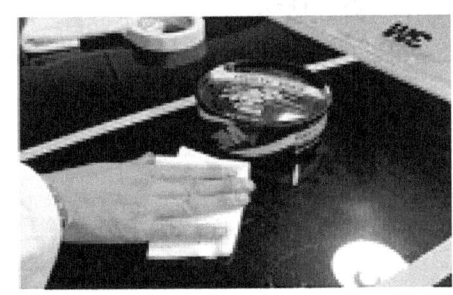 

图 11-2-11　擦拭晶面抛光剂　　　　　　　　图 11-2-12　抛光处理

（5）抛光后表面处理，使用擦车纸或海绵均匀地涂抹车身表面，等待几分钟，在蜡迹完全干透前，使用抹布将漆面抛亮，获得光亮如新的漆面效果。漆面后处理如图 11-2-13 所示。

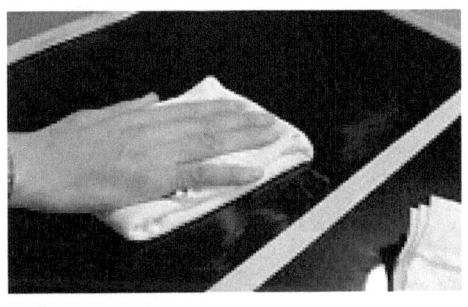

图 11-2-13　漆面后处理

复习题

一、判断题

1. 表面不清洁或处理不当易产生气孔。（　　）

2. 将搅拌时混入涂料中的气体完全释放后再涂装易产生水泡。（　　）

3. 涂料的黏度太高、流平性差、稀释剂选用不当易产生流挂。（　　）

4. 喷涂场所的气温寒冷，尤其是在被涂物的温度低于室温时易产生涂膜缺陷。（　　）

5. 聚氨酯面漆不需要抛光处理。（　　）

6. 在选择车身蜡时，不必考虑车身原涂膜的类型。（　　）

二、单选题

1. 在面漆喷涂结束后，对于强制干燥方式，最佳揭去遮盖胶带的时机是（　　）。

    A. 喷涂结束时　　　　　　　　　　B. 喷涂结束后 10～15min

    C. 强制干燥结束后，车身还未冷却时

2. 面漆抛光不能实现的项目是（　　）。

    A. 调整光泽　　　　　B. 除去灰尘　　　　　C. 修正颜色

3. 抛光用的毡垫最好选用（　　）。

    A. 毛巾毡垫　　　　　B. 羊毛毡垫　　　　　C. 海绵毡垫

4. 面漆强制干燥时常产生"起泡"现象，不可能的原因是（　　）。

    A. 溶剂加入量过多　　　　　　　　B. 强制干燥升温过快

    C. 漆料中的气体彻底释放

5. 下面（　　）可以预防涂膜的"起泡"现象。

    A. 漆膜加厚　　　　　B. 高温烘烤　　　　　C. 涂膜不要彻底强制干燥

三、简答题

1. 涂膜缺陷产生的原因有哪些？

2. 典型的涂膜缺陷有哪些？

3. 气孔的产生原因有哪些？

4. 橘皮的产生原因有哪些？

5. 流挂的产生原因有哪些？